Reihe *Historische Perspektiven* 4

herausgegeben von
Bernd Martin, Hans-Jürgen Puhle,
Wolfgang Schieder, Gottfried Schramm
und Heinrich August Winkler

Folkert Meyer

Schule der Untertanen

Lehrer und Politik in Preußen 1848–1900

Hoffmann und Campe

1. bis 3. Tausend 1976

Umschlag Jan Buchholz und Reni Hinsch
Gesetzt aus der Borgis Garamond-Antiqua
Satzherstellung Alfred Utesch, Hamburg
Druck und Bindearbeiten Süddeutsche Verlagsanstalt, Ludwigsburg
ISBN 3-455-09204-7 · Printed in Germany

Zum Geleit

»Historische Perspektiven« heißt eine neue wissenschaftliche Reihe, in der Arbeiten aus dem Bereich der Geschichte der Neuzeit erscheinen. Die Reihe wendet sich nicht nur an Spezialisten, sondern an politisch und historisch interessierte Leser überhaupt. Die Bände umfassen Fragen der inneren Entwicklung einzelner Länder wie die Beziehungen zwischen den Staaten und Machtblöcken. Ob es um gesellschaftliche Verhältnisse, um politische Systeme und Ideologien oder um internationale Konstellationen geht: Die gemeinsame Perspektive ist die Herausbildung der Welt von heute.
Die moderne Geschichtswissenschaft versteht sich immer mehr als historische Sozialwissenschaft. Ihr Hauptinteresse gilt der Erforschung von Prozessen und Strukturen. Der historische Ort einzelner Personen und Ereignisse läßt sich nur bestimmen, wenn sie in umfassende Zusammenhänge eingeordnet werden. Um der Erkenntnis dieser Zusammenhänge willen bedienen sich die Historiker zunehmend der Begriffe, Modelle und Theorien, die ihnen die systematischen Sozialwissenschaften zur Verfügung stellen. Große Bereiche der Wirklichkeit, die die traditionelle Geschichtswissenschaft lange Zeit vernachlässigt hat, sind auf diese Weise neu erschlossen worden. Das gilt besonders für Wirtschaft und Gesellschaft. Das hohe Maß an Konkretion, das der Geschichtswissenschaft eigen ist, erlaubt es ihr aber auch, allgemeine Theorien zu modifizieren. Zu der Kritik an wissenschaftlichen oder populären Deutungen historischer Vorgänge tritt somit die Auseinandersetzung mit theoretischen Erklärungsversuchen als eine neue wichtige Aufgabe der Geschichtswissenschaft. Indem die Reihe »Historische Perspektiven« vergangene Wirklichkeit aufzuklären versucht, will sie zugleich zur bewußteren Orientierung in einer Gegenwart beitragen, die durch ebendiese Vergangenheit entscheidend geprägt ist.
Zum Programm der neuen Reihe gehört schließlich, daß sie weit über die deutsche Geschichte ausgreift und für eine breite Auswahl von Ländern den Wert moderner Ansätze historischer Analyse zeigen will. Im Vergleich von Zuständen und Entwicklungen in verschiedenen Ländern sieht sie eine der zentralen Aufgaben zeitgenössischer Geschichtsforschung.

Die Herausgeber

Inhalt

Vorwort

Die vorliegende Studie hat als Dissertation mit dem Titel »Volksschule und Politik in Preußen. Untersuchungen zur sozialen Situation und politischen Funktion der preußischen Volksschullehrer in der zweiten Hälfte des 19. Jahrhunderts« im Sommersemester 1975 den Philosophischen Fakultäten der Albert-Ludwigs-Universität Freiburg i. Br. vorgelegen. Sie wurde für den Druck gekürzt und überarbeitet.

Bei der Beschäftigung mit meinem Thema bin ich vielfältig gefördert worden, dafür habe ich herzlich zu danken. Besonders verbunden bin ich Herrn Professor Hans-Günther Zmarzlik, der während meiner langjährigen Tätigkeit als Assistent in Freiburg meinen Umgang mit der wissenschaftlichen Historie entscheidend geprägt hat. Seine bohrenden Fragen an die deutsche Geschichte, mit denen er ihr den Weg für eine demokratischere Zukunft öffnen möchte, seine anhaltende Energie, mit der er über stoffliche und methodische Probleme hinaus auf eine auch persönlich zu verantwortende Klärung der strittigen Fragen drängt, waren mir bei meiner Beschäftigung mit der preußischen Volksschule ein Ansporn. Viel habe ich auch aus den Gesprächen im engeren Kreis seiner Mitarbeiter gelernt, die den Fragen der gesellschaftlichen Reform in Deutschland seit dem Ausgang des 19. Jahrhunderts galten.

Bei der archivalischen Vorbereitung meiner Studien haben mich die Mitarbeiter des Deutschen Zentralarchivs II in Merseburg, namentlich Fräulein Endler, stets freundlich unterstützt.

Wohl zu schätzen weiß ich die detaillierte Kritik der Herausgeber der »Historischen Perspektiven«, durch deren Hinweise die Endfassung des Manuskriptes sehr profitiert hat. Besonders nützlich waren dabei die Anregungen und Hilfen der Freiburger Professoren Gottfried Schramm und Heinrich August Winkler.

Freiburg, im Januar 1976 — Folkert Meyer

Einleitung

Die Sieger von Königgrätz

Kaum war im Juli 1866 der Donner der preußischen und österreichischen Kanonen über den böhmischen Schlachtfeldern verrollt, da empfahl der Redakteur der in Augsburg erscheinenden Zeitschrift »Ausland« den österreichischen Bundesgenossen: Tausend Gulden sollten sie auf jeden Kopf eines deutschen Lehrers setzen. Für ihn stand fest, daß der militärische Erfolg der Preußen ein »Sieg der preußischen Schulmeister über die österreichischen Schulmeister gewesen sei«[1]. Der Verfasser rühmte das preußische Offizierskorps, das seinen Geist im mathematischen und naturwissenschaftlichen Unterricht trainiert habe und deshalb den Österreichern in der praktischen Anwendung der Kriegswissenschaft überlegen gewesen sei. Hatte er mit diesem Argument eigentlich das Loblied des preußischen Gymnasiums angestimmt, so wurde mit seinem Wort von den »Schulmeistern« jedoch der Sieg den preußischen Volksschullehrern an die Fahne geheftet, die von nun an in der öffentlichen Diskussion als die »Sieger von Königgrätz« figurierten. Umgehend versuchte auch die preußische Unterrichtsverwaltung, den jüngsten Waffenerfolg vornehmlich als verdiente Bestätigung ihrer Volksschulpolitik in Anspruch zu nehmen. Sie ließ sich durch eine Allerhöchste Order ausdrücklich bestätigen, daß »Ew. Königlichen Majestät Armee, die jetzt gekämpft und gesiegt hat . . . durch die preußische Volksschule hindurch und aus derselben hervorgegangen« sei[2]. Erst recht sahen die preußischen Volksschullehrer, denen jahrelang unmißverständlich klargemacht worden war, daß sie auf Ansehen und Ehre keinen Anspruch zu erheben hätten[3], ihre Erziehungsbemühungen endlich zutreffend gewürdigt[4].

Die angebliche Qualität des preußisch-deutschen Bildungssystems war aber nicht nur ein von der preußischen Schulbürokratie und den preußischen Lehrern aus wohlverstandenem Eigeninteresse liebevoll gepflegter Mythos, sondern für manche Beobachter außerhalb der deutschen Grenzen auch ein Gegenstand der Sorge[5]. Schon im Vormärz hatte ein französischer Beobachter mit Respekt von Preußen als dem ›Land der Schulen und Kasernen‹ gesprochen[6], als er den Gründen für den rapiden preußischen Aufstieg nachspürte. Die Überlegenheit der preußisch-deutschen Waffen im Krieg mit Frankreich 1870/71 führte deshalb nicht nur bei den besiegten Nachbarn zu einer Reform ihres Bildungswesens, sondern stimulierte auch die Engländer zu

einer Schulgesetzgebung[7], die den in Preußen schon seit Jahrzehnten allgemein praktizierten Schulzwang gesetzlich begründete. Auch die Österreicher hatten 1869 mit einer Reform ihres Elementarbildungswesens auf die Niederlage reagiert[8]. Die erwähnten englischen Schulreformpläne zielten über den Aspekt bloß militärischer Effizienz des Bildungswesens hinaus auf eine Qualitätsverbesserung der Elementarbildung im Interesse der industriellen Konkurrenzfähigkeit. Offensichtlich wurde dabei sowohl auf eine Hebung des intellektuellen Ausbildungsstandards der Schulabsolventen als auch auf eine Steigerung ihrer allgemeinen Arbeits- und Sozialdisziplin abgestellt[9]. In dieser Hinsicht wird die von den Engländern gezogene Schlußfolgerung auch durch die sozialwissenschaftlich begründete These bestätigt, nach der das preußische Erziehungswesen in der Tat ein Element der Modernisierung dargestellt hat, das vor allen Dingen die Industrialisierung Deutschlands begünstigte[10]. Dieser positiven Einschätzung stehen jedoch Urteile gegenüber, die das preußisch-deutsche Schulwesen für die verzögerte Demokratisierung des politischen und gesellschaftlichen Lebens in Deutschland verantwortlich machen[11]. Zu einer »Modernisierung« des Menschen, der am Industrialisierungsprozeß produktiv teilzunehmen vermocht hätte, hat die Volksschule in dieser Sicht nichts beigetragen. Die genau die gesellschaftlichen Unterschiede reproduzierende Schulorganisation einerseits und die klassenspezifischen Erziehungsziele der Volksschule andererseits, welche die Mehrheit der Heranwachsenden auf eine von der verantwortlichen Mitarbeit im Staat immunisierende Untertanenrolle vorbereitet haben, gelten dabei als besonders gewichtige Kritikpunkte[12].
Mit der Frage nach dem Modernisierungspotential des Schulwesens im deutschen Kaiserreich von 1871 ist der weitere Orientierungsrahmen auch der vorliegenden Untersuchung abgesteckt[13]. Diese will aber nicht unmittelbar zu der Debatte über die Modernisierungstheorie beitragen, sondern in konkreten Detailforschungen die Ambivalenz eines als »partiell«[14] bezeichneten Modernisierungsvorganges aufspüren und belegen. Besonderes Interesse verdient die Volksschule, in der über 90% aller deutschen Staatsbürger unterrichtet und erzogen wurden[15]. Da im Kaiserreich die Organisation des Unterrichtswesens den einzelnen Bundesstaaten reserviert war, ist es gerechtfertigt, wenn sich die Darstellung der volksschulpolitischen Vorgänge und der institutionellen Ausgestaltung dieses Schultyps auf Preußen, den größten Einzelstaat, konzentriert. Die Studie erfaßt damit rein numerisch über 60% der Schüler und Lehrer an öffentlichen Volksschulen in Deutschland[16]. Überdies hatten die preußischen Volksschulverhältnisse, wenn sie auch keineswegs in allen Details repräsentativ für die übrigen Bundesstaaten waren[17], erheblichen Einfluß auf die deutsche Volksschulentwicklung überhaupt. Das Elementarschulwesen hat als Schlachtfeld ideologischer Auseinandersetzungen zwar bei den Zeitgenossen Beachtung gefunden, ist aber trotz seiner unbestrittenen gesellschaftlichen und politischen Bedeutung von der historischen Forschung noch nicht systematisch untersucht worden. Die Geschichte einzelner Bildungsinstitutionen war über Jahrzehnte im Kreis der Historiker eher ein Gegenstand für Außenseiter[18]; und auch die deutsche Erziehungswissenschaft kann nur für ihre frühen Phasen auf intensive schulgeschichtliche Aktivitäten verweisen[19]. Als bezeichnend für den Stand der Bemühungen (oder besser: für

die Stagnation) auf diesem Gebiet mußte es gelten, daß 1966 immer noch die von Paulsen 1906 konzipierte Skizze »Das deutsche Bildungswesen in seiner geschichtlichen Entwicklung« die brauchbarste Zusammenfassung bot[20]. Neben den kurzgefaßten Darstellungen in zeitgenössischen und modernen Lexika der Pädagogik[21] und in den Handbüchern verschiedener Wissensbereiche[22] liegen allerdings relativ umfängliche Skizzen zur Geschichte der Volksschule und des Volksschulwesens aus der Feder von Funktionären der Lehrerbewegung vor[23]. Erst die zu Beginn der 60er Jahre in das Bewußtsein der Öffentlichkeit eingedrungene »Bildungskatastrophe« stimulierte in der Erziehungswissenschaft das Interesse an erziehungsgeschichtlichen Fragen[24]: mit der aktuellen Bildungsmisere trat unübersehbar die Frage der historischen Prägung des deutschen Bildungssystems ins Blickfeld[25]. Erziehungswissenschaftler, die sich »historischen Einzeluntersuchungen zur gesellschaftlichen Funktion pädagogischer Praxis und Theorie«[26] zuwenden, kooperieren inzwischen mit Sozialwissenschaftlern, die in systematischen und historischen Untersuchungen das Verhältnis von Erziehung und Gesellschaft analytisch zu klären und empirisch an historischen Phänomenen zu erhärten suchen[27]. Die in jüngster Zeit vorgelegten erziehungsgeschichtlichen Arbeiten zeigen allerdings, daß die behaupteten Interdependenzen zwischen »Bildung und Herrschaft« erst noch konkret und in detaillierten Einzelforschungen nachzuweisen sind, wenn aus ihnen begründete Einsicht gewonnen werden soll. Die bisher vorgebrachten Beispiele sind jedenfalls teilweise ungenau oder überfordern die herangezogenen Belege ganz erheblich[28]. So wenig erschöpfend auch die Arbeiten über die Volksschule in der preußisch-deutschen Geschichte in quantitativer wie qualitativer Hinsicht sind, so lassen sie doch in ihrer Beurteilung einen auffälligen Gegensatz erkennen: Froese spricht von den Extremen der aktuellen »Diabolisierung« und traditionellen »Glorifizierung«[29].

Wenn im Titel der vorliegenden Arbeit die preußische Volksschule als »Schule der Untertanen« charakterisiert wird, so soll dies nicht nur die heutige Kritik an deren Erziehungspraxis auf den Begriff bringen, sondern es entspricht auch der Sache nach der Einschätzung der schulischen Erziehungsfunktion durch die Zeitgenossen. Die konstitutionelle Ordnung der preußischen Monarchie räumte zwar prinzipiell allen Staatsbürgern politische Mitwirkungsrechte ein, doch das erziehungspolitische Programm der preußischen Volksschule verlangte ausdrücklich, die zukünftigen Staatsbürger ausschließlich in ihre Pflichten einzuüben – sie auf eine Untertanenrolle zu reduzieren. Einem konservativen Staatsverständnis galten »Untertan« und »Staatsbürger« ohnehin als zwei »ganz und gar sich deckende Begriffe«, auch wenn eingeräumt wurde, daß in »jenem mehr die Verpflichtung und in diesem mehr die Berechtigung betont« werde[30].

Die preußische Volksschule hatte es nicht im Sinne der Aufklärungspädagogik mit Menschen und deren Recht auf eine freie Entfaltung ihrer Persönlichkeit zu tun, sondern, wie der langjährige Sachbearbeiter im Unterrichtsministerium, der Geheime Rat Stiehl, feststellte, mit Kindern, die erstens *Christen* und zweitens *Untertanen* Seiner Majestät des Königs von Preußen seien. Erst an dritter Stelle wurden sie als künftige Bürger, Bauern und Soldaten in den Blick gefaßt[31]. Genau diesem Schema folgten auch die preußischen Unterrichtsgesetzentwürfe, die religiös-sittliche, vaterländische Bildung auf der einen und die Unterweisung der Jugend in den für das bürgerliche Leben nötigen allgemeinen Kenntnissen und Fertigkeiten auf der anderen Seite forderten[32]. Gottesfurcht und Vaterlandsliebe erwiesen sich dabei als die zwei Seiten derselben Medaille; denn daß der religiöse Glaube die Aufrechterhaltung der öffentlichen Ordnung erleichtere, gehörte zu den als gesichert geltenden Maximen auch der Staatsrechtslehre[33]. Eine 1904 anläßlich der Weltausstellung in Saint Louis erscheinende Selbstdarstellung des deutschen Bildungswesens stellte als das gemeinsame Erziehungsziel des deutschen Volksschulwesens die »konsequente Gewöhnung« der Kinder »an bestimmte feste Ordnungen« dar[34]. Als die Grundsätze, welche bisher das deutsche Volk vorwärts und aufwärts geführt hätten, identifizierte man »gewissenhafte Vorbildung jedes Mannes für seinen Beruf, strengste Pflichterfüllung des Einzelnen in Unterordnung unter die Interessen der Gesamtheit und die Anordnung der autoritativen Persönlichkeiten«[35]. Das Formular der Anstellungsurkunde verpflichtete den Volksschullehrer seinerseits zu »unwandelbarer Liebe und Treue gegen Seine Majestät den König und das Vaterland«. Er war aufgefordert, sich durch »gottesfürchtigen und untadelhaften Lebenswandel das Vertrauen seiner Vorgesetzten und die Achtung der Schulgemeinde zu erwerben und zu erhalten und der Schuljugend stets ein nachahmenswertes Beispiel« zu geben[36]. Die These von der »Schule der Untertanen« gewinnt damit einen Doppelaspekt: Sie bezeichnet die Annahme der Untertanenrolle durch die Lehrer und ihre Absicherung im Berufsverständnis der Lehrer selbst sowie die Imitation der von den Lehrern vorbildlich vorgelebten Rolle durch ihre Schüler. Der Begriff ›Untertan‹ weckte zwar einerseits bereits bei den Zeitgenossen ausgesprochen negative Vorstellungen[37] wie charakterliche Schwäche und politische Ignoranz. Vor dem Hintergrund einer noch durch ständische Privilegien geprägten Gesellschaft gewann er jedoch andererseits auch einen durchaus egalitären Zug, da er die Regierten als prinzipiell gleichverpflichtet gegenüber der regierenden ›Obrigkeit‹ klassifizierte. Mit dem Begriff ›Untertan‹ kam über den Aspekt der Pflichten gegenüber der Obrigkeit hinaus auch ein gewisser Anspruch auf Gleichbehandlung zum Ausdruck[38].

In diesem Zusammenhang könnte sich die relative Modernität der Untertanenrolle herausstellen und als das spezifische Produkt einer historischen Entwicklungsphase erweisen, für die keine alternativen Rollenformen bestanden. Angesichts der Desintegration der traditionalen Gesellschaft im Verlaufe der Industrialisierung zeigte sich die politische und soziale Integration der Bevölkerung als ein zentrales Problem. In dem notwendigen Prozeß der »Disziplinierung und Versachlichung der Herrschaftsformen« übernahmen Heer und ökonomischer Großbetrieb als die »großen Erzieher zur Disziplin« die grundlegende »rationale Uniformierung des Gehorsams«[39]. Die sprachliche Durchdringung der aus den militärischen und industriellen Bereichen stammenden Begriffe in den Wortbildungen ›Schulkaserne‹ und ›Bildungsfabrik‹[40] für die modernen Bildungsinstitutionen verweisen auf die analogen Probleme und Lösungsmodelle im Feld schulischer Erziehung. Erst die von

Heer, Fabrik und Schule eingeschliffenen Verhaltensweisen funktionierender Unterordnung machten die bisher geschichtslose Masse zu einem Objekt der Obrigkeit und integrierten sie damit unmittelbar in das staatliche Herrschaftssystem.

Schule und Heer stritten sich nach einer berühmten Reichstagsrede des Generalfeldmarschalls Moltke zwar um den Rang der ›Schule der Nation‹[41], doch das Militär hatte in dieser Auseinandersetzung dank seiner Prägung auch der zivilen Verhaltensweisen die gegnerische Stellung bereits unbemerkt besetzt. »Die militärische Disziplin mit ihrer Gewöhnung an Ordnung und Pünktlichkeit, an Promptheit im Gehorchen und Bestimmtheit im Auftreten ist eine ausgezeichnete Schule für untere Beamte, bei denen es weniger auf Intelligenz als auf Zuverlässigkeit ankommt«, lobte der Historiker Otto Hintze in einem Vortrag vor Industriellen 1911 diesen Prozeß[42]. Die für die Subalternbeamten als angemessen herausgestellten militärischen Normen gewannen gleichermaßen auch für die Ausbildung der Lehrerkandidaten und die berufliche Praxis der Volksschullehrer Geltung. Der sich in der folgenden Darstellung der preußischen Volksschule immer wieder aufdrängende Vergleich mit Kaserne und Unteroffizier trifft deshalb nicht nur ein Oberflächenphänomen, sondern das Wesen institutioneller Erziehung im Untersuchungszeitraum überhaupt. Die Unterweisung der Rekruten wie der Abc-Schützen sahen viele Zeitgenossen sogar ausdrücklich als ein vergleichbares Geschäft an, das den Unteroffizier als den geeignetsten Lehramtskandidaten erscheinen ließ. In diesen Bahnen bewegten sich vormärzliche Reskripte wie die am Jahrhundertende unter dem Eindruck sozialdemokratischer Stimmengewinne vertretene Auffassung, Unteroffiziere seien das ideale Rekrutierungsfeld für die Volksschullehrerschaft: Die ausgedienten Militärs sollten der Schuljugend beizeiten militärische Verhaltensweisen einschleifen und sie damit gegen die Sozialdemokratie immunisieren[43].

Unteroffiziere und Volksschullehrer fühlten sich durch diese öffentliche Diskussion jedoch eher irritiert: Für ausgediente Feldwebel schien die Berufskarriere eines Schulmeisters kaum verheißungsvoll, und die Lehrer hielten sich den Militärs schon aufgrund ihrer ›Bildung‹ für weit überlegen und spürten auch, daß der unbedingte militärische Anspruch ihre eigene Berufstätigkeit zu disqualifizieren drohte. Vor allem wenn man die Erziehungsaufgabe der Schule unter demokratischen Maßstäben beurteilte, kam in der Fremdbestimmung der Schule durch das Heer eine völlige Perversion ihrer eigentlichen Aufgabe zum Ausdruck. Der Sozialdemokrat Wilhelm Liebknecht kritisierte die sich in ihrer Wirkung ergänzenden »drillenden Unteroffiziere« und »dressierenden Schulmeister« am radikalsten in seiner These, daß ein »Schulmeister, wie er sein soll«, Königgrätz »unmöglich« gemacht haben würde, da eine »gebildete« Jugend sich nicht zu »Kanonenfutter« verarbeiten lasse[44].

Der hier am entschiedensten zum Ausdruck kommende Konflikt über die erziehungspolitische Zielsetzung der preußischen Volksschule berührte unmittelbar auch das Problem der politischen und gesellschaftlichen Ordnungsvorstellungen der preußischen Monarchie. Eine Untersuchung des Schulsystems verdient deshalb unter verschiedenen Aspekten Interesse: Einmal dürfen für den Bereich der nationalen Geschichte Aufschlüsse über bestimmte ideologische Elemente in der Politik des Kaiserreichs erwartet werden; zum anderen sind Hinweise für die interessenspezifische institutionelle Ausprägung des Schulsystems zu gewinnen. Das staatlich gelenkte Schulwesen war zudem ein Gebiet, in dem sich die politischen Klimaveränderungen unmittelbar auswirkten, so daß die Schulpolitik auch als Indikator politischer Entwicklungen dienen kann.

Ehe jedoch begründete Aussagen über die Zusammenhänge von gesellschaftlichen, pädagogischen und politischen Faktoren bei der Ausgestaltung des Schulwesens und dessen Wirkung auf die politische Sozialisation[45] gemacht werden können, ist eine Darstellung der schulpolitischen Entwicklung nötig. Für eine historische Untersuchung scheint es vor allem sinnvoll, die Schulpolitik als integralen Bestandteil der allgemeinen Gesellschafts- und Sozialpolitik darzustellen und zu analysieren[46]. In der zweiten Hälfte des 19. Jahrhunderts stellte sich die Verknüpfung mit der Innenpolitik zudem nicht nur auf dem Wege dieser allgemeinen Interdependenz her, sondern in vielen Situationen wurde die Schule als politisches Objekt erkennbar, das dem Zugriff der politischen Gruppen unmittelbar ausgesetzt war[47]. Wegen der nahezu unübersehbaren Fülle des relevanten Quellenmaterials stellt sich die Frage der angemessenen Reduktion der Frageaspekte als zentrales methodisches Problem. Die von der Wirtschaftsgeschichte neuerdings energisch in Angriff genommene Analyse der Zusammenhänge von Bildungsinvestitionen und Wirtschaftswachstum[48] muß hier ebenso ausgeschlossen bleiben wie die Prüfung der Einflüsse der wirtschaftlichen Wechsellagen auf das Bildungswesen. Auch die Wirkung der Erziehungsinstitution Volksschule kann angesichts der aus historischen Gründen völlig disparaten Rechtszustände und des sozial und ökonomisch höchst unterschiedlichen Entwicklungsniveaus in der preußischen Monarchie noch nicht umfassend analysiert werden[49]; hierfür sind lokale und regionale Studien nötig, die sich nicht auf einzelne Schultypen beschränken, sondern gerade das Schulsystem insgesamt einbeziehen[50]. Hier soll daher lediglich versucht werden, die Wirkung von Schulpolitik im Rahmen der Gesamtmonarchie auf dem Wege einer Untersuchung der Volksschullehrerschaft darzustellen[51]. Für eine erste Aufarbeitung der preußischen Volksschulpolitik in der zweiten Hälfte des 19. Jahrhunderts erscheint dieser Ansatz auch methodisch angemessen, da sich die Volksschullehrer modernen Typs wesentlich als Produkt der staatlichen Bürokratie herausstellen werden, die mit der ›Professionalisierung‹ des Lehrberufes in der Volksschule zugleich ihre schulreformerischen Absichten umzusetzen suchte. Dieser mit den Kategorien der Berufssoziologie beschreibbare Vorgang[52] gewann konkrete schulpolitische Relevanz, weil die Volksschullehrer als Konsequenz ihrer Professionalisierung den Anspruch erhoben, als Experten der Pädagogik an schulischen Entscheidungsprozessen beteiligt zu werden[53]. Die Lehrer selbst bezeichneten ihren Professionalisierungsprozeß entsprechend den zeitgenössischen Begriffen als ›Standesentwicklung‹ und klassifizierten die Gesamtheit der Berufsangehörigen, die ›Standesgenossen‹, als Berufsklasse, Berufsstand oder Lehrerstand. Die Vieldeutigkeit dieser Terminologie ist ihrerseits Symptom des gesellschaftlichen Umbruchs der geburtsständischen Ordnung zu einer neuen gesellschaftlichen Schichtung. Der Begriff des Standes, den auch die vorliegende Untersuchung verwendet, bezeichnete unter den Bedingungen des 19. Jahrhunderts in seiner konkreten Bindung an bestimmte berufliche Funktionen deren Inhaber, ließ aber nach wie vor die Dimension einer hierarchisch gestaffelten Ordnung aufscheinen. Unter diesem Aspekt gewann die Verwendung der Standesterminologie der Volksschullehrer einen von vornherein konservativen Gehalt in dem Bestreben, sich damit gegen die Nivellierungstendenzen der industriellen Massengesellschaft abzugrenzen[54].

Zweifellos entsprang die Institutionalisierung der Elementarbildung politischen und nicht pädagogischen Impulsen, doch gewann sie mit der Professionalisierung der Volksschullehrer und der Bürokratisierung der Bildungsverwaltung ein eigenes Gewicht. Prinzipiell war mit der staatlichen Förderung der Professionalisierung der Lehrer ein Konflikt angelegt, dessen Struktur die Ambivalenz staatlicher Bildungspolitik überhaupt repräsentierte, die wegen der Modernisierungsfunktion das Bildungswesen zugleich förderte und fürchtete. Dieser Konflikt über die politische Funktion der Volksschule und ihre inhaltliche Ausrichtung hatte unmittelbare Konsequenzen für die Position der Lehrer, die zwischen die beiden Alternativen gestellt waren, Vertreter der oberen Schichten oder Repräsentanten des sozialen Durchschnittes ihrer Schulgemeinde zu werden. Der Reflex dieses Konflikts in der Standesideologie der Lehrer verdient besonderes Interesse[55]; seine Darstellung ist darüber hinaus ein Beitrag zu einer »Sozialgeschichte der Ideen«[56], und zwar im Hinblick auf einen politisch wie ideologisch höchst aktiven Teil des Bürgertums, der geprägt war durch soziale Deklassierungsängste und einen militanten Antisozialismus.

In diesem Zusammenhang muß speziell die These vom Emanzipationsprozeß des Lehrerstandes überprüft werden, der mit der Hebung seines Berufsstandes aus proletarischen oder kleinbäuerlichen Unterschichten auf das Niveau mündiger Vollbürger den allgemeinen Aufstieg der Unterschichten verkörpere[57]. In mehreren Darstellungen spielen die Volksschullehrer zudem in Aussagen über die vertikale Mobilität eine paradigmatische Rolle. Danach repräsentiert dieser Berufsstand eine Stufe des Aufstiegs auf der Leiter »vom Facharbeiter zum Volksschullehrer«, um dann zum »höheren Beamten und Akademiker hinaufzuklettern«[58]. Bezugsrahmen ist aber weniger die Geschichte des Berufsstandes[59] als vielmehr der institutionelle Ort der Volksschullehrer, die unmittelbar durch ihr Berufsschicksal in das Spannungsfeld von Staat, Gesellschaft und Erziehung gestellt waren[60]. Die unter sozialgeschichtlichen Gesichtspunkten besonders interessierende Frage nach der beruflichen Wirklichkeit der Lehrer und ihrem gesellschaftlichen Selbstverständnis wird deshalb erst nach dem Aufriß der schulpolitischen Entwicklung in den Kapiteln III und IV »Pädagogische Unterbeamte« und »Stützen der Gesellschaft« ihren Platz finden. Es ergeben sich somit zwei größere Themenkomplexe: Der erste umfaßt den Bereich der preußischen Schulpolitik, besonders soweit die Volksschule und ihre Lehrer betroffen sind. Inhaltlich sind innerhalb dieses Komplexes die parlamentarische und bürokratische Behandlung des Volksschulwesens darzustellen. Die Quellenbasis für diesen Bereich ist relativ vielschichtig; neben dem gedruckten Material, darunter die Protokolle der beiden Häuser des preußischen Landtages[61] und das amtliche »Centralblatt für die gesamte Unterrichtsverwaltung in Preußen«[62], konnten im Deutschen Zentralarchiv II in Merseburg auch die einschlägigen Ministerialakten sowie die Protokolle der Sitzungen des Staatsministeriums ausgewertet werden. Zusätzliche Einsichten vermittelt die Benutzung zeitgenössischer politischer[63] und wissenschaftlicher Publizistik[64]. Der zweite Themenkomplex umfaßt die Fragen, die sich aus der Sozialgeschichte der Volksschullehrer und ihrer konkreten politischen und sozialen Funktion ergeben. Stofflich bildet die zeitgenössische schulpolitische und pädagogische Publizistik[65] eine Grundlage für die Beurteilung der Berufswirklichkeit, neben den detaillierten Daten verschiedener Veröffentlichungen des preußischen statistischen Büros[66]. Die Ministerialakten bieten mit der Überlieferung von Unterstützungsgesuchen, Ordensverleihungen, Disziplinarfällen usw. die Möglichkeit, das in den gedruckten Quellen zum Ausdruck kommende Bild der Realität des Volksschullehrerberufes zu überprüfen[67]. In diesem Zusammenhang ist mit der Analyse der Ausbildungssituation der Lehrer auch auf die zeitgenössische Erziehungswissenschaft einzugehen. Die Arbeit hat aber, auch wenn sie sich dem Gegenstand ›Schule‹ zuwendet und dabei die Fragestellungen der Pädagogik aus dem Untersuchungszeitraum berührt, kein im engeren Sinne erziehungswissenschaftliches oder pädagogikgeschichtliches Erkenntnisinteresse. Konkret geht es um die Frage, warum die Volksschullehrer in der zweiten Hälfte des 19. Jahrhunderts die Untertanenrolle in das Zentrum ihrer Berufspraxis stellten und ihren Schülern zu tradieren suchten, statt auf eine Demokratisierung der Volksschule hinzuarbeiten. Dabei ist sowohl nach den fortwirkenden Belastungen zu fragen, die sich aus diesem Rollenverständnis ergaben, als auch nach den spezifischen Bedingungen, welche die ›Schule der Untertanen‹ historisch erst ermöglicht haben.

Kapitel I

Von der Reform zur Reaktion: Die Volksschulentwicklung von 1808–1854

1. Das Konzept der Bürokratie: Ein neuer Berufsstand als Kern der Schulreform

Für die Entwicklung, welche die preußische Volksschule in der zweiten Hälfte des 19. Jahrhunderts genommen hat, sind bestimmte Entscheidungen in der ersten Jahrhunderthälfte konstitutiv gewesen. Einmal waren die Kabinettsordern und Ministerialverfügungen, die Gesetze der Zeit vor 1848 neben dem aus dem 18. Jahrhundert stammenden Allgemeinen Landrecht geltendes Recht für die Elementarschulverhältnisse auch in der zweiten Jahrhunderthälfte, zum anderen haben die sozialen und politischen Konflikte der Aufbauphase des modernen öffentlichen Elementarschulwesens die Institution Volksschule in einem solchen Maße geprägt, daß sie auch die weitere Schulentwicklung in entscheidender Weise determinierten[1].
Um die Wende vom 18. zum 19. Jahrhundert, unter dem Eindruck vor allem des revolutionären Umbruchs in Frankreich, gewann die Volksschule als ein mögliches Instrument sozialer Reform in Preußen allmählich an politischem Interesse[2]. Das Allgemeine Landrecht hatte 1794, wenn auch noch unvollständig, die Frage des Schulunterhalts geordnet und mit dem Schulverband Korporationen geschaffen, die Schulgründungen in allen Gemeinden ermöglichten[3]. Friedrich Wilhelm III. ergriff die Initiative zu einer universelleren Verbreitung der Elementarbildung, wobei freilich seine Motive zur Förderung des Elementarschulwesens noch nicht erheblich von denen seiner Vorgänger abwichen[4]. Es sei endlich einmal Zeit, für zweckmäßige Erziehung und Unterricht der Bürger- und Bauernkinder zu sorgen, schrieb der König 1798 an seinen Minister von Massow. Der dabei zugrundeliegende Zweck könne kein anderer sein als der, »sie zu künftigen gutgesinnten, gehorsamen und fleißigen Kindern zu bilden«[5]. Durch den Zusammenbruch Preußens 1805 wurden diese ersten tastenden Ansätze zunächst zerstört. Mit sehr viel weiter gespannten Erwartungen wurden sie dann aber in den Programmen der Reformer wieder aufgegriffen, in deren Kreis gerade auch die Militärs den Fragen einer verbesserten Volksbildung ein bezeichnendes Interesse entgegenbrachten[6]. Erst in der Reformzeit wurden auch die institutionellen Voraussetzungen für die Durchführung der allgemeinen Schulpflicht als der wesentlichen Bedingung einer universellen Elementarbildung geschaffen[7]. Zugleich erwiesen sich die Schulreformen als integraler Bestandteil des Reformpro-

gramms überhaupt. Nach dem »Gesetz der Korrespondenz zwischen den Teilen eines jeden gesellschaftlichen Systems, das wohltätig wirken soll«, mußte, so urteilt Dilthey, »in Preußen das Schulwesen notwendig in dem Sinn reformiert werden, daß es den durch Stein, Hardenberg und Scharnhorst herbeigeführten Veränderungen des gesellschaftlichen Systems angepaßt wurde«[8].

Nach den sich partiell auch auf das Schulwesen auswirkenden Reformgesetzen der Jahre 1808-1811 lassen sich für die Organisation des Elementarschulwesens folgende Strukturmerkmale herausstellen, bei denen grundsätzlich zwischen ländlichen und städtischen Schulverhältnissen zu unterscheiden ist: Die preußische Städteordnung von 1808 schuf die Voraussetzungen für eine Beteiligung der Städte auch an der Verwaltung ihrer Schulen. Die Instruktion vom 26. Juni 1811 ordnete die Rechte der Schuldeputationen innerhalb des Systems der kommunalen Selbstverwaltung[9], allerdings nutzten die Städte den ihnen mit den Deputationen gewährten schulpolitischen Handlungsspielraum erst in der zweiten Jahrhunderthälfte voll aus[10]. In diesem Zusammenhang kam es zu erbitterten Auseinandersetzungen mit der staatlichen Schulverwaltung[11] über den Kompetenzbereich der Schuldeputationen. Unbestritten war ihr Einfluß auf die äußeren Schulverhältnisse, der sich in den Fragen der Lehrerberufung und Besoldung sehr wirksam geltend machte[12]. So konnten die Schuldeputationen ihren Elementarlehrern, je entsprechend ihrer personellen und politischen Zusammensetzung, einen Spielraum standes- und schulpolitischer Aktivität gewähren oder versagen und die Prioritäten im Ausbau ihres Schulwesens eigenständig bestimmen[13]. Den Volksschullehrern selbst war in den Schuldeputationen das Recht stimmberechtigter Mitwirkung nicht eingeräumt.

Auf dem platten Lande gab es keine Organe mit ähnlich weitreichenden Rechten auf die Verwaltung der Schule. Die mit der Instruktion vom 28. 10. 1812 eingerichteten ländlichen Schulvorstände und die Gutsbesitzer als Schulherren in den östlichen Landesteilen waren keine Selbstverwaltungsorgane modernen Typs[14], da der neue Vorstand der Sache nach nichts anderes war als der frühere Kirchenvorstand, nur daß seine Funktionen auf die Schulverwaltung beschränkt blieben[15]. Die Ortsgeistlichen fungierten in der Regel als die staatlich beauftragten Lokalschulinspektoren, denen die Kontrolle der Schulinterna oblag[16]. Den Lehrern war eine Mitwirkung im Schulvorstand zwar nicht versagt, doch war ihnen das Stimmrecht ausdrücklich abgesprochen[17].

Die ländlichen Schulvorstände, in denen der Gutsherr oder Pfarrer den Vorsitz führte, waren vor allem Instrumente agrarischer Interessenpolitik[18], die mit der vorwiegenden Sorge, das Maß materieller Schulaufwendungen möglichst niedrig zu halten, zugleich schulpolitisch höchst effektvoll agierten[19]. Die finanzielle Schwäche der Schulgemeinden kam nicht von ungefähr, da die Gutsherren keine Schulabgaben zu leisten hatten. Daß sie ihre dominierende Stellung im Schulvorstand behielten, war ein offensichtlicher Anachronismus. Denn ihre weitreichenden Rechte hatten ihre Voraussetzung verloren, nachdem die Erbuntertänigkeit aufgehoben worden war und den ihnen gewährten Rechten keine Pflichten mehr entsprachen[20].

Die Neuorganisation der preußischen Ministerien durch Stein stellte die wesentliche Voraussetzung auch für die Modernisierung der Unterrichtsverwaltung dar[21]. Innerhalb des Ministeriums des Innern entstand eine eigene Sektion für Unterricht, die allerdings zusammen mit der Sektion für Kultus und Medizinalwesen durch einen einzigen Chef, Wilhelm von Humboldt, geleitet wurde; die Pläne Steins und Humboldts hatten dagegen ein eigenes Unterrichtsministerium vorgesehen[22]. Mit der personellen Vereinigung der beiden Sektionen Kultus und Unterricht wurde der Tatsache Rechnung getragen, daß auf allen Ebenen provinzieller und lokaler Verwaltung der Schule eine bürokratisch eindeutige Funktionstrennung zwischen Kultus und Unterricht nicht durchführbar war. Die Personalunion von geistlichen Ämtern und weltlichen Aufgaben in der staatlichen Schulverwaltung hielt sich besonders lange auf dem platten Lande: die Ortsgeistlichen galten dort bis 1918 als die zuverlässigsten Lokalschulinspektoren der Elementarschulen[23]. 1817 wurden die drei Sektionen in einem selbständigen Ministerium zusammengefaßt, das entsprechend als »Ministerium für die geistlichen, Unterrichts- und Medizinalangelegenheiten« firmierte[24].
Damit war aus den in Personalunion verbundenen Sektionen des Innenministeriums eine endgültige institutionelle Zusammenbindung von Kultus und Unterricht geworden und späteren, allerdings immer nur kraftlos vorgetragenen Forderungen nach Schaffung eines eigenen Unterrichtsministeriums schon aufgrund des Schwergewichts der bestehenden Institution ein massives Bollwerk entgegengestellt.
23 Jahre lang hat der Freiherr von Altenstein dem neuen Ministerium vorgestanden, länger als jeder seiner nachfolgenden Kollegen. Trotz der langen Dienstzeit ist der persönliche Einfluß Altensteins auf das Volksschulwesen umstritten[25]. Sein Nachfolger Eichhorn, der 1840 als Minister Friedrich Wilhelms IV. sein Amt übernahm, griff zwar mit einigen spektakulären Verwaltungsmaßnahmen in das Volksschulwesen ein, doch die dominierende Rolle in der Unterrichtsverwaltung, der Eichhorn als ausgewiesener Wirtschaftspolitiker recht fern stand, spielten wie bei Altenstein die Räte.
Während des kurzen Wirkens Wilhelm von Humboldts und der längeren Dienstzeit der in seinem Sinne tätigen Räte Nicolovius und Süvern war ein qualitativ neuer Ansatz für die Elementarbildung geschaffen worden[26]: Die vorhandenen, höchst unterschiedlichen Bildungsinstitutionen sollten in einem einheitlichen System zusammengefaßt werden, in dem die Elementarschule als die unterste und für alle Schüler verbindliche Stufe ihren Platz erhielt. Auf ihr bauten die weiteren Schulstufen auf, die aber nur graduell und nicht länger qualitativ voneinander unterschieden sein sollten[27].
Das bedeutete die Einbeziehung der Elementarbildung in das Gesamtkonzept der allgemeinen Menschenbildung und eine radikale Absage an alle utilitaristisch und primär ständisch ausgerichteten Konzepte, denen der Monarch selber sehr viel näherstand. Süvern hatte deshalb dem Monarchen vorgerechnet, daß die Kosten für die Ausbildung eines »gewerbefleißigen, verständigen, gesitteten und mutigen Geschlechts von Staatsbürgern mit ›Wucher‹« in die Staatskassen zurückfließen würden, da erhebliche Einsparungen bei den Zucht- und Armenanstalten zu erwarten seien[28]. Der anklingende Hinweis auf

die Interdependenz von Volksbildung und sozial angepaßtem Verhalten sollte durch das Jahrhundert hindurch ein zentrales Argument für eine gesteigerte Volksbildung bleiben[29]. Prinzipiell sollte auch die Elementarschule nicht für einen bestimmten Stand vor- oder ausbilden, wenn dieser Schultyp auch praktisch die Unterrichtsanstalt für die »unteren Schichten« darstellte. Der § 3 des Unterrichtsgesetzentwurfs von Süvern sprach diesen Sachverhalt unverhüllt aus: »Auf den ersten Stufen soll sich die Schule mit der ersten methodischen Entwicklung der menschlichen Anlagen und Hervorbringung der innerhalb derselben zu gewinnenden Einsichten, Kenntnisse und Fertigkeiten beschäftigen, dem Bildungsbedürfnisse der unteren Volksklasse in den Städten und auf dem Lande genügen und allgemeine Elementarschule heißen«[30].

Wenn sich die Reformer auch über die faktisch bestehende klassenspezifische Erziehung im klaren waren, so konnte doch mit diesem Schulprogramm den ausschließlich auf utilitaristische Zwecke ausgerichteten Industrieschulen des 18. Jahrhunderts ideologisch der Garaus gemacht werden[31]: eine Tatsache, die in ihrer Bedeutung kaum überschätzt werden kann und die auch in der institutionellen Neugliederung der Lehrerausbildung zu Konsequenzen führte[32]. Der Süvernsche Unterrichtsgesetzentwurf brachte das Konzept universeller Volksbildung in das Organisationsschema eines allgemeinen Unterrichtsgesetzes[33]. Seine Auffassung traf aber mit ihrem theoretischen Anspruch bereits in der Blütezeit der Reform innerhalb der Unterrichtssektion selbst auf entschiedene Widerstände. Sehr klar geht das aus einer Bemerkung Schuckmanns, Humboldts Nachfolger als Sektionschef von 1810 bis 1817, hervor. Er verwarf den Gedanken einer nicht standesspezifisch orientierten Allgemeinbildung als politisch und sozial gefährlich[34].

Aber auch in bezug auf die praktischen Bestimmungen bestand nach 1819 nicht mehr die Möglichkeit, das Gesetz politisch durchzusetzen. Es konnte sich ohne nachhaltige Unterstützung durch monarchische oder ministerielle Autorität gegenüber den gesellschaftlichen, regionalen und kirchlichen Widerständen nicht behaupten, weil zu diesem Zeitpunkt weder politische Situation noch gesellschaftliche Bedürfnisse einen neuen Modernisierungsschub verlangten, wie er mit der Verwirklichung des Süvernschen Entwurfes hätte verbunden sein müssen. Das Scheitern des Entwurfes, der den Spitzen der Provinzialbürokratie nicht progressiv genug erschien[35], ging vor allem auf zwei Faktoren zurück: den massiven Einspruch der Bischöfe, welche die Volksschule und ihre Lehrer nicht aus der Verantwortung der Kirche entlassen wollten, und den Widerstand der Gutsherren und Gemeinden, die einen Teil der Kosten für die materielle Ausstattung übernehmen sollten[36]. Mitentscheidend war aber auch der politische Klimawechsel, der durch die Beschlüsse von Karlsbad und Troppau gekennzeichnet war. Obwohl er sich zunächst vor allem in den Universitäten bemerkbar machte, wirkte er sich auch auf den Kurs der Unterrichtsverwaltung gegenüber der Volksschule aus[37].

In den Jahren 1819 bis 1821 wurden erstmals durch das Ministerium statistische Erhebungen veranlaßt, die ein verläßliches Bild des Volksschulwesens im Gesamtbereich der Monarchie liefern sollten[38]. Bei einer Einwohnerzahl von ca. 11,5 Millionen zählte man knapp über 20 000 Schulen, von denen

2 462 als Stadtschulen und 17 623 als Landschulen klassifiziert wurden; die Angabe von 3 745 städtischen und 18 140 ländlichen Lehrerstellen verdeutlichte zugleich den Charakter der Schulen: die Zahl der Schulen und der Lehrerstellen entsprachen sich in etwa, und zwar auch im Bereich der städtischen Schulen.

Entscheidend für das Berufsschicksal der Lehrerschaft war, daß weit über 80% der Lehrer ihre Funktion in ländlichen Schulverhältnissen ausübten und damit der berufliche und gesellige Umgang mit Standesgenossen erschwert war, der eine wichtige Voraussetzung der Professionalisierung darstellt. Wenn im Jahre 1775 das Jahresgehalt der Lehrer für ländliche Schulstellen auf mindestens 100 Taler und für städtische Lehrer auf 150 Taler von Experten[39] geschätzt worden war, so lag im Jahre 1821 noch bei über 60% aller Elementarlehrer das Einkommen nach Ausweis der Statistik unter diesem Niveau. Dabei bezeichnete die so fixierte Summe keineswegs das Bargehalt, sondern sie setzte sich aus unterschiedlichen Einzelposten zusammen, unter denen der des Bargehaltes häufig nur zu den bescheideneren gehörte. Im einzelnen waren folgende Einkünfte zu veranschlagen:

1. Geldrenten aus dem Schulvermögen,
2. Schulgeld oder Schulsteuer (nach den Bestimmungen des ALR gab es kein individuell erhobenes Schulgeld, sondern die der Schulgemeinde auferlegte Schulsteuer),
3. Organistengehalt,
4. Küstergehalt,
5. Einnahmen in Form von Viktualien,
6. Bewirtschaftung der unentgeltlich überwiesenen Ländereien,
7. Umgänge und Geschenke[40].

Gerade um den Naturalanteil ging fast immer die Auseinandersetzung von Lehrern und Schulverwaltung mit den Gemeinden, die der behördlichen Aufforderung nach Gehaltsaufbesserung teilweise schlicht dadurch nachzukommen suchten, daß sie den Ertrag des Schullandes und der Naturallieferungen höher veranschlagten. Um solchen Streitereien vorzubeugen, waren auf Drängen der Behörden in die Vokationsurkunden der Lehrer minuziös alle Einkünfte aufzunehmen, welche die Schulgemeinde zu leisten schuldig war[41]. Trotzdem blieben auch Quantität und Qualität der Viktuallieferungen häufiger Anlaß entwürdigender Streitereien, weil wohl nicht selten nach dem Grundsatz verfahren wurde: »Je gewissenhafter der Mann, desto kleiner in manchen Fällen die Wurst«[42].

Das Niveau der Dotation regulierte sich nach der Reichhaltigkeit der einzelnen Fonds, den Erträgen des Schullandes usw., war aber weder von der spezifischen beruflichen Leistungsfähigkeit der Lehrer noch ihrem Dienstalter oder gar familiären Verhältnissen abhängig. In Landesteilen, in denen Schulgeld erhoben oder die Schulsteuer in Anlehnung an die Zahl der schulpflichtigen Kinder berechnet wurde, beeinflußte die Klassengröße die Höhe des Einkommens, so daß große Klassenfrequenzen unter materiellem Gesichtspunkt höchst erwünscht waren. Wegen dieser Berechnungsweise ergaben sich teilweise Widerstände, wenn die Schulverwaltung aus unterrichtlichen Gründen große Klassen oder Schulen teilen wollte, da dann das

Schuleinkommen ohne wesentliche Erhöhung auf zwei Lehrer verteilt wurde[43].

Der Blick auf die Gehaltsverhältnisse läßt keinen Zweifel daran, daß die Masse der Volksschullehrer von der »Mittelklasse«[44], der sie von führenden Standesvertretern zugerechnet wurde, weit entfernt war. In dieser Hinsicht wurde sie von einem Ministerialbeamten wohl zutreffender als »Staatsproletariat«[45] charakterisiert. Darin kam eine Einschätzung ihres Gehaltes zum Ausdruck, die der Historiker Heinrich von Treitschke noch am Ausgang des Jahrhunderts mit generellem Geltungsanspruch in seiner »Politik« festschrieb: »Es ist eine contradictio in adjecto zu verlangen, daß ein Dorfschullehrer sich in brillanten Verhältnissen befinden soll«[46].

Der sich mit dem Scheitern des Süvernschen Unterrichtsgesetzentwurfes abzeichnende Einbruch der Reaktion vollzog sich in der Unterrichtsverwaltung in zwei Schüben, die an zwei personellen Änderungen abgelesen werden können: 1820 wurde Süvern durch Ludolff von Beckedorff abgelöst, der sich durch eine Schrift zur Ermordung Kotzebues schon für einen Posten im Oberzensurkollegium empfohlen hatte. Seine Berufung war eine personalpolitische Konsequenz der Karlsbader Beschlüsse, deren Stoßrichtung sich vor allem gegen den Minister von Altenstein selbst richtete[47]. 1840 kam es zu einem Wechsel in der Leitung des Ministeriums von Altenstein zu Eichhorn, dessen Berufung der neue Monarch, Friedrich Wilhelm IV., mit hochgespannten Erwartungen verband. Doch während die Auswirkungen der von Beckedorff verfolgten Konzepte der Volksbildung auf die Praxis des Seminar- und noch stärker des Schulunterrichts einmal durch hinhaltendes Taktieren des Ministers von Altenstein abgeschwächt worden waren, zum anderen aber auch auf personell und strukturell bedingte regionale und bürokratische Widerstände gestoßen waren[48], ergab sich für die 40er Jahre während der Amtszeit Eichhorns eine veränderte Gesamtsituation: Monarch, Minister und Bürokratie[49] wirkten in dieselbe Richtung.

Die Bürokratie, die sich den eigenständigen Bewegungen der Gesellschaft gegenüber in die Defensive gedrängt fühlte, glaubte, in der Volksbildung eine wesentliche Ursache für die Zunahme oppositioneller Haltung gefunden zu haben, und sah im Unterrichtswesen ein besonders geeignetes Aktionsfeld für die Durchführung von Gegenaktionen. In dieser Situation gewannen die disziplinarischen Maßnahmen einen qualitativ neuartigen Charakter. An die Stelle mehr oder weniger strenger Mahnung und Warnung aus einer Haltung patriarchalischen Wohlwollens trat die disziplinarische Ahndung, die gesetzliche Willkürakte nicht scheute[50]. Immer wieder wurden die Schulrevisoren aufgefordert, dem dienstlichen und außerdienstlichen Verhalten der Schullehrer gesteigerte Aufmerksamkeit zu widmen und eventuelle Verfehlungen in den Berichten und Konduitenlisten auch unzweideutig zur Anzeige zu bringen[51]. Noch im Jahre 1837 wurde das Schulreglement für die niederen Schulen Schlesiens von 1801 als rechtsgültig bestätigt, das dem Schullehrer vorschrieb: »gegen die Herrschaft muß er Achtung und gegen die Gemeine Bescheidenheit und Sanftmut gebrauchen«[52]. Unter Eichhorn und seinen Räten Eilers und dann auch Stiehl häuften sich die »Signale, daß sich der Weg von der polizeilichen Kontrolle der Gesinnung zu ihrer ideologischen

Herstellung gabelte«[53].
Nach der Reorganisation des preußischen Staatsapparates war durch die Unterrichtsverwaltung eine Neuordnung des Lehrerbildungswesens in Angriff genommen worden, die mit der Professionalisierung des Lehrerberufes zugleich den wichtigsten Schritt zur Reform der preußischen Volksschule darstellte.
Bereits seit der Wende vom 18. zum 19. Jahrhundert waren die bestehenden Modelle leistungsfähiger Volksschulen und Lehrerbildungsanstalten durch die Schulverwaltung unter Anteilnahme des Monarchen systematisch auf ihre Verwendbarkeit für den Gesamtbereich der preußischen Monarchie überprüft worden[54]. In diesen Zusammenhang gehörte die schon fast legendäre Aussendung der preußischen Eleven in das schweizerische Ifferten zu Pestalozzi, die nach ihrer Rückkehr sozusagen den Kader für die Lehrerausbildung darstellen sollten[55]. Diese Maßnahme war auf relativ langfristige Wirkung angelegt und mußte deshalb durch andere Aktionen ergänzt werden. Die Berufung des Pestalozzianers Zeller wurde als eine solche unmittelbar wirksame Sofortmaßnahme mit großem persönlichem Engagement von Humboldt und Süvern durchgesetzt. Während sich die an seine Tätigkeit geknüpften Erwartungen nicht erfüllten[56], erwies sich die Bestellung des Predigers Natorp bei der kurmärkischen Regierung zu Potsdam in der geistlichen und Schuldeputation als höchst erfolgreich. Der Kernpunkt des Natorpschen Reformprogramms bestand in der Überzeugung, daß »nur durch die Bildung der Schullehrer eine ... wahre Verbesserung der Schule bewirkt werden« könne[57]. Es gelang ihm als Mitarbeiter Süverns, sein Konzept des Ausbaus der Seminare zu Lehrerbildungsanstalten gegen das Zellersche Konzept der Normal-Schulinstitute durchzusetzen[58].
Die von Süvern und Natorp eingeleitete Reform des Lehrerbildungswesens wirkte sich auf organisatorischem und theoretischem Gebiet aus. Die Lehrerbildung wurde als das Kernstück der Schulreform erkannt und als eigener Ausbildungszweig von anderen berufsvorbereitenden und schulischen Lehrgängen strikt getrennt. Als erster konkreter Schritt wurde die Neuorganisation einzelner Seminare in Angriff genommen und entsprechende Instruktionen für die gesamte Monarchie ausgearbeitet[59]. Auch das Schullehrerseminar wurde als Stätte allgemeiner Menschenbildung installiert und die Ausbildung sowohl auf der praktischen Ebene aus der Verbindung mit einem Handwerk gelöst als auch im theoretischen Anspruch über das Niveau fachschulmäßiger Meisterlehre hinausgeführt[60].
Nach dem Scheitern des Süvernschen Unterrichtsgesetzentwurfs und dem Referentenwechsel im Ministerium wurden jedoch die Ansätze durch den neuen Sachbearbeiter Beckedorff völlig umgestaltet, so daß er späteren Betrachtern als »Vater der Seminare« galt, mit dem der »Aufschwung« begann[61]. Das positive Urteil bezog sich vor allem auf das energische Wirken des neuen Referenten für den Ausbau und die Koordinierung der Lehrerseminare. 1826 führte Beckedorff die Seminarabschlußprüfung ein[62], die ein Minimum an Wissen und Lehrbefähigung bei den Seminarabsolventen garantieren sollte. Die Verfügung ordnete den Abschluß der Ausbildung und regelte überhaupt die Formen der Anstellung, denn »die vom Staat bereits in

Angriff genommene Lehrerbildung hatte nur dann einen Zweck, wenn derselbe auf die Besetzung der Stellen Einfluß gewann«[63].

Die inhaltliche Tendenz der mit Beckedorff zum Zuge kommenden neuen erziehungspolitischen Zielsetzung dokumentierte sich in einer Flut von Erlassen, die auf eine Begrenzung des Unterrichtsniveaus ganz im Sinne der monarchischen Forderung nach einer Erziehung der Kinder zu gehorsamen und gewerbefleißigen Bürgern abzielten. Das Muster gab eine von Beckedorff initiierte Kabinettsorder vom 7. Juli 1822 ab, die auch dem Seminarunterricht klare Grenzen zog: »Ich setze hierbei übrigens voraus, daß der Unterricht der Seminaristen dieser Anstalten nicht über die Schranken hinausgehen werde, die ihre Stellung als Elementarlehrer bedingt, indem sonst die sehr begründete Besorgnis entsteht, daß sie, statt bei dem Elementarunterrichte der Jugend stehen zu bleiben, ihr halbes oder verkehrtes Wissen, nach eigenem Zutun gestaltet, unter der Jugend des gemeinen Volkes verbreiten und dem geraden, offenen Sinn derselben eine schiefe Richtung geben werden«[64].

Damit kam die auch schon von Friedrich II. im 18. Jahrhundert artikulierte Sorge zum Ausdruck, daß ein über die aktuellen Bildungsbedürfnisse hinausgehender Unterricht soziale und geistige Unruhe produziere. In die gleiche Richtung zielt eine Ministerialverfügung vom 12. 5. 1826, die die Gemeinden vor zu großer Belastung durch die Schulverwaltung sicherstellen sollte[65]. Die materielle Rücksichtnahme auf die ländliche Schulgemeinde nahm einen höheren Rang ein als der Ausbau der ländlichen Schule[66].

Die von Beckedorff eingeleiteten Maßnahmen erstrebten zugleich eine technische Verbesserung des Ausbildungs- und Berufsstandards der preußischen Volksschullehrer und deren Begrenzung auf ein sozial unproblematisches Maß. Schulreform in diesem Sinn sollte die soziale Mobilität nicht erleichtern, sondern die Schule als ein Instrument gesellschaftlicher Beruhigung installieren. Dieses Programm fixierte die Leitlinie für die Entwicklung der preußischen Volksschule im 19. Jahrhundert, von der auch, trotz des Bildes bewegter äußerer Auseinandersetzungen, nicht wesentlich abgewichen wurde. Spätere Ministerialreferenten stellten ihr Lehrerbildungskonzept ausdrücklich in die von Beckedorff begründete Tradition[67].

Wenn mit der Gründung der Seminare als den Stätten institutionalisierter und einheitlicher Lehrerbildung und mit der Erarbeitung ihrer Ausbildungsziele die wesentlichen Grundlagen der Professionalisierung etabliert waren, so war damit ein Schritt getan, dessen soziale Folgen schon bald deutlich werden mußten: das gesteigerte Ausbildungsniveau führte zu einem gesteigerten gesellschaftlichen Anspruch der seminaristisch gebildeten Lehrer, wenigstens aber zu dem Verlangen nach der Gewährung existenzsichernder Einkünfte. Daß auch W. von Humboldt diesen Zusammenhang ausgeblendet hatte, belegt seine Besprechung des Zellerschen Ausbildungssystems, bei dem er die Erziehung der Lehramtskandidaten zu Genügsamkeit und Gewöhnung an Entbehrungen als besonders angemessen hervorhob, da die »Landschullehrerstellen ihrer Natur nach nicht einträglich sein können . . .«[68] Die Spannung zwischen der Erwartung der Bürokratie, die der Gesellschaft die Steigerung der Volksbildung bei minimalen Kosten auferlegte, und den Ansprüchen der dafür benötigten Lehrer an die Gesellschaft, ihre Funktion auch materiell

adäquat zu honorieren, wurde in der Humboldtschen Aussage verdeckt und mit dem Hinweis auf die mangelnde Leistungsfähigkeit der Gemeinden von vornherein gegen die Lehrer entschieden.
Damit war ein Grundmodell der Lehrerausbildung festgelegt, das durch das Jahrhundert hindurch seine Aktualität behielt. Die Lehrerbildungsanstalten sollten nicht nur das nötige Fachwissen vermitteln, sondern zugleich innerhalb ihres Erziehungsauftrages die Zöglinge für einen bestimmten Lebensstil konditionieren, der durch materielle Dürftigkeit gekennzeichnet war. Die Norm äußerer Kargheit wurde zugleich als eine dem Lehrerstand wesentliche innere Berufsqualität stilisiert, von der man sich höchst lebenspraktische Konsequenzen versprach: die künftigen Lehrer sollten darauf vorbereitet werden, »daß sie künftig ein Lehramt auch unter ungünstigen Bedingungen annehmen und auch in drückender Lage mit Liebe darin verharren«[69].
Diese Strategie, die in der Notzeit der ersten Jahrzehnte des Jahrhunderts[70] die mangelnde Leistungsfähigkeit der ländlichen Gemeinden zum Ausgangspunkt nahm, hielt für die materiell benachteiligten Lehrer eine ideelle Kompensation bereit, die in der Betonung der Wichtigkeit der von ihnen eingenommenen Funktion für König und Vaterland gefunden wurde.
Das Modell der Erziehung zur materiellen Bedürfnislosigkeit vereinigte zwei höchst unterschiedliche Aspekte, die sich beide gleichermaßen destruktiv auf den Lehrerstand wie vorteilhaft für Bürokratie und Schulgemeinde auswirkten: Einerseits waren geringe Anforderungen für Schule und Lehrer den Schulunterhaltungspflichtigen finanziell höchst erwünscht, sie enthoben zudem den Staat der Notwendigkeit, seinerseits Aufwendungen für die Schule aus dem Steuereinkommen zu leisten. Andererseits waren die Lehrer, deren Existenz nicht ausreichend gesichert war, staatlichen und gesellschaftlichen Bedürfnissen sehr leicht gefügig zu machen, da ihnen im Konfliktfall der Brotkorb noch höher gehängt werden konnte. Ideologisch war dieses Konzept durch die Rollennormen abgesichert, in die die Ausbildung einübte.

2. Die Politisierung der Lehrerschaft: Die schulpolitischen Programme von 1848

Preußische Schulreformer und vormärzliche Bürokratie hatten für eine in ihrem Sinne effizientere Elementarbildung ein Lehrpersonal für die Schulen geschaffen, das im Prozeß seiner Professionalisierung nun seinerseits auf die Gestaltung des Unterrichts und des Schulsystems überhaupt Einfluß nehmen wollte. Seine Ansprüche kollidierten aber in der veränderten politischen Situation des Vormärz zunehmend mit dem Kurs einer Schulverwaltung, welche die von ihr selbst eingeleitete Reformbewegung im Interesse einer Stabilisierung des bestehenden politischen und gesellschaftlichen Systems umlenken wollte, da ein modernes, tendenziell auf Gleichheit angelegtes Erziehungssystem langfristig für eine nach wie vor überwiegend ständisch verfaßte Gesellschaft Sprengkraft zu entwickeln drohte. Die frühen Vereinsbildungen der Lehrer im 18. Jahrhundert, deren Existenz an die Aktivität einzelner hervorragender Standesvertreter oder geistlicher Förderer gebunden war, können hier außer Betracht bleiben[71]. Ihr Entstehen war willkürlich, ihre Folgen waren nur kurzfristig oder von enger lokaler Begrenztheit[72]. Eine qualitative Veränderung der Vereinsbestrebungen ergab sich mit den Anstrengungen der preußischen Bürokratie um die Wende zum 19. Jahrhundert, als die privaten Unternehmungen in den Dienst der öffentlichen Schulreform gestellt wurden[73]. Die Vereine veränderten als Instrument amtlicher Schulpolitik zwangsläufig ihren Charakter. Die Initiative ging an eine staatlich installierte Leitung über, die einen unmittelbaren Einfluß der Bürokratie garantierte, aber die Motivation der Teilnehmer erstickte: »Man kam zur Konferenz, weil es die Behörde gefordert hatte. Ein Teil des Gehalts wurde gleichzeitig ausbezahlt. Aus diesem Grund verlohnte allein der weite Weg«[74]. Ausgangs der 1830er Jahre wurde deshalb erneut eine »freie Vereinsbildung« in verschiedenen Aufsätzen von Schulmännern selbst gefordert. Der einflußreiche Direktor des Berliner Lehrerseminars, Adolf Diesterweg, erkannte in diesen Ansätzen, die er in einem Beitrag über »die allgemeinen Bedingungen des Gedeihens der Lehrervereine« besprach[75], die Tendenz der Zeit zur Bildung von »Assoziationen« und stellte die Lehrervereinsbewegung neben die der Philologen, Germanisten, Juristen etc.[76]. Gerade wegen der ungünstigen Berufsbedingungen der Lehrer sprach er ihren Vereinsbestrebungen einen besonderen Rang zu. »Die Lehrervereine sind nicht nur ein wichtiges, sondern ein ganz notwendiges Mittel zur Fortentwicklung des Schulwesens und ihrer Lehrer . . . Lehrhaftigkeit, Lernkunst, Frische des Geistes und Neigung zur Assoziation mit Gleichgesinnten ist ein und dasselbe. Das eine kann nicht bestehen ohne das andere«[77].

Die Vereinsbestrebungen waren damit nicht nur als ein eigenständiger Faktor für die berufliche Entwicklung des Lehrerstandes erkannt, sondern der Drang zur »Assoziation« als eine spezifische professionelle Norm in Anspruch genommen. Qualitativ neuartig war Diesterwegs Plan einer »organischen« Verbindung der einzelnen lokalen Vereine zum Zusammenwirken auf Bezirks- und Provinzialebene, der bei seiner Verwirklichung bereits im Vormärz einen ›Preußischen Lehrerverein‹ konstituiert hätte. Entscheidend war die Forderung, daß die Zusammenschlüsse »von unten« erfolgen müßten, daß die Aktivierung der Basis die Voraussetzung für das Gelingen des ganzen Unternehmens sei[78]. Die von Diesterweg vorgeschlagene neue Organisationsform versprach in doppelter Weise eine Politisierung des Standes. Sie schuf die Voraussetzung für eine einheitliche innerberufliche Meinungsbildung sowie die Plattform für ein öffentliches Wirken der Vereine[79]. Eine solche Entwicklung überstieg weit das Maß der durch die vormärzliche Schulverwaltung[80] politisch gesetzten Grenzen. Die Bürokratie wollte gerade die Tendenz überlokaler Zusammenschlüsse von Lehrervereinen konsequent bekämpfen und verhinderte erfolgreich jene organisatorische und institutionelle Kontinuität, die Diesterweg als zentrale Forderung seines Planes herausgehoben hatte. Das Ministerium hatte indessen erkannt, daß unter den sich wandelnden Bedingungen von »Öffentlichkeit«[81] die Lehrerfeste und Vereinsbestrebungen im Verlaufe des dritten und vierten Jahrzehnts eine neue Qualität gewonnen hatten. Die Zusammenkünfte überstiegen den Rahmen berufsinterner Veranstaltungen, die ihre Wirkung auf den Stand selbst konzentrierten, und strahlten

auf eine zwar noch weitgehend schulpolitisch uninformierte, doch ihrerseits in Bewegung geratene Öffentlichkeit aus. Pädagogische und standesrechtliche Fragen erhellten sich allmählich in ihrer allgemeinpolitischen Dimension.
Die Kultusbürokratie reagierte auf diesen Funktionswandel der Öffentlichkeit, der der Restaurationspolitik des Gesamtministeriums prinzipiell entgegenlief, mit entschiedener Härte[82]. Doch erwies sich der Spielraum für positive Maßnahmen der Bürokratie als außerordentlich begrenzt; neben der Gesinnungskontrolle – selbst ein harmloses Hoch auf den verdienten rationalistischen Lehrerbildner Dinter wurde als staatsfeindlich denunziert[83] – blieb als Ultima ratio fast ausschließlich das Verbot der entsprechenden Veranstaltungen. Die prinzipiellen Gründe für die Ablehnung überregionaler Standesaktivitäten läßt das Verbot einer im Herbst 1842 von Diesterweg nach Berlin berufenen »Versammlung Brandenburgischer Lehrer« erkennen, das die Befürchtung der Behörde formulierte, die mehr »auf-« als »anregenden« Eindrücke einer so zahlreichen Versammlung würden die Sinne der Elementarlehrer von dem »kleinen Kreis« ihrer Gemeinden abziehen[84]. Da als Referenten ausschließlich staatliche Seminarlehrer vorgesehen waren, sind für das Verbot kaum inhaltliche Befürchtungen anzunehmen, sondern der überregionale Charakter ist für die Absetzung der Veranstaltung verantwortlich zu machen[85]. Es blieb auf überregionaler Ebene bei Einzelaktionen, die von engagierten Standesvertretern organisiert wurden[86]. Wenn diese Versammlungen auch jeweils relativ viele Besucher zu aktivieren vermochten[87], so kam es doch nicht zu beständiger Arbeit, vor allem nachdem die Kultusbürokratie die Teilnehmer durch Strafandrohung abgeschreckt und die Initiatoren durch disziplinarische Maßnahmen auszuschalten versucht hatte[88]. Das Urteil der Liegnitzer Regierung gegen den Initiator der Hirschberger Lehrerfeste, Wander, enthüllt die politischen Motive dieses restriktiven Verwaltungsgebarens in aller Offenheit: »Wenn viele Personen derselben Kategorie zu einer ganz ungewöhnlichen Versammlung zusammenkommen, wenn dabei bittere und leidenschaftliche Klagen über gemeinsames und aus den bestehenden Verhältnissen sich ergebendes Ungemach laut werden: so liegt der Gedanke nahe, daß eine Veränderung in dem Organismus des Staates auch Abhilfe für ein solches gemeinsames Mißgeschick herbeiführen werde«[89].
Das Kultusministerium hatte bereits im Jahre 1842 mit einem ausdrücklichen Verbot auf die Bildung überregionaler Vereine geantwortet, das zwar die Besprechung pädagogischer Fragen durch die Lehrerschaft erlaubte, aber auf »kleinere Zusammenkünfte« beschränken wollte. Mißbilligt wurden die Bestrebungen der Lehrer, durch »planmäßige Organisation« ihre Gehaltssituation zu verbessern, sie seien der Stellung der Lehrer nicht angemessen und zudem überflüssig, da das Ministerium von sich aus auf Gehaltsverbesserungen abziele und die Vereinsbildung das Erreichen der guten Absichten der Behörden nur erschwere[90].
Relativ unangefochten konnten allein die regionalen Hilfsvereine arbeiten, die sich als Brand- und Krankenkassen konstituiert hatten oder sich der Alters-, Witwen- und Waisenversorgung widmeten. Einer Politisierung des Standes vermochten sie kaum den Boden zu bereiten, stand doch ausschließlich das persönliche und materielle Interesse der einzelnen Teilnehmer im Vorder-

grund. Deshalb fanden solche Bestrebungen auch die Unterstützung kommunaler wie staatlicher Behörden, die mit den Mitteln der Rechtsaufsicht massiv in die Geschäftsführung eingriffen[91]. Ebenso lagen in den Lehrerkonferenzen, die am zutreffendsten als »pädagogische Arbeitsgemeinschaften«[92] zu charakterisieren sind, schulpolitische Fragen außerhalb des Horizonts oder waren durch die Schulaufsicht ausdrücklich ausgeschlossen worden. Vereine mit standespolitischer Zielsetzung hatten grundsätzlich keine Entfaltungschancen, so daß die auffindbaren Ansätze zu einer Kritik der bestehenden Schul- und Standesverhältnisse zunächst keine Breitenwirksamkeit gewannen. Die Vereine blieben mit Vorbedacht auf lokale Wirksamkeit begrenzt und zu innerem Leerlauf verdammt, so daß der Ministerialdirektor Eilers über die von ihm selbst mitzuverantwortende Apathie der Lehrer zu Recht höhnen konnte: »Man bewegte sich in dem ruhigen Fahrwasser der allgemeinen Erörterungen, der gefahrlosen Mitte, und unterhielt sich über alle möglichen kleinen und großen Fragen in der gemütlichen Weise des Wasch mir den Pelz und mach ihn nicht naß . . .«[93].

Es ergab sich ein Zustand äußerer Stagnation, der allerdings die sich aufstauenden inneren Spannungen nur überdeckte, denn theoretisch waren die Lehrer aufgrund ihrer sozialen Herkunft, ihrer Ausbildung und beruflichen Situation durchaus zu einem Verhalten eingeladen, das auf eine Veränderung der politischen und gesellschaftlichen Ordnung drängte, wie die Bürokratie zu Recht argwöhnte. Die verschiedenen Formen der bürokratischen Disziplinierung sowie die konkrete soziale und politische Konstellation balancierten jedoch diese »revolutionäre Disposition«[94].

Erst die wenigen Monate der politischen Desorientierung der traditionalen Herrschaftsgruppen während des Jahres 1848 eröffneten auch den Lehrern das Forum politischer und professioneller Öffentlichkeit, das gemeinsamer politischer Aktion den Boden bereiten konnte[95]. Nach den Märzereignissen belebte sich schlagartig die publizistische Szene. Einzelne herausragende Schulmänner[96] traten mit schulpolitischen Programmen und Nationalerziehungsplänen an die Öffentlichkeit, die in ihrer Tendenz zur Einheitsschule auch das Elementarschulwesen berücksichtigten und damit von höchster Relevanz auch für dessen Lehrer waren. Diese Programme wurden vielfach in den sich seit den Märztagen überall konstituierenden Lehrerversammlungen der Beratung zugrunde gelegt. Große Breitenwirkung fand ein von Diesterweg Anfang April in den »Rheinischen Blättern« veröffentlichter Aufsatz, der den Plan freier Vereinsbildung wieder aufnahm und dessen zentralen Gedanken für den Aufbau eines reorganisierten Schulsystems enthielt[97]. Ebenso wie die Postulate eines Aufrufs seines Berliner Seminarlehrerkollegen Hintze[98] an die preußischen Volksschullehrer übernahmen die freien Versammlungen diese Programmpunkte in mehr oder weniger abgewandelter Form in ihre Resolutionen. Diese allerorts abgehaltenen Versammlungen führten zunächst zu einer momentanen und bisher unbekannten Mobilisierung des Standes: aktuelle materielle Forderungen, lastende professionelle Hemmnisse oder persönliche Kränkungen konnten hier zur Sprache gebracht werden[99].

In der allgemeinen Lehrerversammlung am 26. 4. 1848 in den Berliner Tivolisälen verabschiedeten die über 500 Teilnehmer eine an die preußische

Nationalversammlung adressierte Petition, die geeignet war, eine geschlossenere Front herzustellen, indem sie inhaltlich das »Begehren der letzten Jahrzehnte« sublimierte und in ihrer Form den »Prototyp« aller übrigen Resolutionen abgab[100]. In vier Abteilungen wurden 22 Leitsätze zur Reorganisation der Behörden, der Schule, der Lehrerbildungsanstalten und der beruflichen Situation der Lehrer verabschiedet, deren wichtigste ein spezielles Unterrichtsministerium, die »Einsetzung von Räten, gewählt aus praktischen Lehrern aller Kategorien«, und die »Inspektion der Schule durch Schulmänner« forderten. Allgemein wurde verlangt, daß die Schule nicht länger Gemeindeschule bleiben, sondern als Staatsanstalt organisiert werden solle, während das qualitativ neuartige Postulat: »die Lehrerbildungsanstalt ist ein Zweig der Universität und gibt theoretische und praktische Ausbildung«, höchst umstritten blieb[101]. Realistisch stellte die Petition Übergangsbestimmungen auf, die unmittelbar in die Praxis umzusetzen waren: sofortige Entfernung der Geistlichen aus der Schulaufsicht, deren Posten Schulinspektoren aus dem Lehrerstande einnehmen sollten, sowie die Aufnahme der Lehrer in den Schulvorstand. Daneben forderte sie weitere Maßnahmen, welche die Trennung zwischen Kirche und Schule institutionell begründen und die materielle Sicherheit der Lehrer garantieren sollten[102]. Wenn auch in diesem und ähnlichen Programmen Ansätze für das »Modell eines Lehrerstandes in einer demokratischen und industriellen Gesellschaft«[103] entwickelt wurden, so repräsentierten sie doch keineswegs den aktuellen Stand des Problembewußtseins der Mehrzahl der Elementarschullehrer[104]. Zwar setzten sich demokratische und liberale schulpolitische Forderungen zeitweise in den freien Versammlungen durch, doch es lagen auch zahlreiche Äußerungen aus anderen partei- und schulpolitischen Lagern vor, in denen konservative oder orthodoxe Elementarlehrer ihre progressiven Kollegen hart tadelten und entschieden von deren Postulaten zugunsten der Erhaltung der bestehenden Schulverhältnisse abrückten[105].

Aufgrund der vielfältigen Aktivitäten der Lehrerschaft und ihrer allgemeinen Erregung sah sich das Ministerium jedoch veranlaßt, den neuen Ansprüchen auf Beteiligung der Betroffenen an der Schulverwaltung, die sich in den Versammlungen immer wieder artikuliert hatten, Rechnung zu tragen[106]. Ein Erlaß an die Oberpräsidenten trug die Einrichtung von Kreislehrerkonferenzen auf, in denen Volksschullehrer und geistliche Schulinspektoren unter Vorsitz des Landrates über die Reorganisation des Volksschulwesens beraten sollten[107]. Die behördlich verordneten Versammlungsleiter forderten den scharfen Protest der Teilnehmer heraus, die aus ihrer Mitte die Leitung wählen und ohne die geistlichen Schulinspektoren tagen wollten[108]. Da das Ministerium an seiner Anordnung festhielt, gerieten die Beratungsergebnisse von vornherein unter den Verdacht behördlicher Steuerung[109]. Das Ministerium vermochte allerdings zwischen den Ergebnissen der amtlichen und denen der freien Konferenzen keine Differenz zu erkennen, wie eine Aktennotiz Stiehls belegt, der mißmutig feststellte: »Die Vorschläge der Konferenzen sind fast überall von der Schablone der von hier ausgegangenen Diesterwegschen und Hintzeschen«[110]. Die Beratungsergebnisse der Konferenzen der verschiedenen Landesteile fielen jedoch selbst in elementaren Fragen höchst widersprüchlich

aus, wie die vom Ministerium vorgenommene Zusammenstellung der Ergebnisse ergab[111]. Dafür waren einerseits die recht unterschiedlichen Berufsbedingungen in den einzelnen Landesteilen verantwortlich zu machen, und andererseits verbanden sich auch mit den zentralen Begriffen wie »Staatsschule«, »Fachaufsicht« und »Allgemeine Volksschule« stark divergierende Inhalte, deren Klärung kaum durch eine einzige Konferenzserie bewerkstelligt werden konnte[112]. Immerhin ließen die Forderungen der amtlichen Konferenzen und der zahllosen »freien« Versammlungen deutlich erkennen, wie sehr sich die Elementarschullehrer der vielfältigen Diskrepanzen in ihrer beruflichen und sozialen Position bewußt waren.
Das Ende der administrativen Zurückhaltung, die den Lehrer einen freieren Aktionsraum überlassen hatte, markierte ein Runderlaß des Kultusministers vom 20. 12. 1848, der das Verhalten der Pädagogen aller Schularten während der Revolutionsmonate kritisch besprach und für diejenigen disziplinarische oder strafrechtliche Ahndung anordnete, die die gesetzlichen Schranken überschritten oder ihr Amt mißbraucht hätten[113]. Andererseits war die Regierung bestrebt, sich den politischen Einfluß der Lehrer zunutze zu machen, der ihnen unter den konstitutionellen Verhältnissen zuwuchs. Während in den Jahren zuvor den Lehrern jede öffentliche oder gar politische Aktivität in dienstlichem wie außerdienstlichem Verhalten ausdrücklich untersagt war, wurde ihnen jetzt aufgetragen, sich aktiv für den Schutz der oktroyierten Verfassung einzusetzen. Ein Zirkular-Reskript vom 30. 12. 1848 zu einer Verfügung des Ministeriums des Innern machte den Lehrern zur Pflicht, Kandidaten der Regierungsparteien öffentlich zu unterstützen und in den Massen politische Aufklärungsarbeit zu leisten, um so den Behörden bei der Aufgabe zu helfen, den Verfassungsoktroi gegen »anarchische Bestrebungen« zu schützen[114]. Dieser Appell an das staatsbürgerliche Engagement der Lehrer wurde aber schon bald wieder zurückgenommen zugunsten drohender Ermahnungen, die nur noch auf die unbedingte Gehorsamspflicht der Staatsbeamten rekurrierten[115].
Die in den Monaten nach der Revolution publizierten Erlasse, welche die spezifischen politischen Aufgaben der Elementarlehrer zu definieren und ihre politische Aktivität auch inhaltlich festzulegen suchten, wurden von späteren Ministerien mit teilweise durchaus unterschiedlichen Erwartungen bis zum Ende der preußischen Monarchie in Wahlkampfzeiten immer wieder erinnernd als noch in Kraft befindlich zitiert[116]. Bedenkenlos setzte die Regierung jeweils die Lehrer für ihre Politik als die quantitativ bedeutendste Beamtengruppe ein, die aufgrund ihrer Stellung vor allem in ländlichen Gemeinden die politische Agitation für die regierungsfreundlichen Parteien übernehmen sollte. Die Lehrer repräsentierten ein wahlpolitisch verwertbares Potential, von dem auch die anderen Parteien zu profitieren trachteten. Dieser Tatsache verdankten sie einerseits gesteigertes politisches Interesse in Wahlkampfzeiten und andererseits jeweils disziplinarische Drohungen und politische Verdächtigungen nach dem Ausgang der Wahlen, kaum jedoch positiven Einfluß auf die Verwirklichung ihrer standes- und schulpolitischen Forderungen.
Schon seit der Jahreswende 1848/49 beargwöhnte die Regierung die Mitgliedschaft der Lehrer in liberalen Vereinen, zu denen sie auch die berufsständi-

schen Zusammenkünfte der Lehrer selbst rechnete; ganz im Stile vormärzlicher Verdächtigungen wurde ihnen politische Camouflage unterstellt und eine Lockerung der Bande der Disziplin durch ihr Wirken befürchtet[117]. Die Aktivität der Elementarlehrer ging unter diesen Bedingungen rapide zurück; die wenigen Monate der Freiheit hatten zwar ausgereicht, die Linien eines demokratischen Schulsystems auszuzeichnen und sein Bild öffentlich zu propagieren, aber die Einsicht in die Notwendigkeit kollektiven Handelns zu seiner Verwirklichung hatte sich in der kurzen Zeit nicht in die Realität umsetzen lassen[118].

Barsche Vorwürfe Diesterwegs über die standespolitische Apathie nach 1849 charakterisierten zwar zutreffend das Verhalten der meisten Volksschullehrer, doch verdeckten sie teilweise in ihrer moralisch fundierten Kritik die Einsicht in die strukturellen Gründe für dieses Verhalten. Der Appell zur Vereinsbildung konnte nicht die Tatsachen ändern, die solchen Bestrebungen massiv entgegengestanden hatten: Die bisherige Form der Konferenzen, in welchen den Schulaufsichtsbeamten die Leitung reserviert war, hatte den Teilnehmern keinen Raum gelassen, eigene Führungsqualitäten zu erkennen und zu entwickeln. Formen überregionaler Zusammenarbeit waren verhindert worden, so daß es weder eingespielte Organisationsformen noch die notwendige Zahl persönlicher Kontakte gab, die diesen Mangel innerhalb weniger Monate hätten kompensieren können. Zudem waren persönliche Kontakte durch die örtlichen Schulaufsichtsbeamten relativ leicht zu kontrollieren, da für jede Abwesenheit vom Schulort eine vorherige Urlaubsgenehmigung vom Ortsschulinspektor eingeholt werden mußte. Die geistliche Schulaufsicht war 1848 nicht demontiert, sondern die Schulinspektoren waren sogar aufgefordert worden, gerade über das Verhalten ihrer Schutzbefohlenen während der Revolutionsereignisse rückhaltlos zu berichten und mögliche Verfehlungen zur Anzeige zu bringen[119].

Bei weitem die Mehrheit der Elementarlehrer wirkte nach wie vor in ländlichen Schulstellen und war deshalb in besonderem Grade der sozialen Kontrolle ihrer Gemeinden ausgesetzt, so daß sich die durch ihre berufliche Position bedingte Isolierung weiter verschärfte. Das Verhältnis der Lehrer zu ihren Gemeinden war durchaus ambivalent: Einerseits konnten diese ihre Position gegenüber der staatlichen Schulverwaltung stützen, wie dies z. B. die Gemeinde Hirschberg zugunsten Wanders versuchte[120], zum andern aber waren die Schulausgaben häufig die drückendste Last im Gemeindehaushalt und die Lehrer schon aus diesen materiellen Gründen heftig angefeindet. Gegenüber den permanenten Versuchen der Gemeinden, die Schuleinkünfte zu verkürzen, waren die Lehrer auf die nachhaltige Unterstützung der Schulbehörden angewiesen; Unzufriedenheit mit dem Lehrer pflegten die Gemeinden überdies mit verspäteter Gehaltszahlung, verschlechterten Naturalleistungen oder Verweigerung von Diensten zum Ausdruck zu bringen. So hatten sich mehrere Gemeinden in der Revolution zu der Forderung ermutigt gefühlt, auf sofortige Abschaffung der kostspieligen Schullehrer zu drängen[121]

Für eine Durchsetzung des Reformprogramms fehlte innerhalb der Lehrerschaft selbst die notwendige breite Basis, denn im Grunde hatte sich nur die Elite des Standes artikuliert, deren Forderungen der Mehrheit der Kollegen in ihren politischen und sozialen Konsequenzen unklar geblieben waren. Wenn die progressiven Thesen in lokalen Versammlungen vielleicht auch im Augenblick aufgenommen worden waren, so rückte man behende von ihnen ab, als deutlich wurde, daß die sich wieder konsolidierende alte Obrigkeit Verfechter der Reform unter Druck setzte[122]. Aktuell aufgeregtes Verhalten und tatsächlicher Veränderungsdruck standen in einem krassen Mißverhältnis. Der Annahme, die Lehrer hätten sich umfassend an den Ereignissen im Revolutionsjahr beteiligt, widersprechen sogar amtliche Äußerungen. Ein Zirkularreskript des Ministeriums der geistlichen, Unterrichts- und Medizinalangelegenheiten vom 20.12.1848, »betreffend das politische Verhalten der Lehrer«, erkannte im Namen der Regierung »dankbar« an, »daß die bei weitem größere Zahl der Direktoren und Lehrer den an sie gerichteten Anforderungen entspricht und in würdiger Haltung auch den nachteiligen Einfluß der politischen Aufregung der neueren Zeit in ihren Schulen abzuwehren bemüht gewesen ist«[123].

Die Elementarlehrer hatten nicht als der dynamischste Teil der Unterschichten agiert, wie es ihrer sozialen Position und ihrer relativ entwickelten Bildung entsprochen hätte[124], sondern die führende Position hatten weit eher die Pädagogen höherer Lehranstalten bürgerlicher Herkunft eingenommen. Obwohl ihre materielle Lage völlig unzureichend war, schlossen sich die Elementarlehrer weitgehend bürgerlichen Programmen an und verhielten sich in ihrer Mehrheit so, wie es liberale schulpolitische Konzeptionen von ihnen erwarteten, als Stützen der sich ausbildenden bürgerlichen Ordnung[125]. Dabei gab es durchaus Diskussionsbeiträge, die eine Einsicht in die Interessensolidarität zwischen den Elementarschullehrern und den von ihnen unterrichteten Kindern erkennen ließen, die aus den konkreten Erfahrungen der Schulpraxis entsprang. So verdeutlichten die Lehrer der Provinz Sachsen die Klassensituation der Volksschule an der negativen Einstellung der Fabrikherren zur gesetzlichen Schulpflicht, und ein Diskussionsteilnehmer leitete seine Kritik an der Schulpolitik des Bürgertums mit der Feststellung ein: »Dem reichen Bürgertum hat es noch nicht an Mitteln gefehlt, dem Proletarier aufzuhelfen. Aber es hat ihn immer unterdrückt . . .«[126].

Die sichtbar werdenden Ansätze zu einer Politisierung der Schulfrage wurden allerdings durch die Führer nicht aufgegriffen, die ihre schulpolitischen Programme in strikter parteipolitischer Neutralität verwirklichen wollten und ihre Gefolgsleute auf diesen Kurs unbedingt zu verpflichten suchten[127].

Die Tatsache einer breiten gemeinsamen Kampffront gegen die »feudalen« Relikte des Elementarschulwesens verdeckte für die meisten Lehrer die Einsicht in die unterschiedlichen Zielsetzungen der schulpolitischen Programme. Wander gehörte zu den wenigen, die die Interdependenz zwischen einer demokratischen Schulordnung und einer demokratischen Gesellschaft erkannten; schon für Diesterweg war dieser Zusammenhang aufgrund seiner organologischen Gesellschaftskonzeption verdunkelt, wenn er auch die Postulate einer demokratischen Schulreform mit Nachdruck verfocht[128].

Die Erfahrungen mit den Verhaltensweisen des Staates in der Revolution und in der unmittelbar auf sie folgenden Zeit hinterließen zudem tiefe Spuren im Konzept der Pädagogen. Die Forderung nach der »Staatsschule«, die sich vor

allem aus den vormärzlichen Erfahrungen mit der als lastend empfundenen »Kirchenschule« profilierte, in der praktisch die Theologen die Entscheidungs- und Leitungsfunktionen innehatten, war ganz an die Erwartung der progressiven Funktion des Staates geknüpft. Wenn diese Erwartungen auch schon durch die Erfahrungen der 40er Jahre relativiert worden waren, so schienen sie dennoch mit der Aussicht auf konkrete Demokratisierungsmöglichkeiten in der Situation des Jahres 1848 realistisch. Aber schon im Verlauf der Verfassungsberatungen wurde deutlich, daß man diesem sich nur wenig verändernden Staat die alleinige Sorge für die Schule nicht überlassen durfte, zumal es den alten Herrschaftsgruppen gelang, ihre Ansprüche in neuer Weise institutionell abzusichern.
Bei der Reflexion über die aus den Erfahrungen der Revolution zu ziehenden pädagogischen Konsequenzen ergaben sich partiell höchst problematische Gemeinsamkeiten mit der Bürokratie. Selbst Diesterweg wollte bestimmte Revolutionsereignisse mangelnder Zucht und unvollkommener Schulerziehung zuschreiben. Seine Überlegungen von 1850 über die »Erziehung zur Gesetzlichkeit« verarbeiteten diese Erfahrungen. »Je freier die Staatsform, je mehr die Bürger sich selbst Gesetze geben und regieren, desto strenger muß die Erziehung zur Gesetzlichkeit sein«[129]. Zur Erreichung dieses Zwecks schien dem Autor straffe Disziplin und Autorität unabdingbar. Zwangsläufig reduzierte sich auch in Diesterwegs Konzept angesichts der massiven gesellschaftlichen und politischen Widerstände Gesellschaftsreform auf eine Gesinnungsreform, die das individuelle Wollen und Streben des einzelnen Lehrers und Schülers zum Ausgangspunkt ihrer Bestrebungen nahm. Hier kam ein Wunsch nach Disziplin zum Ausdruck, den auch die Bürokratie teilte. Diese Interessenidentität sollte sich in den folgenden Jahrzehnten zu einer immer fester werdenden ideologischen Gemeinsamkeit verfestigen, die jenseits möglicher politischer Differenzen wirksam wurde.

3. Die Antwort auf die Revolution: Die Regulative von 1854

Über Schulfragen war in der Situation des Jahres 1848 nicht nur innerhalb der Lehrerschaft diskutiert worden, sondern auch in den parlamentarischen Gremien der preußischen und deutschen verfassunggebenden Versammlungen[130]. Dem prinzipiellen Gewinn an Öffentlichkeit, der sich durch die damit eingeleitete parlamentarische Behandlung der Probleme des Elementarschulwesens ergab, stand jedoch eine aktuelle Verlustrechnung für die Schule gegenüber, die sich aus der parlamentarischen und administrativen Konstellation nach der Revolution herleitete[131]. Die Situation gegenüber dem Vormärz hatte sich insofern entscheidend geändert, als die bürokratischen Machtansprüche homogener geworden waren, im politischen Bereich keine Widerstände fanden und durch die herrschenden Majoritäten in beiden Häusern des preußischen Landtages ausdrücklich unterstützt wurden. Die parlamentarische Öffnung brachte eine Zentralisierung der Kontrolle durch eben dieses Parlament.
Gleichsam leitmotivisch durchzog die Beratungen der ersten Kammer[132] über

die Unterrichtsartikel der Verfassung die Mahnung, daß eine »Beruhigung« der Volksschullehrer angestrebt werden müsse. Zweifellos hatte die momentane Aktivität der Lehrer gerade die Konservativen überrascht, da sie so gar nicht dem Bild des passiven und gehorsamen Schulmeisters entsprach, das die Repression der vormärzlichen Bürokratie garantiert hatte.

Einerseits wurde stereotyp auf die hervorragende Qualität des preußischen Unterrichtswesens hingewiesen, das, »obwohl vielfacher Verbesserung und Vervollkommnung bedürftig«, doch als »anerkannt das bestorganisierte in Europa« hingestellt wurde[133]. Angesichts dieser Feststellung war natürlich die Notwendigkeit einer Umbildung nach dem System der Verfassungsentwürfe entschieden zu bestreiten. Andererseits konnte aber die Aktivität der Volksschullehrer während des Jahres 1848 als augenfälliger Beweis einer verfehlten Bildungspolitik überhaupt gewertet werden. Bethmann Hollweg, von 1858-1862 selber Leiter des Kultusministeriums, dekretierte ohne Umschweife, der Lehrerstand sei ein »bescheidener demütiger Stand«, der in der Welt auf Rang und Ehre »keinen Anspruch« zu machen habe. Er diagnostizierte bündig, daß die »Krankheit« seines Zustandes in »falschem Emporstreben« ihre Ursache finde[134]. Zu einem gegenteiligen Schluß gelangte die Revolutionsdeutung des konservativen Abgeordneten Stiehl, der im Kultusministerium seit 1844 die Volksschulangelegenheiten bearbeitet hatte und deshalb durch die Debatte unmittelbar betroffen wurde. Stiehl bewies zugleich sein Gespür für einprägsame politische Formeln, als er seinen Rückblick auf die Tätigkeit der preußischen Schulverwaltung des letzten Jahrhunderts unter das dann vielzitierte Schlagwort stellte: »Wer die Schule hat, der hat die Zukunft«[135]. Der Geheimrat teilte nicht die Ansicht seiner konservativen Gesinnungsgenossen, die eine unangemessene Höhe der Volksbildung für die Revolution mitverantwortlich machten, sondern sah die Ereignisse gerade durch die von den Volksschulen der Vormärzzeit erbrachte Bildungsleistung in ihrer Heftigkeit gemildert.

Die von der Volksschule auch in den »untersten Schichten« verbreitete »Intelligenz« sei eine der »Schutzwehren« gewesen, an welchen sich die Revolution gebrochen habe[136]. Nachdrücklich machte Stiehl deshalb unter dem Aspekt, die Schule als Palliativ gegen die Revolution zu bewahren[137], das Interesse der Schulverwaltung an einer materiellen Besserstellung der Lehrer geltend, da die moralische Wirksamkeit der 30 000 preußischen Lehrer höher einzuschätzen sei als die des Parlaments.

Trotz der Differenzen in der Analyse der Revolutionsereignisse bestand Einigkeit darüber, daß in jedem Fall in Zukunft eine bessere Kontrolle der Lehrer garantiert werden müsse, wenn auch umstritten blieb, ob eher die Gemeinden unter Führung des Ortsgeistlichen oder die staatliche Bürokratie dafür heranzuziehen seien. Im wesentlichen sprach sich für die erste Forderung die stärker feudal orientierte Gruppe der Konservativen aus, während die zweite vornehmlich von der bürokratisch-ministeriellen Gruppe dieser Parteirichtung vertreten wurde. Die Volksschullehrer waren als vermeintliche Bannerträger der Revolution auch in das Visier des Monarchen geraten, der deshalb entschlossen war, weitreichende institutionelle Konsequenzen aus den Erfahrungen der Revolutionsereignisse im Bereich des

Elementarschulwesens zu ziehen.
Die schneidende Verurteilung der Volksschullehrer durch Friedrich Wilhelm IV.[138] und die Analysen Riehls[139] und anderer Konservativer[140] verarbeiteten zwar weniger die Erfahrungen der Revolution, als daß sie unter ihrem Eindruck die konservative Schulkritik verschärften, die bereits für den Vormärz festzustellen ist; sie trugen aber zu einer Konstellation bei, welche die konservative Bürokratie ihrerseits unter den Druck der feudal-reaktionären Gruppen geraten ließ, die für eine radikale Demontage des bisherigen staatlichen Elementarschulsystems eintraten und konsequent wie die ihnen verhaßten preußischen Reformer bei den Ausbildungsprogrammen für die Lehrer anfangen wollten. In diesem schulpolitischen Klima kam es 1854 zum Erlaß der Verwaltungsvorschriften, die als die sogenannten »Stiehlschen Regulative« die preußische Volksschulentwicklung entscheidend beeinflußten[141]. Die drei Regulative schufen die Instrumente für eine Schulverwaltung, die auch und gerade bis in den Unterricht wirken wollte: erstens durch stoffliche Normierung der Unterrichtsziele, zweitens durch methodische Normierung der Unterrichtsformen und drittens durch die Form und Zielsetzung der Lehrerausbildung. Die schulpolitische Konzeption der Regulative, die sich an den gegebenen staatlichen, gesellschaftlichen und schultechnischen Zuständen ausrichtete, und ihre didaktischen Intentionen entsprachen einander: der Unterricht sollte sich auf die »ursprünglich gegebenen und ewigen Realitäten« gründen[142]. Die Absicherung des Status quo wurde in den Regulativen in dreifacher Hinsicht eingeleitet:

1. Ausgangspunkt ihrer Argumentation und inhaltlicher Zielpunkt ihrer Bestimmungen war die *einklassige* evangelische *ländliche* Elementarschule mit *einem* Lehrer[143].
2. Das in der schulpolitischen Situation der Jahrhundertmitte in finanzieller, rechtlicher und personeller Hinsicht für *alle* Elementarschulen Mögliche wurde als Minimalanforderung normiert. Die sichere Beherrschung der bescheidenen Lehrplanforderungen erhielt den absoluten Vorrang vor allen weitergesteckten Unterrichtszielen[144].
3. Die konfessionelle religiöse Unterweisung stand im Zentrum des Elementarunterrichts. Dieses Prinzip war konstitutiv für Lehrplan und Schulaufsicht[145].

Die Ausführung der Grundsätze der Regulative sollte dafür bürgen, »daß aus solchen Schulen ein Geschlecht hervorgehen wird, welches vielleicht weniger zum Schwatzen, Räsonnieren und Schwindeln befähigt, wohl aber verständig, besonnen, seiner geistigen Kräfte mächtig, seinen irdischen Beruf auszufüllen, und im Glauben an seinen Gott und in bewußter Treue gegen seinen König und sein Vaterland zur Erfüllung höherer Zwecke im Stande ist, als solche sich in der raffiniertesten Ausbeutung der Scholle und der Naturstoffe sich vorfinden; wobei wir ausdrücklich bemerken, daß wir solche Ausbeutung als vollständig berechtigt, die Befähigung zu ihr als sehr nützlich, nur aber nicht als geeignet betrachten, Prinzip und Regulator der allgemeinen Volksbildung zu werden«[146].
Dieses Programm definierte eine eindeutige erziehungspolitische Prioritätenliste, auf der die Erziehung zu ideologischer Zuverlässigkeit vor utilitaristischen

und intellektuellen Ansprüchen rangierte. Schroff erteilte es dem demokratischen Prinzip der allgemeinen Menschenbildung eine Absage, dem es die bewährten Traditionen der preußischen Volksschulverwaltung entgegenstellte[147].

Grundsätzlich gilt jedoch, daß die von Stiehl angezielte Normierung der Elementar- und Seminarbildung weitgehend den Ansprüchen und tatsächlichen Bedürfnissen der Unterrichtsbevölkerung entsprach[148] und damit zunächst den reaktionären Kritikern Angriffsmöglichkeiten wegen angeblich zu hoher Ausbildungsziele der Volksschule nahm[149]. Auf diesem Wege gelang es Stiehl, deren Versuche zur Demontage der staatlichen Lehrerbildung abzuwehren. Zum Teil überstieg sogar das durch die Regulative festgelegte Minimum zum Zeitpunkt ihres Erscheinens »erheblich« die bisherigen Leistungen der betroffenen Unterrichtsanstalten, wie einzelne Provinzialschulkollegien und Regierungen geltend machten, die befürchteten, die gestellten Anforderungen könnten »schwerlich in nächster Zeit erfüllt werden«[150].

Für die Elementarschullehrer bewirkte die bürokratische Tendenz der Regulative mit ihrer Zentralisierung und ihrer inhaltlichen Vereinheitlichung der Ansprüche in Schule und Seminar eine größere Homogenität der Berufsnormen und damit zweifellos auch einen professionellen Fortschritt. Doch ein Einfluß auf die Richtung dieses »Fortschreitens« war den Lehrern endgültig genommen.

Im Vormärz war ein Spielraum für schulpolitische Aktivitäten auf den mittleren und unteren Ebenen von Schulverwaltung und Schule erhalten geblieben, auch nachdem die staatliche Spitze auf einen restriktiven Kurs verfallen war. Im Bereich der Schulaufsicht war es vor 1848 primär auf Vermittlung und Kontrolle der elementaren Schultechniken angekommen: weiterreichende Zielsetzungen waren mehr oder weniger der Initiative einzelner Lehrer, Schulaufsichtsbeamter, Schulvorstände und Schuldeputationsmitglieder anheimgegeben, während die Zentralbürokratie nur allgemeinste Orientierungsdaten setzte, allerdings zunehmend i. S. einer Begrenzung des intellektuellen Ausbildungsniveaus. Die Lehrer hatten im Unterricht jedoch recht weitgehende Entscheidungsfreiheiten behalten[151]. Erst nach 1848 kam es zu einem Funktionswandel der Bürokratie von politischer Dimension, der die Schule »schnellen Schrittes zu einer Magd der jeweiligen Politik« machte, wie der konservative Schulrat Kellner bedauernd konstatierte. »Der Schulrat, er mochte nun wollen oder nicht, wurde vorwiegend Regierungsrat, der Geist konnte entfliehen, die Maschinerie an seine Stelle treten«[152].

Die Elementarschule, die als Instrument des sozialen Wandels von allen politischen Kräften erkannt worden war, wurde zielstrebig im Interesse eines staatlichen Konservatismus eingesetzt, der bei aller Förderung der Industrie an vorindustriellen Normen festhielt. Wenn die Regulative eine Stabilisierung der Gesellschaft durch die schulpolitische Fixierung des Status quo zu erzielen suchten, so fanden sie 1855 nur vereinzelten Widerspruch, der weniger der Zielsetzung der Stabilisierung galt als vielmehr den Mitteln zu ihrer Verwirklichung. Die Anerkennung des gesellschaftlichen Wandels führte hier zu der Forderung, daß durch die Erziehung zur Anpassung an diesen Wandel

soziale Spannungen vermieden werden könnten. Diese Kritik blieb allerdings vereinzelt, und die fortschrittlichen Pädagogen wunderten sich zu Recht, welch geringes Interesse die Frage der Bildungsreform in industriellen Kreisen – mit Ausnahme von Harkort – zu erwecken vermochte[153].
In der Auseinandersetzung mit bildungspolitischen Forderungen des Industriellen Harkort definierte Stiehl die ideologischen Prioritäten. Ihm schien der Beweis nicht schwer, »daß eine Ausführung der Harkortschen Vorschläge im Grunde nichts anderes wäre, als in der Lehrerbildung und in der Elementarschule die Industrie, wir wollen nicht sagen, an die Stelle des Christentums zu setzen, aber sie doch zum Mittelpunkt und Regulator der Schule zu machen«[154]. Der absolute Vorrang der religiösen Unterweisung in Elementarschule und Lehrerbildung enthüllte sich hier deutlich in seiner politischen Funktion. Das erziehungspolitische Konzept der Regulative bezog eindeutig Stellung gegen sich abzeichnende wirtschaftliche und gesellschaftliche Tendenzen, soweit sie die gültigen Legitimitätsnormen zu destruieren drohten, kollidierte aber keineswegs mit den aktuellen Qualifikationsbedürfnissen einer sich industrialisierenden Gesellschaft[155]. Der mit ihnen bestätigte Kurs sozialer und politischer Disziplinierung sollte deshalb in nur mäßig abgewandelter Form in den nächsten Jahrzehnten gerade wegen der Zunahme der sozialen und politischen Konflikte beibehalten werden.

Kapitel II

Kontinuität und Wandel: Die Volksschule im Zeichen des Kulturkampfes von 1871-1879

1. Die Situation der Elementarlehrer vor der Reichseinigung: Im Stich gelassen von Bürgern und Bürokraten

Die Unterrichtsartikel der oktroyierten Verfassung enthielten auch nach ihrer Revision ein solches Maß an liberaler, ja z. T. demokratischer Substanz, daß die Vorbereitung des durch die Konstitution selbst versprochenen Unterrichtsgesetzes die Regierung nach dem politischen Klimawechsel der ›Neuen Ära‹ und erst recht in der Konfliktzeit vor unüberwindliche Schwierigkeiten stellte und die Erinnerung an die schulpolitischen Forderungen von 1848 in der Öffentlichkeit wachhielt[1]. Die Diskussion um das Unterrichtsgesetz war aber nicht nur von theoretischem schulpolitischem Interesse, sondern berührte die materiellen Belange von Lehrern und Gemeinden unmittelbar. Das durch die Verfassung normierte »feste, den Lokalverhältnissen angemessene Einkommen« (Art. 25) blieb für die Lehrer ebenso leere Verheißung, wie die postulierte Schulgeldfreiheit die Gemeinden ständig mit erhöhten Schulausgaben bedrohte.
Die neuen parlamentarischen Kompetenzen in der Schulpolitik[2] hatten sich während der 1850er Jahre angesichts der konservativen Mehrheiten im Abgeordnetenhaus zunächst als eine Verschärfung des staatlichen Kurses ausgewirkt. Einzig im Bereich des städtischen Schulwesens stießen die Eingriffe der Bürokratie auf Grenzen, was jedoch keineswegs einen Freiraum für die betroffenen Lehrer selbst bedeutete. Die restriktiven Lehrplanforderungen der Regulative für die einklassigen ländlichen Elementarschulen hatten sich nicht auf die städtischen, meist mehrklassigen Schulsysteme erstreckt, so daß die Städte auch höhere Ausbildungsbedürfnisse befriedigen konnten[3]. Dagegen wirkte sich die fortschreitende Industrialisierung auf die Unterrichtssituation wie auf die Standesentwicklung der Lehrer zunächst negativ aus: Die Industrie hatte in diesem Entwicklungsstadium primär kein Interesse an besser vorgebildeten, sondern an billigen Arbeitskräften. Die Entstehung von Ballungsräumen schuf zudem schulorganisatorische Schwierigkeiten, da die Zahl der ohnehin überfüllten Klassen durch die sprunghafte regionale Bevölkerungszunahme rapide stieg. Auf der anderen Seite entstanden gerade in den schnell wachsenden Industriezentren für potentielle Lehrerkandidaten einträglichere Berufspositionen. Wenn die Lehrerstellung 1848 für die Bauernsöhne noch attraktiv gewesen sei, konstatierte ein Standesgenosse, so

hätten die Bauern es zwanzig Jahre später besser gewußt und für ihre Söhne »lohnendere und ehrendere Berufszweige« gesucht[4]. In einem Bericht der Unterrichtskommission mußte auch der Regierungskommissar zugeben, der gerügte Lehrermangel beruhe in Westfalen und Schlesien hauptsächlich darauf, »daß viele Jünglinge dem Lehrerberufe industrielle Beschäftigung vorzögen, weil sie höheren Lohn verspräche«[5]. Dieser Prozeß hatte Nachwirkungen auf die Rekrutierung des Lehrernachwuchses. Um die Seminare zu füllen, senkte man unterderhand die Anforderungen bei der Aufnahmeprüfung. Damit wurde praktisch deren Auslesefunktion beseitigt.

Das II. Regulativ, das die bestehenden staatlichen Präparandenanstalten abgeschafft und die Vorbildung der künftigen Seminaristen »tüchtigen« Lehrern und Pfarrern überantwortet hatte[6], bewirkte zusätzlich eine soziale Prestigeminderung des Berufes[7].

Dem akuten Lehrermangel versuchte die Schulverwaltung durch die sogenannten »Bewerberprüfungen« zu begegnen, die Kandidaten ins Amt brachten, die allein die vorgeschriebene Abschlußprüfung absolvierten, ohne vorher ein Seminar besucht zu haben. In der Praxis wurden aber für diesen Personenkreis die Minimalanforderungen nochmals gelockert und damit Kräfte in die Schule gelassen, die in anderen, vornehmlich handwerklichen Berufen gescheitert waren. Die Ausbildungsstandards wurden zwar vereinheitlicht, durch das Verfahren der Bewerberprüfungen aber gleichzeitig für einen größeren Kreis außer Kraft gesetzt. Da die Zahl der Seminarabsolventen auch dann noch nicht ausreichte, die vorhandenen Schulstellen zu besetzen, wurde überdies der Weg in das Lehramt kaum vorgebildeten Berufsfremden geöffnet, die »von Beruf meist Handwerker, zum Teil nur Vögte und andere ländliche Arbeiter« waren[8]. Durch die so ins Amt gebrachten Kandidaten wurde die Berufsposition aller gefährdet, wobei die zwangsläufige Schwächung der professionellen Normen ausschließlich durch den Staat verursacht worden war[9].

Die Zahl der in der preußischen Schule amtierenden, aber nicht in einem Seminar ausgebildeten Lehrer läßt sich aus einer 1869 veröffentlichten Statistik in etwa erschließen. Von ca. 8 000 erledigten Stellen wurde in den Jahren 1862-64 knapp die Hälfte durch Versetzung eines angestellten Lehrers versorgt, die übrigen durch Schulamtskandidaten, von denen aber mehr als ein Viertel nicht im Seminar ausgebildet worden war; von den in die ländlichen Schulstellen einrückenden Junglehrern war sogar jeder Dritte ohne Seminarausbildung geblieben[10].

Eine ausreichende Zahl an Bewerbern wäre nur durch bessere materielle Berufsaussichten zu gewinnen gewesen. Die Diskussion der frühen 1870er Jahre innerhalb der Lehrerschaft[11], ob durch eine bewußte Förderung des Lehrermangels die Einkommen nach dem Gesetz von Angebot und Nachfrage verbessert werden könnten, war aber in einem entscheidenden Punkt illusionär. Die staatliche Schulverwaltung bemühte sich, das Problem des Lehrermangels unter weitgehender Ausschaltung der Gehaltsfrage zu lösen. Die Höhe des Gehaltes hatte auch eine politische Funktion, denn die staatliche Zurückhaltung war keineswegs nur der ständig behaupteten »angespannten Finanzlage« zuzuschreiben, sondern Teil des bildungspolitischen Konzepts der Regierung. Das niedrige Einkommen definierte in der Sicht des Kultusministers von Raumer zugleich die den Lehrern angemessene soziale Position: »Man würde den Elementarlehrern selbst den schlechtesten Dienst erweisen, wenn man ihre Lebensstellung verändern oder Gehaltssätze für sie in Anwendung bringen wollte, die zu gesteigerten Anforderungen an das äußere Leben führten«[12].

Eine von dem schulpolitisch engagierten Industriellen Harkort in den Etatberatungen von 1855 aufgestellte und an die Adresse der Kammermehrheit gerichtete These – »Wir sind viel konservativer als Sie. Wenn die Lehrerwelt hungert, so hat sie kein Interesse für das Bestehende«[13] – hatte zwar angesichts der frischen Erinnerung an die Revolutionsereignisse einigen Eindruck gemacht, ohne freilich irgendwelche Veränderungen zu bewirken. Denn inzwischen hatte sich erwiesen, daß die Lehrer am kurzen Zügel und unter dem Druck bürokratischer Sanktionen auch sehr viel preisgünstiger für das »Bestehende« interessiert werden konnten, so daß die anfängliche Bereitschaft der Konservativen zu Gehaltsverbesserungen geschwunden war. Die Folge war eine langanhaltende Stagnation im Besoldungssektor[14].

Da auch in den 1860er Jahren wegen der andauernden Konflikte zwischen Abgeordnetenhaus und Ministerium weder ein Unterrichtsgesetz noch partielle schulgesetzliche Regelungen zustande kamen[15], wurde auch in dieser Phase die Lehrerbesoldung nicht neu geordnet. Die bürokratischen Initiativen der Unterrichtsverwaltung zur Aufbesserung der Lehrergehälter blieben so weit hinter den wachsenden Schulbedürfnissen zurück, daß die Mehraufwendungen von Staat und Gemeinden angesichts der allgemeinen Teuerung für die einzelnen Lehrer bestenfalls die Wahrung des Status quo bedeuteten. 1871 gab es 256 Stellen mit einem Einkommen zwischen 150 und 300 Mark jährlich und 4 681 Stellen mit einem Einkommen zwischen 300 und 450 Mark, die zusammen ungefähr 12% der Gesamtstellen ausmachten; ein Drittel der Lehrer empfing ein Einkommen von 600 Mark und weniger, und nur knapp 30% hatten ein Einkommen von über 900 Mark. Damit lag das Einkommen der schlecht gestellten Gruppen in etwa auf dem Niveau oder sogar noch unter dem Verdienst, den eine Kommission zur Untersuchung der Lage der ländlichen Arbeiter in Norddeutschland 1874 für diese ungelernte Berufsgruppe festgestellt hatte[16]. In Petitionen machten die Lehrer aber geltend, daß für sie ehestens das Gehaltsniveau der Subalternbeamten vergleichbar sei, die durchschnittlich ca. 2 100 – 2 400 Mark erhielten[17].

Die materielle Position der Lehrer wird freilich durch die Angaben über ihr durchschnittliches Einkommen nur ungenau charakterisiert. Denn bei jeder Interpretation der Statistiken muß berücksichtigt werden, daß mit der Aufnahme der entsprechenden Daten häufig die Personen beauftragt wurden, die als Landräte, Orts- oder Kreisschulinspektoren, Gutsbesitzer, Verwalter etc. den Leistungsverpflichteten näherstanden als den Lehrern. Sie setzten vor allem in der Einschätzung der Natural- und Landeinkünfte oft unrealistisch hohe Werte an, um ein möglichst positives Bild ihrer Leistungen zu produzieren, »so daß viele Lehrer froh (gewesen) wären, wenn sie das so zu Papier gebrachte Einkommen auch wirklich zu genießen (gehabt) hätten«[18]. Zum anderen waren auch bis zum Jahre 1878 die Mittelschullehrer- und

höheren Töchterschulstellen in die Statistik der Volksschule eingeschlossen, die das Durchschnittsergebnis ebenso anhoben wie die durchgängig mitberücksichtigten Rektoren- und besser dotierten Stadtschulstellen, die in der Regel mit nichtseminaristisch gebildeten Lehrern besetzt waren.
Durch die großen Gehaltsunterschiede der vorhandenen Stellen – 256 ländlichen Schulstellen mit weniger als 300 Mark Jahreseinkommen standen beispielsweise fast doppelt so viele Stellen mit einem Jahresgehalt von über 1 500 Mark gegenüber – erwuchsen innerhalb der Lehrerschaft soziale Spannungen, die durch die häufigen Stellenwechsel im Interesse individueller Gehaltsverbesserungen noch gesteigert wurden. Die Schulverwaltung stand dieser Mobilität nicht nur aus disziplinarischen Gründen ablehnend gegenüber, sondern auch deshalb, weil die Unterrichtsversorgung durch die Wanderbewegung der Lehrer zusätzlich leiden mußte[19].
Der permanente Mangel hatte auch Auswirkungen auf die konkrete Schulsituation der amtierenden Lehrer. Ein großer Prozentsatz von ihnen mußte in ständig überfüllten Klassen unterrichten oder unversorgte Nachbarschulen mitversehen, so daß sich durch andauernde physische und psychische Überbelastung zusätzliche Ausfälle durch Krankheit oder frühen Tod ergaben. Über die Tatsache eines gravierenden Notstandes waren sich öffentliche Meinung und Staatsministerium zwar gleichermaßen einig, doch nicht nur die Konfrontation zwischen Ministerium und Volksvertretung hemmte die gesetzliche Lösung der Besoldungsfrage, sondern vor allem der Streit über Ausmaß und Konsequenzen der Besoldungsmisere.
Der Staatsrechtler und nationalliberale Abgeordnete Rudolf von Gneist hielt eine sofortige durchschnittliche Aufbesserung von mindestens 50 Talern für erforderlich[20]; eine Massenpetition der preußischen Volksschullehrer verlangte für den Augenblick 100 und in absehbarer Zeit weitere 100 Taler Verbesserung[21], während die staatlicherseits in Aussicht gestellten Mittel durchschnittlich nur eine Aufbesserung von 10 Talern bewirken konnten[22]. Auch die Regierung hatte die Interdependenz zwischen der Einkommenssituation der Lehrer und dem zunehmenden Lehrermangel feststellen müssen, der einen geordneten Unterrichtsbetrieb zu gefährden drohte[23]. Ihre Prognose eines sich beschleunigenden Mangels bestätigten die statistischen Erhebungen von 1873 und 1876/77, die 2 780 und 4 581 unbesetzte Stellen für die Monarchie nachwiesen[24]. Dieser Mangel wirkte sich ungleich aus, so daß vor allem die Bevölkerung der sich rapide industrialisierenden Bezirke, speziell die Katholiken der Rheinprovinz, an einer schulischen Unterversorgung litten. Ein Einzelfall illustrierte das auf drastische Weise: Anläßlich der Klage eines Privatschullehrers in Oberhausen ergab die behördliche Nachprüfung, daß nicht nur 100 Kinder, wie er seinen Antrag auf Erlaubnis zur Errichtung einer Privatschule motiviert hatte, sondern 400 Kinder in den überfüllten öffentlichen Schulen nicht unterrichtet werden konnten[25]. Es fehlte also nicht nur an Lehrkräften, sondern auch an Lehrerstellen, um die Schulpflichtigen überhaupt in die Schule aufnehmen zu können. Die Maßnahmen der Verwaltung zur Vermehrung der Stellen stießen aber auf den Widerstand der Gemeinden, die verfassungsgemäß für die Dotation der neuen Stellen aufkommen mußten. Aus der Tatsache, daß in einzelnen Regierungsbezirken das Schulgeld

manchmal sogar über 50% des Lehrereinkommens ausmachte, ergab sich eine groteske, aber bezeichnende Schlußfolgerung: ein höheres Schulgeldaufkommen als Folge überfüllter Klassen brachte zwar Einkommensverbesserungen für die betroffenen Lehrer; aus Existenzgründen konnten diese aber an einer Verbesserung der unzulänglichen Schulzustände nicht interessiert sein[26].
Pädagogisch wie schulpolitisch hatten dagegen überfüllte Klassen gravierende Konsequenzen: Obwohl das Regulativ die Schülerzahl auf 80 normierte, waren in manchen Landesteilen Klassenstärken von über 200 keine Seltenheit; ungünstige räumliche Verhältnisse auf der einen Seite und unter diesen Bedingungen praktisch unerreichbare stoffliche Anforderungen vornehmlich im Religionsunterricht auf der anderen Seite machten die körperliche Züchtigung zum konstitutiven Bestandteil der Unterrichts- und Erziehungstätigkeit der meisten Elementarlehrer. Da durch das ALR die Prügelstrafe in die Grenzen einer milden elterlichen Züchtigung verwiesen war, die der Gesundheit der Probanden nicht im entferntesten abträglich sein durfte[27], waren die Lehrer bei Überschreiten des Züchtigungsrechtes vor gerichtlicher Ahndung auf Antrag der Eltern nicht sicher. Ein wichtiges Glied in der Kette der reaktionären Gesetzgebung, das sogenannte Konfliktgesetz[28], nahm aber den Eltern die Möglichkeit der Strafverfolgung, indem es den Lehrern den fast unbeschränkten Schutz der vorgesetzten Behörden in Fällen der Strafverfolgung wegen Überschreitung des Züchtigungsrechtes sicherte. Die Konflikterhebung, die den ordentlichen Rechtsweg für die klagenden Parteien ausschloß, diente zwar den Lehrern als Instrument einer berufsbedingten Privilegierung, sie erwies sich aber nur vordergründig als ein Mittel zur Hebung der Standesautonomie. Sie verstärkte einmal mehr die Abhängigkeit von der Bürokratie, ohne daß die völlig unterschiedliche Interessenlage zwischen der schutzgewährenden Bürokratie und den schutzsuchenden Lehrern in ihrer politischen Funktion erkannt wurde. Die erziehungspolitische Konsequenz dieser Konstellation war, daß die Diskussion über das Problem der Prügelstrafe in der pädagogischen Öffentlichkeit weitgehend tabuisiert war. Zweifel am pädagogischen Sinn der Leibesstrafe werteten die Lehrer als Angriff gegen ihre Berufsrechte, so daß sie sich – bei allen möglichen politischen Differenzen – mit der Schulverwaltung in einem wesentlichen Punkt trafen: dem Anspruch auf ungeschmälerte Anwendung der Disziplinarmittel.
Die Intensivierung der öffentlichen schulpolitischen Diskussion, wie sie am sichtbarsten in den Debatten des Abgeordnetenhauses zum Ausdruck kam, verfehlte natürlich nicht eine gewisse politisierende Wirkung auf die Volksschullehrerschaft, vor allem soweit sich von ihrer Seite auch konkrete materielle Wünsche an die Parlamentsarbeit hefteten. Schon allein die Tatsache, daß die materiellen Forderungen der Lehrerschaft uneingelöst blieben, bewirkte eine kritische Distanz zu den Maßnahmen der Staatsregierung wie der provinzialen Schulverwaltungen. Dieses Verhalten der Volksschullehrer, das bei einer Mehrheit keineswegs eine dezidierte parteipolitische Stellungnahme ausdrückte, erschien aus der Sicht des Ministeriums als eine mehr oder weniger offene Beteiligung »an demokratischen Agitationen«[29].
Das von der Ministerialbürokratie gefällte Urteil: »Politisch und kirchlich liberal zu sein, verstand sich bei der Mehrzahl der Lehrer von selbst«[30],

entsprach bei einem Teil der Lehrer auch der Eigendeutung ihres politischen Verhaltens. Kritik an den Maßnahmen der Obrigkeit wurde unterschiedslos in den Kategorien ›demokratisch‹ oder ›liberal‹ rubriziert, und ein angesehener Standesvertreter schlußfolgerte sogar, daß es ein wesentliches Verdienst der Reaktionszeit gewesen sei, die Mehrzahl der preußischen Volksschullehrer in liberales Fahrwasser hinübergeführt zu haben[31]. Diese Einschätzung traf jedoch bestenfalls die standespolitisch interessierten preußischen Volksschullehrer[32] und verabsolutierte die temporäre Übereinstimmung zwischen den schulpolitischen Forderungen liberaler Parteigruppierungen und den standespolitischen Postulaten der Volksschullehrer.

Das liberale schulpolitische Programm berücksichtigte zwar weitgehend die beamtenrechtlichen, materiellen und Bildungsforderungen der Volksschullehrer[33], offenbarte seine politische Intention aber vor allem in seiner dezidierten Wendung gegen die staatliche Zentralisation und in der Betonung der Selbstverwaltungsidee. Ein wesentlicher Impuls z. B. für die wiederholte Beschäftigung Gneists mit Fragen der Schulorganisation erklärt sich gerade aus verfassungspolitischem Interesse. Eine Neugestaltung leistungsfähiger Schulgemeinden sollte nach seiner Absicht das Vehikel der Gemeinde- und Kreisreform überhaupt werden. Wenn die englische Selbstverwaltung aus einer Reorganisation der Kirchengemeinde hervorgegangen sei, so müsse in Preußen die Grundlage für ein Selfgovernment in der umgestalteten Schulgemeinde gesucht werden[34].

Die Frage, wieweit die schulpolitische Progressivität eigene Wurzeln hatte oder nur Funktion des alles überschattenden Konfliktkurses war, nach dessen Beendigung auch die Schulpolitik als Mittel der Konfrontation an Bedeutung verlieren mußte, ließ sich endgültig erst in den 1870er Jahren beantworten. Zunächst hatte sich jedenfalls der Gegensatz in der Verfassungsfrage, der auch im kulturpolitischen Bereich Anlaß zu einer Profilierung der oppositionellen Mehrheit bot, als Hemmschuh für jede politische Konzession der Regierung ausgewirkt[35]. Erst die Ereignisse des Jahres 1866 schienen auch einem veränderten Kurs in der Schulpolitik eine Chance zu eröffnen, denn seit diesem Zeitpunkt bahnte sich für die Unterrichtsverwaltung eine neue Konstellation an: Die mit der ›Indemnitätsvorlage‹ eingeleitete Annäherung zwischen Bismarck und einer liberalen Mehrheit des Abgeordnetenhauses sollte auf die Dauer auch die Kulturpolitik nicht unberührt lassen. Im Mittelpunkt stand dabei einer der konservativsten Minister der Konfliktjahre, der Chef der Kultusverwaltung, Heinrich von Mühler[36].

Die nach 1866 sich noch verschärfende Kritik der Liberalen an der Innenpolitik der Regierung konzentrierte sich in Angriffen gegen das ›System Mühler‹, dessen Kultur- und Schulpolitik für alle liberalen Gruppierungen ein gemeinsames Angriffsziel abgab. Die nationalpolitisch motivierte Übereinstimmung der meisten Liberalen mit Bismarcks Einigungspolitik ließ auf diesem Gebiet der Innenpolitik eine Möglichkeit der Opposition gegenüber seinem konservativen Ministerium, ohne daß sich in der bildungs- und kulturpolitischen Kritik ein substantielles reformerisches Konzept ausmachen ließe.

Im Zusammenhang der Politik der nationalen Einigung rückte die Publizistik die Schule in den Rang der »eigentliche(n) Lebensfrage der Nation«[37], die man durch den Minister von Mühler schmählich der kirchlichen Orthodoxie ausgeliefert sah. Das Motiv für die Attacken auf die Mühlersche Schulverwaltung ist jedoch leicht zu erkennen: Es ging weniger um die generelle Verbesserung des Schulwesens als um einen Repräsentanten des Konfliktministeriums, dessen Verwaltungsbereich am einfachsten mit der Reaktionszeit in Verbindung gebracht werden konnte[38]. Im Grunde wollten die Liberalen für den Augenblick nicht mehr als eine Kompetenzerweiterung für die städtischen Schuldeputationen, die fest in der Hand überwiegend liberaler Stadtverordnetenversammlungen waren. Ansonsten richtete die Kritik ihre Angriffe auf die Verbindung zwischen Kirche und Schule; sie traf damit einen zwar schulorganisatorisch zentralen Punkt, was aber kaum von anderen praktischen Maßnahmen dispensierte und keineswegs eine stärkere finanzielle Förderung des Elementarschulwesens überflüssig machte. Sarkastisch bemerkte ein Bericht des amtlichen »Centralblattes«, daß die Kritik der Kommunen an den Regulativen mehr Überzeugungskraft gewinnen würde, wenn diese die eigenen Schulen materiell besser ausstatteten[39]. Die Liberalen waren ja in den Städten keineswegs daran gehindert, die durch die Verfassung formulierten Grundsätze von Schulgeldfreiheit und angemessener Lehrerversorgung im kommunalen Bereich zu verwirklichen, ohne daß es dazu des geforderten Unterrichtsgesetzes bedurft hätte[40].

Die Diskrepanz zwischen den schulpolitischen Proklamationen und dem fehlenden materiellen Einsatz für die standespolitischen Forderungen der Elementarlehrer wurde von den Betroffenen indes meist nur als individuelles Versagen verstanden und nicht dem Liberalismus allgemein angelastet[41].

Verkannt wurde auch die ambivalente Wirkung, die der militärische Erfolg von 1866 auf die Entwicklung des Lehrerberufes hatte. Das Schlagwort von dem ›Sieg der preußischen Schulmeister bei Königgrätz‹ tat dazu ein Übriges[42]. Daß der Geheime Rat Stiehl die Beteiligung der Schule am militärischen Sieg durch ein Monarchenwort bestätigen ließ[43], sicherte zunächst vor allem seine mit den Regulativen eingeleitete Schulreform und damit die von den Lehrern bekämpfte Regulativpädagogik[44].

Die Hoffnung aber, daß die königliche Anerkennung für die geleistete Erziehungsarbeit[45] an der preußischen Jugend auch die Erfüllung der standespolitischen Forderungen mit sich bringen würde[46], wurde zwangsläufig enttäuscht. Ein klarsichtiger Beobachter gelangte zu der bitteren Schlußfolgerung, daß die Nutznießer der militärischen Erfolge auch ausschließlich Militärs seien, die Knappheit auf dem Schulsektor aber bleiben würde[47].

2. Das Schulaufsichtsgesetz von 1872: Ausschaltung des kirchlichen Einflusses auf die Volksschule?

Seit 1868 steigerten sich die Angriffe gegen den Minister von Mühler bis zu dessen endgültigem Abschied 1872 von Session zu Session. Auch wenn Mühlers Verwaltungstätigkeit sich nicht durch innere Geschlossenheit auszeichnete und er sich auch nicht zum unbedingten Werkzeug der Orthodoxie machte, wie es der von den Liberalen verwendete Begriff ›System Mühler‹[48] suggerierte, so repräsentierte der Minister doch eine spezifische Form des kulturpolitischen Konservatismus. Schulpolitisch zeigte sich das ›System Mühler‹ am ehesten in seinem unbedingten Festhalten an dem konfessionellen Charakter der Volksschulen. Es sollte den vermuteten liberalen Absichten, den Religionsunterricht ganz aus der Schule zu verweisen, prinzipiell entgegenwirken. Ein religionsloser Elementarunterricht wurde zwar von keiner politisch relevanten Gruppe verlangt, doch führte die von allen Seiten nicht unbeabsichtigte Unklarheit über den Inhalt der Begriffe »konfessionslos«, »simultan« oder »religionslos« zu einer heillosen Verwirrung.

Der seit der Konfliktzeit im Parlament schwelende schulpolitische Gegensatz zwischen einer oppositionellen Mehrheit und dem Kultusministerium war zwar jährlich anläßlich der Etatberatungen und durch die wiederholten Anläufe zu einer gesetzlichen Regelung des Unterrichtswesens neu entfacht worden, gelangte aber erst anläßlich der Beratung des Schulaufsichtsgesetzes 1871/72 in eine Krise, deren Konsequenz die Entlassung des konservativen Ministers von Mühler darstellte.

Die parteipolitische Frontstellung bei dieser Gesetzesberatung hatte sich bereits in der Session 1870/71 abgezeichnet, als ein »Gesetz über die Übertragung der Beaufsichtigung und Verwaltung des Schulwesens in der Provinz Hannover von den Konsistorien auf die Landdrosteien« behandelt wurde[49]. Das Gesetz stellte eine akute Notwendigkeit dar, um das System der Schulverwaltung des ehemaligen Königreiches Hannover an die altpreußischen Verhältnisse anzugleichen.

Der Gesetzesentwurf, der auf ausdrückliches Verlangen des Abgeordnetenhauses in früheren Sessionen eingebracht worden war und der in seinem Gehalt durch den Art. 23 der Verfassung gerechtfertigt wurde, beschwor ein delikates verfassungsrechtliches Problem, da er nach der Auffassung seiner Gegner mit der Bestimmung des Art. 112 kollidierte, der Schulsachen auf die bestehenden Rechtszustände fixiere, solange die das Unterrichtswesen betreffenden Artikel nicht durch das geforderte Unterrichtsgesetz konkretisiert worden seien[50]. Diese Rechtsauffassung wurde bei allen folgenden Gesetzesvorhaben, die auf das Unterrichtswesen Bezug nahmen, immer wieder mit der Tendenz vorgetragen, die Kirche und Konservative begünstigenden Schulzustände zu konservieren.

Zu Mühlers Streit mit den Liberalen kam 1871 der offene Konflikt im Staatsministerium, der die Stellung des Kultusministers definitiv untergrub. Mühler widersetzte sich Bismarck, der den Einfluß der katholischen Kirche mit Hilfe eines Spezialgesetzes zurückdrängen wollte und dabei einen kirchenfeindlichen Kurs in der Schulpolitik nicht scheute[51]. Die Absicht eines solchen »Schulaufsichtsgesetzes« verdeutlichte eine Maßnahme des Reichskanzlers im August 1871 in Elsaß-Lothringen, durch welche die neu eingeführte geistliche Schulinspektion aus politischen Gründen wieder in eine konfessionslose umgestaltet wurde. Während Bismarck in den Reichslanden aufgrund seiner verfassungsrechtlichen Sonderstellung die staatliche Prärogative im Schulbereich unbestritten durchsetzen konnte, stand in Preußen einem ähnlichen Verfahren der Minister von Mühler entgegen, der sich in diesem

Punkte voll durch den Monarchen gestützt sah[52]. Der Kultusminister glaubte nach seinen Gesprächen mit Bismarck dessen Auffassung über den weiteren schulpolitischen Kurs genau durchschaut zu haben: »Übergabe der Schulinspektion an Nicht-Geistliche. Hinausweisung des Religionsunterrichts aus der Schule, nicht nur aus den Gymnasien, sondern auch aus der Volksschule«[53]. Damit war Bismarcks aktuelle Zielsetzung in dem ersten Punkt partiell richtig erkannt, die Konsequenz einer nichtchristlichen Schule aber über Gebühr dramatisiert, denn auch der Ministerpräsident wollte keineswegs die religiöse Legitimierung der preußischen Monarchie gefährden, sondern ad hoc eine Waffe gegen eine sich politisierende Kirche gewinnen, die sich ihm in für notwendig erkannten Maßnahmen entgegenstellte.
Einige verfehlte personalpolitische Entscheidungen in der Unterrichtsverwaltung nutzte Bismarck aus, um das Vertrauen des Monarchen in Mühlers Kampfwillen gegen den ›Ultramontanismus‹[54] offensichtlich erfolgreich zu unterminieren[55]. Aber nicht die schulpolitischen Versäumnisse wurden dem Minister zum Verhängnis, sondern seine Weigerung, den primär aus anderen politischen Motiven gespeisten Kampf gegen den ›Ultramontanismus‹ aufzunehmen. Im Schulbereich wurde dieser für Bismarck vor allem in den polnisch sprechenden Landesteilen virulent, wo angeblich die nationalpolnischen Bestrebungen durch katholische Schulaufsichtsbeamte gefördert wurden. Dieses Zusammenwirken von ›Reichsfeinden‹, den Katholiken und den Polen[56], lieferte den Anlaß für das von Bismarck dringend geforderte Spezialgesetz[57], das theoretisch die staatliche Schulaufsicht stützte, praktisch aber nur die unmittelbare Handhabe gegen einen bestimmten Kreis von renitenten Geistlichen bieten sollte.
Die Vorlage des Staatsministeriums zum Schulaufsichtsgesetz an Wilhelm I. hob die nationalpolitische Motivierung des Entwurfs ausdrücklich hervor:

> Die inneren Beweggründe ... liegen in der schon seit längerer Zeit gemachten Wahrnehmung, daß in den polnisch-katholischen Teilen der Monarchie die Germanisierungsaufgaben der Elementarschulen in den Hintergrund gedrängt, der deutsche Sprachunterricht vernachlässigt wird und zugleich das polnische Sprachgebiet zunimmt, daß mehrfach auch in den übrigen katholisch bevölkerten Teilen der Monarchie die Pflege ultramontaner Zwecke stattfindet und somit Zustände eintreten, die – geduldet und befördert von katholischen Geistlichen als den durch Gesetz berufenen Lokal- und Kreisschulinspektoren – in leicht hergestellter Verbindung mit den augenblicklichen Neuerungen in dem Dogma der katholischen Kirche einen staatsgefährdenden Charakter annehmen[58].

Die Betonung der unbedingten Priorität des Staates in allen Schulaufsichtsbelangen sollte weder einen prinzipiellen Bruch mit der bisherigen Schulaufsichtspraxis einleiten, noch hatte gar der von seiten der Lehrer geforderte Gedanke einer fachmännischen Schulaufsicht eine auch nur beiläufige Rolle gespielt; es ging vielmehr um die nationalpolitisch motivierte Disziplinierung eines rein zahlenmäßig kleinen Kreises katholischer Geistlicher, die allerdings einen wichtigen psychologischen Einfluß auf alle Schulinspektoren ausüben mußte. In der Sitzung des Staatsministeriums vom 1. Nov. 1871[59], in der das Schulaufsichtsgesetz endgültig beraten wurde, drang Bismarck darauf, die

Befugnis des Staates nicht auf die Kreisinspektoren zu beschränken, sondern auch auf die Lokalinspektoren, die Ortsgeistlichen, auszudehnen. Weniger wichtig war ihm der Aspekt der verfassungstheoretischen Qualität des Gesetzes, entscheidend dagegen die staatliche Befugnis, durch das Gesetz »einen Schulinspektor zu entfernen und durch eine beliebige andere Person zu ersetzen«[60]. Das Gesetz sollte allein das unzweifelhafte Recht verleihen, einzelne Geistliche zu disziplinieren; wenn dazu ein allgemeines Gesetz, d. h. ein Gesetz mit Geltungsbereich für die Gesamtmonarchie, notwendig sei, müsse seine Fassung fakultativ gewählt werden, »damit man die Provinzen in Ruhe lassen kann, wo alles gut geht«[61]. Dieser Gesichtspunkt fand aus Kostengründen die nachdrückliche Unterstützung des Finanzministers, da staatliche Schulaufsichtsbeamte zu remunerieren waren. Der vom Finanzministerium veranschlagte Kostenaufwand von 10 000 bis 15 000 Talern jährlich verdeutlichte, daß offensichtlich an sehr wenige Einzelfälle für die Gesetzesanwendung gedacht wurde.

Entgegen Bismarcks Absichten verschärfte die Debatte über das Schulaufsichtsgesetz in beiden Häusern des preußischen Landtages die grundsätzliche Kontroverse um das Verhältnis von Staat und Kirche in der preußischen Monarchie und tangierte ungewollt Fragen des ideologischen Konsensus, weil speziell die Konservativen durch das Gesetz auch den Einfluß der evangelischen Kirche gefährdet sahen[62]. Während der neue Kultusminister, Adalbert Falk, der als Nachfolger Mühlers die Vorlage parlamentarisch zu vertreten hatte, die Verfassungsgemäßheit eines solchen Gesetzesvorhabens, das ohnehin nur materiell bereits bestehendes staatliches Recht präzisiere, unterstrich und durch eine kühle verfassungsrechtliche Argumentation den Konflikt zu entdramatisieren trachtete, stilisierte Bismarck den Entwurf zu einem Prüfstein für die Loyalität der Parteien gegenüber der Regierung. In der Tat wirkte die Vorlage so, denn die parlamentarische Unterstützung der Regierungsvorlage durch die Liberalen und Freikonservativen und der Widerstand der Konservativen dokumentierten einen allgemeinpolitischen Umschwung[63].

Die Motivation für Bismarck und die liberalen Fürsprecher des Schulaufsichtsgesetzes war bei äußerlicher Übereinstimmung jedoch keinesfalls identisch, wie die Konservativen argwöhnten[64]. Bismarck kam es darauf an, im Einzelfall unzweifelhaft den unmittelbaren staatlichen Einfluß auf die Schule zu garantieren, während die Liberalen eher auf das verfassungspolitische Argument einer Trennung von Staat und Kirche rekurrierten; die Fortschrittspartei zielte inhaltlich darüber hinaus auch auf eine stärkere Öffnung der Schule gegenüber ›der modernen Welt‹ ab.

Gerade diese Absicht aber unterstellten die Konservativen auch dem Staatsministerium; der Gesetzentwurf der Regierung schien ihnen wegen seiner Unterstützung durch die notorischen Oppositionsparteien zweierlei anzukündigen: langfristig eine Verweltlichung der Schule nach dem Muster der Fortschrittler und unmittelbar spürbar einen Kurswechsel des Ministeriums nach links. Genährt wurde dieser – vom Zentrum eifrig geschürte – Verdacht durch das Verhalten der liberalen Parteien. Die gemeinsame Front von Ministerrat und den Fraktionen der Linken in der Schulaufsichtsfrage führte dazu, daß das ›ultramontane‹ Zentrum immer mehr die politische Phantasie

und die oppositionelle Energie der Liberalen absorbierte. Für den Unterrichtsbereich bedeutete das konkret, daß die Priorität der Weltanschauungskämpfe auf Kosten der inhaltlich-technischen Ausgestaltung der Schulaufsicht ging. Dieses Versäumnis zeigte sich in den Budgetberatungen der 1870er Jahre: Die liberale Mehrheit des Abgeordnetenhauses setzte wiederholt für die fachmännische Kreisschulaufsicht höhere Posten in den Etat ein, als die Bezirksregierungen überhaupt auszugeben geneigt waren[65].
Der massive Einsatz von Fortschrittspartei und Nationalliberalen für das Schulaufsichtsgesetz intensivierte die kulturkämpferische Grundeinstellung dieser Parteien so sehr, daß ihre Aktivitäten für eine Parlamentarisierung der Verfassung dahinter ganz zurücktraten. Allerdings war die entpolitisierende Funktion des Kampfes gegen den ›Ultramontanismus‹ auf dem schulpolitischen Gebiet noch schwerer zu durchschauen als auf den übrigen Feldern, auf denen der Kulturkampf ausgetragen wurde. Der Kampf um die »staatliche Volksschule« präsentierte sich für die Liberalen zugleich als ein Kampf für eine moderne Weltanschauung, die die Relikte feudaler Strukturen überwinden helfen sollte. Der Kampf für die Zurückdrängung konfessioneller Ansprüche der Kirchen überlagerte die Einsicht in andere soziale und politische Hemmnisse einer progressiven Schulentwicklung. Die kulturkämpferische Position als solche hatte mehr plakative und innerparteilich integrierende Wirkung, als daß sie konkrete Verbesserungen im Schulwesen durchzusetzen vermochte. Der von Bismarck anläßlich des Schulaufsichtsgesetzes forcierte Konflikt mit dem Zentrum ließ die Liberalen die Tatsache verkennen, daß der Ministerpräsident selbst mit dem Gesetz die konfessionellen Schulverhältnisse keineswegs beseitigen wollte. »Die Kirche soll dem politischen Absolutismus dienen, statt ihm Konkurrenz zu machen . . .«, charakterisierte Wilhelm Liebknecht die Intention der Regierung[66]. Diese Absicht war zwar von einzelnen Zentrumsabgeordneten mit sicherem Gespür erkannt worden. Die Liberalen hatten sie jedoch vollständig übersehen, wie vor allem der Jubel der einschlägigen Presse bewies, die den vernichtenden Schlag gegen das »Pfaffentum« feierte[67].

3. »Frühling im preußischen Volksschulhaus«[68]: Die Maßnahmen des Ministers Falk

Der Übergang in der Leitung des Kultusministeriums von Heinrich von Mühler auf den bisherigen Geheimen Oberjustizrat Adalbert Falk im Januar 1872 bedeutete für die Zeitgenossen schon aus formalen Gründen eine Sensation[69]. Ein in der Öffentlichkeit bisher kaum hervorgetretener, wenn auch fachlich außerordentlich befähigter Jurist erhielt die Leitung eines Ministeriums übertragen, das seinem bisherigen Tätigkeitsbereich fern lag und auf das er sachlich kaum vorbereitet war[70]. Wegen Falks sich schnell verbreitenden liberalen Rufes wurde jedoch seinem zukünftigen Wirken auch für die Schule unter positiven wie negativen Vorzeichen mit großen Erwartungen entgegengesehen. Die Zustimmung der Lehrer gewann Falk schon durch einige wenige öffentlichkeitswirksame Gesten: Der Empfang

einer Delegation preußischer Lehrer durch den Minister signalisierte ihnen bereits den Anbruch einer neuen schulpolitischen Ära[71]; das galt erst recht für die Einberufung einer Fachmännerkonferenz im Juni 1872[72].
Die ironische Bemerkung eines anerkannten Sprechers der preußischen Lehrerschaft dämpfte jedoch die Hoffnungen auf die neue Unterrichtsverwaltung; er bezweifelte, daß Schule und Lehrerschaft von dem neu erwachten schulpolitischen Interesse der Parteien profitieren würden, denn so weit die Konservativen und Liberalen auch auseinanderstünden, so stimmten sie doch »brüderlich« darin zusammen, daß sie die Mißstände der Schule und die Wünsche des Lehrerstandes »um die Wette« ignorierten[73].
Das Ausscheiden Heinrich von Mühlers aus dem »Ministerium der geistlichen, Unterrichts- und Medizinalangelegenheiten« war naturgemäß mit einer Reihe von personellen Änderungen in der Ministerialbürokratie verbunden, die prinzipielle Bedeutung erlangten, da einige der »Räte sich so stark mit den Tendenzen Mühlers identifiziert hatten, daß sie unter einem neuen Kurs mindestens ihre bisherigen Dezernate nicht beibehalten konnten«[74]. Die für das Volksschulwesen wichtigste personalpolitische Entscheidung fiel mit der Pensionierung Stiehls, der im Ministerium die Seminar- und Volksschulsachen bearbeitet hatte[75]. Er wurde durch Falks Studienfreund Karl Schneider ersetzt, einen Theologen, der im Schuldienst unter Stiehl bis in das Direktorat des Berliner Seminars gelangt war[76]. Wenn sich vornehmlich mit Schneiders Berufung, die das Ende der Karriere des verhaßten Stiehl mit seinen reaktionären Regulativen zu besiegeln schien, weitgespannte Hoffnungen der Lehrerschaft verbanden, so sprach diese Tatsache gleichermaßen für den mangelnden Realismus der Hoffenden wie auch für die Bescheidenheit ihrer Wünsche, denn weder Schneiders Herkunft als Theologe noch der Umstand seines Aufstiegs als Schulbeamter unter Stiehl deuteten einen grundsätzlichen Kurswechsel an. Zudem galt er als ein Mann, der »auf dem Standpunkt des positiven Christentums stand, auf der Provinzialsynode seiner christlichen Heimat und als Redner des Kirchentages sich als gut kirchlicher Mann ausgewiesen hatte . . .«[77]. Ein von ihm vor seiner Berufung in das Ministerium verfaßter programmatischer Artikel über das Lehrerbildungswesen[78] ließ zudem erkennen, daß er in der Seminarverwaltung keinen grundsätzlichen Bruch mit den Traditionen der Regulative für nötig hielt.
Den Personaländerungen in den oberen Rängen der Bürokratie stand auf den unteren Rängen, vor allem im Bereich des Seminarwesens, das Heer der durch die Regulative geprägten Schulbeamten gegenüber, die ihr Amt auch weiterhin ausübten. Fast alle Seminardirektorenposten sowie die Stellen der ersten Lehrer waren mit Theologen besetzt[79]. Den Maßstab für deren Berufungen verdeutlichte die Absichtserklärung des neuen Referenten, daß sie in Zukunft nur noch von »persönlicher Tüchtigkeit im Amt« abhängig sein sollte[80]. Die Folgen der rigorosen Stiehlschen Personalpolitik konnten, vor allem im Hinblick auf den Lebenszeitcharakter der Beamtenstellen, nicht im Zeitraum von sieben Amtsjahren kompensiert werden, sondern waren in ihrer Auswirkung bis an die Jahrhundertwende zu spüren.
Die Personaländerungen im Ministerium verstärkten wegen der dezidiert juristischen Verhaltensformen des neuen Ministers und seines Unterstaatsse-

kretärs[81] die Tendenz der Bürokratisierung der Verwaltungsarbeit. Die persönlichen Aussprachen zwischen den Beamten traten zugunsten formeller Geschäftserledigung zurück. Diese Tatsache fand sogar auf der Ebene der Gestaltung des »Centralblattes« eine Entsprechung. Die von Stiehl in das ministerielle Informationsorgan eingerückten Seminarberichte, Revisionsbescheide und ähnlichen Beiträge, die inhaltlich auf Schulprobleme eingingen, finden sich in den Jahrgängen nach 1873 immer seltener, während die Zahl der publizierten technischen Verfügungen rapide zunahm. Als ein Indiz für den geänderten Stil der Zentralbürokratie kann ein Erlaß vom 15. März 1876 gelten, der den Wegfall der üblichen Seminarverwaltungsberichte anordnete. Die Situationsberichte der einzelnen Seminare waren überflüssig geworden, denn an die Stelle der ausführlichen Berichte, die bei aller Schablonenhaftigkeit doch den spezifischen Charakter der einzelnen Anstalten und ihre Leistung erkennen ließen, war die routinemäßige Erhebung von Daten nach den Bedürfnissen der Zentralverwaltung getreten[82]. Die Entwicklung zur bürokratischen Durchorganisierung, der Vereinheitlichung der Geschäftsgänge und der Kontrollen, wurde nicht ausschließlich durch die Behörde selbst initiiert, sondern auch durch die zunehmende öffentliche Diskussion über das Schulwesen erzwungen[83].

Immer häufiger war der Minister genötigt, vor dem Landtag die politische Verantwortung für Aktionen unterer Schulbehörden, ja einzelner Lehrer, zu übernehmen. Wegen der nicht immer erfolgreich verlaufenden parlamentarischen Auftritte sah sich das Ministerium veranlaßt, die bürokratische Kontrolle in der Weise zu verschärfen, daß die Schulverwaltung möglichst von vornherein nicht in das Licht berechtigter öffentlicher Kritik geriet. Auch relativ belanglose schultechnische Entscheidungen mußten auf der höchsten Verwaltungsebene monopolisiert werden, da ihr gerade in der permanenten Konfliktsituation des Kulturkampfes die politische Verantwortung zufiel.

Andererseits bot die publizistische Kritik an einzelnen Maßnahmen der Unterrichtsverwaltung dem König, dem die Entwicklung des niederen Schulwesens kaum ein persönliches Anliegen war, einen Anlaß, ad hoc mit Handschreiben in die bürokratische Maschinerie einzugreifen. Die öffentliche Kritik an den Maßnahmen der Unterrichtsverwaltung erlaubte es dem Monarchen, seine politischen Vorstellungen gegenüber dem Ressortchef jeweils anläßlich konkreter Einzelfälle in Erinnerung zu bringen und damit dessen schulpolitisches Gesamtkonzept in Frage zu stellen[84]. Die mit dem Ministerwechsel manifest gewordene neue Stufe der Politisierung der Schule hatte unmittelbare Rückwirkungen auch auf den fachlichen Ermessensspielraum der Bürokratie, denn »je abhängiger die Minister selbst wurden, desto weniger konnten sie auch die Selbständigkeit ihrer Räte so achten, wie es in älteren Zeiten derselben Behörde geschehen war«, klagte ein altgedienter Geheimrat[85].

Die desolate Schulsituation am Ausgang des Mühlerschen Schulregiments verlangte von Falk unmittelbar wirksam werdende Maßnahmen[86], vor allem die Bereitstellung größerer Mittel[87]. Lehrermangel und Mängel in der Lehrerbesoldung auf der einen Seite sowie ein Fehlbestand an Ausbildungsplätzen für schulpflichtige preußische Kinder auf der anderen Seite – über

20 000 Kinder konnten 1871 keine Schule besuchen, da die vorhandenen Schulen überfüllt waren – hatten die Elementarschulsituation zu Beginn der 1870er Jahre gekennzeichnet[88]. Zwar waren sich alle schulpolitisch relevanten Gruppen in der Feststellung dieser Mißstände einig, doch erst Falk leitete Maßnahmen ein, die einen erkennbaren Fortschritt mit sich brachten.
Eine 1878 angeordnete statistische Erhebung über die »öffentliche Volksschule in Preußen einschließlich der Mittelschulen und höheren Mädchenschulen und der zur Unterhaltung derselben erforderlichen persönlichen und sächlichen Gesamtaufwendungen«[89] dokumentierte den Zustand der preußischen Volksschule und ihrer Lehrer gegen Ende der Amtszeit Falks: 4,2 Mill. schulpflichtige Kinder wurden von ca. 60 000 vollbeschäftigten Lehrkräften betreut, so daß auf eine vollbeschäftigte Lehrkraft im Durchschnitt 72 Schulkinder entfielen. Im Einzelfall waren jedoch von einem einzigen Lehrer zwischen 3 und 471 Kinder zu unterrichten; diese Zahlen verdeutlichen mit ihrer grotesken Spannweite, daß mit der Durchschnittszahl nicht unmittelbar auf die »geordneten Frequenzverhältnisse« nach der von Falk in Kraft gesetzten Norm der »Allgemeinen Bestimmungen«[90] geschlossen werden kann, die 80 Kinder als Höchstzahl für eine Klasse feststellte. Von 33 000 Schulen waren rund 23 000 einklassig, die übrigen zwei- oder mehrklassig, d. h., daß sich die unterrichtspraktische Situation für die Lehrer nur wenig verschoben hatte. Die Verhältniszahl zwischen vorhandenen Schulen und Lehrerstellen ließ aber einen gewissen Fortschritt gegenüber der Mühlerschen Epoche erkennen, denn während 1871 auf eine Schule durchschnittlich 1,55 Lehrer entfielen, waren es 1878 1,8[91]. Die Zahl der Schulen mit einer Lehrkraft war um 5% auf knapp 70% zurückgegangen, während die der mehrklassigen Schulen mit 3 und mehr Lehrkräften um 3% auf knapp 14% gestiegen war[92].
Die Zunahme der von Falk favorisierten mehrklassigen Schulsysteme[93] hielt sich in engen Grenzen, da Schüler verschiedener kleiner Konfessionsschulen nur dann gemeinsam unterrichtet werden konnten, wenn von den Gemeinden entsprechende Initiativen eingeleitet wurden, während die Schulverwaltung selbst die Simultanisierung im Interesse besserer Unterrichtsversorgung nicht generell anordnen konnte. Die Einrichtung paritätischer Schulen durfte nur nach individueller Prüfung erfolgen, wobei entscheidend war, ob eine »wesentliche Verbesserung« des Unterrichts zu erwarten war[94]. Obwohl der Anteil konfessionell gemischter Gebiete durch die sich mit der Industrialisierung ergebende Binnenwanderung zunahm, bildeten die paritätischen Schulen deshalb immer noch den Ausnahmetyp der preußischen Volksschule[95]. In dem Jahrzehnt zwischen 1870 und 1880 hatte sich die Zahl der in paritätischen Schulen unterrichteten Kinder zwar um 100 000 auf knapp 200 000 verdoppelt, doch 4,1 Mill. Schüler besuchten nach wie vor christliche Konfessionsschulen; kaum 500 Simultanschulen standen über 32 000 konfessionellen Schulen gegenüber[96].
In die Reihe der erstrebten schulorganisatorischen Modernisierungsmaßnahmen gehörte auch die Einsetzung der hauptamtlichen Kreisschulinspektoren, die das Schulaufsichtsgesetz ermöglicht hatte. Die von der Regierung vorgelegten Motive zum Gesetzentwurf hatten zwar die intendierte Praxis der Gesetzesanwendung dahingehend erläutert, daß das Ministerium in der Regel

an den Personen der amtierenden Schulinspektoren festhalten wollte[97]. Doch Falk bemühte sich, die ihm gesetzten Grenzen bei der Anstellung hauptamtlicher Inspektoren möglichst weit auszudehnen. 1878 amtierten in Preußen 172 Schulinspektoren im Haupt- und 676 im Nebenamt. In Posen (23 : 24), Schlesien (32 : 70), Westfalen (25 : 31) und in der Rheinprovinz (48 : 15) fungierten die meisten ständigen Inspektoren, während in Hannover nur nebenamtliche Schulinspektoren ihren Dienst verrichteten und in Sachsen, Brandenburg und Westpreußen es jeweils nur einer oder zwei waren[98]. Die Verteilung der hauptamtlichen Inspektoren über die einzelnen Provinzen zeigt, daß die kulturkämpferischen Aspekte ihres Einsatzes dominierten. Der offensichtlich politische Impuls gerade bei der Ersetzung der geistlichen Ortsschulinspektoren wurde durch die Tatsache deutlich, daß die für sie eingesetzten Gutsvorsteher, Bürgermeister, Ortsschulzen etc. pädagogisch meist wohl noch ahnungsloser waren als die entlassenen Geistlichen[99]. Obwohl politische Zuverlässigkeit und nicht fachliche Eignung das entscheidende Kriterium für die Berufung der Inspektoren wurde[100], registrierten einzelne Regierungen schon bald die positiven Folgen des Wirkens hauptamtlicher Kräfte[101]. Deshalb plädierte das Ministerium dem Monarchen gegenüber für eine Einrichtung hauptamtlicher Schulinspektoren auch aus schulpolitischen Gründen: Die hauptamtlichen Inspektoren seien den geistlichen Kollegen in ihrer Wirksamkeit überlegen[102].

Obwohl Falk fachfremde Personen weitgehend aus der Schulverwaltung verbannen wollte, eröffnete seine Verwaltungspraxis den Volksschullehrern selbst nicht die Bahn in Schulaufsichtspositionen. Wenn im Augenblick des Inkrafttretens des Schulaufsichtsgesetzes kaum seminaristisch gebildete Lehrer mit dem Inspektionsamt betraut wurden[103], so konnte das mit der mangelnden Zahl qualifizierter Bewerber aus diesem Kreis begründet werden; nachdem aber dieser Lehrergruppe die eifrig genutzte Chance weiterer Qualifikationen[104] gegeben war, entfiel dieses Argument. Allerdings war das Ermessen des Ministers in dieser Frage höchst begrenzt, denn der König beargwöhnte ebenso wie die Konservativen auch die nur ausnahmsweise vorgeschlagenen Ernennungen von Volksschullehrern zu Inspektoren als prinzipielle Abweichung von den bewährten religiös geprägten Sozialverhältnissen des platten Landes[105]. Akademisch gebildete Kreisschulinspektoren, die auf die Ernennung eines ›Illiteraten‹ mit geschlossener Niederlegung ihres Schulamtes drohten, konnten bei ihrem Vorgehen fest auf die kritische Haltung des Monarchen gegenüber den Volksschullehrern rechnen[106].

Größere Erfolge erzielte Falk in der materiellen Ausstattung des preußischen Volksschulwesens: Dem Lehrermangel war auf zweifache Weise begegnet worden, durch den Ausbau der vorhandenen Seminare und durch 31 Seminarneugründungen bis 1878[107] sowie durch verstärkte staatliche Unterstützung des Präparandenwesens einerseits und durch die Verbesserung der Lehrerbesoldung andererseits[108]. Sie sollte den Stand wieder attraktiv machen und ihm so überhaupt die notwendige Zahl von Bewerbern zuführen, denn »in den 60er Jahren war es nicht einmal gelungen, die vorhandene Zahl der Ausbildungsplätze mit Seminaristen zu besetzen«[109]. Die Zahl der sich in der Ausbildung befindlichen Seminaristen stieg in den 1870er Jahren fast um das

Doppelte und übertraf damit die Rate des Bevölkerungswachstums um ein Mehrfaches[110]. Die gleichzeitig in Angriff genommene Vermehrung der Schullehrerstellen konnte bei dem konstatierten Lehrermangel aber nur langfristig eine wesentliche Verbesserung der Situation mit sich bringen[111].
Die Aufbesserung der Lehrerbesoldung erfolgte einmal durch die Gemeinden, die auf dem Verwaltungswege in einem langwierigen Prozeß zu höheren Leistungen an ihre Lehrkräfte veranlaßt wurden, und zum anderen durch in den Etat eingestellte Summen für staatliche Besoldungszulagen. Bereits wenige Monate nach seinem Dienstantritt hatte der neue Minister die Besoldungsfrage in Angriff genommen, indem er die Regierungen anwies, die ihnen in den Vorjahren für Gehaltsverbesserungszwecke zur Verfügung gestellten Mittel für einmalige Zuwendungen an die Lehrer zu verausgaben[112]. Diese Verfügung warf ein bezeichnendes Licht auf die vorhergegangene Schulverwaltung, die es für richtig gehalten hatte, die ihr zur Verfügung gestellten, ohnehin sparsamen Mittel zu Lehrerbesoldungsverbesserungen ihrerseits aufzusparen. Die Fonds der staatlichen Aufwendung für die Lehrerbesoldung figurierten seit 1873 nicht nur unter einem eigenen Etat-Titel: »Besoldungen und Zuschüsse für Lehrer und Lehrerinnen und Schulen, insbesondere auch zur Gewährung zeitweiliger Gehaltszulagen für ältere Lehrer sowie Unterstützungen«, sondern wurden auch energisch vermehrt von 7,5 Mill. Mark im Jahre 1873 auf über 12 Mill. Mark im Jahre 1877/78[113].
Eine strukturelle Gehaltsverbesserung brachte eine Ministerialverfügung von 1873, durch die Dienstalterszulagen in Höhe von 20 Talern nach 12 und 40 Talern nach 22 Dienstjahren in Aussicht gestellt wurden, auf die jedoch kein Rechtsanspruch bestand[114]. Dazu kam eine Regelung des Minimaleinkommens, das aber in den einzelnen Provinzen nach wie vor erheblich differierte und auch zwischen ersten und alleinstehenden Lehrern sowie Klassenlehrern in der Höhe unterschiedlich war. Im Stelleneinkommen zeigte sich deshalb nach wie vor eine erhebliche Spannweite: das Durchschnittseinkommen von 1 032 Mark differierte nach ländlichen und städtischen Stellen zwischen 874 und 1 365 Mark, nach provinzieller Gliederung zwischen 851 Mark in Ostpreußen und 1 212 im Rheinland, während Berlin mit 2 063 Mark die Spitzenstellung einnahm. Den Unterschied zwischen ländlichen und städtischen Schulverhältnissen erhellt die Umrechnung der persönlichen Schulunterhaltungskosten auf die Zahl der schulpflichtigen Kinder. Von den Städten über 25 000 Einwohnern bis auf die ländlichen Schulstellen fiel der Satz von über 30 Mark je schulpflichtiges Kind bis auf knapp 13 Mark; die Stadt Berlin führte wiederum mit 35,44 Mark die Rangfolge der Provinzialdurchschnitte an, während Posen mit 11,66 Mark an letzter Stelle lag[115]. Je größer die Städte, desto größer war der Anteil der Gemeindeleistungen; in Städten mit über 50 000 Einwohnern machte er über 80% des Gesamtstelleneinkommens aus, während die Einkommensquellen aus Schulvermögen und Staatsmitteln praktisch zu vernachlässigen waren, weil sie jeweils unter 1% blieben. Für die ländlichen Schulverhältnisse stellten sich die Einkommensquellen in prozentualem Anteil an dem Gesamteinkommen in etwa so dar: knapp die Hälfte kam aus Gemeinde-, gutsherrlichen und Patronatsleistungen; die Einkünfte aus dem Schulgeld, aus dem Schulvermögen und aus Staatsmitteln rangierten

jeweils zwischen 15 und 20%[116].

Die finanziellen Mehraufwendungen für das Volksschulwesen während der Amtszeit Falks lassen sich besonders anschaulich in ihrer Größenordnung verdeutlichen, wenn sie auf den Kopf der Bevölkerung umgerechnet werden. Während in dem Zeitabschnitt von 1861 bis 1871 die Mehraufwendungen in den Städten 0,99 Mark und auf dem Lande 0,37 Mark ausmachten, stiegen sie zwischen 1871 und 1878 um 1,92 Mark in den Städten und 1,41 Mark auf dem Lande. Diese Quote sollte in keinem vergleichbaren Zeitabschnitt innerhalb des Untersuchungszeitraumes der vorliegenden Arbeit auch nur annähernd wieder erreicht werden[117]. Bestätigt wird diese Entwicklung durch eine Parallelberechnung der durchschnittlichen Schulunterhaltungskosten je Schulkind, die im Jahrzehnt zwischen 1861 und 1871 um knapp 2 Mark auf 10,72 Mark angestiegen waren, um dann in den Jahren 1871 bis 1878 um fast 8 Mark auf 18,40 Mark emporzuschnellen[118]. Mehraufwendungen dieser Größenordnung indizieren, daß die Schulpolitik des Ministers Falk sich qualitativ von der seiner Vorgänger unterschied, da zwischen Unterrichtsniveau und materieller Schulaufwendung zweifellos eine Interdependenz besteht[119].

Wenn die Mittel insgesamt auch nicht ausreichten, die Besoldungsforderungen der Lehrer angemessen zu befriedigen, so markierten die bereitgestellten Summen immerhin einen Positionsgewinn des Volksschulwesens auf der politischen Prioritätenliste, der sich materiell vorrangig für die Lehrer auswirkte. Die in der zweiten Hälfte der 80er Jahre eintretende Umschichtung im preußischen Budget zugunsten der Schule sollte dagegen fast ausschließlich den leistungsverpflichteten Schulgemeinden zufallen, während die Lehrer leer ausgingen[120].

Als den Urheber der berufspolitischen Fortschritte identifizierten die preußischen Lehrer ihren Kultusminister. Äußeren Ausdruck fand diese Haltung in zahllosen Gedichten[121] und in den üblichen zeitgenössischen Lobesbezeigungen auf den vielen Lehrerfesten, bei Begegnungen von Lehrerdeputationen mit dem Minister, vor allem bei seiner triumphal verlaufenen Rheinreise[122]. Das positive Verhältnis von Volksschullehrerschaft und Ministerium verdeutlichten die Vorgänge des Jahres 1878, als angesichts der öffentlichen Nachrichten über ein Entlassungsgesuch des Ministers Falk der Preußische Lehrerverein und der Deutsche Lehrerverein dringend den Minister zu einem Verbleiben im Amt zu bewegen versuchten[123]. Der Preußische Lehrerverein reagierte mit »tiefem Schmerz« auf die Nachricht über den bevorstehenden Rücktritt. Er bekundete öffentlich: »Wir Lehrer erkennen es dankbar an, daß Ew. Exzellenz allzeit eifrig bemüht gewesen waren für das Wohl der Schule, und daß gerade die Volksschule, der ja mehr als 96% unserer Jugend anvertraut sind, sich der unermüdlichen und erfolgreichen Fürsorge Ew. Exzellenz zu erfreuen gehabt hat«[124]. Nach Falks Rücktritt im Jahre 1879 erinnerten mehrere Blätter speziell an seinen Einsatz für die professionelle Entwicklung des Volksschullehrerstandes, den Falk zu einem »Ehrenstande« gemacht habe. Der Minister habe »mit heiliger Begeisterung an dem großen Werk der Lehreremanzipation« gearbeitet[125].

4. Die »Allgemeinen Bestimmungen« von 1872: Tribut an Liberalismus oder Industrie?

Das Schulaufsichtsgesetz hatte Falk im Erbe seines konservativen Vorgängers vorgefunden; seine Aufgabe war es allein gewesen, den geänderten Kurs des Staatsministeriums in dieser Frage einer Mühler gegenüber mißtrauisch gewordenen Öffentlichkeit als neuer Mann zu vertreten. Auf dem inneren Gebiet der Elementarschule mußte der Minister seine Position aus eigener Initiative gegenüber den Regulativen profilieren, die als Hauptangriffspunkt liberaler Kritik weiterhin in Geltung standen. Als Signal für den von ihm erhofften schulpolitischen Kurswechsel diente die Einberufung einer Konferenz über Fragen des Elementarschulwesens, die sog. »Juni-Konferenz«[126], deren Konstituierung die Liberalen wunschgemäß als ein wichtiges Symptom für ein Umschwenken der Unterrichtsverwaltung deuteten[127]. Neben Abgeordneten aller politischen Lager, von denen Kleist-Retzow den rechten und der Berliner Gymnasialdirektor Techow den linken Flügel repräsentierten, nahmen an der Konferenz Schulräte und Seminardirektoren teil, die noch durch Stiehl nominiert worden waren[128].

Daß der Minister der Konferenz präsidierte und selbst in die Redaktion des für die Veröffentlichung vorgesehenen Konferenzprotokolls eingriff[129], sicherte dem Unternehmen die nötige Publizität und gewährleistete, daß die aufgetretenen Differenzen auch in der Öffentlichkeit bekannt wurden[130]. Die Tatsache der Anteilnahme des Ministers wie seine ungewohnt liberale Verhandlungsführung wurden dabei als Beweis für seinen liberalen schulpolitischen Kurs gewertet[131]. Bezeichnend ist jedoch das zurückhaltende Urteil des Rektors Dörpfeld über den allseits erwarteten Kurswechsel unter dem neuen Minister. Dem politischen Liberalismus gegenüber persönlich distanziert, beurteilte er Zusammensetzung und Art der Durchführung der Konferenz sehr skeptisch. Wenn er auch ironisch anerkannte, daß die Anwesenheit von »zwei Schulmeistern im Salon des Ministerhôtels ... in Preußen ein fast erschrekkendes Novum« darstellte, so schien ihm das allerdings gegenüber der Teilnahme von fünf Seminardirektoren und sechs Schulräten kaum »Zeichen einer ›neuen Ära‹ zugunsten des Lehrerstandes«[132]. Wenig hoffnungsvoll stimmte ihn auch das Ergebnis der Konferenz, die auf drängende pädagogische Fragen eine Antwort noch nicht einmal versucht hätte[133]. Auch Rißmann, der Historiograph des Deutschen Lehrervereins, urteilte aus dem Abstand von 25 Jahren: »Das Ergebnis der Konferenz war kläglich«[134].

Die von Falks Biographen Foerster vorgelegte Einschätzung des Konferenzverlaufs enthüllt die Motive des Ministers bei der Durchführung der Konferenz: »Es scheint nicht, daß die Konferenz zu fruchtbaren Vorschlägen gekommen wäre. Immerhin, der dringenden Reformbedürftigkeit des Schulwesens konnten sich auch die rechts stehenden Abgeordneten nicht verschließen«[135]. Genau dieses Argument der allgemeinen Reformbedürftigkeit der Volksschule und der Reformbereitschaft des neuen Ministers verbreitete auch die offiziöse Presse[136].

Wenn auch die Juni-Konferenz einer politischen und pädagogischen Diskussion Raum gegeben hatte, so wollte sich die Unterrichtsbürokratie damit jedoch keineswegs der politischen und pädagogischen Kontrolle öffnen. Die Verfügung, die als längste die Amtszeit des Ministers überdauerte, kam ohne die Mitwirkung organisierter pädagogischer oder politischer Repräsentanten zustande. Das Konzept dieser neuen Unterrichtsordnung entwarf Schneider völlig selbständig, ohne daß er von seinem ministeriellen Auftraggeber an bestimmte Aufgaben gebunden worden wäre[137]. Diese formelle Ungebundenheit eröffnete aber nur scheinbar die Chance eines radikalen Neuanfangs, denn der Verfasser der neuen Ordnung war ja keineswegs ein Außenseiter innerhalb der Stiehlschen Unterrichtsverwaltung gewesen[138].

Unter dem Datum des 15. Oktober 1872 wurden die »Allgemeinen Bestimmungen, betreffend das Volksschul-, Präparanden- und Seminarwesen«[139] veröffentlicht, die zugleich die Regulative von 1854 außer Kraft setzten. Die neuen Bestimmungen behandelten nicht nur die in den Regulativen geordneten Sachbereiche Elementarschule, Präparanden- und Seminaristenausbildung, sondern normierten auch einen neuen Schultyp, die Mittelschule; zudem eröffneten sie den Lehrern durch verschiedene Prüfungen zusätzliche Qualifikationschancen. Sie bestanden aus fünf einzelnen Erlassen, von denen zwei die Unterrichtsorganisation des Volksschulwesens ordneten[140] und drei die professionelle Karriere der Volksschullehrer regulierten[141]. Die auf die Volksschule bezüglichen Erlasse markierten durch ihren Titel eine formale Distanz zu den Regulativen[142]. Die Verfügung vom 15. Oktober 1872 bezog sich auf alle Einrichtungen der preußischen Volksschule unabhängig von konfessioneller Ausrichtung und innerer Gliederung, während das Regulativ nur die einklassige evangelische Elementarschule zum Gegenstand gehabt hatte. Die neue Verfügung hatte besondere Bedeutung für das städtische Schulwesen, indem sie Ordnung in die zum Teil ihrer historischen Ursprünge wegen höchst unterschiedlichen Schultypen brachte, die einmal aus alten Latein- und ähnlichen Stadtschulen hervorgegangen waren, die auf spezifische Bildungsinteressen der Bürger abgezielt hatten, und zum andern aus den Armen- oder Freischulen, deren Aufgabe es gewesen war, die elementaren Bildungsbedürfnisse des »niederen Volkes« zu befriedigen. Für die große Mehrzahl der schulpflichtigen preußischen Kinder in Stadt und Land sollte nun die »Volksschule« sorgen, die bei entsprechendem Bedarf durch die »Mittelschule« für diejenigen Kinder ergänzt werden konnte, die keine »höhere« Schulbildung empfangen konnten, aber doch eines »über die Ziele der Volksschule hinausgehenden Unterrichts« bedurften[143]. Der Schultyp ›Mittelschule‹ sollte den spezifischen Bedürfnissen des städtischen Gewerbestandes dienen. Die Mittelschule entwickelte sich aber in der normierten Form – ohne das Privileg der Berechtigung seiner Absolventen zum einjährig-freiwilligen Heeresdienst – nicht den Erwartungen entsprechend. Nur ca. 500 Mittelschulen standen zu Beginn des 20. Jahrhunderts den mehr als 34 000 Volksschulen gegenüber[144].

Von praktischer Bedeutung war dagegen das geforderte Organisationsprinzip der Gliederung der Volksschule in Abteilungen, wodurch z. B. die Herstellung größerer Schulsysteme durch Zusammenlegung mehrerer einklassiger Schulen an einem Ort erleichtert oder die Teilung einklassiger Schulen in mehrere Klassen zwanglos ermöglicht werden sollte. Die Zusammenfassung von Kindern einer Altersgruppe wurde nicht nur aus organisatorischen, sondern auch aus pädagogischen Gründen favorisiert, und sogar die durch die Regulative von 1854 mißbilligte »Halbtagsschule« unter die Normtypen rangiert, da angenommen wurde, »daß ein Lehrer in wenigen Stunden mit einer kleineren Zahl einer Altersstufe angehöriger Kinder mehr erreiche als mit der doppelten Zahl der Stunden in überfüllter Klasse mit Kindern aller Altersstufen«[145]. Wenn auch zu Recht kritisiert wurde, daß die »Allgemeinen Bestimmungen« das Fortbestehen der einklassigen Volksschule nicht verhinderten, so verkannte die Kritik doch die prinzipielle Bedeutung dieser Anordnung. Die Regulative hatten ausschließlich auf die einklassige ländliche Volksschule abgezielt, die Allgemeinen Bestimmungen wollten dagegen die Verhältnisse in differenzierten, d. h. prinzipiell mehrklassigen Schulen regulieren[146].

Freilich blieben gerade die den ›Realien‹ gewidmeten Paragraphen, durch die der Schritt über das Niveau der Regulative hinaus getan werden sollte, inhaltlich höchst unbestimmt[147]. Das Maß dessen, was in den Realien möglich blieb, war so von vornherein durch die Ansprüche in denjenigen Fächern begrenzt, für die die stofflichen Anforderungen genau normiert worden waren; das waren vor allem der Religions- und der Musikunterricht. Immerhin war die Zahl der wöchentlichen Religionsstunden geringfügig gekürzt und die Masse der auswendig zu lernenden biblischen Stoffe, Gebete, Sprüche, Lieder usw. reduziert worden.

Die Maßnahmen zur Verminderung des Religions- und zur Vermehrung des Realienunterrichts wurden als Ausdruck eines prinzipiellen Kurswechsels gewertet, obwohl für den Bereich der Volksschule nach Schneiders nüchternem Urteil keineswegs eine Revolution stattfand oder stattfinden sollte. Die konservative Kritik an einer Reduzierung der Religionsstundenzahl[148] hielt er für sachlich unbegründet, da sie durch methodische Fortschritte in diesem Fach kompensiert würde. Andererseits gab er zu bedenken, daß die Summe der sechs bis acht Stunden für den Unterricht in »Realien« zwar »viel klinge«, aber es seien mit dem gemeinsamen Wort vier Gegenstände bezeichnet, »deren jeder mindestens den Umfang hat wie die Religion«[149]. Ihre konkrete Grenze fand die Verwirklichung der in den Allgemeinen Bestimmungen gestellten Anforderungen zudem in der akuten Notlage vieler preußischer Volksschulen, die nach wie vor durch materielle Knappheit und katastrophalen Lehrermangel gekennzeichnet war[150]. Der Unterricht sollte in Klassen erteilt werden, deren Normalfrequenz auf 80 Kinder beziffert wurde, die aber angesichts des Lehrermangels so erweitert wurde, daß auf 80–120 Schüler eine Lehrerstelle, auf 120–200 Schüler zwei Lehrerstellen, bei 200–300 Schülern drei Lehrerstellen genügen mußten[151].

Auffällig an den Verfügungen war der Verzicht auf die explizite Benennung des Erziehungsziels der preußischen Volksschule. Dieser Umstand entsprang einer Initiative Falks, der die Streichung der von Schneider den Bestimmungen vorangestellten motivierenden Passagen angeordnet hatte. Der Minister sah mit solchen »Motivationen und Exspectationen« den Fehler der Regulative wiederholt und fragte tadelnd: »Solche Bemerkungen mögen Wahres enthalten, sie sind aber auch disputabel, und in weiten Kreisen wird ihnen alle

Zustimmung versagt. Sie sind nicht nötig, wozu also die Aufnahme[152]?« Diese Marginalie charakterisiert die Intention des neuen Amtschefs bei der Abfassung der Verfügung, inhaltliche Kontroversen durch knapp formulierte Bestimmungen und Beschränkungen auf organisatorische Angaben zu erschweren.

Um so größeres Interesse verdienen die gestrichenen Ausführungen im Konzept Schneiders, da sie authentische Interpretationshinweise vermitteln, deren Darstellung Falk bestenfalls im Rahmen einer im Centralblatt zu veröffentlichenden Denkschrift angemessen fand[153]. Wesentliche und folgenschwere Umgestaltungen im politischen und sozialen Leben erzwangen nach Auffassung Schneiders eine Revision der Regulative. Die industrielle Entwicklung habe im Zusammenhang mit einer entsprechenden Gesetzgebung ehemals ländliche Bezirke in Industriegebiete verwandelt, die Gewerbefreiheit den Zuzug nach den Städten gefördert, aber auch die ländlichen Gemeinden in Industriebezirken vergrößert: »Die Art der Arbeit, welche von dem einzelnen Mann in der Fabrik gefordert wird, ist derart, daß er sie ohne ein gewisses Maß an Kenntnissen, namentlich in den Naturwissenschaften, nur notdürftig ausrichten kann. Die kaufmännische Form, welche jetzt auch der Landwirt seinen Geschäften gibt, macht es ihm wünschenswert, daß seine Leute im Schreiben und Rechnen so weit gefördert werden, daß sie ihm dabei dienen können«. Ausdrücklich bekundete Falk seine Zustimmung zu der These, daß die Volksschule ihren Absolventen »eine reichere Ausstattung an positiven Kenntnissen« geben müsse, um sie »wirklich erwerbsfähig zu machen«[154].

Diese und ähnliche Forderungen wurden von der liberalen Öffentlichkeit weitgehend geteilt. Sie dienen heute der materialistischen Schulgeschichtsschreibung als Beleg für die allgemeine These, daß die kapitalistische industrielle Expansion eine Niveauanhebung des Volksbildungswesens erzwungen habe[155]. Ihre Evidenz wird aber erschüttert, wenn man einmal die bildungspolitischen Äußerungen und das tatsächliche Verhalten weiter industrieller Kreise betrachtet und zum andern auf die Gemächlichkeit sieht, mit der die aufgestellten Normen verwirklicht wurden. Anläßlich der parlamentarischen Beratung des »Schullastenleistungsgesetzes« konstatierte der Abgeordnete von Tiedemann, der als Regierungspräsident den Unterricht und die Schulverwaltung beurteilen konnte, daß bis zum Jahre 1887 die Allgemeinen Bestimmungen erst in »sehr wenigen Teilen des preußischen Staates« durchgeführt worden seien, während in den »allermeisten« die Verhältnisse in den Schulen »weit« hinter denselben zurückblieben[156]. Sein Urteil über das Ausbildungsniveau der Volksschule in den letzten Jahrzehnten des 19. Jahrhunderts wurde durch einen Schulrat 1904 prinzipiell bestätigt. Die Allgemeinen Bestimmungen hätten 1872 ein »Ideal« vorgezeichnet, das »heute noch an zahlreichen Schulen nicht erreicht« sei[157]. Eine generelle Niveausteigerung hatte sich also selbst nach einer weiteren stürmischen industriellen Entwicklung von mehr als 30 Jahren nicht als zwingend erforderlich herausgestellt.

Während die Regulative vom Zeitpunkt ihrer Inkraftsetzung an durch führende Schulpolitiker und Pädagogen als Symptom und Element reaktionärer Schulpolitik eindeutig klassifiziert worden waren und auch nachfolgende historische Untersuchungen diesen Befund bestätigen konnten, geriet die erziehungspolitische Substanz der Allgemeinen Bestimmungen erst allmählich ins Zwielicht. Schon rein äußerlich fehlt es an qualitativ wie quantitativ vergleichbaren publizistischen Äußerungen aus der Entstehungszeit wie auch von späteren Kritikern[158].

Beim Erscheinen der Allgemeinen Bestimmungen wurde das Urteil über sie weitgehend durch die ›liberalen‹ Zeitgenossen bestimmt, die sie mit »Jubel«[159] begrüßten. Politisch verdankten die Bestimmungen ihre kulturkämpferische Etikettierung als »liberal«[160] zunächst vornehmlich äußerlichen Faktoren: einmal der schlichten Tatsache, daß sie die Regulative aufhoben und damit einen öffentlichen Wandel der ministeriellen Politik zu signalisieren schienen; zum anderen der stofflichen Berücksichtigung der von den Kritikern der Regulative ausgegangenen Forderungen nach Aufnahme der »Realien« in den Lehrplan der Volksschule; und zum dritten der formellen Unterstützung durch die liberalen Parteien und der fast einstimmigen öffentlichen Zustimmung der als liberal geltenden preußischen Lehrer.

Dabei fiel in den parlamentarischen Verhandlungen kaum auf, daß Minister und Bürokratie gegenüber den Angriffen von Zentrumsseite und Konservativen die Grenze einer rein formellen oder rechtlichen Argumentation peinlich einhielten und die inhaltliche Diskussion ganz ihren parlamentarischen Fürsprechern überließen. Die Allgemeinen Bestimmungen waren nicht deshalb »liberal« oder »nationalliberal«[161], weil sie inhaltlich schulpolitische Forderungen dieser Gruppen aufnahmen oder durch diese Gruppen parlamentarisch unterstützt wurden, sondern weil sie in ihrer inhaltlichen Substanzlosigkeit ehestens einen spezifischen Ausdruck des Liberalismus repräsentierten, der die konfliktfreie Funktion auf Kosten inhaltlicher Kontroversen favorisierte. Diesem Liberalismus fehlte nicht nur das demokratische Element von 1848[162], sondern auch jede originäre liberale Verpflichtung, denn »gemäß dem Stil der Epoche . . . (trat) eigentlich Ideologisches überhaupt kaum zutage«[163].

Als ebenso problematisch erweisen sich die Versuche einer pädagogisch-historischen Wertung der Allgemeinen Bestimmungen. Ein Urteil, das sie in die Tradition der Humboldtschen Reform stellt, verkennt ihren ausdrücklichen Klassencharakter[164], und die Behauptung, sie knüpften »an die Pestalozzische Epoche des preußischen Volksschulwesens in den ersten Jahrzehnten des Jahrhunderts wieder an«[165], spiegelt eher die Wünsche der Zeitgenossen, als daß sie im Text der Verfügung selbst Anhalt fände. Die Regulative waren durch die Einheit ihrer politischen und pädagogischen Zielsetzung charakterisiert, die Allgemeinen Bestimmungen dagegen waren Rahmenbestimmungen[166], die sich durchaus verschiedenen politischen Intentionen anpassen konnten. Falk selbst lieferte das erste Beispiel einer Neudefinition ihrer politischen Zielsetzung: die Verfügung, die bei ihrem Erlaß in den weiteren Umkreis des Kulturkampfes eingeordnet worden war[167], deutete er ex post als eine Kampfmaßnahme gegen die Sozialdemokratie:

Ich habe, bald nachdem jene Allgemeinen Bestimmungen erschienen, in einer sozialdemokratischen Zeitung gelesen, sie seien ein neuer Versuch, die morschen Säulen des Staates und der Gesellschaft zu stützen, und es wurde hinzugesetzt, ein Versuch, der der Sozialdemokratie gefährlicher sein könnte als die Weiterführung des Erziehungswesens nach den Regulativen – und ich denke, Unrecht hatte das Blatt nicht (lebhaftes Bravo! links)[168].

5. Die »Ära Falk«: Kulturkampf gegen die schwarze und rote Internationale

Die Konfrontation von Kultusministerium und Abgeordnetenhaus hatte in den 60er Jahren zu einem weitgehenden schulpolitischen Immobilismus in Preußen geführt. Durch die Berufung des Ministers Falk und mit der parlamentarischen Durchsetzung des Schulaufsichtsgesetzes hatte sich eine neue Konstellation abgezeichnet, die sich auch günstig für die preußische Volksschule und ihre Lehrer auswirken konnte. Tatsächlich zeigten die Etatberatungen der 70er Jahre gegenüber dem Regiment von Mühler ein gewandeltes Verhältnis von Parlamentsmehrheit und Unterrichtsverwaltung. Im Abgeordnetenhaus wurde das Ministerium nicht nur äußerlich und verbal unterstützt, sondern die Budgetkommission erhöhte auch von sich aus die Summen, die das Kultusministerium zur Verstärkung der Fonds, vor allem für Zwecke der Lehrerbesoldung, vorschlug[169]. Die Verwendung dieser Mittel war allerdings schon aus praktischen Gründen willkürlich; Finanz- und Unterrichtsverwaltung fehlte es nämlich schlicht an Daten über die Leistungsfähigkeit der einzelnen Gemeinden[170]. Ohne durch ein Gesetz gefesselt zu sein, war der Kultusminister in der Lage, die Kriterien für die Vergabe der Gelder selbst zu bestimmen[171]. Anders als in früheren Jahren, als wegen der Knappheit der Mittel nur wenige Lehrer bedacht werden konnten, war nun, wo erhebliche Summen zur Verfügung standen, die Verteilung in Form von Alters- und persönlichen Zulagen nach politischen Gesichtspunkten[172] für einen größeren Kreis von Interesse. Das Vergabeverfahren konnte sich jetzt eher an denen orientieren, die nichts erhalten, als an denen, die prämiert werden sollten[173].
Die politische Funktion der Vergabe von Zulagen wurde vor allem von polnischen und katholischen Abgeordneten beklagt, die erkannten, daß den Gratifikationen eine disziplinierende Wirkung zukam[174]. Die Tatsache, daß gerade der katholische Religionsunterricht und die katholischen Lehrer durch kulturkämpferisch inspirierte schulpolitische Maßnahmen betroffen wurden, schärfte den Blick für die Konsequenz der Eingriffe und vergrößerte die Empfindsamkeit für die Entwicklungstendenzen innerhalb der Volksschule. Die genaueste Beschreibung der disziplinierenden Funktionen der Gehalts- und Personalpolitik des Ministeriums findet sich so in Reden von Zentrumsabgeordneten, die die Form der Vergabe von Zulagen an arme Lehrer als korrumpierend analysierten. Die meisten Lehrer waren in der Tat bemüht, der Zulagen und Verbesserungen immerfort »würdig zu sein«, doch war dies offensichtlich nicht das einzige Motiv für die weitgehende Anpassung an den ministeriellen Kurs. Es bedeutete auch viel, daß der »wohlwollende« Chef die lange entbehrte Identifikation mit der Staatsregierung erlaubte. Ein weiteres Motiv steuerte in einer Lehrerkonferenz ein alter Schulmann bei, der eine Diskussion über Regulative und Allgemeine Bestimmungen mit dem Bekennt-

nis beendete: »Wir gehen mit Herrn Dr. Falk – wir sind Untertanen«[175].
Gerade durch das Institut der weltlichen Schulaufsicht glaubte der Zentrumsabgeordnete Dauzenberg den sich abzeichnenden »Servilismus« befördert, weil es auch bei der Auswahl der Schulinspektoren offensichtlich weniger auf pädagogische Fähigkeiten als auf »Gesinnungstüchtigkeit« angekommen sei[176]. Die preußische Volksschule drohte in dieser Sicht zu einer »reinen Dressuranstalt für Reichsfreunde« herabgewürdigt zu werden[177].
Der Kulturkampf bestimmte die schulpolitischen Auseinandersetzungen der 1870er Jahre: Fragen des konfessionellen Religionsunterrichts und der staatlichen Schulaufsicht standen im Mittelpunkt der Diskussion[178]. Es war in dieser Situation nicht zweifelhaft, was Bismarck bezweckte, wenn er 1874 die von ihm sonst kaum registrierten Lehrer zu deren Freude als »treue Kampfgefährten« titulierte[179]. Die Schule wurde damit unmittelbar in die aktuelle politische Kontroverse hineingezogen. Schultechnische Fragen traten, wie auch das Schulaufsichtsgesetz zeigte, ganz hinter übergeordneten politischen Interessen zurück. Auch gegenüber den aktuellen Problemen der Wirtschaftspolitik und der Reorganisation der inneren Verwaltung nahmen Schulbedürfnisse einen durchaus nachrangigen Stellenwert ein. Erst nachdem der Ausbau der Selbstverwaltung abgeschlossen war, sah der Minister Falk die Grundlage für ein Unterrichtsgesetz gegeben, das auf der neuen Verwaltungsstruktur aufbauen sollte[180].
Zentrum und Konservative leisteten mit zunehmender Härte Widerstand gegen die mit dem Schulaufsichtsgesetz eingeleitete Politik des Ministeriums Falk. Die gemeinsam vorgetragene Sorge um eine ›Entchristlichung‹ der Schule hatte aber verschiedene Motive[181]. Daß ein evangelischer Geistlicher als Orts- und Kreisschulinspektor abgelöst und durch einen weltlichen Beamten ersetzt werden könne – diese Möglichkeit schien den Konservativen ein Angriff auf die traditionellen ländlichen Gesellschafts- und Machtverhältnisse. Die Absetzung des Pfarrers als Schulinspektor dokumentierte in dieser Sicht zugleich das Ende des alten ›Autoritätsglaubens‹ und ein Einschwenken der protestantischen Monarchie in moderne, ja republikanische Bahnen. Die staatliche Kontrolle des Religionsunterrichts war für diese konservativen Kritiker nicht etwa aus religiösen Gründen problematisch. Sie fürchteten nicht den Mißbrauch der Konfession als staatlichen Legitimationsfaktor. Die weltliche Schulaufsicht schien vielmehr just diese Funktion zu gefährden und wurde deshalb als bedenklich abgelehnt.
Die Argumentation des Zentrums verwob in ihrer Kritik unentwirrbar religiöse und taktische Motive. Die Aktionen der Unterrichtsverwaltung gegenüber der konfessionell geprägten Elementarschule wurden als unheilige Grenzüberschreitungen des Staates in die autonomen Bereiche des Glaubens und der Kirche gebrandmarkt, als Maßnahmen, welche die Qualität des katholischen Glaubens selbst gefährdeten. Wenn die zaghaften Schritte des Staates auf dem Wege zu einer nicht-geistlichen Schulaufsicht auch vorwiegend als religiöser Skandal herausgestellt wurden, so ließ doch vor allem Ludwig Windthorst, der führende Kopf der Zentrumspartei im Abgeordnetenhaus, in eindeutig politischer Absicht wiederholt durchblicken, daß ein solcher Kurs in gefährlicher Weise auch die Legitimationsgrundlage der

protestantischen Monarchie aushöhle.
Aus der Sicht protestantischer Liberaler wie auch vieler preußischer Lehrer war die politische Aufgabenstellung einer modernen Volksschule gegenüber Klerikalismus und Sozialismus, die gleichermaßen als Ausdruck eines unaufgeklärten Volksbewußtseins gewertet wurden, ein und dieselbe. Es entsprach der Einschätzung aller liberalen Parteien, das Anwachsen der Sozialdemokratie vor allem auch als den Erfolg einer verderblichen ›Irrlehre‹ zu werten, die mit spezifischen sozialen Ursachen nur beiläufig in Beziehung gesetzt wurde. Folgerichtig wurde in einer Interpellation im Jahre 1876 vor allem die konfessionell geprägte Schulerziehung nach dem Muster der Regulative verantwortlich gemacht für die »Elemente, über deren Verwilderung, über deren Zügellosigkeit« Klage geführt werde; sie seien »Früchte des bisherigen Systems«[182]. Das kulturkämpferische Postulat der Trennung von Kirche und Schule verband sich mit der konkreten Erwartung einer gesteigerten politischen Effizienz »moderner« Volksschulbildung in den »niederen Kreisen des Volkes«: Vor dem »gesunden Wirken und Wehen« der guten Volksschule werde der »Wahnsinn der sozialdemokratischen Ideen, wie die Spreu vor dem Winde«, rasch verfliegen[183]. Auch im Verständnis des Referenten einer deutschen Lehrerversammlung richtete sich der Kulturkampf in der Schule gleichermaßen gegen den »schwarzen« wie den »roten« Internationalismus[184]. Und schon in den 1860er Jahren hatten Altliberale aus der Erweiterung der Volksrechte, z. B. der Einführung des allgemeinen Wahlrechts, den Schluß gezogen, daß die daraus erwachsenden Gefahren nur durch verbesserte Volksbildung abzuwehren seien[185].
Das öffentliche Bekenntnis zur politischen Funktion der Schule im Interesse nationaler und sozialer Integration hatte unmittelbare Rückwirkungen auf das berufliche Selbstverständnis der Volksschullehrer, die daraus eine Bedeutungszunahme des eigenen Standes ableiteten. Auch ihr Streben nach materieller Besserstellung hatte damit zugleich eine ideelle Legitimation erhalten, da es nun nicht länger nur mit dem Kampf gegen den bloßen Hunger motiviert wurde, sondern als notwendige Konsequenz der gewachsenen nationalpolitischen Bedeutung der Erziehungsfunktion interpretiert werden konnte.
Die Konservativen beklagten die politische Anerkennung der Lehrerschaft, weil sie jedes öffentliche Auftreten der Lehrer an sich als unangemessen ablehnten[186]. Die Funktionäre der Institution Schule, die Lehrer, sollten jedenfalls nicht an den möglicherweise gewachsenen Funktionen der Institution partizipieren. Die Kritik an den Veränderungen im Schulwesen überhaupt fand deshalb in den Volksschullehrern einen anschaulichen personellen Zielpunkt. Die komplexen sozialen Bezüge innerhalb des Schulsystems ließen sich in der Benennung des beruflichen Wirkens der Lehrer am einfachsten reduzieren. Konservative und Zentrum trafen sich in der Kritik an der falschen politischen Orientierung der Lehrer – einer Orientierung, für die man vor allem den Kultusminister verantwortlich machte. Der Zentrumsabgeordnete Schorlemer-Alst sah das Lehrerpersonal von »seiner natürlichen Stütze«, der Kirche und ihren Organen, losgerissen und damit den Gefährdungen der Politisierung ausgesetzt. Jenseits aller kulturkämpferischen Anklage formu-

lierte er sein erziehungspolitisches Ideal vom »einfachen, tüchtigen und zufriedenen Dorfschulmeister«[187].

Eine ähnliche Einschätzung der professionellen Situation der Volksschullehrer sprach auch aus den Worten des konservativen Abgeordneten Schröder (Lippstadt), der den Minister aufforderte, einen Weg einzuschlagen, der wieder den Sinn für einfache Verhältnisse im Lehrerstande erwecke. Er plädierte angesichts der Situation dafür, »die Lehrer und ihre Schulinspektoren herauszubringen aus der Politik, ihnen die Idee aus dem Kopf zu schlagen, als ob sie hauptsächlich berufen seien, als erste Faktoren für große innere und äußere politische Erfolge mitzuwirken, und die Schulinspektoren und Lehrer wieder zurückzuführen auf die hingebende Tätigkeit für ihren Beruf und hauptsächlich auf diese«[188].

Das Bild des guten alten Dorfschulmeisters beschwor nicht nur die Erinnerung an eine vorgeblich anspruchslose Lehrergeneration, sondern zugleich an eine gesellschaftliche Entwicklungsstufe, in der die Volksbildung noch nicht als eigener Faktor des politischen Lebens wirksam war. Durch die Beschränkung der professionellen Entwicklung des Lehrerstandes, die Dominanz des Religionsunterrichts und den Fortbestand der traditionellen Schulaufsichtsverhältnisse suchten die Konservativen den sozial mobilisierenden Wirkungen des Elementarbildungswesens entgegenzuwirken. Falks Aktionen mußten von vornherein auf enge ideologische Grenzen stoßen, da dieses schulpolitische Modell nicht allein von den Konservativen propagiert, sondern prinzipiell auch durch den Monarchen und den Ministerpräsidenten gestützt wurde. Bismarcks beiläufig ausgesprochener Vorwurf, Falk habe fälschlicherweise die Kontrolle der Geistlichen über den Lehrerstand zu stark gelockert, war identisch mit den schärfsten Vorwürfen von seiten anderer Kritiker des Kultusministers[189]. Konkret beklagten die Konservativen als Interessenvertreter der ländlichen Volksschule darüber hinaus jede Maßnahme der Schulverwaltung, die den Schulträgern höhere Lasten auferlegte, wie die Initiativen der staatlichen Bürokratie überhaupt als verhängnisvoller Ausdruck eines übersteigerten und unrealistischen Anspruches der Volksbildung gewertet wurden. Das starke Gewicht agrarischer Interessen wurde durch die im Nationalliberalismus vertretenen gesellschaftlichen Kräfte schulpolitisch kaum balanciert, da diese ihrerseits an einer einschneidenden Veränderung des bestehenden Elementarschulwesens nicht interessiert waren und im Zweifelsfall einer materiellen Förderung der verschiedenen Formen des höheren Schulwesens den Vorzug gaben[190].

Im Zusammenhang von Etatberatungen über das Gymnasial- und Realschulwesen versuchte Lasker als einer der profiliertesten schulpolitischen Sprecher der nationalliberalen Fraktion eine Definition der Erziehungsziele der einzelnen Unterrichtsanstalten, in der die Priorität verbesserter Elementarbildung im Prinzip zurückgenommen wurde. Der Elementarunterricht hatte danach das für jeden Bürger einer »gebildeten Nation« notwendige »Minimum« an Bildung zu vermitteln. In dieser Begriffsbestimmung sei schon dafür gesorgt, daß die Bäume nicht »in den Himmel« wüchsen, »weil die Kosten und die dem gesamten Publikum zugemuteten Opfer ohnehin die Sache auf der ungefähren Minimalhöhe« erhielten[191]. Damit war das auch von den Konservativen eingebrachte Regulativ anerkannt, das die Höhe der Elementarbildung als Funktion der verfügbaren materiellen Mittel, hier der sogenannten ›Opfer‹, definierte.

Der allseits mit dem Dienstantritt Falks beschworene »Systemwechsel«[192] reduzierte sich auf eine in *ideologischer* Hinsicht nur mäßige Modifikation der traditionellen preußischen Ausbildungsziele. Das gewandelte Verhältnis von Parlamentsmehrheit und Ministerium, die kulturpolitisch am gleichen Strick zu ziehen meinten[193], hatte das schulpolitische Kräftefeld zwar verändert; es war aber nicht gelungen, den in Angriff genommenen institutionellen Wandel legislativ abzusichern. Während das Abgeordnetenhaus in der Phase andauernder Konfrontation mit dem Regiment Mühler die Diskussion wachgehalten und die Möglichkeit von Alternativen angedeutet hatte, war jetzt die Richtung der öffentlichen schulpolitischen Diskussion allgemein durch den Kulturkampf bestimmt. Die Betrachtung des parlamentarischen Schicksals der Allgemeinen Bestimmungen läßt erkennen, daß es innerhalb der im Abgeordnetenhaus vertretenen Parteien keine bildungspolitischen Programme gab, die die Substanz des Ministerialerlasses in Richtung einer qualitativ besseren Volksschulbildung überstiegen hätten. Nach wie vor erwies sich die von Sack bereits 1870 gezogene Schlußfolgerung aus der Analyse der Zusammensetzung des Parlaments als prinzipiell zutreffend: es fehlte nicht nur an Anwälten einer energischen Schulreform, sondern auch an Experten der Schule[194].

Die schulpolitischen Maßnahmen des Ministeriums Falk hatten ihre aktuelle Wirkung weniger in den durch sie eingeleiteten konkreten institutionellen Änderungen, als vielmehr in ihrer kulturpolitischen Signalwirkung, deren Ambivalenz allerdings weitgehend übersehen wurde. Das Schulaufsichtsgesetz restituierte zwar die Leitungsgewalt des Staates im Elementarschulwesen, beließ es aber in der Mehrzahl der Fälle bei der Person des geistlichen Schulinspektors. Die Allgemeinen Bestimmungen veränderten den didaktischen Stellenwert des Religionsunterrichts und der Realien, ohne jedoch die religiöse Prägung des Elementarschulunterrichts zu beseitigen. Ihre Bestimmungen über die Lehrerausbildung und Weiterbildung hoben zwar das Ausbildungsniveau und eröffneten begrenzte Aufstiegschancen, zementierten aber zugleich die isolierte Stellung der Lehrerausbildung gegenüber dem allgemeinbildenden Schulsystem. Dennoch bewirkte jeweils der erste Aspekt der aufgeführten Alternativen innerhalb von Lehrerschaft und interessierter Öffentlichkeit einen Stimmungsumschwung, der eigene schulpolitische Qualität gewann.

Immerhin war während Falks Ministerzeit auf dem Verwaltungswege die Richtung der Schulentwicklung eingeschlagen worden, die auch das im Ministerium vorbereitete Unterrichtsgesetz festschreiben wollte. Kaum ein Urteil charakterisiert aber die Grenzen der ministeriellen Tätigkeit Falks so genau wie das Lob seines Biographen Foerster, der als das »reifste Werk aus Falks Ministerschaft«[195] jenen Unterrichtsgesetzentwurf einschätzte, der nicht einmal die Beratung des Staatsministeriums, geschweige denn die der beiden Häuser des preußischen Landtages passiert hatte[196].

In der zweiten Hälfte der 1870er Jahre engte das konjunkturelle Tief[197] zunehmend auch den *finanziellen* Handlungsspielraum des Unterrichtsministers ein, dessen Reformkurs wesentlich an eine ausreichende materielle Ausstattung der Schulen gebunden war. In der schwieriger werdenden Haushaltssituation versagte der Finanzminister Camphausen, der die Schulen in der Phase der Haushaltsüberschüsse während der ersten Hälfte der 70er Jahre freiwillig besser ausgestattet hatte, kurzerhand die für die Verwirklichung des Unterrichtsgesetzes errechneten notwendigen Mittel in Höhe von ca. 10 Mill. Mark[198]. Bismarck machte zwar öffentlich diese Differenzen zwischen Falk und dem Finanzminister Camphausen für das vorzeitige Scheitern des Entwurfes verantwortlich[199], hatte aber die Initiativen seines Kultusministers selbst nicht unterstützt, sondern ihnen eher entgegengearbeitet[200].

Die Neuorientierung der deutschen Innen-, Wirtschafts- und Sozialpolitik ausgangs der 70er Jahre mußte notwendig die Position Falks tangieren, der als ›Kulturkampfminister‹ vor allem für das Zentrum den innenpolitischen Kurs des letzten Jahrzehnts personifizierte. In dem Maße, in dem sich der Kampf gegen die Sozialdemokratie verschärfte, verlor die Konfrontation mit dem Zentrum an Bedeutung. Daß Bismarck im Reich für die Durchsetzung seiner zoll- und finanzpolitischen Pläne zunehmend auf die Unterstützung des Zentrums angewiesen war, konnte bei den gleichzeitigen Verlusten der Nationalliberalen nicht ohne Rückwirkungen auf Falks parlamentarische Stellung in Preußen bleiben[201]. Der kirchenpolitisch motivierte Rücktritt Falks – der greise Monarch hatte die entschiedensten Kritiker der Falkschen Schul- und Kirchenpolitik gegen den Vorschlag des Oberkirchenrats zu Mitgliedern der evangelischen Synode berufen[202] – sollte Bismarck die Gelegenheit zu einer Revision der Falkschen Hinterlassenschaft geben[203]. Dabei hatte speziell die von Falk vertretene Schulpolitik, soweit sie die unbedingte Leitungsgewalt gegenüber dem Schulwesen unzweideutig für den Staat in Anspruch nahm, die volle Unterstützung des Ministerpräsidenten gefunden, der »vor allem die Herrschaft des Staates über die Schule« als einen »nicht entbehrlichen« Teil der Falkschen Gesetzgebung fortgesetzt wissen wollte[204].

Die Impulse zu einer spektakulären Änderung der Organisation des Elementarschulwesens während der »Ära Falk« entsprangen nicht primär gestiegenen Qualifikationsbedürfnissen der Gesellschaft, sondern vielmehr den ideologischen Bedürfnissen einer sich liberal verstehenden Öffentlichkeit, die konkrete gesellschaftliche Konflikte als Weltanschauungskämpfe deutete und durch eine verbesserte Bildung gegenstandslos machen wollte. Die Entwicklung der nächsten beiden Jahrzehnte sollte zeigen, daß es auf dem erreichten Stand des Bildungswesens in der gesellschaftlichen Auseinandersetzung um das Volksschulwesen nicht mehr um die bessere Qualifizierung der breiten Bevölkerung ging. Im Mittelpunkt stand vielmehr die ideologische Immunisierung gegenüber den Verlockungen der Sozialdemokratie.

Kapitel III

Pädagogische Unterbeamte: Die berufliche, soziale und politische Lage der Volksschullehrer

1. Das Lehrerseminar: Einübung des Gehorsams

a) Das Lehrerbildungskonzept der Allgemeinen Bestimmungen

Die Allgemeinen Bestimmungen vom Oktober 1872 sollten mit Rücksicht auf die »gesteigerten Ansprüche der Gegenwart« einer qualitativen Verbesserung der Volksschulbildung den Boden bereiten. Die erstrebte Anhebung des Unterrichtsniveaus in der Elementarschule wurde vor allem von Änderungen im Bereich des Lehrerbildungswesens erwartet, das ganz in die Hand des Staates gegeben war. Die Kritik an den Einseitigkeiten der Regulativbestimmungen für die Ausbildung der Seminaristen fand ihre Berücksichtigung in erweiterten stofflichen Anforderungen der Seminarlehrpläne. »Lehrordnung und Lehrplan für die königlichen Schullehrerseminare«[1] führten das von den Regulativen verbannte Fach ›Pädagogik‹ wieder ein und handelten die Anforderungen in dieser Disziplin noch vor denen des Religionsunterrichts ab. Die Paragraphen 24 und 25 mit ihren Forderungen in Naturbeschreibung, Physik sowie Chemie und Geographie als auch der Paragraph 30 über den fremdsprachlichen Unterricht sind von zeitgenössischen wie modernen Kritikern immer wieder als Beleg für die These in Anspruch genommen worden, daß damit die Ausbildung an die Erfordernisse eines sich modernisierenden Industriestaates angepaßt worden sei[2]. Es ist bisher aber kaum gefragt worden, inwieweit diese Normen überhaupt verwirklicht wurden. Wenn schon die mangelhafte technische Ausrüstung der Seminare mit Labor, physikalischen Apparaten und Seminarbibliothek die Erfüllung der neuen Forderungen zweifelhaft erscheinen lassen mußte, so galt das um so mehr für die Lernkapazität der Seminaristen, deren Kursus auf drei Jahre beschränkt blieb, obwohl allein schon die stofflichen Lehrplanforderungen erheblich gewachsen waren. Der in den Lehrplänen der Seminare deutlich hervortretende Zug des ›didaktischen Materialismus‹[3] fand allerdings nur vereinzelt Kritik. Die gesteigerten stofflichen Anforderungen wurden im Gegenteil aus standespolitischen Gründen rückhaltlos begrüßt, da man allgemein nun endlich den Bildungsstand der Seminaristen mit dem des Sekundaners einer höheren Lehranstalt meinte vergleichen zu dürfen[4]. Der Blick auf die Schüler der allgemeinbildenden höheren Schulen blieb jedoch bloßes Gedankenspiel, da die Seminare keine vergleichbaren sozialen Chancen eröffneten. Die Isolierung der Lehrerausbildung gegenüber dem höheren Schulwesen wurde ironischerweise gerade besonders deutlich in den neu geschaffenen Prüfungen zum Mittelschullehrer- oder Rektorenamt für seminaristisch gebildete Kandidaten. Die neue Chance beruflicher Qualifikation über das Amt des Elementarlehrers hinaus, die von vielen begierig ergriffen wurde, bestätigte den ›exklusiven‹ Charakter der Lehrerausbildung; auch für außergewöhnlich Begabte war der Übergang in das allgemeinbildende Schulsystem mit der Berechtigung zum Universitätsstudium grundsätzlich ausgeschlossen, der soziale Aufstieg ganz in den Rahmen der Institution Volksschule im weiteren Sinne verwiesen. Dennoch waren es gerade diese Prüfungsbestimmungen, die dem Minister »die Herzen der preußischen Lehrer«[5] gewannen, da sie immerhin die Chance eines wenn auch begrenzten beruflichen Aufstiegs zu eröffnen schienen. Theoretisch waren diese Karrierechancen für die Lehrerschaft allerdings nicht unproblematisch: wenn die erfolgreichen Prüflinge sich von ihren minderqualifizierten Kollegen berufsständisch isolierten, war die Solidarität der seminaristisch ausgebildeten Lehrer bedroht.

Tatsächlich gelangten aber zunächst nur wenige der erfolgreichen Prüflinge in die erstrebten höheren Positionen. Erst nach dem Ausbau der mehrklassigen Schulsysteme und der damit verbundenen Vermehrung der Rektorenstellen, die nun auch mit ›Illiteraten‹, d. h. seminaristisch gebildeten Lehrern, besetzt wurden, kam es in den 1890er Jahren zu Sonderbestrebungen der Rektoren[6].

Der Aufstieg durch Prüfungen war auch aus immanent berufspolitischen Gründen problematisch für die Karriere der Volksschullehrer, da er ihre Fremdbestimmung intensivierte. Die Prüfungen waren nämlich nicht auf die professionellen Qualitäten, d. h. auf die dienstliche und unterrichtliche Bewährung abgestellt, sondern konzentrierten sich auf neue stoffliche Ansprüche vornehmlich in den Fremdsprachen und in der Geschichte der Pädagogik. Durch diese Anforderungen war zugleich das normale Maß der Lehrerbildung als unzureichend charakterisiert, da Kenntnisse in diesen Gebieten sich nicht aus den funktionalen Bedürfnissen der Schulverwaltung ergaben, sondern einen Teil des Anspruchs auf verbesserte Allgemeinbildung einlösten[7]. Die Gefahr einer standespolitisch dysfunktionalen Wirkung der zahllosen Prüfungen innerhalb einer Lehrerkarriere wurde von den führenden Standesvertretern klar erkannt. Als Gegenmittel verlangten sie daher eine möglichst hohe und einheitliche Qualifikation für den ganzen Berufsstand. Und nicht ohne Grund erblickten sie gerade in der Vielzahl der vor die Übernahme höherer Berufspositionen geschalteten Prüfungen eine Deklassierung der eigentlichen Berufsausbildung der Lehrer[8].

Durch die Allgemeinen Bestimmungen wurde andererseits eine wichtige Vorentscheidung für die Einheit des Standes bestätigt: die gleichartige Ausbildung aller Volksschullehrer an einem einheitlichen Typ von Seminar. Das war eine grundsätzliche Antwort auf konservative und liberale Bestrebungen nach Einrichtung von Stadtschul- und Landschullehrerseminaren, die aus unterschiedlichen Motiven auf die Trennung der einheitlichen Seminarausbildung abzielten. Die liberalen Stimmführer hofften auf eine Qualitätssteigerung für ihren städtischen Lehrernachwuchs, während die konservativ agrarischen Kräfte endlich die – zudem teueren – ›Überbildungstendenzen‹ in ihrem

Einflußbereich beseitigen wollten[9].
Der im Seminar erteilte Unterricht sollte sowohl die Allgemeinbildung vervollständigen und das erforderliche Fachwissen vermitteln als auch in seiner Form zugleich das Muster für die spätere Unterrichtspraxis in der Volksschule liefern. Diese von den Regulativen als konstitutives Merkmal der Lehrerausbildung institutionalisierte Zielsetzung war ohne ernsthafte Abänderungen in das Schema der Allgemeinen Bestimmungen übergegangen[10]. Zu Recht erkannte die zeitgenössische Kritik in diesem Grundsatz die unüberschreitbare Barriere der Seminarbildung gegenüber wissenschaftlichen Ausbildungsformen; er fesselte das Seminar an das Niveau pragmatisch inspirierter Fachschulausbildung, in der einerseits *aus* der Praxis *anhand* der Praxis *für* die Praxis gelernt wurde und andererseits die stofflichen Anforderungen des Volksschullehrplans nach wie vor das Niveau der Allgemeinbildung im Seminar definierten. Ein ehemaliger Seminardirektor, der nachzuweisen suchte, weshalb die Mittelschullehrer- und Rektorenprüfungen akademisch gebildeten Theologen nicht zumutbar seien, auch wenn sie die Leitung einer Schule erstrebten, bestätigte diese Einschätzung. Die genannten Prüfungen entbehrten als Abschluß seminaristischer Bildung wissenschaftlichen Charakters. Es liege in der Natur des Seminars und des ganzen Bildungsganges seiner Schüler begründet, daß »hier alles auf Autorität hin gelehrt und angeeignet werden« müsse. Die wissenschaftlichen Probleme müßten in das Unwissenschaftliche einer ausschließlichen Berücksichtigung der Bedürfnisse der Volkserziehung und des Volksschulunterrichts umgebogen werden. Dadurch gewinne die ganze Seminarbildung etwas Einseitiges, Schablonenhaftes und bleibe weit hinter dem Charakter einer wirklichen Wissenschaft zurück, trotz aller wissenschaftlichen Staffage, mit der man sie ausschmücke[11].
So problematisch sich die enge Bindung der Unterrichtsinhalte der Lehrerausbildung an die Lehrpläne der Volksschule auch erwies, so unbestritten förderlich blieb das damit verbundene weitere Strukturprinzip der preußischen Lehrerausbildung: die Seminarübungsschule. Alle Seminaristen waren zu regelmäßigen Hospitationen und eigenen Unterrichtsversuchen in der mit dem Seminar verbundenen Übungsschule verpflichtet[12]. Die enge Verknüpfung von Theorie und Praxis galt als dasjenige Merkmal der Volksschullehrerausbildung, das ihr einen Vorrang vor der akademischen Oberlehrerausbildung in dem Punkt der praktischen Lehrbefähigung einräumte. Der enge Praxisbezug war aber nicht allein Ausdruck einer überlegenen Ausbildungskonzeption, sondern auch eines praktischen Zwanges, da die Seminarabsolventen in der Schule von Anfang an als vollverantwortliche Lehrkräfte fungieren mußten.
Die Allgemeinen Bestimmungen hatten den Regulativlehrplan vornehmlich stofflich angereichert, ohne daß die Anforderungen im Religionsunterricht reduziert worden wären und auch ohne daß der zeitraubende Musikunterricht, der in seiner Ausrichtung auf die praktische Kirchenmusik am ehesten das Opfer für die »realistische« Mehranforderung hätte bringen können, eingeschränkt worden wäre. Gerade in den Anforderungen an den Musikunterricht, der die »Ausbildung der Seminaristen zu guten Gesangslehrern, zu Kantoren und Organisten zum Ziel . . .« hatte[13], zeigte sich, daß die traditionelle

Verbindung von Kirchen- und Lehramt trotz der staatsrechtlich anvisierten Trennung von Kirche und Schule auf der Ebene der Lehrerbildung beibehalten wurde. Auch im Bereich der Lehrerbildung bestätigt sich damit die schon für die beiden ersten Verfügungen der Allgemeinen Bestimmungen zu konstatierende Tendenz: Die Maßnahmen erwiesen sich eher als Versuche einer moderaten Anpassung an die eingetretene ideologische und politische Entwicklung denn als strukturell massiv eingreifende Veränderungen in Richtung auf eine Akademisierung der Lehrerbildung.

b) Die Seminar-Aspiranten

Die Allgemeinen Bestimmungen versuchten durch amtliche Förderung von Präparandenanstalten, in denen die Interessenten an der Seminarausbildung für die entsprechende Prüfung vorbereitet wurden, das System der Vorbildung zum Lehramt effizienter zu machen und schärfer zu kontrollieren[14]. Doch der wichtigste Strukturdefekt der Lehrerausbildung blieb bestehen: Die Seminaristen wurden aufgrund einer Seminaraufnahmeprüfung aufgenommen, zu der sich prinzipiell jeder körperlich gesunde Bewerber melden konnte; die Art der Vorbereitung war den Aspiranten freigestellt. Die institutionelle Trennung der Lehrerausbildung von den allgemeinbildenden höheren Schulen galt bereits für die Bildung der Seminaristen. In das Seminar gelangten diese auf dem Wege einer besonderen Aufnahmeprüfung[15]. Die Anforderungen der Prüfung orientierten sich an den Lehrplänen der Volksschule, wobei in den Fächern Religion und Musik erweiterte Ansprüche gestellt wurden. Der Besuch einer höheren Schule wurde nicht vorausgesetzt.
Die Seminaraspiranten waren deshalb in der Regel Volksschüler, die nach Erfüllung ihrer Schulpflicht erst 14 bis 15 Jahre alt waren, so daß ihnen bis zum frühestmöglichen Eintritt in das Seminar, für den das vollendete 17. Lebensjahr festgesetzt war, eine zwei- bis dreijährige Frist blieb, die zur Vorbereitung auf die Prüfung genutzt werden konnte[16]. Eine Vorverlegung der Seminarausbildung wurde nicht erwogen, da aus pädagogischen Gründen kein Junglehrer von weniger als 20 Lebensjahren nach erfolgreicher erster Lehrerprüfung im Unterricht eingesetzt werden durfte. Eine Verlängerung der Seminarausbildung wurde verworfen, weil eine Trennung vom Elternhaus bereits nach Abschluß der Volksschule aus erzieherischen Gründen problematisch erschien[17]. Da jedoch im Königreich Sachsen genau dieser Weg beschritten wurde – dort war der dreijährigen Seminarausbildung ein dreijähriger Vorbereitungskurs im Seminar vorgeschaltet[18] –, liegt es näher, die preußische Entscheidung mit der Rekrutierungsproblematik für den Volksschullehrerberuf selbst in Verbindung zu bringen. Pauschal konnten die späteren Seminaristen als »fast ausnahmslos arm«[19] bezeichnet werden, so daß eine Ausbildung in der Nähe des Wohnortes schon aus finanziellen Gründen geboten schien. Stiehl hatte die Forderung, die Seminare sollten sich aus den Absolventen einer Realschule oder einer höheren Klasse eines Gymnasiums rekrutieren, als »ein phantastisches Zukunftsregulativ« abgelehnt; selbst bei erheblich gesteigerter Besoldung fehle für diesen Kreis jeglicher Anreiz für die

Wahl des Volksschullehrerberufes. Gleichzeitig schien ihm aber auch eine Rekrutierung der preußischen Lehrer für eine einklassige Dorfschule aus diesem Personenkreis aus sozialen Gründen nicht angemessen[20].

Die Allgemeinen Bestimmungen hingegen zielten auf ein mehrklassiges Schulsystem ab, das prinzipiell besser vorgebildete Lehrer verlangte. Schneider hob deshalb ausdrücklich hervor, daß auch Absolventen von Bürgerschulen und Gymnasien zu den Seminarkandidaten gehören sollten, und ließ dabei erkennen, daß er sie für die geeignetsten Bewerber hielt[21]. Diese Bemerkung unterstrich aber eher das theoretisch Wünschbare, als daß sie die Realität beschrieb. In der gegebenen Situation hatten die ohnehin verschwindend wenigen Seminarkandidaten aus den Gymnasien meist wegen schlechter Leistungen die Schule verlassen; sie wurden in ihren Fähigkeiten häufig von tüchtigen Volksschulabgängern übertroffen, die nach wie vor die Masse der Seminaristen darstellten[22].

Die Entscheidung der Allgemeinen Bestimmungen, die Vorbildung der Seminaristen auf den Weg sei es privater, sei es staatlicher Präparandenbildung zu verweisen und nicht in das allgemeinbildende Schulwesen zu integrieren, war wesentlich für die Stabilität des Rekrutierungsfeldes verantwortlich. Den Verzicht auf die Rekrutierung des Volksschullehrernachwuchses aus dem allgemeinbildenden höheren Schulwesen begründete die preußische Unterrichtsverwaltung zwar theoretisch damit, daß die »angehenden Seminaristen aus den verschiedensten Lebenskreisen kommen und in dem Lehrerstande die mannigfaltigsten Bildungskräfte wirksam werden«[23] sollten. Praktisch wollte sie aber vor allem die Aspiranten aus den ländlichen Einzugsgebieten nicht verlieren und sich die Form der Bewerbungsprüfung offenhalten.

In der gegebenen Situation des Lehrermangels schien das Konzept einer möglichst weiten Öffnung des Berufes für alle Interessenten realistisch, doch es zementierte zugleich ganz gegen die Absicht seiner Protagonisten im Ministerium den vorgefundenen Kreislauf: die Elementarschullehrerstellen waren materiell unzureichend ausgestattet und genossen geringes soziales Prestige; der Beruf war deshalb für Aspiranten bürgerlicher Herkunft und besser vorgebildete Kräfte uninteressant; Aufnahme in die Seminare suchten »sehr wenige Söhne von Lehrern oder wohlhabenden Handwerkern, meistens nur Söhne aus der armen Landbevölkerung, vielfach aus Familien des untersten Subalternbeamtenstandes«[24]; sie hatten ausschließlich die Volksschule besucht und besaßen keine gesellschaftlichen Umgangsformen; die Anforderungen im Seminar mußten also in jeder Hinsicht niedrig sein, während die ›erziehliche‹ Funktion des Seminarinternats die zentrale Bedeutung gewann[25].

Zwar versuchte die Verwaltung, durch Prüfungsordnungen und andere Aufsichtsbestimmungen das Niveau der Vorbildung der Seminaristen anzuheben und dafür auch vermehrte Mittel bereitzustellen[26]. Doch gerade diese wiederholten Bestimmungen charakterisierten die Präparandenanstalten als das, was sie nicht sein sollten: ›Schnellpressen‹ für die Vorbereitung auf die Seminaraufnahmeprüfung. Auf der anderen Seite verhinderte gerade der systematische Ausbau der Präparandenanstalten die grundsätzliche Neugestaltung der Lehrerausbildung überhaupt. Die Berufsvorbildung der Lehrer konnte so insgesamt kein intellektuelles und soziales Prestige gewinnen, das dem der höheren Schulen vergleichbar war; sie bereitete zudem auf einen Beruf vor, der auch materiell keine besondere Anziehungskraft besaß. Diese beiden Faktoren bestimmten in spezifischer Weise die Rekrutierung des preußischen Volksschullehrerstandes und die Qualität seiner allgemeinen Vorbildung.

c) *Die Erziehungspraxis der Seminare*

Obwohl die Allgemeinen Bestimmungen für die Seminarausbildung auf die explizite Formulierung von Erziehungszielen verzichtet hatten, können diese Ziele anhand der Hausordnungen einzelner Seminare und der jeweils nur regional gültigen Dienstinstruktionen für das Personal der Seminare erschlossen werden. Da solche Weisungen und Anordnungen nur mit Genehmigung des Ministeriums in Geltung gesetzt werden konnten, lassen sich aus ihnen die authentischen Erziehungsziele der Lehrerausbildung auch für die Zeit nach 1872 rekonstruieren[27]. Die »Instruktion für die Direktoren der königlichen Schullehrer-Seminarien in der Provinz Hannover« trug in ihrem Paragraph 1 dem Direktor die Sorge dafür auf, »daß der Zweck der Anstalt, geschickte, treue und gottesfürchtige Volksschullehrer heranzubilden«, erreicht werde[28]. In dieser Formulierung zeichnete sich keine Differenz zu der knappen Zielbestimmung des Regulativseminars ab, das als eine »Bildungsanstalt des Staates zur Erlangung eines für seine Interessen und nach seinen Intentionen geeigneten Lehrernachwuchses an öffentlichen Schulen . . .«[29] konzipiert worden war.
Die Paragraphen 27 und 28 markierten das Erziehungsmittel zur Erreichung dieses Zweckes, die Hausordnung:

§ 27: Wie der Direktor vornehmlich für den Geist verantwortlich ist, der in der Anstalt herrscht, so hat er auch dafür zu sorgen, daß die gesamte Arbeit und das ganze Leben des Seminars einen charakterbildenden Einfluß auf die Zöglinge ausüben.
§ 28: Demzufolge ist er verpflichtet, für die genaue Aufrechterhaltung der Hausordnung für das Internat in allen Punkten, sowie für die gewissenhafte Handhabung der Disziplin unter allen Zöglingen der Anstalt zu sorgen[30].

Einen wichtigen Teil der Hausordnungen machten die Bestimmungen über den äußeren Tagesablauf der Seminaristen aus. Ein repräsentatives Beispiel für die Reglementierung eines Seminaristentages in einem Internat liefert die Hausordnung des Berliner Seminars von 1878[31]. Im Sommersemester war für die Wochentage die Aufstehzeit mit 5 Uhr und die Schlafenszeit mit 22 Uhr angesetzt. Der Tageslauf war gegliedert nach Essenszeiten (Frühstück: 5.30-5.45, Mittagsbrot: 13.15-13.30, Abendbrot: 19.15-19.30), denen insgesamt für alle Mahlzeiten des Tages eine knappe Stunde reserviert war, Unterrichtszeiten (7.00-13.00 Uhr, 15.00-18.00 Uhr) und Arbeitsstunden (5.45-6.45 Uhr, 20.00-21.30 Uhr) sowie Freizeiten (13.30-14.45 Uhr, 18.00-19.15 Uhr, 21.30-21.45). Dazu kamen Andachtszeiten (6.45 Uhr, 21.45 Uhr) und die Zeit für Reinigung und Waschen (6.00-6.30 Uhr). Im Winter verkürzte sich der siebzehnstündige Tageslauf der Seminaristen um eine Stunde durch den Tagesbeginn um 6 Uhr.

Der Verlauf der Sonntage war gleichermaßen geregelt. Immerhin gab es am Nachmittag dieses Tages zwischen 15 und 19 Uhr eine ›Freizeit‹ mit der relativ längsten zusammenhängend für die Seminaristen frei verfügbaren Zeit. In einzelnen Seminaren wurden deshalb Überlegungen angestellt, durch die Einschaltung einer Arbeitsstunde diese Freizeit zu halbieren, um die Kontrollmöglichkeiten so verbessern zu können[32]. Die Arbeitsstunden waren ausschließlich zur Vorbereitung auf den Seminarunterricht bestimmt und durften nicht zu anderen Beschäftigungen verwendet werden[33]. Die Anstaltsordnung für Oranienburg bestimmte für die Arbeitsstunden, daß in ihnen nur »solche Arbeiten vorgenommen werden, die auf den Unterricht unmittelbar Bezug haben«[34]. Zeiten der ›freien Beschäftigung‹ waren zur Anfertigung von Probeschriften, Zeichenarbeiten, Korrektur der Schülerhefte, zu Geigen- und Klavierübungen, zum privaten Briefschreiben und zur Privatlektüre zu benutzen. Für ›Ausgehzeit‹ und ›Freizeit‹ waren ebenfalls genaue Vorschriften gegeben; bei gutem Wetter war die Ausgehzeit von jedem Seminaristen zu Spaziergängen zu verwenden, während die Freizeit zur »Erholung in den Anstaltsräumen« dienen sollte[35]. Von den verplanten 117 Wochenstunden der Seminaristen war weit mehr als die Hälfte den Unterrichts- und Arbeitsstunden reserviert, das Kontingent der Ausgeh- bzw. Freizeiten dagegen ergab auf den Tag umgerechnet knapp drei Stunden. Kaum mehr als fünf Stunden in der Woche entfielen auf die Zeit der ›freien Beschäftigung‹, d. h., noch nicht einmal eine Stunde am Tag stand für die immerhin so vielfältigen Tätigkeiten wie Korrektur der Schülerhefte, Klavier- und Geigenübungen als auch der Privatlektüre zur Verfügung. Ausschließlich während dieser Freizeit durften die Seminaristen nach Erlaubnis des Wocheninspektors oder des Direktors Besuche im Fremdenzimmer des Seminars empfangen.

Den Ausgeh- und Freizeiten bzw. den Zeiten für freie Beschäftigung, die einschließlich des Sonntags auf die Tage der Woche umgerechnet gerade 3 ½ Stunden ausmachten, standen täglich 10 Unterrichts- oder Arbeitsstunden gegenüber. Der möglicherweise noch vorhandenen privaten Initiative der Seminaristen galt die besondere Aufmerksamkeit der Seminardirektoren. Die Allgemeinen Bestimmungen selbst reglementierten auch die Privatlektüre der Seminaristen; die Benutzung der zu diesem Zweck ausgewählten Bücher war »planmäßig zu ordnen« und im Unterricht zu kontrollieren[36]. Im Seminar Drossen war die Vorschrift dahingehend konkretisiert worden, daß die Zöglinge über ihre Lektüre eine überprüfbare Buchführung anlegen mußten; die geforderten Inhaltsangaben von ein bis zwei Oktavseiten für jeden gelesenen Titel waren die Grundlage für die monatliche Kontrolle des Deutschlehrers[37]. Im Seminar Alt-Döbern war die Zeitschriftenlektüre unter Strafe gestellt[38], während man in Kyritz um 1866 immerhin die Lektüre einer einmal wöchentlich erscheinenden »gemäßigt konservativen« Zeitung erlauben wollte, gleichzeitig jedoch wiederholt den Bücherkauf der Seminaristen zu beschränken suchte[39].

Die Hausordnung eines als Externat geführten Seminars konnte zwar in der Festlegung der einzelnen Tagesabschnitte nicht so präzise vorgehen wie eine Ordnung für ein Internat, regelte aber noch in ihrer Fassung von 1898 die Arbeits- und Freizeiten ebenso rigide wie die zitierte Berliner Ordnung[40]. Der

Tagesplan reichte von 6 bis 22 Uhr; die Ausgehzeiten für die Wochentage waren auf 12-14 Uhr und 18-19 Uhr festgelegt, am Mittwoch und Samstag dauerten sie immerhin von 12 bis 19 Uhr. Die Seminaristen hatten den Tag in ihren Wohnungen zuzubringen, soweit sie nicht durch Seminar- und Übungsstunden in Anspruch genommen waren oder durch die in der Hausordnung festgelegten Zeiten ausdrücklich dazu ermächtigt waren, ihre Wohnung zu verlassen. Mit Rücksicht auf die Externatsverhältnisse war die Gestaltung der Abendstunden speziell hervorgehoben, die als »strenge Arbeitszeit« charakterisiert waren. In den Stunden von 8 bis 10 Uhr abends war »jede mechanische Tätigkeit wie Zeichnen, Briefschreiben, etc. vor allem verboten, um 10 Uhr hat(te) jeder Seminarist in das Bett zu gehen«[41].
Bezeichnend waren die Vorschriften über die Gestaltung der ›Freizeit‹, die nicht Freiräume innerhalb des reglementierten Tagesablaufes eröffnen sollten, sondern sie in ihrer inhaltlichen Gestaltung gleichermaßen wie andere Tagesabschnitte definierten. Sie war, neben der schlichten Rücksichtnahme auf die physischen Rekreationsbedürfnisse der Seminaristen, integraler Bestandteil des Ausbildungskonzeptes: Einübung in das spätere außerdienstliche Verhalten, das wie jedes Tun des Lehrers unter das Gebot der Behörde gestellt war.
Unter dem Aspekt der ›Gewöhnung‹ der Seminaristen an ein Leben in materieller Bedürfnislosigkeit gewann auch der Speiseplan der Seminare eine erzieherische Funktion. Das Einrichtungsstatut für das Seminar Neuzelle dekretierte, die Kost sei – entsprechend dem »zukünftigen Stand der Zöglinge und de(m) Ertrag der Seminarschule« – einfach, gesund, sättigend[42]. Der Verpflegungsplan der Seminaristen im Internat bewegte sich damit von vornherein auf dem schmalen Grat zwischen physischen Bedürfnissen und erzieherischen Absichten. Die »Mitteilungen an die Eltern und Vormünder der in das Seminar Köpenick eintretenden Zöglinge« stellten diesen Zusammenhang ausdrücklich her, indem sie darauf hinwiesen, daß für die Unterstützungen des Provinzial-Schulkollegiums vom Lehrerkollegium nur Zöglinge vorgeschlagen würden, »welche bei guter Führung und gutem Fleiße keine unnötigen Ausgaben machen und an dem Anstaltsessen nicht herummäkeln«[43]. Die Konferenzprotokolle anderer Anstalten notierten entsprechende Strafen für Seminaristen, die Speisen zurückgewiesen hatten oder sich auf eigene Kosten verpflegten[44]. Ein Paragraph der Hausgesetze im Seminar Neuzelle von 1872 hatte sogar ausdrücklich festgelegt, daß die Speise am Seminartische »nicht verschmäht werden« dürfe[45]. Am Seminar in Oranienburg kam es trotzdem zu Bespeisungsstreiks, für die die Seminaristen empfindlich bestraft wurden[46]. Gerade die vielfach abgedruckten Speisepläne, die die ›Reichhaltigkeit‹ des Gebotenen nachweisen sollten, belegen in ihrer Folge von Kartoffeln, Hirsebrei und Wassersuppen, daß die Klagen der Seminaristen über die mangelhafte Verpflegung offensichtlich nicht unbegründet waren[47]. Hier bestätigt sich wiederum der schon mehrfach vorgefundene Mechanismus: die pragmatische Ausrichtung an den Zwängen zu möglichst preisgünstiger Lebensführung verband sich mit dem normativen Anspruch der Gewöhnung der Seminaristen an äußerste Sparsamkeit, ja Bedürfnislosigkeit.
Die Sorge für die rechte Form der ›Gewöhnung‹ beschränkte sich nicht auf den

Speiseplan; sie ließ auch nicht die Einrichtungsgegenstände des Seminarinternates außer acht in dem Bestreben, den Lebensstil im Seminar und im späteren beruflichen Dasein auf ein möglichst bescheidenes Niveau auszurichten. So empfahl eine »Instruktion für die Einrichtung der Schullehrer-Seminarien mit Mobiliar und Geräten« für die »Trink-, Speise- und Waschgeschirre« Porzellan- oder Glasgefäße mit dem gleichzeitigen Hinweis, daß nach örtlichen Bedürfnissen von dieser hochgespannten Anforderung abgewichen werden könne; sie stellte dabei die Erwägung an, ob die »Aneignung von Lebensbedürfnissen, welche aus der strengen Beachtung der durch die Instruktion empfohlenen Normen« resultiere, nicht eine »nachhaltige Vermehrung der Erfordernisse für den künftigen Haushalt des Elementarlehrers zur Folge« haben werde, die seinen »dereinstigen Einnahmen und den Lebensgewohnheiten der Provinz« nicht entspreche, in welcher er »seinen Beruf zu üben« bestimmt sei[48].
Die Lückenlosigkeit der Überwachung war das strategische Ziel der Hausordnungen, wie die Beschreibung der Kontroll- und Sanktionsmechanismen verdeutlicht:

Die Beobachtung derselben wird von sämtlichen im Seminar tätigen Lehrern in der Art überwacht, daß ein jeder durch eine Woche, namentlich in den für Studien angesetzten Zeiten, eine besondere Aufsicht führt.
Ihre Übertretung wird geahndet nach Lage der Sache: mit privater oder öffentlicher Zurechtweisung, mit Beschränkung der Ausgehzeit, mit teilweiser oder völliger Entziehung der Stipendien, mit Benachrichtigung der Eltern von dem strafwürdigen Verhalten ihrer Söhne, durch ernste Vorhaltungen in der Lehrerkonferenz, durch Androhung der Entlassung und durch diese selbst, wenn alle zur Anwendung gekommenen Besserungsmittel vergeblich geblieben sind[49].

Die strikte Einhaltung der Anstaltsordnung war eine der wesentlichsten Verpflichtungen der Seminaristen. Die strenge Reglementierung des Tagesablaufes mit seiner Einteilung nach Unterrichts-, Studien-, Essens- und Freizeiten wurde zwar durch die räumlichen Bedingungen der Anstalten erzwungen – einer Wohnstube waren jeweils acht bis zwölf Seminaristen zugeteilt, von denen vier bis fünf an einem Tisch arbeiten mußten; die Schlafsäle waren für dreißig und mehr Zöglinge bestimmt –, doch diese räumlichen Unzulänglichkeiten ergaben sich nur sekundär aus der Herkunft der Seminargebäude, die teilweise ursprünglich als Klöster oder Schlösser gedient hatten. Die Tatsache, daß auch die neu errichteten Anstalten[50] entsprechend konzipiert wurden, bestätigt, daß die strengen Ordnungsmaßnahmen als systemspezifische Elemente der Seminarerziehung zu deuten sind.
Die Hausordnung war über ihren Charakter rationaler Ordnung des Zusammenlebens mehrerer Personen hinaus die wichtigste Norm für das Sozialverhalten der Seminaristen. Zwar mochte die Forderung ihrer strikten Einhaltung äußerlich als Selbstzweck erscheinen und kritisiert werden; sie repräsentierte aber den zentralen Sozialisationsmechanismus der Seminaranstalten überhaupt und war deshalb unverzichtbar für Seminarkonzepte, die der erzieherischen Funktion der Lehrerausbildung größeres Gewicht beimaßen als der Wissensvermittlung[51].
Von dem Berliner Seminardirektor Schultze wurde 1877 das Zusammenleben

im Internat unter der straffen Zucht der Hausordnung als das Modell des Zusammenlebens in der größeren staatlichen Gemeinschaft vorgestellt »gerade in unserer Zeit, wo der Hang zur Autonomie des Individuums eine schreckenerregende Macht zu werden scheint«[52]. Dieser Tendenz zum Individualismus konfrontierte Schneider die sozialintegrative Funktion der Lebensgemeinschaft des Internats: »Diese Lebensgemeinschaft begründet sich in der gemeinsamen Feier, der kirchlichen wie der vaterländischen. Die Gemeinschaft der Lebensidole, die gemeinsame Anbetung, die gemeinsame Freude über des Vaterlandes Ehrentage, das Bewußtsein des gemeinsamen Besitzes der höchsten Lebensgüter bindet, denn es hebt über alles Trennende hinweg ...«[53].

Die gemeinsame Erziehung im Seminar ging damit weit über die Vorbereitung auf die unterrichtspraktische Tätigkeit hinaus in ihrer Verpflichtung der Seminaristen auf eine national geprägte harmonistische Gemeinschaftsideologie, die deutliche Konturen im Standesbewußtsein der preußischen Volksschullehrer gewinnen sollte[54]. Über die Kontrolle durch die Seminarlehrer hinaus war für die Einhaltung der Ordnung im Internat wie im Externat das System der ›Ältesten‹ verbreitet, die in verschiedenen Abstufungen und Funktionen jeweils für die Aufrechterhaltung der Ordnung in einzelnen Wohnstuben, Kursen usw. verantwortlich waren[55].

Diese Einrichtung war denkbar weit entfernt von Formen der Selbstverwaltung der ›Zöglinge‹; mit diesem Begriff wurde schon der innere Widerspruch zu eigenverantwortlichen Regelungen des Zusammenlebens angezeigt. Es war primär eine Institution zur Einhaltung der von außen verhängten Anstaltsordnung, in der es erste Pflicht der ›Ältesten‹ war, die jeweiligen Verstöße gegen die Ordnung den inspizierenden Lehrern zur Anzeige zu bringen[56]. Dieses System mußte zwangsläufig Formen solidarischen Verhaltens der Seminaristen untereinander erschweren[57], speziell die gemeinsame Interessenwahrnehmung verhindern, da zunächst die ›Ältesten‹ zurechtgewiesen wurden, auch wenn sich z. B. vorgebrachte Klagen später als unberechtigt herausstellten. Da alle Mitwisser von Regelverstößen gleichermaßen durch die genannten Sanktionen bedroht waren, entstand praktisch ein Zwang zur Denunziation. Der besondere Eifer der Seminarleitung galt dem Aufspüren der ›Anführer‹, die im Falle ihrer Entdeckung fast immer mit der Entlassung aus dem Seminar zu rechnen hatten. Daneben war vor allem der Entzug von Unterstützungen ein wesentliches Disziplinierungsinstrument, da die meisten Seminaristen wegen der relativen Mittellosigkeit ihrer Eltern dringend auf diese Gabe in der Form von halben oder ganzen Freistellen angewiesen waren[58]; der Seminarunterricht war zwar kostenlos, aber für ihren Lebensunterhalt hatten die Seminaristen selbst aufzukommen.

Da Verstöße gegen die Hausordnung in der Regel mit dem Entzug der Unterstützung geahndet wurden – fast in jedem Verwaltungsbericht der Seminardirektoren finden sich entsprechende Meldungen –, stiegen die Chancen der bisher nicht berücksichtigten Seminaristen, wenn mehrere ihrer unterstützten Kameraden der Vergünstigung verlustig gingen. Diese Situation erschwerte die Solidaritätsbildung und schuf eine permanente Stimmung gegenseitigen Neides, wenn nicht gar der bewußten Denunziation[59]. Konzepte zur Liberalisierung der Hausordnung, wie sie der Neuzeller Seminardirektor Heiber zu realisieren suchte, stießen auf Bedenken des Provinzialschulkollegiums[60]. Heibers Absicht, an die Stelle der nach seinen eigenen Worten »polizeilichen Tyrannei« eine Form vertrauensvollen Zusammenlebens zwischen Seminarlehrern und Zöglingen treten zu lassen, fand offensichtlich auch innerhalb seines Kollegiums keine Resonanz, wie die Konferenzprotokolle und die Verwaltungsberichte des Direktors durchblicken ließen[61].

Symptomatisch für die Distanz zwischen Seminarlehrern und Zöglingen in den Internatsseminaren war ein Vorfall des Jahres 1885 im Seminar Moers, bei dem anläßlich der Inspektion der Kleiderschränke der Seminaristen zur Aufdeckung eines Diebstahls Bänder, Mützen, Tabakspfeifen, Bilder usw. aufgefunden wurden, die auf das Bestehen studentenähnlicher Verbindungen unter den Seminaristen hinwiesen. Erst durch diesen zufälligen Fund stellte sich heraus, daß seit längerer Zeit mehr als zwei Drittel der Schüler der Anstalt, nämlich sechzig, sich regelmäßig zu Versammlungen ihrer Verbindung außerhalb der Anstalt getroffen hatten, ohne daß ein Seminarlehrer auf diese Vorgänge aufmerksam geworden wäre. Das Reskript des Provinzialschulkollegiums zur Ahndung dieses Vorfalls enthüllte unwillentlich die unaufhebbaren Widersprüche der Seminarausbildung. Die Seminarlehrer wurden im gleichen Atemzug aufgefordert, »in geeigneter Weise das Vertrauen der Seminaristen zu gewinnen«, als auch darauf verpflichtet, »sich durch eigene Anschauung von dem Tun ihrer Schüler, besonders auch bei deren Spaziergängen und Gasthausbesuchen, zu überzeugen«[62]. Die Imitation studentischer Verbindungen durch Seminarzöglinge spiegelte nicht nur deren Wunsch nach Teilhabe am akademischen Brauchtum, war also ein gleichsam standespolitischer Reflex, sondern die Form der akademischen Verbindung lieferte auch für solidarisches Verhalten ein Modell, das einen Freiheitsraum außerhalb der Anstalt schaffen konnte. So waren der Behörde bei der Verbindung in Moers weniger deren inhaltliche Aktivitäten anstößig – vorbestimmte Seminaristen hatten Vorträge zur vaterländischen Geschichte und zur Literatur gehalten –, sondern schon die Tatsache von Zusammenkünften außerhalb der Kontrolle der Seminarleitung erschien problematisch. Das von dem Vorfall informierte Ministerium ordnete prompt eine vertrauliche Unterrichtung aller Seminardirektoren durch die Kommissare der Provinzialschulkollegien an, um etwaige ähnliche Verbindungen aufzudecken[63]. Das Verbot von Verbindungen fand dann seinen Niederschlag auch in den Seminarordnungen, die es den Zöglingen »durchaus« untersagten, »ohne Vorwissen der Lehrer hier am Ort oder in der Umgebung oder in den Ferien gemeinsame Feste zu feiern«[64].

Die Motive für die Anordnung lagen in der Ablehnung der Nachahmung studentischer Bräuche als einer für die künftigen Lehrer sozial prinzipiell inadäquaten Verhaltensweise und in dem Wunsch nach Aufrechterhaltung der totalen Kontrolle über die Zöglinge. Die soziale Schranke zur akademischen Bildung wurde so den Seminaristen auch rein äußerlich durch das Verbot der Vereinigung zu studentenähnlichen Verbindungen verdeutlicht. Auch wenn in dem Einzelfall zugegeben werden mußte, daß die »Zusammenkünfte weder auf die Arbeitslust noch auf die Haltung und das Betragen der betreffenden Seminaristen einen merkbar übelen Einfluß ausgeübt« hatten, sollten die

möglichen Freiräume nicht geduldet werden. Eine Imitation akademischer oder auch nur gymnasialer Verhaltensformen war ausdrücklich verwehrt, denn schon die »Anschaffung und das Tragen von Klassenmützen und bunten Bändern« war verboten[65]. Offensichtlich blieben solche Verbote aber ohne nachhaltigen Erfolg, denn noch 1899 unternahm das Provinzialschulkollegium von Brandenburg peinliche Nachforschungen, um eine Seminaristenverbindung des Altdöberner Seminars auszuheben, deren Name »Altdobia« den geborgten akademischen Glanz erkennen ließ[66].
Der Graben zur akademischen Bildung wurde aus bildungs- und sozialpolitischen Gründen zunehmend vertieft, denn die Bestrebungen der preußischen Volksschullehrer auf Verbesserung der Vorbildung (Gymnasialabschluß) oder Gleichwertigkeit der Seminarbildung mit der Gymnasialbildung kollidierten mit der bildungspolitischen These der ›Überfüllung der gelehrten Berufe‹, mit der die Reduzierung der Gymnasialabsolventen propagiert wurde, um die Regulierung des Zugangs zu den Elitepositionen wieder fest in den Griff zu bekommen und das Entstehen eines ›akademischen Proletariats‹ zu verhindern, das speziell Bismarck ängstigte[67].

2. Die Volksschule: Exerzierplatz von Prügelpädagogen?

a) Die Unterrichtssituation[68]

Dienstliche Stellung und Aufgabe des Lehrers waren durch Dienstinstruktionen fixiert, die das System der im Seminar praktizierten Unterordnung unter gewandelten Bedingungen fortsetzten. Die Kontroll- und Überwachungsmechanismen, die den Seminaristen die Position des gehorsamen ›Zöglings‹ angewiesen hatten, definierten die Berufsausübung der Lehrer nach dem Modell eines weisungsgebundenen ›Unterrichtsbeamten‹[69].
Im Jahre 1878 mußte ein Lehrer im Durchschnitt 72 Kinder unterrichten, eine Relation, die sich auch nach der Erhebung von 1882 errechnete, die dann aber 1886 mit 75 Schülern wieder auf den Stand von 1871 anstieg. Trotz der Vermehrung der Lehrerstellen hatte sich damit angesichts des rapiden Bevölkerungswachstums die Unterrichtssituation verschlechtert. Um die angewachsenen Schülermassen unterrichten zu können, mußte eine große Zahl von Klassen eingerichtet werden, für die keine eigenen Lehrkräfte zur Verfügung standen. Der Neueröffnung von 17 317 Klassen in der Zeit von 1878 bis 1886 stand die Einrichtung von nur 7 585 Lehrerstellen gegenüber, so daß man also für »je sieben Klassen drei Lehrer beschaffte«, wie ein Kritiker einprägsam vorrechnete[70]. In dieser Zwangslage wurde das von Falk verordnete, aber während seiner Amtszeit kaum praktizierte System strapaziert, zweiklassige Schulen durch einen, dreiklassige Schulen durch zwei Lehrer usw. versorgen zu lassen. Mehr als eine Million Schüler genossen 1886 diese Form des Unterrichts doppeltbelasteter Lehrer[71]. 1882 erhielten knapp 54% aller Schüler auf dem Lande ihren Unterricht in Schulen mit einem Lehrer. Von ihnen wurden wiederum ca. 11% (334 000 Schüler) in Halbtagsschulen unterrichtet, d. h., daß ein Lehrer seine Kraft zwei Schulen widmen mußte.

Für diesen Schultyp galt der Satz eines Kreisschulinspektors, der für den Unterricht in solchen wenig gegliederten, gar einklassigen Schulen feststellte: »Der arme Lehrer ist übel dran, seine Kraft wird zum großen Teil schon verbraucht, um nur die Disziplin aufrechtzuerhalten«[72].
1886 stieg die Zahl der in Halbtagsschulen versorgten Schüler sogar auf 17% (563 000 Schüler). Insgesamt wurden im gesamtstaatlichen Durchschnitt in diesem Jahr noch über 46% aller Schüler in wenig gegliederten, also ein- oder zweiklassigen Schulen unterrichtet. Neben den Schulen und Klassen mit anomalen Frequenzen sprach vor allem die Zahl der wegen »Überfüllung der öffentlichen Volksschulen vom Schulbesuch ausgeschlossenen Kinder« für unzureichende Unterrichtsverhältnisse. Immerhin fiel ihre Zahl von 9 432 im Jahre 1882 auf 3 239 im Jahre 1891[73].
Damit dokumentieren die schulstatistischen Daten einen erheblichen Lehrermangel[74], den auch die ministeriellen Stellungnahmen unumwunden eingestanden. 1882 gab es 2 325 einklassige Schulen mit je 117 oder mehr Kindern, darunter sogar 329 Schulen mit mehr als 171 Kindern[75]. Die pädagogische Konsequenz solcher Schulzustände benannte eine amtliche Denkschrift:

Das sind Frequenzen [120 Kinder und mehr, F. M.], die mit dem Zweck der Volksschule unvereinbar sind. Der Unterricht in Volksschulen soll vor allem erziehlich wirken, denn gerade in diesen Unterrichtsanstalten finden sich unter den Schulkindern so viele, die jeder anderen Erziehung entbehren. In vollem Maße kann aber eine erziehliche Wirkung des Lehrers nur dann stattfinden, wenn sein Vortrag jeden einzelnen erreicht, seine Disziplin jeden einzelnen umfaßt, mit anderen Worten, wenn zwischen Lehrer und Schüler eine persönliche Beziehung vorhanden ist. Danach kann eine Volksschule in überfüllten Klassen auch bei pflichtmäßigster Arbeitsleistung aller Lehrkräfte ihrer eigentlichen Aufgabe nicht gerecht werden . . .[76].

Die Schulverwaltung war aber nicht nur im Interesse der Schüler gegen überfüllte Schulklassen, sondern auch im fiskalischen Interesse einer möglichst vollständigen Amortisation der in die Lehrkräfte investierten Ausbildung. Weil die Volksschullehrer in der Hauptsache auf Staatskosten ausgebildet würden, sei deren »vorzeitige Abnutzung auch vom fiskalischen Standpunkt aus nicht wünschenswert«[77]. Da die Unterrichtsverwaltung von der Annahme ausging, daß in Schulen mit aufsteigenden Klassen nachhaltigere »Unterrichts- und Erziehungserfolge erwartet werden dürfen«, mußte sie selbst eingestehen, daß nur knapp die Hälfte der Bevölkerung die Chance besserer Volksschulbildung wahrnehmen konnte; dabei wurde realistisch angemerkt, daß selbst dieser Anteil angesichts anomaler Frequenzverhältnisse und der damit verbundenen »Überbürdung« der Lehrer auch in mehrklassigen Volksschulen »noch etwas zu hoch gegriffen« sei[78].
Charakteristisch für den Stil der preußischen Unterrichtsverwaltung und ihr Bestreben einer wenigstens minimalen unterrichtlichen Versorgung aller Schulkinder waren andererseits die sog. »kleinen öffentlichen Volksschulen«, von denen 1891 2 135 bestanden[79], in denen jeweils höchstens 30 Kinder unterrichtet wurden, wenn auch ohne großen Lernerfolg[80].
Die von Falk aus Rationalisierungsgründen forcierte Zusammenlegung von Schulen zur Herstellung größerer Schulsysteme bedeutete nicht in jedem Fall eine unmittelbare Steigerung der erwünschten Effektivität des Unterrichts.

Die zahllosen Erlasse im Centralblatt während der 70er Jahre zur Organisation der ›Schulsysteme‹ erhellten die sich aus der traditionellen Schulorganisation und den Privilegien einzelner Lehrer ergebenden Widerstände[81]. Mehrklassige Schulen bewahrten häufig das Strukturprinzip wenig gegliederter Schulen; teilweise blieb es zunächst dabei, daß die einzelnen Lehrer unabhängig voneinander ihre Klassen unterrichteten[82]; und nur in beschränktem Maße trat eine soziale oder intellektuelle Differenzierung ein. Mehrklassigkeit konnte weiterhin bedeuten, daß die einzelnen Lehrer durch die Berufung auf eine bestimmte Stelle turnusmäßig dieselbe Klassenstufe unterrichteten, so daß die Schüler in schneller Folge in die Hände neuer ›Erzieher‹ gelangten, die Lehrer aber immer dasselbe festgelegte Stoffpensum zu vermitteln hatten[83]. Dieses an die modernen industriellen Produktionsmethoden erinnernde Verfahren fand die ausdrückliche Billigung auch progressiver Schulpolitiker, die den Vorteil der vollendeten Beherrschung des Stoffes, die sich aus der regelmäßigen Wiederholung der Pensa zwangsläufig auch für schwächere Lehrer ergeben mußte, für unverzichtbar hielten[84]. Nur langsam gewann die Auffassung an Boden, daß das System der »wandernden Schüler« und »festangenagelten Lehrer« einer unangemessenen Rücksichtnahme auf den Stoff entspringe und die pädagogische Aufgabe des Lehrers in Frage stelle[85].
Demgegenüber propagierte man nun das bis heute weitgehend übliche Prinzip der ›Durchführung der Schulklassen‹, nach dem ein Lehrer eine bestimmte Schülergruppe eines Altersjahrganges über mehrere Klassenstufen hin unterrichtet. Die Funktionsfähigkeit dieses Verfahrens war an die Modernisierung des Besoldungssystems gebunden, das den Lehrern Einkommensverbesserungen nach überindividuell fixierten Dienstaltersklassen verhieß und sie nicht länger von der Einweisung in eine bestimmte Stelle abhängig machte. Dieses ›Klassenlehrersystem‹[86] war erst allmählich durch das mehrfach wiederholte Verbot des Ministeriums zu überwinden, die Vokationen an mehrklassige Schulen für bestimmte Stellen auszufertigen[87]. Das zäh verteidigte Klassenlehrersystem liefert ein Beispiel für Hemmnisse, die sich immanent aus der Schulorganisation ergaben, ohne unmittelbar politisch motiviert zu sein. Es enthüllt zugleich die Phraseologie des ›erziehenden Unterrichts‹, die darauf verzichtete, ihre Aussagen empirisch zu verifizieren, dafür aber auch begründeten Zweifel an den Wirkungsmöglichkeiten des Lehrers als standesschädigend abwies.

b) *Die Schulzucht*

Der zeitgenössische Begriff für die Vorgänge im Unterricht der Schule war der der ›Schulzucht‹. Die Schulzucht war der Angelpunkt des Unterrichts, denn sie hatte sich in einer Doppelfunktion zu bewähren: zum einen als Medium und Inhalt der ›erziehlichen Funktion‹ der Schule und zum andern als praktische Voraussetzung für den Unterricht. Der renommierte Didaktiker Karl Kehr definierte in seiner bis zur Wende des 20. Jahrhunderts in mehr als zehn Auflagen verbreiteten »Praxis der Volksschule«[88] Schulzucht als den »Inbegriff aller Gesetze, Bestimmungen, Hilfsmittel, welche zur Erreichung

der sittlichen Idee der Schule nötig« seien[89].
Kehr verstand, ganz in Übereinstimmung mit der preußischen Unterrichtsverwaltung, die Volksschule nicht als bloße Unterrichtsanstalt, sondern vor allem auch als »Erziehungsanstalt«, der über den Erziehungsauftrag des Elternhauses hinaus auch die Pflicht zukam, den »einzelnen Menschen innerhalb der Gemeinschaft zum Gliede der Gemeinschaft zu erziehen und das Einleben des Individuums in das Ganze zu bewerkstelligen«[90]. Den Inbegriff der erzieherischen Vorgänge innerhalb der Schule, die Schulzucht, sah Kehr in erster Linie abhängig von der Persönlichkeit des Lehrers: »Die Kunst blüht oder verfällt durch die Künstler und die Schule durch die Lehrer. Jede Schule ist – normale Verhältnisse vorausgesetzt – stets so, wie der Lehrer der Schule; sie ist seine geistige Photographie«[91]. Diese extreme Fixierung auf den Lehrer, die angesichts der konkreten Situation der Volksschule mit dem aufgewiesenen Lehrer- und Lehrerstellenmangel und deren Konsequenz anomaler Frequenzverhältnisse als dem Normalfall preußischer Schulverhältnisse von vornherein die Realität ausblendete, fand ihre Legitimation in Bibelversen: »Beispiel wirkt mächtiger als Vorschrift! Vorleben ist besser als Vordocieren (1 Tim. 4,12; Petr. 5,37)«[92].
Aber auch der schulpolitisch sehr viel weiter links stehende Friedrich Dittes benannte in seiner populären »Schule der Pädagogik« unter Verwendung Diesterwegscher Einsichten die »ganze Persönlichkeit des Lehrers« als den »entscheidende(n) Faktor alles pädagogischen Wirkens«[93]. Diese Thesen gewannen über ihre nach innen gerichtete Funktion einer Stabilisierung des professionellen Selbstverständnisses der Lehrer hinaus praktische Bedeutung für die Schulverwaltung, da die Leistung der Lehrer unmittelbar aus dem sittlichen Verhalten ihrer Schüler ablesbar sein sollte: »Die Güte des Religionsunterrichts erkennt man nicht am Wissen der Kinder, sondern an ihrem Betragen«[94]. Die praktischen Winke des Kehrschen Lehrbuchs zur Kontrolle der Schulzucht fanden sich wieder in den Präambeln der Lehrpläne und den Prüfungskatalogen der Schulrevisoren:

Als sichere Kennzeichen einer guten Schulzucht mögen hier nur folgende genannt werden:
a) die anständige Körperhaltung der Kinder;
b) die gespannte Aufmerksamkeit der Kinder während des Unterrichts;
c) die lauten, vollständigen, zusammenhängenden Antworten der Kinder;
d) die schöne, deutliche Handschrift und die Reinlichkeit in den Schreib-, Aufsatz- und Zeichenbüchern;
e) die Ruhe vor und während des Schulunterrichts; sowie die Ordnung beim Weggehen;
f) die Lernlust der Kinder und die Freude über das Gelingen ihrer Arbeit;
g) die Art und Weise der Anfertigung häuslicher Arbeiten . . .[95].

Die »Pädagogischen Brosamen« des seminaristisch gebildeten Schulrats Friedrich Polack, in dessen Schilderungen die preußischen Lehrer ihr Tun und Wollen weitgehend repräsentiert sahen[96], entwarfen das Bild eines »trefflichen Erziehers«, das sich wie die Paraphrase einer einschlägigen Verfügung las. Wenn das Ministerialreskript vom 27. 12. 1870 dem Lokalschulinspektor aufgetragen hatte, sorgfältig darüber zu wachen, daß » . . . das Schulhaus, die Schulzimmer, Geräte, Bücher usw. reinlich und ordentlich gehalten werden«, und sein Augenmerk eingehend darauf gerichtet wurde, »die Gewöhnung der Kinder an Sauberkeit und Ordnung von seiten der Lehrer zu verfolgen«[97], so lobte Polack die Klasse eines Kollegen als ein »Muster der Sauberkeit«, seinen offenen Schulschrank als einen »Spiegel der Ordnung«. Mit unerbittlicher Zähigkeit schärfe er die Achtsamkeit der Kinder für alles Ungehörige und gewöhne sie an gute Haltung und Sitte. Er dulde keinen Papierschnitzel auf dem Boden, keinen Staub auf irgendeinem Rande und keinen Schmutzfleck[98]. Entsprechend dem Dogma vom ›erziehenden Unterricht‹ wurde die Gestaltung des Unterrichts selbst als das wichtigste Mittel zur Herstellung der ›Schulzucht‹ bezeichnet. Die Disziplin sollte nicht durch lange Belehrung und Ermahnungen der Schüler oder gar durch Schelte hergestellt und aufrechterhalten werden, sondern sich als unmittelbare Konsequenz des Unterrichtsstils selbst ergeben.

Wenn gelesen oder geschrieben werden soll, also Bücher oder Schiefertafeln gebraucht werden, dann hat der Lehrer dafür Sorge zu tragen, daß das Heraufnehmen und Hinwegtun nicht allein in möglichst kurzer Zeit, sondern auch in aller Stille geschieht. Um dies zu ermöglichen, haben die Kinder die betreffenden Lehrmittel in d r e i Z e i t e n herauf- und hinwegzutun. Gibt der Lehrer z. B. zum Heraufnehmen des Lesebuches durch nicht zu starkes Klappen seiner Hände das Zeichen ›Eins‹, dann erfassen die Kinder das unter der Schultafel liegende Buch, beim Zeichen ›Zwei‹ erheben sie das Buch über die Schultafel, beim Zeichen ›Drei‹ legen sie es geräuschlos auf die Schultafel nieder, den Blick wieder, wie früher, unverwandt und fest auf den Lehrer gerichtet. Eine Störung der Ruhe und Ordnung darf während des Bücherwechsels etc. nicht vorkommen. Im Falle aber die Ruhe gestört ist, muß das Wort des Lehrers ›Achtung!‹ genügen, um die Ruhe sofort wieder herzustellen. Bei all diesen Kommandos hüte sich der Lehrer vor militärischem Schreien. Der Lehrer ist kein Korporal und soll keiner sein. Sanftes und ruhiges Wesen ist recht wohl verträglich mit Festigkeit und Bestimmtheit[99].

Praktische Handreichungen sowie amtliche Verfügungen, Revisionsberichte usw.[100] hoben für die äußere Gestaltung des Unterrichts immer wieder die Notwendigkeit hervor, in den Klassen eine Gleichförmigkeit der Bewegungsabläufe und Arbeitsschritte zu erzielen, deren einzelne Phasen nicht durch sprachliche Kommunikation einzuleiten waren, sondern auf bloße äußere Zeichen und Kommandowörter hin zu beginnen hatten. Diese Form der Bewahrung äußerer Disziplin und mechanischer Beschäftigung der Klassen erwies sich in Räumen mit achtzig und mehr Schülern nicht nur als praktische Voraussetzung für den Unterricht, sondern gewann gerade wegen der permanent gefährdeten Ordnung in solchen Klassen einen Wert in sich selbst. Die Antinomie zwischen erziehungstheoretischem und erziehungspolitischem Dogma einerseits, das den erziehenden Unterricht mit der individuellen Einflußnahme des Lehrers auf den Schüler postulierte, und der Unterrichtswirklichkeit andererseits, gekennzeichnet durch überfüllte Klassen, spiegelte sich in amtlichen Erlassen und in der pädagogischen Publizistik, ohne daß dieser Widerspruch analysiert worden wäre. Hier wie dort findet sich der Begriff des ›Massenunterrichts‹, der durchaus ohne kritische Absicht allein die technischen Formen der Disziplinierung von Klassen mit mehr als 80 Kindern beschrieb[101].

Die Schulinspektoren waren angehalten, auf »gute Disziplinierung der Massenarbeit« zu dringen, welche die Schulzeit regle, Zeit erspare und Erfolg verbürge[102]. Selbst eine sonst sehr scharfe Kritik an der »Unnatur der modernen Schule«, die das Dogma vom »erziehenden Unterricht« unter den bestehenden Schulverhältnissen als Fiktion zu entlarven versuchte, konzidierte speziell für den Anfängerunterricht in der Volksschule »ausgedehnteren Massenunterricht«, da dort die »mechanischen Fertigkeiten in das Zentrum des Lehrplans« gestellt seien[103]. Die Kataloge der Sanktionsmechanismen gegenüber Ordnungsverstößen im ›Massenunterricht‹ fanden eine fast vollständige Entsprechung bei liberalen Schultheoretikern[104] und konservativer Regierung; sie dokumentierten trotz aller schulpolitischen Differenzen den generellen Konsensus über das ›Einrichten‹ der Klasse.

Über die Anwendung und in der Anwendung der Methoden bestand weitgehende Einigkeit: Maßhalten und Zurückhaltung sollten die Wirksamkeit der Mittel erhalten helfen und die sich aus der Verhängung der Strafen ergebenden Störungen des Unterrichts möglichst gering halten[105]. Eine ausgedehnte Diskussion entspann sich um das schärfste Disziplinarmittel, die ›Prügelstrafe‹[106], die offensichtlich besonders häufig praktiziert wurde und den Erziehungsstil der preußischen Volksschule schlaglichtartig erhellt. Über die Formen der Ausübung des Züchtigungsrechtes berichten die Urteilsbegründungen, die nach Gerichtsverhandlungen gegen Lehrer ergangen waren, die wegen Überschreitung des Züchtigungsrechtes angeklagt worden waren; das Centralblatt veröffentlichte wiederholt solche Dokumente zur allgemeinen Information der Lehrer[107]. Dabei interessieren einerseits die Tatbestandsschilderungen und andererseits die von den Gerichten angestellten Spekulationen über Wirkung und Ausmaß der Körperstrafen. »Leichte Anschwellungen des Gesäßes« und »gelinden Kopfschmerz« hielt ein königliches Landgericht 1898 für »Erscheinungen, welche bei körperlichen Züchtigungen, die ihren Zweck, Erregung körperlichen Mißbehagens und Schmerzes einigermaßen erreichen, wohl vorkommen können, auch ohne daß das Maß berechtigter Züchtigung überschritten wäre«[108]. Strafrechtlich gerügt wurde erst das Verhalten eines Lehrers, der einen sechsjährigen Schüler derartig an den Haaren gezogen hatte, daß »er ihm zwei Büschel ausriß und der Knabe rechts und links über den Ohren kahle Stellen in der Größe eines Markstücks hatte«[109]. Anlaß für eine derartige Mißhandlung war der Umstand gewesen, daß der Abc-Schütze »seine Schiefertafel nicht schnell genug abwischte«[110]. Straffrei blieb dagegen die Aktion eines Kollegen, der einen Schulanfänger kräftig geschlagen hatte, weil er noch nicht lesen konnte. Das Gericht hielt es für normal, daß seine »empfindliche Züchtigung« Spuren hinterlassen hatte[111].

Immerhin sahen sich die Gerichte in Einzelfällen veranlaßt, die vormärzlichen Bestimmungen über Dicke und Beschaffenheit des für den Vollzug der Körperstrafen zu verwendenden Stockes in Erinnerung zu bringen:

Als Züchtigungsmittel ist in der Unterstufe nur der Gebrauch einer Rute gestattet, die aus dünnen Birkenzweigen zusammengebunden ist. Das zu züchtigende Kind darf nur die flachen Hände vorhalten, auf welche der Lehrer nun abwechselnd die Rutenschläge zu richten hat. In der Mittel- und Oberstufe darf auch, wenn eine empfindlichere Strafe auf Gesäß oder Rücken erforderlich scheint, ein biegsames glattes Stöckchen angewendet werden, welches im Durchmesser nicht mehr als 1 cm stark sein darf[112].

Gerade die anläßlich der Berichte über Gerichtsverhandlungen stets wieder in Erinnerung gebrachten ›Grenzen der körperlichen Züchtigung‹ wie die minuziösen Vorschriften über den Gebrauch der körperlichen Züchtigung selbst sprechen kaum für eine zurückhaltende Strafpraxis der Lehrer, sondern eher für eine »Menge exorbitanter Überschreitungen des Züchtigungsrechtes«, wie ein Berliner Schulvorsteher argwöhnte[113]. Ausdrücklich verboten war z. B. »das Schlagen an den Kopf, das Reißen an den Ohren, das Erteilen von Ohrfeigen und Ähnliches. Das Schlagen mit dem Lineal, mit einem unbiegsamen Stocke oder überhaupt mit einem harten Werkzeuge gehört zu den Mißhandlungen des Kindes, die sich der Lehrer in keiner Weise gestatten darf«[114]. Allerdings gab es zahllose Möglichkeiten empfindlicher Körperstrafen, die keine Spuren hinterließen, wie ein erfahrener Schulrat einen jungen Schulmeister belehrte, über dessen Ohrfeigenvergabe Eltern geklagt hatten[115]. In der Anwendung der körperlichen Züchtigung als der Ultima ratio der Disziplinarmittel gab es zwar einerseits Differenzen zwischen Schulpraktikern und Schultheoretikern, aber andererseits eine so weitgehende Übereinstimmung zwischen Schulverwaltung und amtierender Lehrerschaft wie in sonst keinem Bereich der Volksschulerziehung. Nach Auffassung der Schulrechtler war das Züchtigungsrecht den Lehrern als natürliche Folge der ihnen von den Eltern übertragenen Erziehungsaufgaben überantwortet. Es liege offensichtlich so »sehr im Wesen des den Lehrern übertragenen Erziehungsrechtes, daß die Gesetze es kaum für notwendig erachten, das Recht zur Züchtigung selbst ausdrücklich anzuerkennen«[116]. Schon das ALR beschränkte sich entsprechend auf die Fixierung der Grenzen des den Lehrern zustehenden Rechtes, das dem der »elterlichen Zucht« gleichgestellt wurde[117]. Den Eltern hatte das ALR das Recht zugesprochen, »zur Bildung der Kinder alle der Gesundheit derselben unschädlichen Zwangsmittel anzuordnen«[118]. Die Lehrer lebten jedoch, zahllosen Selbstzeugnissen zufolge, in der beständigen Furcht vor der Gefahr, »wegen jedes Ruten- oder Backenstreiches vor den Strafrichter gezogen zu werden«[119]. Die Bestimmungen des Reichsstrafgesetzbuches über Körperverletzungen (§§ 223, 230, 232) aktivierten diese Sorge. Zur Modifizierung dieser »pädagogischen Angstparagraphen«[120] versuchten die Lehrervereine verschiedener deutscher Länder, parlamentarische Fürsprecher zu gewinnen[121]. Selbst in einer Phase liberalen Schulregiments beschäftigte sich der erste Deutsche Lehrertag 1876 mit der Frage des Züchtigungsrechtes und den sich daraus ergebenden standespolitischen Folgerungen[122]. Die erste Initiative des Vereins ging dahin, einen Rechtsschutz für Standesgenossen zu schaffen, die wegen des Deliktes der Körperverletzung in ihrer Schultätigkeit angeklagt worden waren. Die Solidarität der Lehrerschaft mit verurteilten Standesgenossen entsprang nicht nur standespolitischen Überlegungen, der Abwehr aller Kritik vom Lehrerstand überhaupt, sondern auch dem Bewußtsein, daß die Möglichkeit der Überschreitung der gesetzlichen Normen unlösbar mit der Anwendung der Körperstrafe gegeben war. Zudem war, wie ein verunsicherter Lehrer klagte, »der Begriff einer straffälligen Überschreitung des Züchtigungsrechtes solchen Schwankungen unterworfen, daß niemand imstande wäre, das Ergebnis einer solchen Verhandlung vorauszusehen«[123]. Diese Unwägbarkeit galt um so mehr, als die Grenze zur Körperverletzung nicht allein medizinisch, sondern auch sozial definiert war. Eine differenzierte Anwendung der Körperstrafe – das »wohlerzogene Kind« werde durch einen »strafenden Blick in demselben Maße gestraft, wie das in Roheit aufgewachsene mit der Rute oder dem Stock«[124] –, die eine sonst gemäßigte Verfügung der Regierung von Merseburg vorschrieb, bedeutete in der Praxis eine Diskriminierung der ohnehin sozial Benachteiligten.

Daß die Prügelstrafe allein als klassenspezifisches Zuchtmittel zu dulden war, wurde noch 30 Jahre später durch den Monarchen selbst bestätigt: Ganz gegen den Kurs seines Ministeriums, das die Lehrer im Gebrauch ihres wichtigsten Strafmittels nicht ›unsicher‹ machen wollte, lehnte es Wilhelm II. 1893 ab, die Strafe eines wegen Körperverletzung verurteilten Lehrers aufzuheben oder zu mildern. Auf einen Immediatvortrag hin äußerte er »höchstes Befremden« wegen der großen Anzahl der nachgewiesenen Fälle und wegen der außerordentlichen Roheit der Strafmaßnahmen, »zumal, da diese Ausschreitungen an der städtischen Knabenschule, mithin an Kindern besser situierter Familien ... stattgefunden hätten«[125]. Daß die Überschreitung des Züchtigungsrechtes von den am meisten Betroffenen, den Schülern, dabei nicht als kriminelles Delikt, sondern eher als verzeihlicher ›Betriebsunfall‹ eines sonst geachteten Lehrers eingeschätzt wurde, zeigte z. B. das Verhalten einer Schülergruppe im Rheinland, die mit rot-weißen Fahnen ihren wegen Überschreitung des Züchtigungsrechtes verurteilten Lehrer von einer entfernten Bahnstation am Tage seiner Haftentlassung abholte[126].

Sollte die Leibesstrafe als Ausdruck unbedingter Autorität des Lehrers geachtet werden können, waren ihre ›Mißbräuche‹ peinlich genau auszuschließen. Die Körperstrafe durfte keineswegs der natürlichen Reaktion des durch große Schülerzahlen, unzureichende Räumlichkeiten etc. gepeinigten Lehrers entspringen, sondern war in »Ruhe und Besonnenheit« zu vollziehen, gleichsam zur Wiederherstellung der verletzten Schulordnung: »Alle Ausbrüche der Leidenschaften, des Zornes, der Rache, des Neides, der Schadenfreude etc. entwürdigen den Lehrer in den Augen der Kinder«[127]. Theologische, anthropologische, historische und pädagogische Gründe wurden für die Angemessenheit körperlicher Züchtigung in Anspruch genommen, die alle dem primären Grund eine noblere Fundierung geben sollten: die Körperstrafe als unbestrittener Ausdruck der Sanktionsgewalt des Lehrers war Quelle seiner Autorität. Das wissenschaftliche Rankenwerk zur Fundierung dieses Strafmittels schmückte dabei nur Einsichten auf dem Niveau volkstümlicher Sentenzen: »Wer nicht hören will, muß fühlen«. Wenn ein Lehrer sich der Logik dieses alten Wortes verschließe, gefährde er seine Autorität und damit zugleich auch Schulzucht und Unterrichtserfolg[128]. Aus dieser Perspektive erschien die Forderung der unbedingten Ausschließung der körperlichen Züchtigung aus dem Strafkodex der Volksschule als eine »Verirrung der Humanität«[129].

Den Zusammenhang von körperlicher Züchtigung und Autorität des Lehrers stellte auch eine von der Lehrerschaft als »rettende Tat« empfundene Verfügung her[130], in der der Minister von Goßler 1888 die Bezirksregierungen aufforderte, alle von ihnen erlassenen »allgemeinen Verfügungen, welche den den

Lehrern zustehenden Züchtigungsrechten hinsichtlich des Maßes oder der Art seiner Ausübung engere Grenzen ziehen, als es die bestehenden Gesetze tun, ausdrücklich aufzuheben«[131]. Der Grund für diese Maßnahme war die Praxis der Gerichte, Prozesse gegen Lehrer wegen Überschreitung des Züchtigungsrechtes trotz Erhebung des Kompetenzkonfliktes zuzulassen, weil sie gegen behördliche Anweisungen zur Züchtigungspraxis verstoßen hatten. Deshalb sollten jetzt die entsprechenden Verfügungen allein »informatorischen Charakter« haben und jede »dispositive Vorschrift« vermeiden. Goßler war besorgt, daß wegen der gerichtlichen Verfolgung die »Lehrer in der Handhabung des Züchtigungsrechts unsicher werden und die Schulzucht eine schwere Schädigung erleidet«[132]. Gerade Schulpraktiker aber entdogmatisierten – auch unter dem Eindruck einer teilweise gewandelten öffentlichen Meinung gegenüber der Leibesstrafe – die metaphysische Auffassung von der körperlichen Züchtigung. Wenn sie selbst die Prügelstrafe nach wie vor in ihrem Unterricht häufig praktizieren mußten, so machten sie dafür die konkrete Schulsituation verantwortlich: überfüllte Klassen, unzureichende Lehrmittel, Aufgeblähtheit des Lehrplans, verfehlte Schulorganisation usw.[133]. Selbst der schärfste Kritiker der ›Prügelpädagogen‹, Eduard Sack, der vor seiner Tätigkeit als Redakteur der Frankfurter Zeitung engagierter preußischer Volksschullehrer gewesen war, bestritt nicht, »daß viele Lehrer gute Gründe für ihre schlimmen Forderungen haben.« Er räumte durchaus ein, daß die Lehrer »unter den Verhältnissen, unter denen sich unser Schulwesen gegenwärtig befindet, ohne harte körperliche Züchtigungen den von den Vorgesetzten an sie gestellten Forderungen nicht genügen und den Kindern gegenüber sich in ihrem Ansehen nicht zu behaupten vermögen«[134].

In einer Situation, in der sich die Einsicht verbreitete, daß die Anwendung der Körperstrafe als Konsequenz unzureichender Schulzustände angesehen werden müsse, trafen die ministeriellen Ermahnungen ins Leere, da ein bloßer »Appell an die Humanität« oder »obrigkeitliches Gebot ohne Beseitigung der wirkenden Ursachen« den Lehrern allein die ganze Verantwortung für den häufigen Gebrauch des Stockes auferlegten[135]. Genau das tat aber eine vielbekämpfte Verfügung von 1899[136], die pädagogische Gründe für eine Beschränkung des Züchtigungsrechtes geltend machte, damit aber die praktischen Schwierigkeiten der Lehrersituation völlig außer acht ließ[137].

Die Schulzucht in der Hand des Lehrers hatte über ihre unterrichtspraktischen und pädagogischen Wirkungen hinaus eine weitere wichtige Aufgabe. Der strafende und belohnende Lehrer fungierte nicht nur als pädagogischer Experte in einem individuellen Erziehungsprozeß, sondern repräsentierte zugleich die staatliche Obrigkeit in der Schulklasse[138]. Eine der wenigen öffentlichen Äußerungen Bismarcks zur Volksschule hob bezeichnenderweise gerade diesen Aspekt der Lehrertätigkeit ausdrücklich hervor. Gegenüber Lüneburger Seminaristen entwickelte er 1894 folgende Schultheorie: »Sie treten als Lehrer einer großen Anzahl unserer heranwachsenden Generation gegenüber, zunächst in obrigkeitlichen Verhältnissen. Sie repräsentieren den Schülern gegenüber nicht nur das Unterrichtsministerium, ihr spezielles Ressort, sondern auch die Regierung selbst, da Ihnen die Schulzucht zufällt«[139]. Diese Auffassung ging weit über die Vorstellung hinaus, die das

Leben in der Schule als Modell späteren Erwachsenendaseins interpretierte; sie stellte bereits die Schüler konkret in die Untertanenposition.

c) *Die Schulaufsicht*

Obwohl die Berufstätigkeit der Lehrer ihrer Natur nach kaum durch detaillierte inhaltliche Vorschriften zu reglementieren war, gewannen die Bestrebungen der Unterrichtsverwaltung, die Funktion des Lehrers nach dem Modell eines ›Unterrichtsbeamten‹ zu definieren, erheblichen Einfluß auf die Schulerziehung. Die Grundtendenz bürokratisch hierarchischer Organisation und Kontrolle ließ die Schule zu einem »Stück des allgemeinen großen Beamtenstaates« werden, »in dem jeder seine Pflicht tut, die ihm vorgeschrieben wird: der Lehrer und erst recht der Schüler«[140].
Die Schulinspektoren hatten sorgfältig festzustellen, ob »der gesamte Zustand der Schule in allen inneren und äußeren Beziehungen den getroffenen Anordnungen« entspreche. Die Einhaltung der Vorschriften über Lehr- und Stundenplan, Führung des Klassenbuches und der Schulbesuchslisten sowie der Gebrauch der Schulbücher waren im einzelnen zu kontrollieren[141]. Damit war die Überprüfung der Schulen auf leichter reglementierbare und kontrollierbare äußere Schulzustände und Unterrichtsabläufe konzentriert, die an bürokratischen Normen gemessen werden konnten. Im Erscheinungsbild des Unterrichts waren die Erfolge der Revisionspraxis unverkennbar, wie auch Kritiker der Bürokratisierungstendenzen des Unterrichts zugaben[142]. Den pädagogischen Wert der Maßnahmen stellte jedoch die Aufsichtsorganisation selbst in Frage, denn die Institutionen der Schulaufsicht waren aus schulpolitischen Gründen fast ausschließlich mit fachfremden Personen besetzt. Durch das Schulaufsichtsgesetz waren nur wenige Geistliche als Ortsschulinspektoren depossediert worden, und auch in der Kreisinstanz dominierten nach wie vor theologisch oder philologisch gebildete Inspektoren, die unter primär politischen Gesichtspunkten ausgewählt worden waren[143]. Seminaristisch gebildete Lehrer stellten in diesen Instanzen auf der Kreis- und Bezirksebene die große Ausnahme dar; die bekanntesten waren Lorenz Kellner als Schulrat in Marienwerder und Trier und Friedrich Polack als Kreisschulinspektor im Eichsfeld[144].
In der Kreisinstanz war der Landrat für die äußeren und der Kreisschulinspektor für die inneren Schulsachen zuständig. Alle Anträge der Lehrer oder sonst ihre dienstliche Stellung betreffenden Schriftstücke an die oberen Verwaltungsinstanzen bedurften der gutachtlichen Äußerung der Landräte über die ›Würdigkeit‹ der Betroffenen. Wichtigste Pflicht des Kreisschulinspektors war die regelmäßige Revision der ihm unterstellten Schulen und Lehrerstellen, die mindestens zweimal jährlich durchgeführt werden mußte, wenn nicht besondere Umstände einen noch häufigeren Besuch des Inspektors in einzelnen Schulen notwendig machten[145]. Die Dienstanweisung für die königlichen Ober-, Kreis- und Distrikts-Schulinspektoren der Regierung in Kassel hob im Jahre 1877 ausdrücklich hervor, daß sich der Inspektor auch »vom sittlich religiösen Standpunkte, den Bestrebungen, der Begabung,

Ausbildung und Kenntnissen, der Dienstführung und überhaupt dem ganzen Verhalten der Lehrer seines Bezirks in und außerhalb der Schule in fortwährender Kenntnis zu erhalten« habe[146].

Der Kreisschulinspektor war die Übermittlungsinstanz für alle Verfügungen der Regierung an Lehrer, Schulvorstände und Lokalschulinspektoren, so wie in umgekehrter Richtung alle Anträge aus diesem Kreis mit seiner gutachtlichen Äußerung über ihn weiterzuleiten waren[147]. Die Kreisschulinspektoren waren außerdem befugt, den ihnen unterstellten Lehrern bis zu 14 Tage Urlaub zu erteilen, wenn für deren Vertretung gesorgt war.

Neben seinen eher bürokratischen Kontrollfunktionen hatte der Inspektor die Aufgabe, auf dem Wege über die Kreisschulkonferenzen die pädagogische Fortbildung der Lehrer zu initiieren und im Sinne der Unterrichtsverwaltung zu beeinflussen. Vor allem im Zeichen einer Verschärfung des konservativen schulpolitischen Kurses versuchte das Ministerium, den amtlichen Konferenzen neue Impulse zu vermitteln, in der ausdrücklichen Absicht, die freie Vereinstätigkeit der Lehrer zu erschweren. Die amtlichen Konferenzen sollten sich ganz auf die erziehungswissenschaftlichen und schultechnischen Fragen konzentrieren, und die Regierungen gingen in ihrer Förderung dieser Institution von der strikten Erwartung aus, daß die Lehrer »sich keineswegs in fruchtlosen Diskussionen über Schulgesetzgebung und Schulverwaltung zu verlieren haben . . .«[148].

Die Tendenz zur Kontrolle der Vereins- und Fortbildungsbestrebungen der Lehrerschaft wurde zwar erst mit einer Verfügung des Ministers von Puttkamer 1880 öffentlich manifest[149], läßt sich jedoch in den verschiedenen regionalen Dienstinstruktionen für Kreisschulinspektoren auch als eine beständige Sorge der Ära Falk erkennen. Speziell die inhaltliche Überwachung der Lehrerbibliotheken wurde den Kreisschulinspektoren als eine wesentliche Aufgabe eingeschärft. »Fortwährende Aufmerksamkeit« hatten sie auch der Standespublizistik der Lehrer zuzuwenden. Der Königlichen Regierung war zur »Ergreifung geeigneter Maßregeln Anzeige zu machen«, wenn die periodischen Blätter nach Auffassung des Inspektors »reichs- oder staatsfeindliche oder sonst verwerfliche Tendenzen« verfolgten[150]. Da fast jede Opposition gegenüber der Staatsregierung von vornherein in den Geruch der ›Staatsfeindlichkeit‹ geriet, waren willkürlichen Denunziationen der Kreisschulinspektoren keine Schranken gesetzt.

Die einzelnen Regierungen und Kreisschulinspektoren entwickelten eine solche Aktivität in der Reglementierung ihrer Untergebenen, daß sich die Ministerialbürokratie selbst mehrfach genötigt sah, dämpfend auf diesen Bürokratisierungseifer der unteren Instanzen einzuwirken[151]. Es erwies sich als notwendig, den Kreisschulinspektoren eigene Korrespondenzblätter zur dienstlichen Kommunikation mit den Lehrern zu versagen und sie vordringlich auf die persönliche Kontaktaufnahme mit den unterstellten Lehrern anläßlich der Revisionen und Konferenzen zu verpflichten[152]. Darüber hinaus sah sich der Minister veranlaßt, die Bedenklichkeit des Verfahrens der Königlichen Regierungen hervorzuheben, den ihnen unterstellten Schulinspektoren und Lehrern durch Zirkularerlasse ausführliche Belehrungen über Unterrichtsfragen zu erteilen, ja sogar ihnen bestimmte Lehrweisen vorzuschreiben. Das Ministerium befürchtete einerseits widersprüchliche Anweisungen der einzelnen Unterrichtsbehörden, sah andererseits aber auch die Gefahr, daß gerade die tüchtigsten und gewissenhaftesten Lehrer sich durch dieselben in der freien Entfaltung ihrer Persönlichkeit behindern lassen könnten und daß dadurch die unterrichtliche und erziehliche Wirkung der Arbeit beeinträchtigt würde[153].

Daß die Schulrevision von mehr oder weniger dilettierenden Laien ausgeübt wurde, blieb jedoch ein entscheidender Strukturdefekt[154]. Die Schulinspektoren legten es, da ihnen pädagogische Maßstäbe fehlten, vor allem darauf an, daß die Kinder, ohne zu stocken, antworten konnten und sich die Klasse in mustergültiger disziplinarischer Ordnung befand. Die negativen Folgen einer nichtfachmännischen Lokalschulaufsicht wurden aus den Wünschen einer brandenburgischen Provinzialschullehrerversammlung deutlich. Sie forderte, daß nicht »die Menge des zu bewältigenden Stoffes, sondern die Verarbeitung desselben« bei der Beurteilung der Lehrertätigkeit maßgebend sein sollte. Sie verlangte »mehr Freiheit für die unterrichtliche Behandlung des Stoffes« und erbat generell »mehr Liebe und Vertrauen«[155].

Das Ergebnis der Schulrevisionen war für die Lehrer einerseits wesentliches Kriterium ihrer dienstlichen Beurteilung und andererseits auch nahezu die einzige Chance individueller professioneller Bestätigung[156]. Da punktuelle Überprüfungen, zumal durch überforderte, fachfremde Aufsichtspersonen, zwangsläufig an den unmittelbar sichtbaren und mechanisch überprüfbaren Unterrichtserfolgen und Verhaltensweisen der Kinder ansetzen mußten, war es nur natürlich, daß ehrgeizige Lehrer ihren Unterrichtsstil darauf abstellten, um ein möglichst günstiges Abschneiden bei den Revisionen zu garantieren. Die von Schulreformern kritisierte ›Anpassung des Unterrichts an die Art der Schulrevision‹ war unter den Kollegen ein offenes Geheimnis[157].

Die von Falk geförderten größeren Schulsysteme hatten einen neuen Aspekt in die Schulaufsichtsfrage gebracht: Es ergab sich der Zwang, die mehrklassigen Schulen einer einheitlichen Leitung zu unterstellen[158]. Da der örtliche Schulvorstand bzw. der geistliche Schulinspektor nur schwer die tägliche Führung eines Lehrerkollegiums übernehmen konnte, wurden häufig die ›ersten Lehrer‹ mehrklassiger Schulen mit dieser Aufgabe betraut. Sie erhielten mit dem Titel ›Hauptlehrer‹ einen Teil der lange erstrebten Aufsichts- und Leitungsrechte, ohne daß allerdings das amtliche Verhältnis der übrigen Lehrer zu Schulvorstand und Lokalschulinspektion dadurch verändert wurde[159].

Wenn sich mit dieser – aus bürokratischen Gründen eingeführten – Art des Aufstiegs auch eine alte Standesforderung partiell erfüllte, so gab es doch bald massive Proteste der den Hauptlehrern unterstellten ›Klassenlehrer‹ gegen das neue Aufsichtssystem. Sie wollten die Aufsichts- und Leitungsbefugnisse lieber wie bisher in der Obhut der geistlichen Schulinspektoren statt in der Hand ihrer Kollegen sehen. Besonders wurde die den Schulleitern auferlegte Pflicht kritisiert, das außerdienstliche Verhalten der Lehrer zu überwachen. Allein die »administrativen Obliegenheiten in der Schulverwaltung« wollte man den Schulleitern zugestehen. Auch unabhängige Kritiker versprachen sich deshalb auch von der fachmännischen Schulaufsicht auf den unteren Stufen der

Schulverwaltung nicht viel. Denn solange die Berufung der Mitglieder der Schulbehörden »nicht von pädagogischer Durchbildung und pädagogischer Einsicht abhängig« sei, habe eine Karriere, die von eben diesen Schulbehörden abhängig sei, »keinen Wert für die Entwicklung des Schulwesens«[160].
Die Berufungspraxis der hauptamtlichen Kreisschulinspektoren konnte diesen Einwand nur zu sehr bestätigen: Politische Zuverlässigkeit rangierte bei den Einstellungen weit vor dem Kriterium pädagogischer Eignung und Erfahrung[161]. Doch andererseits boten auch die Maximen der zeitgenössischen Unterrichtslehre keine alternative Orientierung. Indem diese den Erziehungsauftrag der Schule fast ausschließlich der Individualität des Lehrers aufbürdeten, legitimierten sie das Verfahren der Unterrichtsverwaltung, die sich, um ihre Ziele durchzusetzen, ganz an den zum autonomen Schulherren hochstilisierten Lehrer hielt. Insofern trifft die Kritik der Reformpädagogik zu, die überkommene Positionszuweisung der Lehrer produziere ein »Verhältnis des Vorgesetzten und Untergebenen«, das auf Autorität und Abstand aufbaue und nur durch strenge Disziplin sowie ein System von Strafen aufrechterhalten werde[162].

3. »Mittelbare Staatsbeamte«: Zwischen Staatsdienst und Gemeindeamt

a) Die rechtliche Lage

Die erste Lehrerprüfung, die den dreijährigen Seminarkursus abschloß, berechtigte den erfolgreichen Absolventen nicht nur zur Annahme eines Schulamtes, sondern verpflichtete ihn zugleich, entsprechend einer bei seinem Seminareintritt unterzeichneten Verpflichtung, innerhalb der ersten drei Jahre jede Lehrerstelle zur Verwaltung anzunehmen, die ihm durch die Bezirksregierung zugewiesen wurde[163]. Im Weigerungsfalle, bei Übertritt in den Privatschuldienst, bei vorzeitigem freiwilligem oder unfreiwilligem Ausscheiden aus dem Seminar waren nicht nur etwaige Unterstützungen zurückzuzahlen, sondern auch ein Unterrichtsgeld zu erstatten, obwohl der Unterricht unentgeltlich erteilt worden war. Diese Bestimmung wurde von der Bürokratie mit großer Härte praktiziert. Einerseits wollte man auf diese Weise unerwünschten Wanderungsverlusten ins Ausland vorbeugen, andererseits aber auch den Disziplinierungsdruck auf die Seminaristen verstärken. Das unfreiwillige Ausscheiden aus dem Seminar bedeutete nämlich nicht nur das vorzeitige Ende einer Schulkarriere für den betroffenen Seminaristen, sondern wegen der Rückzahlungsforderungen häufig auch den finanziellen Bankrott seiner Familie[164].
Nach der ersten Lehrerprüfung war der Schulamtsbewerber zunächst nur provisorisch anzustellen, während die definitive Anstellung erst nach der zweiten Lehrerprüfung erfolgen konnte, die in einem Zeitraum zwischen zwei und fünf Jahren nach dem ersten Termin abgelegt werden sollte[165]. Ob Lehrer einstweilig oder endgültig angestellt wurden, hatte keine Bedeutung für ihre Dienstpflichten sowie für ihr Verhältnis zueinander und zur anstellenden

Gemeinde. Die Vokation der Berufungsberechtigten galt zwar unbedingt, aber die Aufsichtsbehörde bestätigte sie bei provisorisch angestellten Lehrern mit dem Vorbehalt des Widerrufs. Die Berufungsurkunde enthielt neben den allgemeinen Dienstinstruktionen sowohl eine detaillierte Beschreibung der zu übernehmenden Pflichten als auch eine präzise Aufstellung über die einzelnen Einkommensteile, den sogenannten Genußzettel. Die Anstellung überhaupt hatte den unmittelbaren Anspruch auf sämtliche Einkommensbezüge ohne weiteres zur Folge[166]. Eine definitive Anstellung, die auch den Pensionsanspruch begründete, konnte erst nach Ableistung der militärischen Dienstpflicht erfolgen oder nach Erklärung der Dienstuntauglichkeit. Militärtaugliche Schulamtsbewerber durften bis zur Erledigung ihres Militärdienstes nur kommissarisch beschäftigt werden, so daß sie ganz nach dem Belieben der Regierungen eingesetzt werden konnten[167].

Von größter praktischer Relevanz war das Bestreben der Behörden, die ausgebildeten Bewerber im eigenen Bezirk zu verwenden, um auch die völlig unzureichend dotierten Stellen wenigstens vorübergehend besetzen zu können. Der Zwang für die Junglehrer, die Stelle anzunehmen, die ihnen die Behörde zuteilte, war ein wesentlicher Faktor für die Wanderbewegung innerhalb der preußischen Volksschullehrerschaft[168], denn immerhin war es erlaubt, die zuerst zugewiesene Stelle später mit einer anderen öffentlichen Lehrerstelle zu vertauschen[169].

Der Artikel 23 der preußischen Verfassung hatte den Lehrern zwar die »Rechte und Pflichten der Staatsdiener« zugesprochen, mit dieser Formulierung jedoch eine eindeutige beamtenrechtliche Definition vermieden. Die Volksschullehrer figurierten weder als Gemeindebeamte noch als unmittelbare Staatsbeamte, sondern rangierten in einer eigenen Kategorie als ›mittelbare Staatsbeamte‹; ein eigentlicher prestigefördernder Dienstrang kam ihnen nicht zu[170]. Obwohl ihre Einstufung in die preußische Beamtenhierarchie nach höheren, subalternen und unteren Beamten damit entfiel, war es doch von großer standespolitischer Bedeutung, welche Beamtengruppe den Maßstab für die eigene Behandlung abgab. Bei diesem Vergleich kam die Gruppe der höheren Beamten von vornherein wegen des Qualifikationskriteriums der höheren Bildung nicht in Betracht, so daß auch das Funktionskriterium dieser Gruppe, »eigentlicher Träger der Staatsgewalt, mit eigener Entscheidungs- und Verfügungsgewalt« zu sein, inhaltlich auf seine Anwendbarkeit für die Erziehungstätigkeit im Elementarbereich gar nicht erst überprüft wurde. Aber auch die Klassifikation entsprechend dem Rang der Subalternbeamten wurde den Lehrern bestritten, obwohl ihnen die für diesen Kreis geforderte »geschäftliche Vorbildung« sogar staatlich vermittelt worden war[171].

Im Zusammenhang mit der Abrechnung von Reisekosten und Tagegeldern erwies es sich als notwendig, auch die Elementarlehrer in die für die Staatsbeamten allgemein geltende Klassifikation einzuordnen. Sie rangierten in der achtstufigen Skala an siebter und vorletzter Stelle zwischen den Subalternbeamten und Unterbeamten[172]. Auch wenn die einschlägige Verfügung ausdrücklich festhielt, daß ihnen damit ein entsprechender Dienstrang nicht beigelegt werde[173], sahen sie sich so unversehens und ausdrücklich an die Seite der Unterbeamten gestellt. Die Qualifikations- und Funktionsbestimmung dieser Gruppe sah vor, daß »ihnen im wesentlichen nur mechanische Dienstleistungen obliegen, bei denen eine eigene Urteilsfähigkeit regelmäßig nicht erforderlich« sei.

Wenn die Behandlung der Volksschullehrer auch weitgehend der der Staatsbeamten entsprach, so fehlte ihnen jedoch ein genau umrissener Katalog gesetzlich fixierter Rechte und Pflichten[174]. Die Handbücher für das Volksschulrecht dokumentierten diesen Zustand in einer Reihung partiell anwendbarer Beamtengesetze, Ministerialerlasse und anderer Verfügungen aus der Zeit des Absolutismus bis zu dem jeweiligen Erscheinungsjahr, mit der sie die komplizierte Rechtssituation der Lehrer zu erfassen suchten[175]. Doch hatte die strittige beamtenrechtliche Zuordnung stets mehr als nur theoretisches Gewicht, denn die tatsächliche Rechtsunsicherheit verschaffte der Verwaltung von vornherein eine weitgehende Verfügungsgewalt über die Lehrer, die so gegenüber anderen Beamtengruppen klar in die Position der »Minderberechtigten« verwiesen waren[176]. Eine schwerwiegende politische Diskriminierung bestand in dem ausdrücklichen Ausschluß der Lehrer von bestimmten öffentlichen Ämtern, der fehlenden Karrieremöglichkeit im Heer und der niedrigen Einstufung in die Hierarchie der Beamtenklassen, die sich auch in der Ordensvergabe und anderen Beamtenprivilegien wirksam ausdrückte. Für die Wahl oder Amtsbesetzung mit Lehrern galt folgender Verbotskatalog: Stadtverordnete, Mitglieder des Magistrats, Gemeindeverordnete oder Gemeindevorsteher, Mitglieder des Kreisausschusses sowie Schöffen oder Geschworene und auch Mitglieder des Waldschutzgerichtes durften sie nicht werden[177].

Eine Petition, die der Landesverein der preußischen Volksschullehrer anläßlich der Beratung der Städteordnung an das Abgeordnetenhaus richtete und in der er um die Wiederherstellung des (den preußischen Lehrern seit 1853 entzogenen) passiven kommunalen Wahlrechts bat, blieb ebenso folgenlos wie die Feststellung Falks, »die Sache sei wohl einmal zu besprechen«[178]. Die Verbotsliste bedeutete den Ausschluß der Lehrer von allen wesentlichen bürgerlichen Ehrenämtern, vor allem den Ämtern der Gemeindeverwaltung, die praktische Wirkungsmöglichkeiten eröffneten. Auf die Spitze getrieben wurde dieses Verbot durch die Bestimmungen, welche die Lehrkräfte auch von der Beteiligung an der Schulverwaltung und Schulaufsicht fernhielten. Erst in den 1890er Jahren versuchte der Minister Bosse, den Pädagogen wenigstens auf dem Verwaltungswege den Eingang in die Schulvorstände zu öffnen[179].

Die amtlichen Verhältnisse gestalteten sich für eine große Anzahl preußischer Elementarlehrer noch komplizierter durch die andauernde Verbindung von Schul- und Kirchenamt in der Personalunion von Lehrer und Küster[180]. Im Jahre 1891 bestanden immer noch mehr als 15 000 solcher Stellen[181], die ein knappes Viertel der Gesamtstellenzahl darstellten. Badische Kollegen sprachen nach der Lehrerversammlung von 1890 in Berlin abschätzig über die Fähigkeiten der preußischen Amtsgenossen, die vor der Trennung von Lehr- und Küsteramt kaum als ernstzunehmende schulpolitische Mitstreiter anzusehen seien[182]. Eine Trennung beider Ämter erwies sich aber, abgesehen von allen politisch motivierten Widerständen, deshalb als besonders schwierig, weil die Einkünfte aus dem Küsterdienst häufig einen erheblichen Anteil an dem Gesamteinkommen ausmachten, 1891 durchschnittlich immerhin 310 Mark[183]. Selbst gegen die Ablösung der ›niederen Küsterdienste‹[184], die u. a. im Reinigen von Kirche und Kirchengerät, Beaufsichtigung des Kirchhofes und in den Dienstleistungen für den Pfarrer bestanden und die auch in den Augen der meisten Bezirksregierungen nicht länger als natürlicher Ausdruck der Pflichten eines Lehrers angesehen werden konnten, sperrten sich die ländlichen Gemeinden mit großer Entschiedenheit[185]. Die amtlichen Verfügungen mußten sich so mehr oder weniger darauf beschränken, das Ausmaß der Unterrichtsstörungen durch das Kirchenamt möglichst gering zu halten[186]. Für den betroffenen Lehrer bedeutete das Küsteramt neben seinen physischen Belastungen theoretisch eine Verdopplung seiner Aufsichtsinstanzen, denn er war staatlichen und kirchlichen Aufsichtsinstitutionen gleichermaßen unterstellt, so daß Streitfälle mit einer Behörde stets seine Stellung insgesamt gefährdeten. Speziell für katholische Lehrer ergaben sich seit dem Kulturkampf permanente Konfliktmöglichkeiten aus dieser Konstellation[187].

Ein gewisses Sonderrecht war den Volksschullehrern durch die Bestimmung gegeben, daß sie auf dem Wege eines Disziplinarverfahrens nicht strafversetzt werden konnten[188]. Dieses Privileg rührte ursprünglich aus dem geistlichen Charakter des Lehramtes her und spiegelte das daraus entspringende Vertrauensverhältnis zu der Schulgemeinde; obwohl es sich als zunehmend anachronistisch erwies, wurde es trotz dahingehender Wünsche auch von seiten der Lehrer selbst nicht kassiert[189]. Allerdings war es möglich, Lehrer auch gegen ihren Willen durch eine Versetzung ›im Interesse des Dienstes‹ in bestimmten Fällen aus ihren gegenwärtigen Ämtern zu entfernen[190]. Wenn auch das neue Amt weder von geringerem Rang noch von geringerem etatmäßigen Diensteinkommen sein durfte und die reglementmäßigen Umzugskosten vergütet werden mußten, waren die Versetzungen im Interesse des Dienstes ein unter den Lehrern gefürchtetes Disziplinierungsmittel. Zwar war das Verfahren bei den Anstellungsrechten der Gemeinden und Schulpatrone für die Verwaltung nur schwer ausführbar[191], doch erfüllten auch die seltenen Fälle der Anwendung offensichtlich eine abschreckende Wirkung. Die Vereinspublizistik berichtete vor allem in den 80er Jahren von derartigen Versetzungen, die als behördliche Mißbilligungen des Wahlverhaltens einzelner Lehrer interpretiert wurden[192]. In der Diskussion um den Charakter der Volksschule als »Staatsanstalt oder Gemeindeinstitut« verlor die erstgenannte Alternative viel von ihrer Anziehungskraft, weil man sich klarmachte, daß sie jedenfalls die behördlichen Möglichkeiten zu Versetzungen im Interesse des Dienstes, z. B. »von Memel nach Aachen«, für alle Lehrer erweiterte[193].

Die Militärdienstpflicht verschaffte preußischen Volksschullehrern eine erhebliche Sonderstellung, da sie statt der üblichen drei Jahre bloße sechs Wochen dienen mußten. Dieses aus dem Vormärz stammende Privileg ging auf den andauernden Lehrermangel zurück; der Staat wollte die auf seine Kosten relativ teuer ausgebildeten Kräfte unmittelbar in die zahllosen neugeschaffenen Lehrerstellen einsetzen. Das Recht auf nur sechswöchige Dienstzeit war also anders als das sog. Einjährig-Freiwilligen-Jahr kein Bildungs-, sondern ein Berufsprivileg, das auch für sonst weniger pädagogisch Interessierte den Lehrerberuf trotz der kümmerlichen Bezahlung attraktiv erscheinen lassen konnte. Allerdings mußten diejenigen Lehrer, die vor dem 32. Lebensjahr aus dem Schuldienst wieder ausschieden, die volle Dienstzeit nachleisten[194]. Die verkürzte Dienstzeit nahm den Lehrern andererseits die Chance auch des bescheidensten militärischen Avancements und drohte damit den Berufsstand insgesamt sozial abzuwerten. Die Forderung nach einer Verlängerung der Dienstzeit kam deshalb aus dem Kreise der Lehrer selbst: Auch in dieser Frage wollten sie klare Grenzen zum Proletariat gezogen sehen[195].

Da nun der freiwillige einjährige Dienst nicht nur die Voraussetzung einer prestigefördernden militärischen Karriere bot, sondern auch konkret die Scheide zwischen den gebildeten und ungebildeten Schichten markierte, erwies sich das Privileg der kurzen Dienstzeit für die Lehrer als doppelt diskriminierend: ihnen war einmal der Einjährigendienst und damit der Aufstieg in Offizierspositionen versagt und zum andern der Ausbildung im Seminar von vornherein der wissenschaftliche Charakter bestritten, der selbst den Sekundanern einer Realschule zugebilligt wurde. Die sechswöchige Dienstzeit bot überdies Anlaß zu mancherlei Klagen, da der militärische Ausbildungsstand der Lehrerrekruten natürlich gegenüber dem anderer Dienstpflichtiger abfallen mußte und neben den Schikanen der Offiziere auch den Spott einer auf soldatische Tugenden fixierten Öffentlichkeit auf sich zog[196]. Der Kampf um das Recht zum einjährig-freiwilligen Militärdienst erwies sich als standes- und damit auch schulpolitisches Problem erster Ordnung, denn die damit verbundene Anerkennung des wissenschaftlichen Charakters der Lehrerausbildung hätte zugleich den professionellen Zuschnitt der Lehrerarbeit bestätigt. Die Ambivalenz der Standesforderung trat hier besonders deutlich zutage: Das Verlangen nach der angemessenen gesellschaftlichen Einordnung in den ›Kreis der Gebildeten‹ bedeutete zugleich eine Verschärfung der Distanz zu den Schülern der Volksschule und ihren Eltern[197].

Die sechswöchige Dienstzeit wurde Anfang der 90er Jahre auf zehn Wochen verlängert und 1895 auf Allerhöchsten Erlaß auf ein Jahr ausgedehnt; wie der Kaiser ausdrücklich anmerkte, kam es darauf an, die Lehrer zu »späterer nutzbringender Verwendung als Unteroffiziere des Beurlaubtenstandes militärisch vorzubereiten«[198]. Diese Formulierung rückte den militärisch-technischen Aspekt der Verfügung in den Vordergrund, ohne auf die wissenschaftliche Qualifikation der Lehrerausbildung zum einjährig-freiwilligen Dienst auch nur mit einem Wort einzugehen. Die verlängerte Dienstzeit entsprang angesichts der gewachsenen Zahl der Sozialdemokraten im Heer dem gesteigerten Bedarf an zuverlässigen Unteroffizieren, spiegelte aber nicht eine geänderte Einschätzung des Ausbildungsniveaus der Volksschullehrer wider[199]. Die »Kreuzzeitung« versprach sich von einer verlängerten Dienstzeit für die Volksschullehrer nicht nur eine größere »Selbstachtung« dieser Berufsgruppe, sondern erwartete auch, daß bei langgedienten Lehrern die »Achtung vor Ordnung und Gesetz« anwachsen würde. Insbesondere sei zu hoffen, daß die »disziplinlosen Lehrer-Zusammenkünfte und deren sonderbare Resolutionen« unter dem Einfluß »besonnener Männer« zurückgingen[200]. Die allgemeine Verlängerung der Dienstzeit von sechs Wochen auf ein Jahr verminderte im übrigen zwangsläufig die Zahl anstellungsfähiger Schulamtsbewerber, so daß sich das Kultusministerium genötigt sah, für ca. 1 800 Stellen die bereits lange überwunden geglaubten »Nebenkurse« an den Seminaren wieder einzurichten, um für den nötigen Nachwuchs zu sorgen[201].

Nachdem 1896 dann durch Verfügung des Reichskanzlers die staatlichen Seminare in die Liste der »berechtigten« Schulen aufgenommen worden waren[202] (womit den erfolgreichen Absolventen auch das Recht zum einjährig-freiwilligen Dienst zukam), propagierten die Lehrervereine, aus Standesrücksichten das Privileg dieser Form des Militärdienstes auch tatsächlich in Anspruch zu nehmen. Man war sich bewußt, daß dieses Recht erhebliche Kosten auferlegte. Die Standesorganisationen versuchten daher, durch die Gewährung von Darlehen[203] möglichst vielen Standesgenossen den Weg zum erstrebten Offizierspatent zu eröffnen. Dahinter stand die freimütig geäußerte Hoffnung, der militärische Rang einzelner Repräsentanten des Standes werde seinen Glanz auf die Volksschullehrerschaft insgesamt werfen[204]. Die Diskussion nahm mitunter geradezu groteske Formen an. So wurde etwa erörtert, wie ein einfach gedienter Schuldirektor sich während einer militärischen Übung mit den Befehlen eines Lehrers seines Kollegiums abfinden könne, der im Range eines Reserveleutnants stehe. Die Bemühungen, die jungen Standesgenossen für den einjährig-freiwilligen Dienst finanziell zu unterstützen, wurden denn auch vielfach bespöttelt. So bemerkte die »Pädagogische Zeitung«, es scheine so, »als ob die Lehrerschaft der Gegenwart keine höheren Aufgaben mehr kenne, als für den Wehrstand das nötige Offiziersmaterial zu liefern . . .«[205].

Der politische Handlungsspielraum der Volksschullehrer war auch in der Zeit des Kaiserreiches durch die Zirkularerlasse der Reaktionsjahre und das Disziplinargesetz für nichtrichterliche Beamte von 1852 definiert – durch Gesetze und Verordnungen also, die unter dem unmittelbaren Eindruck der Revolutionsereignisse zustande gekommen waren. Deshalb genügte es den Regierungen, in konkreten Fällen immer wieder auf die ungeschmälerte Gültigkeit dieser Bestimmungen hinzuweisen[206]. Selbstverständlich fanden sie in den 1880er Jahren auch Aufnahme in das offiziöse Handbuch der Ministerialbeamten Karl Schneider und Eduard von Bremen mit dem Titel: »Das Volksschulwesen im Preußischen Staate«, das systematisch die auf das Volksschulwesen »bezüglichen und noch in kraft stehenden Gesetze und Verordnungen« zusammenstellte[207]. Bereits das dort abgedruckte Zirkularreskript vom 30. Dezember 1848 markierte das fortdauernde Dilemma der politischen Aktivitäten der Lehrer aus der Sicht der Regierung. Einerseits war sie bestrebt, den »Einfluß« der Volksschullehrer, »namentlich auf dem Lande«, für die Aufstellung und Wahl regierungsfreundlicher Kandidaten in Anspruch zu nehmen; diese Absicht mußte aber andererseits zwangsläufig eine höchst unerwünschte Politisierung der Lehrer einleiten. Deshalb war man gezwungen, die verfassungsmäßigen Rechte der Lehrer spürbar zu beschneiden, wenn ihr Einsatz im Sinne der Regierung garantiert bleiben sollte. Obwohl die Reskripte verbal nach eigenem Bekunden das dienstliche und private Verhalten der Lehrer auseinanderhalten wollten[208], konstruierten sie eine Interdependenz zwischen dem außeramtlichen Verhalten der Lehrer und den disziplinarisch sanktionierten dienstlichen Normen. Die Begründung klang pädagogisch. Der Lehrer müsse in allem beispielhaft sein[209], und weiter: »Der Lehrer muß sein, was die Kinder werden sollen, er muß unterlassen, was die Kinder unterlassen sollen«[210].

Auch ein politisches Engagement innerhalb der gesetzlichen Grenzen konnte deshalb als ›Dienstvergehen‹ charakterisiert werden, wenn es negative Rückwirkungen auf die Schule hatte. Zusätzlich wurde das komplizierte und sophistisch anmutende Argumentationsschema in dem Reskript vom 28. 7. 1849 auch auf einen klaren politischen Nenner gebracht. Eine feindselige Parteinahme gegen die Staatsregierung war auch ein pädagogisches Dienstvergehen, »indem es als ein sittlicher, die Achtung im Volke und damit die Amtswirksamkeit des Beamten untergrabender Makel angesehen wird, wenn ein Beamter im Widerspruch mit seiner geschworenen Amtspflicht die Fortführung seines Amtes und die Untergrabung der Staatsgewalt, in deren Dienst er steht, vereinigen zu können meint«[211]. Daraus ergab sich auch ein Zwang zu regierungskonformer Haltung für die Lehrer, die ein Reichstags-, Landtags- oder Kreistagsmandat wahrnahmen. Auch wenn den Lehrern das Recht zur Ausübung dieser Wahlämter nicht beschnitten werden konnte[212], so konnten sie doch in keiner parlamentarischen Versammlung je einen qualitativ oder auch nur quantitativ bedeutsamen Einfluß gewinnen. Die wenigen Lehrer, die ins Abgeordnetenhaus einzogen, präsentierten sich mit Ausnahme der Zentrumsabgeordneten ehestens als Apologeten des jeweiligen Kurses der Unterrichtsverwaltung[213].

Das preußische Wahlrecht mit seiner öffentlichen Wahl konnte sogar schon für die Lehrer, die zu Wahlmännern gewählt worden waren, höchst unangenehme dienstliche Konsequenzen haben – es sei denn, sie schlossen sich den ›Winken‹ ihrer vorgesetzten Behörden auf das genaueste an. So wurde z. B. in den 80er Jahren in Ostpreußen ein Lehrer ›im Interesse des Dienstes‹ versetzt, der zwar befehlsgemäß konservativ gewählt, sich jedoch nicht für den angegebenen Kandidaten entschieden hatte[214]. Die Lehrer wurden von seiten des Staatsministeriums vor allem als Akklamateure der Regierungspolitik verstanden, so daß nicht nur ihre Stimmabgabe für oppositionelle Parteien kritisch vermerkt, sondern sogar die Wahlenthaltung unter dem Aspekt des Dienstvergehens erörtert wurde, da sie den Erfolg von regierungsfreundlichen Abgeordneten gefährden konnte[215]. Dieses Verhalten durfte allerdings nicht disziplinarisch geahndet werden, da das Beamtenrecht Wahlenthaltung nicht als Dienstvergehen definierte. Aus dem gleichen Grund konnte »auch von den Beamten keine amtliche Äußerung darüber verlangt werden, ob sie ihr Wahlrecht ausgeübt (hatten) oder nicht«[216].

Wenn auch die amtlichen Konduitenlisten abgeschafft waren[217], so war an deren Stelle die sehr viel wirksamere ad hoc eingreifende Kontrolle der Lehrer durch die Praxis der Unterrichtsverwaltung getreten, zu allen Anträgen und Gesuchen jeweils auch eine gutachtliche Bemerkung über die »Würdigkeit der Gesuchsteller bezüglich des gesamten amtlichen und außeramtlichen Verhaltens« zu verlangen[218]. Die geforderten Berichte der Regierungen zu den Unterstützungsanträgen spiegelten jeweils provinzielle politische Spannungen oder den allgemeinen politischen Kurs des Ministers. So galt in Schleswig-Holstein ebenso wie in Schlesien, Westpreußen oder Posen der Hinweis auf patriotische Gesinnung und die Pflege des Deutschtums als Empfehlung[219]. In den katholischen Westprovinzen konnte der Verdacht mangelnder Reichsfreudigkeit abschlägige Bescheide nach sich ziehen, wobei es als ein Indiz galt, wenn die Schulklasse keine patriotischen Lieder kannte[220]. Gelangten kritische Äußerungen über die Regierungspolitik zur amtlichen Kenntnis, bedeuteten sie für Seminaristen das Ende ihrer Karriere, für Stelleninhaber waren sie Anlaß zu disziplinarischer Ahndung[221].

Schon in den 1870er Jahren war ganz in Übereinstimmung mit generellen Erlassen des Kultusministeriums von den Bezirksregierungen unverhohlen mit materiellen Konsequenzen gedroht worden für den Fall, daß Lehrer die als ›staatsfeindlich‹ klassifizierte Zentrumspartei unterstützen sollten[222]. Andererseits konnte sogar früheres politisches Wohlverhalten positiv für Antragsteller in die Waagschale fallen. So bewilligte das Ministerium – entgegen dem Gutachten der Bezirksregierung – 1883 das Unterstützungsgesuch eines 85jährigen Lehrers, der im Vorjahr in Pension getreten war und der auf seine Beteiligung an den Befreiungskriegen hinweisen konnte sowie seine »beruhigende« Einflußnahme im Jahre 1848 ins Feld führte[223]. Entsprechend günstig war das Urteil über den Bewerber für eine Seminardirektorenstelle, der zu den Unterzeichnern gegen das Unfehlbarkeitsdogma gehörte[224].

Neben die staatlichen Aufsichtsinstanzen traten kommunale Schulinteressenten, die gleichfalls das dienstliche und außerdienstliche Verhalten der Lehrer zu überprüfen und ihren politischen Wünschen entsprechend zu beeinflussen suchten und damit, wie ein Standesfunktionär bitter klagte, »Kriecherei und hündisches Wesen« großzogen und prämiierten[225].

Die theoretisch und praktisch umstrittene Frage, wie sich die Rechte der kommunalen und staatlichen Schulaufsicht voneinander abgrenzen ließen, war auch für die Lehrer von mehr als akademischem Wert, da sie von jenem Kompetenzkonflikt unmittelbar betroffen waren. Vor allem wenn staatliche Schulverwaltung und städtische Schuldeputationen einen unterschiedlichen schulpolitischen Kurs verfolgten, waren die Lehrer konkret in dieses Spannungsfeld gestellt. Sie waren häufig gezwungen, die Rechtshilfe der staatlichen Schulverwaltungsorgane gegenüber kommunalen Eingriffen in Anspruch zu nehmen[226]. Das galt außer bei Gehaltsstreitigkeiten vor allem in Disziplinarfragen, die städtische Schuldeputationen autonom zu lösen versuchten, obwohl die Disziplinargewalt über die Lehrer ausschließlich den Beamten der staatlichen Schulaufsicht zugesprochen war[227]. Gerade Schuldeputationen größerer Städte, in denen die Parteigänger der Nationalliberalen oder des Fortschritts dominierten, waren in dem Versuch der politischen Disziplinierung ihrer Lehrer kaum weniger zimperlich als konservative Ministerien[228]. Wenn ihnen auch zur Durchsetzung ihres Kurses die staatlichen Repressionsmöglichkeiten fehlten, so konnten sie doch durch persönliche Einflußnahme, Personalpolitik und Gratifikationspraxis auf die Lehrer ihres Schulbezirkes einen vergleichbaren Druck im Sinne ihrer Politik ausüben[229]. Da in solchen Fällen liberales Programm und autoritäre Verwaltungspraxis besonders augenfällig auseinanderklafften, gab es in der Lehrerschaft eine zunehmende Verbitterung über die liberalen Parteien[230].

Die Verhältnisse zwischen der staatlichen Schulverwaltung und den Schulgemeinden waren in besonderem Maße auch durch die unklare Rechtssituation im Hinblick auf das Lehreranstellungsrecht belastet. Zwar hatte der Artikel 24 der Verfassungsurkunde vom 31. Januar 1850 den Gemeinden eine gesetzlich geordnete Beteiligung bei der Lehreranstellung zugesichert, doch ohne Unterrichtsgesetz war es bei den aus historischen Gründen höchst unterschiedlichen Anstellungsverhältnissen geblieben[231]. Auch das berufliche Schicksal der Lehrer wurde dadurch unmittelbar beeinflußt[232].

Während in den westlichen Provinzen die Regierungen bei der Anstellung der Lehrer in der Regel nicht einmal verpflichtet waren, Gemeinden oder Ortsschulbehörden anzuhören, hatte in den östlichen Provinzen im allgemeinen die Ortsobrigkeit das Recht, der Regierung den anzustellenden Lehrer zu präsentieren. Eine amtliche »Nachweisung über die Art der Besetzung der Stellen der Lehrer und Lehrerinnen an öffentlichen Volksschulen« lieferte aufgrund der Daten für 1890 folgendes Bild: Bei einer Gesamtzahl von 71 698 Stellen war die Schulaufsichtsbehörde in 21 538 Fällen ganz frei in ihrer Entschließung und in 18 942 Fällen nur verpflichtet, die Beteiligten zu hören. Gemeinden als solche hatten nur in 4 224 Fällen das Berufungsrecht, lokale Obrigkeiten übten es in 26 994 Fällen aus[233]. Mit diesen Zahlen zeichnete sich überdies die widersinnig erscheinende Tendenz ab, daß gerade in den westlichen Landesteilen die staatlichen Rechte besonders weit reichten, obwohl die Städte nur in geringem Maße Staatszuschüsse erhielten, die ostelbischen Gutsherren jedoch als Herren der Schule fungierten, ohne zu nennenswerten Schulleistungen herangezogen zu werden.

b) Die materielle Lage

Das Einkommen aus seiner Stelle unbeeinträchtigt zu genießen: das war praktisch das einzige dem Lehrer amtlich zugesicherte Recht, das ihm für die treue und gewissenhafte Erfüllung der Dienstpflichten gewährt wurde[234]. Das Strukturprinzip der materiellen Entschädigung der preußischen Volksschullehrer läßt sich am anschaulichsten aus einem Vergleich der Bestimmungen der verschiedenen Fassungen der preußischen Verfassung erkennen[235]. Das Versprechen des Art. 23 der oktroyierten Verfassung von 1848: »Der Staat gewährleistet den Volksschullehrern ein bestimmtes auskömmliches Gehalt«, wurde in der revidierten Verfassung von 1850 bezeichnend modifiziert: »Der Staat gewährleistet den Volksschullehrern ein festes, den Lokalverhältnissen angemessenes Einkommen«. Da die Verfassung gleichzeitig den landrechtlichen Grundsatz der unbedingten Leistungsverpflichtung der Gemeinden konservierte[236], entsprach die zweite Bestimmung zwar eher dem Prinzip dezentraler Schulunterhaltung, verhinderte aber jede rationelle und effektive Besoldungspolitik. Jede Schulgemeinde konnte die Lehrerbesoldung festlegen, mußte sich dabei aber am Maßstab der wirtschaftlichen Leistungsfähigkeit der Gemeindemitglieder orientieren[237]. Dieser Grundsatz bedeutete vor allem in den ländlichen Schulgemeinden eine kaum überwindbare Schranke für Besoldungsverbesserungen. Durch die geschilderte Form der Entlohnung unterschieden sich die Volksschullehrer mithin auch strukturell von den

Staatsbeamten. Diese wurden nicht für eine geleistete Arbeit entlohnt, sondern erhielten vom Dienstherrn ein Gehalt für eine standesgemäße Lebensführung zugebilligt[238]. Die Höhe des Einkommens war für das Sozialprestige weniger wichtig als seine Quelle. Die teilweise für einzelne Lehrer weiterhin bestehende Notwendigkeit, das Schulgeld persönlich eintreiben zu müssen, hatte unter diesem Aspekt eine besonders diskriminierende Wirkung.
Wie schon früher erwähnt, machte der Baranteil der Lehrerdotation, zumal in ländlichen Gebieten, nur einen Teil der Schuleinkünfte aus. Zwar waren die sonstigen Naturalleistungen und Dienste partiell durch Geldzahlungen abgelöst worden, doch hatte dieses Verfahren indirekt häufig das Einkommen verschlechtert. Während nämlich die Naturalabgaben preisneutral waren, blieben die einmal fixierten Ablösesummen schon bald hinter den gestiegenen Lebenshaltungskosten zurück[239]. Aber auch in den Fällen, in welchen den Lehrern dingliche Einkünfte geblieben waren, ergaben sich Konflikte, da die Gemeinden auf die Initiativen der Regierungen zur Aufbesserung der Lehrergehälter meist in der Weise reagierten, daß die Naturalabgaben und Nutzungsrechte einfach höher bewertet wurden, eine effektive Verbesserung aber nicht zustande kam[240]. Selbst konservative Herrenhausmitglieder räumten ein, daß gerade aus den Naturalleistungen, die »widerwillig, verspätet und ungenügend prästiert« würden, den Lehrern materielle Nachteile erwüchsen, ganz abgesehen von den »Differenzen und Dissonanzen zwischen Schulgemeinden und Lehrern«[241].
Feste Teile des Diensteinkommens waren auch die aus den Landdotationen der Schule direkt oder indirekt erwirtschafteten Summen[242], die ebenso wie Brennholz und Dienstwohnung in die Gehaltsberechnungen eingingen[243]. In ländlichen Schulverhältnissen konnte den Lehrern in der Regel eine solche Wohnung zugewiesen werden, während in den Städten ein Wohnungsgeld bezahlt werden mußte, wenn keine Wohnung zur Verfügung stand.
Um die Höhe der Mietsentschädigung wie um Ausstattung und Reparaturen der Dienstwohnungen kam es erwartungsgemäß zu zahllosen Konflikten zwischen Regierung und Lehrern auf der einen und den Leistungsverpflichteten auf der anderen Seite. Ein drastisches Bild von der völlig unzureichenden Qualität vorhandener Dienstwohnungen sowie der Schullokalitäten zeichnete der Ministerialdirektor Kügler anläßlich der Beratungen über das Dotationsgesetz von 1892/93. Die völlig desolaten Bauzustände verschiedener ländlicher Schulhäuser und Lehrerwohnungen wurden erst durch diese Parlamentsdebatte publik[244].
Manche Relikte der Formen der Lehrerbesoldung früherer Phasen der Standesgeschichte erhielten sich mit großer Zähigkeit bis in den Untersuchungszeitraum hinein; so erschien die letzte Verfügung gegen Sing- und Bittumgänge, deren Einkünfte bei Gehaltsberechnungen berücksichtigt wurden, noch im Jahre 1875[245]. Eine alte Wurzel der Lehrerbesoldung stellte das Schulgeld dar; wegen des hinhaltenden Widerstandes von Zentrum und Konservativen konnte es aber nicht durch bloße Ministerialreskripte beseitigt werden. Der Art. 25 der Verfassung hatte zwar die Unentgeltlichkeit des Unterrichts in der Volksschule postuliert, doch war in weiten Teilen der Monarchie diese Bestimmung bloße Verheißung geblieben. Erst im Ausgang

der 80er Jahre wurde das Schulgeld durch die Gesetze vom 14. Juni 1888 und 31. März 1889 endgültig abgeschafft[246]. Bis zu diesem Zeitpunkt machte das Schulgeld bis zu 15% des Einkommens der Lehrer aus; 1878 war es in Sachsen, Hannover und in Brandenburg sogar zu über einem Drittel am Gesamtstelleneinkommen beteiligt gewesen[247].

Wegen der unzureichenden Besoldungssätze, die in vielen Fällen noch unterhalb des offiziell errechneten Existenzminimums lagen, war ein großer Teil der preußischen Volksschullehrer auf die eine oder andere Form des Nebenerwerbs angewiesen[248]. Wenn auch die Stellendotation den Großteil ihres Familieneinkommens ausmachte, so dokumentierte der Zwang zum Nebenerwerb doch einen inzwischen längst anachronistischen Zug der Standesentwicklung. Besonders offensichtlich war dieses Strukturprinzip in der andauernden Verbindung von Lehrer- und Küsteramt, die in ländlichen Gebieten 1878 für mehr als ein Drittel der Stellen bestand[249]. Die Zahl der mit kirchlichen Nebenämtern »dauernd oder herkömmlich« verbundenen Stellen blieb relativ konstant, wenn bei der personellen Expansion des preußischen Volksschulwesens ihr Anteil an der Gesamtstellenzahl auch abnahm. Im Jahrzehnt zwischen 1886 und 1896 dokumentierte der Rückgang dieser Stellen um nur 354 auf 12 058 Stellen die Zähigkeit, mit der an der bestehenden Verbindung vor allem von den ländlichen Schulgemeinden festgehalten wurde. Immerhin sank ihr prozentualer Anteil an den überhaupt vorhandenen Stellen um fast 6% auf 24%. Im Jahre 1896 betrug das kirchliche Nebeneinkommen für diese Stellen durchschnittlich noch 322 Mark[250].

Ländliche Schulstellen waren durch einen weiteren Nebenerwerb charakterisiert: die Bewirtschaftung des den Schulstellen zugewiesenen Acker- und Gartenlandes. Für die rund 37 000 ländlichen Schulstellen war der Ertrag aus dem Grundbesitz 1878 mit ca. 3½ Millionen Mark veranschlagt. Er verteilte sich auf knapp 30 000 Stellen, so daß auf eine Stelle durchschnittlich 114 Mark entfielen. In einzelnen Provinzen war dieser Betrag erheblich größer. So machte er in Hannover rund 170, in Sachsen 230 und in Schleswig-Holstein sogar 270 Mark aus[251]; hier erbrachten die Erträge aus dem Grundbesitz etwa ein Fünftel bis ein Viertel des durchschnittlichen Stelleneinkommens. Eine Denkschrift des Landesvereins preußischer Volksschullehrer errechnete für 1891 entsprechend, daß bei nahezu der Hälfte aller Stellen »die Bewirtschaftung des Schulackers helfen« mußte, um die ohnehin als zu niedrig eingeschätzten Gehaltsbezüge zu erreichen[252]. Auch im Abgeordnetenhaus wurde eingeräumt, daß die Lehrer »einen nicht unbeträchtlichen Teil ihres Diensteinkommens durch eine doppelte Arbeit« verdienen müßten, nämlich »einmal durch die Arbeit in der Schule und dann durch die Arbeit auf dem Felde in den dienstfreien Stunden«[253].

Zwar wird durch die Statistik nicht unmittelbar ausgewiesen, wie viele Lehrer ihren Schulacker selbst bestellten, durch Dritte oder die Gemeinde bearbeiten ließen oder auf dem Wege der Verpachtung nutzten, doch für fast alle Betroffenen war landwirtschaftliche Betätigung in der einen oder anderen Form materielle Notwendigkeit. Aber selbst auf diesem Wege war eine ausreichende standesgemäße Besoldung keineswegs für alle ländlichen Schulstellen durchzusetzen. Für eine sog. »kleine Schule« forderte das Ministerium noch 1878, daß die Stelle mindestens so weit verbessert werde, »daß der Lehrer zu keiner Zeit des Jahres eine Tätigkeit als ländlicher Arbeiter zu üben genötigt« sein werde[254].

Wie der ackerbauende ländliche Schulmeister durch seine Doppelfunktion als Lehrer und Küster, so war der städtische Volksschullehrer durch den Zwang zu extensivem Privatunterricht charakterisiert. Hier liegen allerdings keine statistischen Daten vor, da die Erteilung eines derartigen Unterrichts zwar prinzipiell genehmigungspflichtig war, aber offensichtlich nicht überprüft wurde[255]. Der Umfang der Privatstundentätigkeit läßt sich anhand einer 1870 aufgemachten Berechnung in etwa ersehen, nach der städtische Lehrer 20 bis 30 Privatstunden wöchentlich neben den 26 bis 30 öffentlichen Schulstunden auf sich nehmen mußten[256]. Diese Feststellung fand keinen öffentlichen Widerspruch und wird auch durch die Lebenserinnerungen preußischer Schulmeister bestätigt[257].

Die Frage des Nebenerwerbs beschäftigte auch in den nächsten Jahrzehnten alle Kollegen; auch noch in den 90er Jahren ließen sich Nebenbeschäftigungen »leider noch nicht entbehren«[258]. 1886 erschien eine Schrift über »Zeitgemäße und lohnende Nebenbeschäftigungen des Lehrers«[259], worin u. a. folgende Tätigkeiten empfohlen wurden: »Schriftstellerei, Unterrichts- und Fortbildungsschule, Tintenbereitung, Fleischbeschauamt, Handel mit Schulartikeln, Zucht von Obstbäumen, Champignons, Rosen, Blumen in Töpfen, Zucht von Kaninchen, Geflügel, Kanarienvögeln, Fischen, Weidenkultur, landwirtschaftlicher Samenbau, Anlegung von Herbarien, von Mineralien- und Insektensammlungen, Ausstopfen von Vögeln, Gartenbau und Kümmelbau«[260].

Der Gedanke, daß das Stelleneinkommen allein für den standesgemäßen Lebensunterhalt ausreichen müsse, fand selbst in städtischen Schulverhältnissen Widerstand. 1868 sah sich das Ministerium genötigt, der Auffassung einer Schuldeputation entgegenzutreten, die zwar ihren Lehrern bescheinigte, »keine besondere glänzende Stellung« zu haben, aber ausdrücklich darauf verwies, daß die Lehrer Gelegenheit hätten, »neben ihrem Gehalt noch etwas zu verdienen« und deshalb »ihrem Stande angemessen leben« könnten[261]. Den Gemeinden wurde es einerseits zur Pflicht gemacht, die Lehrer standesgemäß zu besolden, andererseits wurden aber auch die vormärzlichen Verbote nicht aufgehoben, in die Vokationsurkunden Bedingungen aufzunehmen, welche die Übernahme von Nebenämtern und außerschulischen Beschäftigungen zu beschränken suchten[262]. Die Verbote der Verwaltung dokumentierten die Zwiespältigkeit der Lage. Unverkennbar war die Tendenz, den Lehrern ›das Handwerk zu legen‹. Aber daneben wurde darauf geachtet, daß bei den unzureichenden Besoldungsverhältnissen die Chancen standesgemäßen Nebenerwerbs erhalten blieben. Noch in den 90er Jahren war die Attraktivität städtischer Schulstellen neben ihrer besseren Stellenausstattung vor allem darin begründet, daß sie »reichliche Gelegenheit zu Nebenerwerb« boten[263]. Ausgerechnet im Zusammenhang mit dem politisch brisanten Problem des Privatunterrichts in der polnischen Sprache verwies der Kultusminister von Zedlitz-Trützschler 1892 darauf, daß ein gewisser Nebenerwerb für die Lehrer noch immer unentbehrlich sei: »Sie wissen, unsere Lehrer – ich möchte das eigentlich nicht öffentlich aussprechen – sind bis jetzt doch wenigstens nicht so gestellt, daß sie auf jeden Nebenverdienst so ohne weiteres verzichten dürften«[264].

Die Feststellung, daß die Gesamteinnahmen der Lehrer nur zu einem – wenn auch zum überwiegenden – Anteil aus Gehaltszahlungen bestanden, bestätigte eine Untersuchung über die ›Lehrerhaushalte‹ aus dem ersten Jahrzehnt des 20. Jahrhunderts. Danach stammte ein beachtlicher Teil des Familieneinkommens aus dem Nebenerwerb. Bei den städtischen Haushalten trug die Privatstundentätigkeit zu 9% bei, während in einem Einzelfall bei einer ländlichen Lehrerfamilie die Einkünfte aus der Landwirtschaft über 20% des Gesamteinkommens ausmachten[265]. Insgesamt bedeutete der materielle Zwang zum Nebenerwerb für die preußischen Volksschullehrer zugleich eine Gefährdung ihrer beruflichen Position, da er das Maß ihrer Abhängigkeit erhöhte und den Lehrerberuf als professionell zweitklassig einstufte.

Die Unterstützungsgesuche, die von Lehrern oder ihren vorgesetzten Behörden an das Ministerium gelangten, illustrieren die soziale Realität sehr viel deutlicher, als das die sehr abstrakten Durchschnittswerte ihrer Einkommen zu tun vermögen[266]. So waren die sog. ›Notschullehrer‹, die häufig den Unterrichtsbetrieb in entlegenen Dörfern aufrechterhielten, in spezifischer Weise benachteiligt, da es ihnen selbst an den dürftigen beamtenrechtlichen Absicherungen ihres minimalen Einkommens fehlte. Beispielsweise gewährte das Ministerium einem Lehrer erst auf Antrag nach 41 Unterrichtsjahren eine »zeitweilige Unterstützung«; eine Pension stand dem Betroffenen trotz seiner langen Dienstzeit nicht zu. Ein anderer Lehrer hatte 25 Jahre 40 bis 50 Kinder für ein Jahresgehalt von 77,17 Mark unterrichtet, ehe die Bezirksregierung für ihn um eine Unterstützung einkam[267]. In der Altersversorgung dienstunfähiger Lehrer sowie in der Unterstützung für Waisen und Witwen waren die preußischen Volksschullehrer generell gegenüber allen Beamtengruppen besonders schlecht gestellt. Eine gesetzliche Regelung der Witwen- und Waisenkassen bestand zwar seit den 1860er Jahren, doch war jeder Witwe lediglich eine Pension von 150 Mark jährlich zugesichert[268]. 1878 wurden innerhalb der Gesamtmonarchie nur knapp über 700 000 Mark für Lehrerwitwen und -waisen verausgabt[269]. Durch Gesetz vom 19. Juni 1889 wurden die Lehrer von den Beiträgen befreit, welche sie zu den Kassen zu leisten hatten. Der Staatshaushaltsetat für das Jahr 1889/90 wies 1 280 000 Mark für Zuschüsse zu den Witwen- und Waisenkassen aus und führte für besondere Zuwendungen an einzelne Hinterbliebene einen Betrag von 200 000 Mark auf. Für die Fürsorge der Waisen von Lehrern an öffentlichen Volksschulen wurden aufgrund gesetzlicher Bestimmungen vom 27. Juni 1890 weitere 300 000 Mark aus Staatsmitteln zur Verfügung gestellt[270].

Für die im Ruhestand lebenden Lehrer selbst war vor Inkrafttreten des Pensionsgesetzes von 1885 nur auf dem Verwaltungswege gesorgt. Gewöhnlich wurde im Anschluß an die Bestimmungen des ALR dem Emeritus ein Drittel seines bisherigen Gehaltes gewährt. In Gebieten, in denen das ALR nach wie vor galt, konnte auch das Stelleneinkommen des Nachfolgers hierfür herangezogen werden. Da die Schulverwaltung wegen der unzureichenden Altersversorgung nur in Ausnahmefällen auf die Pensionierung alter und praktisch dienstunfähiger Lehrer drängte, gab es viele sogenannte ›Schulgreise‹. Die zahllosen zu fünfzigjährigen Dienstjubiläen von Lehrern vorgebrachten Ordensvorschläge der vorgesetzten Behörden belegen, daß noch im achten Lebensjahrzehnt amtierende Lehrer keine Seltenheit waren[271]. Gemeinsames Interesse von Lehrern und Gemeinden waren für diesen unwürdigen Zustand verantwortlich; die Gemeinden scheuten die ihnen übertragenen Ausgaben für die Pensionäre, und die Lehrer fürchteten Einbußen ihrer ohnehin dürftigen Einkünfte. So gab ein 77jähriger ›Schulgreis‹ seinen Widerspruch gegen seine Pensionierung zu Protokoll, da sie eine Halbierung seines Einkommens von 400 auf 200 Taler zur Folge habe[272]. Für das Jahr 1878 ergab sich für Lehrerinnen und Lehrer zusammen ein durchschnittliches Ruhegehalt von 534 Mark, das je nach Provinz erhebliche Unterschiede zeigte, zwischen 341 Mark in Ostpreußen und 923 Mark in Hessen-Nassau. Im gleichen Jahr standen den 57 780 aktiven Lehrern und Lehrerinnen im Volksschuldienst 3 405 emeritierte Kollegen gegenüber[273].

Eine strukturelle Änderung ergab sich erst durch das am 1. April 1886 in Kraft getretene Gesetz[274], das die Pensionierung der Lehrer und Lehrerinnen an öffentlichen Volksschulen im allgemeinen entsprechend den Bestimmungen regelte, die für unmittelbare Staatsbeamte schon länger in Geltung waren. Die wesentliche Neuerung bestand darin, daß die Voraussetzung für den Empfang eines Ruhegehaltes nicht länger die eingetretene Dienstunfähigkeit war, sondern auch Lehrer, die das 65. Lebensjahr vollendet hatten, Anspruch auf Pension geltend machen konnten. Da gleichzeitig die staatlichen Zuwendungen für die Pensionen erheblich aufgestockt wurden, nahm die Zahl der pensionierten Lehrerinnen und Lehrer zwischen 1886 und 1891 um fast 50% zu, weil viele der überalterten Kollegen nun auch den Ruhestand erstrebten. Im Jahre 1891 bezogen die über 6000 pensionierten Lehrer und Lehrerinnen im Durchschnitt 980 Mark. Auch auf dem Lande wurden jetzt durch Abgabe des Dienstnachfolgers durchschnittlich nur noch knapp 7% zu den Pensionen beigesteuert[275].

Neben den dienstunfähigen Lehrern befanden sich auch die Dienstanfänger in besonders ungünstigen materiellen und sozialen Verhältnissen, denn die Einweisung für Junglehrer erfolgte vor allem in die unzureichend dotierten ländlichen Schulstellen, für die auf dem Ausschreibungswege keine Bewerber gefunden werden konnten. Über das berufliche Schicksal der Junglehrer bestand im übrigen in der Öffentlichkeit kein Zweifel, wie auch aus eher beiläufigen Bemerkungen im Abgeordnetenhaus deutlich wird:

Wenn der junge Lehrer das Seminar verläßt, wohin kommt er? In die ärmsten Ortschaften! Er kann ja natürlich keine gute Stellung bekommen, er kann nicht an einen an einer großen Verkehrsstraße gelegenen Ort kommen; dort melden sich 10, 20 und 30 ältere Lehrer, und es würde ja ungerecht sein, wenn man denen den jungen Mann vorziehen wollte. Er kommt also in die ärmsten, entlegensten Ortschaften, er findet keinen Verkehr, nur schwer Beköstigung, er muß heiraten (Heiterkeit), heiraten in einem Alter, in dem wirklich kein anderer Mensch daran denkt. Ja, meine Herren, die Sache ist doch recht sehr ernst. Sein Gehalt können wir ihm nicht beschränken. Der junge Mensch kommt an einen Ort, soll dort Erzieher sein und sieht sich nach Kollegen um, die ihn anregen und fördern können. Ja, arme Orte sind selten von wohlhabenden umgeben, er findet also dort dieselben Zustände wie in seinem Dorf, er findet nur junge

Anfänger, an denen er nichts lernen kann. Ist nun der neue Lehrer tüchtig, bewährt er sich, arbeitet er sich heraus, dann wird er nach ein paar Jahren weggenommen und nach einem größeren Ort versetzt. Es sind auf diese Art solche ärmeren und entlegeneren Orte Versuchsstationen für Anfänger, und es gibt im Laufe der Dinge nur eine Unterbrechung, wenn nämlich ein Lehrer strafversetzt wird, denn die strafversetzten Lehrer kommen natürlich auch an solche Orte und nicht an die besten Stellen[276].

In der Tat ergab sich ein wesentliches strukturelles Aufstiegshemmnis für die unzureichend besoldeten Junglehrer durch ihre für Beamte relativ frühen Eheschließungen. Sie fühlten sich schon wegen fehlender Verpflegungsmöglichkeiten auf ihren entlegenen Schulstellen häufig zu einer schnellen Heirat gedrängt. Dabei waren sie meist auf Partnerinnen aus ihrem gegenwärtigen sozialen Umfeld verwiesen. Die Heirat fixierte damit die Junglehrer auf das inferiore gesellschaftliche Niveau, in dem sie ihre Schulkarriere begannen. Das hemmte den möglichen späteren Aufstieg. Verheiratete Lehrer konnten weniger flexibel auf Stellenausschreibungen reagieren, und im Aufstiegsfall verstärkte die sozial ›zurückbleibende‹ Frau die ohnehin bestehende gesellschaftliche Isolierung[277].
Dieses Argument wurde nicht nur von akademisch gebildeten Inspektoren mit der Absicht angeführt, seminaristisch gebildete Kräfte von Aufsichtsposten fernzuhalten, sondern auch von Standespolitikern geteilt[278]. Die Bürokratie versuchte das Problem mit Hilfe von Heiratsbeschränkungen zu lösen, die in ihrer partriarchalischen, bevormundenden Form allerdings kaum zu einer zeitgemäßen Lösung beitragen konnten. Eine solche hätte primär nur in einer besseren Besoldung der Junglehrer bestehen können[279].
Bei den notorisch schlecht ausgestatteten Schulstellen, vor allem auf dem Lande, waren die Regierungen zu einem permanenten Kampf mit den Leistungsverpflichteten aufgerufen. Da sich die erbrachten Verbesserungen immer wieder schnell als nicht ausreichend erwiesen, blieb die Lehrerbesoldung nahezu ständig auf der Tagesordnung der Gemeinden. Die persönlich diskriminierende Funktion der Besoldungsverhandlungen zwischen antragstellenden Lehrern und Kommunen bestätigten die zahlreichen Erlebnisberichte der Betroffenen:

In den Städten ist die Gehaltsaufbesserung meist ein langsamer Schiebeprozeß; entweder schieben die Behörden durch Verordnungen, oder der Mangel an guten Lehrkräften zwingt der Skala noch die eine oder andere Sprosse auf. In der Bürgerschaft sieht man deshalb den Lehrer als stereotypen Bittsteller und als Blutegel des Stadtsäckels an. Auf dem Lande wird die Gehaltserhöhung, wenigstens in der Art der Aufbringung, von Gemeindebeschlüssen abhängig gemacht. Der arme Lehrer wird dabei meistens durch ein Laugenbad von Verdächtigungen und Schmähungen gezogen, so daß ihm diese Prozedur häufig den Appetit vor dem Essen verdirbt, seine Berufsliebe an den Gefrierpunkt bringt und ihm nicht selten den Wanderstab in die Hand drückt[280].

Bismarck dramatisierte dagegen das Vorgehen der Schulbehörden, indem er z. B. Falk vorwarf, daß die Abnahme konservativer Stimmen in ländlichen Kreisen durch die ständigen Schulforderungen der Regierungen zu verantworten seien[281].
Seit der Mitte der 1860er Jahre hatte die auch in der Verfassung fixierte Verpflichtung des Staates, den leistungsunfähigen Gemeinden finanziell zur

Hilfe zu kommen, bei aller Unzulänglichkeit der eingesetzten Beträge, zunehmend an Bedeutung gewonnen[282]. Wenn die staatlichen Aufwendungen im Landesdurchschnitt zunächst praktisch zu vernachlässigen waren, erhielten sie als neues Element der Besoldung jedoch erhebliches Gewicht. Der durch staatliche Beihilfen gebildete Gehaltsanteil war nämlich in spezifischer Weise für die politische Disziplinierung der Lehrer geeignet. Einzelne Regierungen dekretierten von sich aus die politische Überprüfung der möglicherweise zu Begünstigenden[283], wie sie bei Unterstützungsanträgen schon immer durchgeführt worden war[284]. Daß die diskriminierende Wirkung der Gratifikationspraxis der Konsequenz des Systems zugeschrieben werden muß und nicht der persönlichen Schroffheit einzelner Bürokraten, zeigte gerade das Verhalten der höheren Verwaltungsbehörden. Symptomatisch ist eine Stellungnahme der Regierung zu Breslau, in der das »trotzige Verhalten« eines Petenten mit seinem Leiden und seinen bedrängten Verhältnissen in Verbindung gebracht wurde[285]. Der Minister Falk selber sprach sich in einem Gutachten zu einem Immediatgesuch eines Lehrers um Unterstützung an den Monarchen für den Petenten aus: dieser sei zwar ein schlechter Lehrer; offensichtlich lähme aber die Not seine Tatkraft[286].

Aber auch solches Wohlwollen veränderte die politische Funktion der Gratifikationen nicht. Wie berechtigt die Warnung Diesterwegs war, Zulagen hielten die »Lehrer in steter Abhängigkeit von Vorgesetzten«, das bestätigte ein Landrat in der »Deutschen Rundschau«. Er wollte die Staatszuschüsse ausschließlich den Gemeinden zugesprochen wissen. Dann werde gerade das Moment, welches persönlichen Einfluß gewährt, die Disposition über Zulagen und Gratifikationen, aus der Hand des Staates in die der Gemeinden übertragen[287]. Solange die Zulagen nicht automatisch erfolgten und als unwiderrufliche feste Bestandteile des Gehaltes ausgewiesen wurden, machte es mithin keinen Unterschied aus, ob sie aus der Hand des Staates oder der Gemeinde kamen.

Da das alte Prinzip der Dotation einzelner Schulstellen zur Besoldung der Lehrer mit nur geringfügigen Modifikationen beibehalten worden war, waren sehr viele Lehrkräfte auf die Bewerbung um neue lukrative Stellen verwiesen, was für die erfolgreichen Bewerber häufig einen Orts- und Schulwechsel nach sich zog. Das große Interesse an auswärtigen Gehaltsverhältnissen spiegelten die zahllosen kommunalen Gehaltsskalen, die in der Standespublizistik erschienen[288]. Das ohnehin unterschiedliche Einkommensniveau wurde zunehmend unübersichtlicher, da die einzelnen Kommunen je nach ökonomischer Leistungsfähigkeit, schulpolitischer Konzeption der Schuldeputationen oder Gemeindevorstände und lokaler Tradition etc. unterschiedliche Besoldungssätze normierten, um die notwendige Zahl von Interessenten für ihre Schulstellen zu gewinnen. Durch die Zahlung von besseren Gehältern gelang es den größeren Städten zwar, den Lehrermangel in Grenzen zu halten; das war aber bei dem Fehlbestand an Lehrern überhaupt nur auf Kosten der ländlichen Schulstellen vor allem in den östlichen Landesteilen möglich[289].

Alle staatliche Zuschußpolitik konnte die Mißstände nicht ausräumen, so daß sich auch das Staatsministerium wiederholt mit der politisch höchst wichtig genommenen Entwicklung der Schulverhältnisse in den Gebieten mit großen

nichtdeutschen Bevölkerungsanteilen befassen mußte. In Posen und in dem schlesischen Regierungsbezirk Oppeln drohte die der Schule übertragene Germanisierungspolitik am Lehrermangel zu scheitern, so daß selbst Bismarck ganz gegen sein sonstiges schulpolitisches Credo sich genötigt sah, den Preis von Besoldungsverbesserungen zu zahlen[290].
Das System fest dotierter Stellen erwies sich zunehmend als Hemmnis der Volksschulentwicklung. Es nötigte die Lehrer, wenn sie eine Verbesserung ihres Einkommens erstrebten, nicht nur zu häufigem Stellenwechsel, sondern erschwerte auch ihren rationellen und pädagogisch vernünftigen Einsatz in den zahlreicher werdenden mehrklassigen Schulsystemen. Da die Zahl der ausreichend dotierten Stellen insgesamt sehr klein war, verlor der Lehrerberuf gerade in Zeiten wirtschaftlichen Aufschwungs, also in den 1860er und zu Beginn der 70er Jahre, an Anziehungskraft. Schulorganisatorische Gründe wie der Zwang, dem Lehrermangel durch attraktivere Einkommen zu begegnen, veranlaßten die Schulverwaltung, auf die Erhöhung der Dotationen wie auf eine generelle Reorganisation der Lehrerbesoldung zu drängen. Einerseits mußten die Minimalgehalte völlig unzureichend dotierter Stellen aufgestockt werden, und andererseits sollten allen Lehrern reale Chancen für Gehaltsverbesserungen eröffnet werden[291]. Je nach lokalen Besonderheiten entstand eine Vielfalt verschiedener Systeme, deren überaus komplizierte Detailbestimmungen von den jeweils Betroffenen leidenschaftlich diskutiert wurden. Praktiziert wurden das sog. ›Ascensionsprinzip‹, nach dem die Lehrerstellen stufenweise mit einem höheren festen Gehalt dotiert waren und die einzelnen Lehrkräfte von den unteren in die oberen Stellen aufrückten, und das Prinzip der ›periodischen Alterszulagen‹, nach dem den einzelnen Lehrern nach bestimmten Zeitabschnitten feste Gehaltsverbesserungen in Aussicht gestellt waren, sowie vielfältige Mischformen zwischen diesen beiden Prinzipien. Diese ausgangs der 60er Jahre noch unter dem Minister v. Mühler eingeleiteten Reformen gewannen während der Amtszeit Falks Realität, als im Zusammenspiel von Ministerium und Abgeordnetenhaus größere Summen für die Dienstalterszulagen in den Etat eingestellt wurden. Allerdings gelang es erst mit dem Lehrerbesoldungsgesetz von 1896, die auf dem Verwaltungswege erzwungenen Reformen legislativ abzusichern[292].
Die Städte suchten die neu eingeführten Gehaltsskalen nach Dienstaltersstufen sogleich auch als mögliches Instrument der Personalpolitik in die Hand zu nehmen. In jedem einzelnen Fall wollten die kommunalen Behörden die Gewährung der Zulage »von ihrem Ermessen, von ihrem Urteil über die Würdigkeit des Anwärters« abhängig machen. Schon 1867 monierte der Verwaltungsbericht einer Königlichen Regierung, die offensichtlich ihre eigene Prärogative gefährdet sah, daß die Lehrer in immer stärkerem Maß »von der Willkür der sie besoldenden Stellen abhängig gemacht« würden[293]. Die staatliche Schulverwaltung war keineswegs bereit, die Gehaltsverbesserungen nach dem Schema einer Dienstaltersskala ausschließlich den städtischen Behörden zu überlassen, und das Ministerium wies die Regierung ausdrücklich an, ihre vollen Aufsichtsrechte zu wahren[294].
So zeichnete sich zunehmend die Tendenz ab, die Entscheidung über Gehaltsverbesserungen von der Willkür der kommunalen Gremien unabhän-

gig zu machen, so daß vor allem die Dienstalterszulagen nur in Ausnahmefällen versagt werden konnten, ohne daß allerdings dem einzelnen Lehrer ein Rechtsanspruch entstand. Die Bestimmungen des Pensionsgesetzes von 1885, staatliche Dienstalterszulagen als festen Teil des Diensteinkommens bei der Pensionsberechnung zu berücksichtigen[295], bestätigten die Tendenz einer grundsätzlichen Modernisierung der Besoldung. Dem entsprach auch die Praxis, staatliche Zuschüsse an die Schulgemeinden primär für die Aufstokkung der Gehaltsskalen anzusetzen. Obwohl auch die staatlichen Beihilfen von wenigen Prozent der Volksschulunterhaltungskosten in den 60er Jahren auf knapp die Hälfte der Gesamtausgaben in den 90er Jahren anwuchsen[296], wurde aber das alte System nicht prinzipiell geändert, so daß historische Zufälligkeiten (Stiftungen etc.), schulpolitische Konzeption und Leistungsfähigkeit der einzelnen Kommunen nach wie vor die Basis der Gehaltshöhe abgaben, die staatliche Zuschußpolitik mit ihrer Begünstigung ländlicher und kleinstädtischer Schulgemeinden die Willkür aber eher vergrößerte. Im ganzen befanden sich die Volksschullehrer in einer materiellen Situation, die im Vergleich mit anderen Beamtengruppen als unzureichend empfunden werden mußte. In der 54stufigen Leiter der Subalternbeamtenbesoldungssätze fanden sich erst zwischen der 34. und 54. Position vergleichbar niedrige Gehälter, und auch in den 14 Gehaltsklassen der Unterbeamten traf man erst ab Platz 6 der Skala auf ähnliche Einkommenshöhen, wie sie den Lehrern zugedacht wurden[297]. Die materielle Zurücksetzung war um so deutlicher, als damit Beamte mit anspruchsloseren Ausbildungsgängen erkennbar besser eingestuft waren. Alle von den Lehrern ausgehenden Petitionen verlangten deshalb wenigstens die Gleichstellung mit den Subalternbeamten[298]. Auch für die Volksschullehrer sollte die Norm der Besoldung der beamtenübliche Standard des ›Standesgemäßen‹ und nicht länger das Kriterium des ›Ortsüblichen‹ sein, denn durch diese Form der Besoldung mit ihren anachronistischen Gehaltsteilen von Schulgeld, Natural- und Landdotationen fielen die Lehrer aus der einheitlichen Klassifikation der Beamten heraus und blieben an eine sonst überwundene Stufe der Finanzierung der Staatsdiener gebunden.

4. Die Determinanten der Berufssituation: Bürokratische Bedürfnisse und kommunale Zwänge

Die rechtliche Einordnung der Volksschullehrer in eine beamtengleiche Position sicherte die Möglichkeit der staatlichen Kontrolle, während ihre materielle und soziale Bindung an die Gemeinden die mit diesem Rechtsstatus verbundene Privilegierung praktisch zurücknahm. Den Lehrern fehlte sowohl die für die Beamten übliche Besoldung, die sich an den Maßstäben ›standesgemäßen‹ Lebensunterhaltes ausrichtete, als auch die ausreichende staatlich garantierte Alterssicherung und die Aussicht auf eine Karriere innerhalb der Schulhierarchie. Die loyalitätssichernde Funktion dieser Privilegierung war für die Lehrer offenbar entbehrlich, da ihre Disziplin und Anpassung in anderer Weise gesichert werden konnte.
Die den Gemeinden überantwortete materielle Entschädigung war ausdrück-

lich nicht an der Norm des ›Standesgemäßen‹ orientiert, um den Leistungsverpflichteten keine unangemessenen Lasten aufzuerlegen. Die durch ihre mangelnde Leistungsbereitschaft oder auch -fähigkeit den Lehrern zugemutete Besoldung, die sie durchschnittlich bestenfalls mit den Unterbeamten auf eine Stufe stellte, entsprach in ihrer sozialen Prestigezuweisung durchaus den staatlichen Intentionen, wie sie z. B. in der Praxis der Ordensverleihungen zum Ausdruck kamen. Verdiente Volksschullehrer erhielten anläßlich ihrer Pensionierung oder zu sonstigen Dienstjubiläen ehestens das »Allgemeine Ehrenzeichen«, die unterste Stufe möglicher Dekorationen, und waren damit demonstrativ Landarbeitern, Briefträgern und ähnlichen Berufsständen gleichgestellt[299].

Die Diskrepanz zwischen dem totalen politisch-bürokratischen Anspruch und der professionellen Diskriminierung verschärfte sich durch anachronistische und unzureichende Formen der Besoldung. Die Lehrergehälter waren nach wie vor unmittelbar abhängig von der Art, wie die Kosten für die Schulunterhaltung aufgebracht wurden. Die entsprechenden Bestimmungen des ALR aus dem späten 18. Jahrhundert galten unverändert fort[300]. Die Verfassungsbestrebungen von 1848/49 hatten daran nichts geändert, zumal ein Volksschulgesetz nicht zustande kam. Das Lehrereinkommen bestand so nach wie vor aus einem gewissen Baranteil, Naturaleinkünften, Landdotationen, Schulgeld und anderen Einkünften. Die Gehaltsanteile der Land- oder Naturaldotationen spiegelten dabei die fortdauernde Realität prinzipiell überholter Formen der Standesentwicklung. Der Zwang zum Nebenerwerb deklassierte die Lehrer nicht nur professionell, sondern lieferte sie auch in besonderem Maße den gemeindlichen und staatlichen Konflikten aus.

Die Kopplung des Einkommens an die lokalen Verhältnisse hatte schwerwiegende materielle und standespolitische Nachteile für die Volksschullehrer. Andere Beamtengruppen[301] erhielten in der Regel einheitliche Besoldungssätze innerhalb der Gesamtmonarchie, die allein nach bestimmten normierten ›Serviceklassen‹ differenziert waren, die die unterschiedlichen Lebensunterhaltungskosten in ländlichen und städtischen Regionen ausgleichen sollten. Einkommensverbesserungen waren nach entsprechender Genehmigung des Abgeordnetenhauses in klar fixierten Sätzen durchzuführen. Die materielle Gleichstellung aller Standesglieder erleichterte es ihnen, gemeinsame standespolitische Forderungen einem eindeutig bestimmbaren Adressaten solidarisch vorzutragen. Die Volksschullehrereinkommen dagegen waren von grotesker Unterschiedlichkeit; sie lagen teilweise noch unterhalb der Grenze des Existenzminimums. Selbst in diesen Fällen konnte die Regierung mit Zuschüssen, zu denen sie sich verpflichtet hatte, nicht immer individuell helfen. Die vom Staat in Einzelfällen gewährten persönlichen Zulagen liefen über die unteren Schulaufsichtsbehörden, die häufig ganz nach der Praxis der leistungsunwilligen Gemeinden verfuhren und teilweise nicht einmal die ihnen zur Verfügung gestellten Beträge ausgaben.

Der Kurs der Unterrichtsverwaltung gegenüber diesem Phänomen war zwiespältig, deutlich geprägt durch den Widerstreit der sich gegenseitig ausschließenden Argumente, daß sich einerseits angesichts einer wachsenden Unterrichtsbevölkerung rein rechnerisch die Forderung nach Vermehrung der

Schulunterhaltungskosten ergab[302] und andererseits das konservative Gebot bestand, die materiellen Lasten für die Leistungsverpflichteten zu reduzieren[303]. Wegen des strukturell bedingten Mangels gewann für eine Mehrheit der Volksschullehrer der Erhalt von zusätzlichen Einkünften existenzsichernde Bedeutung. Staatliche oder kommunale Zulagen waren deshalb in besonderem Maße geeignet, das erwünschte Verhalten bei den Lehrern zu erzwingen.

Die inferiore soziale und beamtenrechtliche Position der Volksschullehrer war ein zentraler Orientierungspunkt für das Sozialisationskonzept der seminaristischen Lehrerausbildung. Das ausschließlich durch die staatliche Bürokratie kontrollierte Lehrerbildungswesen war die Stelle, an der sich die gesellschaftliche Positionszuweisung und die politische Ausrichtung der Lehrer konkret aneinander anpassen ließen. Die berufliche Ausbildung bereitete nämlich nicht nur für die spätere Unterrichtstätigkeit vor, sondern nahm auch die Antinomien der beruflichen Situation der Lehrer in sich auf und stabilisierte sie damit zugleich. Die auftretenden Konflikte sollten nicht produktiv im Sinne von Veränderung gelöst, sondern durch unbedingte Anpassung auf individueller Ebene subjektiv entschärft werden.

Die Vermittlung des für den zukünftigen Beruf notwendigen fachlichen Wissens war in ein Erziehungskonzept eingebettet, das primär auf die Einübung in ein spezifisches Sozialverhalten abzielte. Die materielle Dürftigkeit des angestrebten Berufes und die Pflicht zu absoluter Unterordnung unter das amtliche Gebot waren die Orientierungspunkte, auf welche die Erziehungsarbeit der Seminare zusteuerte. Das Leben im Seminar sollte die späteren Bedingungen der Berufsausübung möglichst total spiegeln, wie sich andererseits die Berufstätigkeit an die im Seminar eingeübten Verhaltensweisen anschließen sollte. Aus diesem Grunde machte man sich bei der Einrichtung der Internate ebenso ernsthafte Gedanken über die Qualität der Waschgeschirre und die Abfolge des Speiseplanes wie über die technischen Abläufe einer geordneten Unterrichtsstunde. Die Gebote der Hausordnung und die zu ihrer Achtung getroffenen Sanktionsmechanismen demonstrierten die Ansprüche der Bürokratie wie ihre disziplinarische Allgegenwart. Die unbedingte Achtung der Hausordnung und die kritiklose Hinnahme der Anordnungen der verschiedenen Lehrer waren die vornehmliche Pflicht der Seminaristen; ein Verstoß gegen sie hatte ernstere Konsequenzen für ihre berufliche Karriere als mögliche intellektuelle oder wissensmäßige Schwächen.

Die Einrichtung des Seminarinternats repräsentierte modellhaft das Konzept der Volksbildung, die primär für ein bestimmtes soziales Verhalten zu erziehen und erst sekundär intellektuelle Qualifikationen für das Leben zu vermitteln suchte. Der Vorrang der sozialen Konditionierung kompensierte unabhängig von dem Grad des anvisierten Ausbildungsniveaus die mit dem vermehrten Bildungsbesitz gegebene soziale Mobilität.

Die Regulative hatten das institutionelle Konzept endgültig abgesichert, während die Allgemeinen Bestimmungen zwar die stofflichen und intellektuellen Anforderungen der Seminarausbildung gesteigert, aber den durch die Regulative begründeten Erziehungsstil der Seminare bestenfalls modifiziert hatten. Die für die Lehrer zur Ausübung ihres Berufs gerade gegenüber den gewachsenen Ansprüchen notwendige gesteigerte Bildung wurde als bloß funktional charakterisiert, um ihnen ausdrücklich den sozialen oder politischen Anspruch auf Elitepositionen zu bestreiten. Deshalb blieb es bei der scharfen institutionellen Trennung zwischen dem Lehrerbildungswesen und dem allgemeinbildenden höheren Schulwesen. Die durch die Stellenvermehrung, die Ausbildung größerer Schulsysteme, die Installierung der hauptamtlichen Kreisschulinspektoren usw. gewachsenen administrativen Bedürfnisse führten gemeinsam mit der politischen Funktionalisierung der Schule seit 1848 zu einer Tendenz weitgehender Bürokratisierung der Schul- und Unterrichtsvorgänge. Schon der Seminarunterricht ging von der Regelhaftigkeit der Unterrichtspraxis aus, was eine spätere bürokratische Kontrolle erleichtern mußte. Die zeitgenössische Unterrichtslehre verstärkte mit ihren Ansichten über die Schulzucht die Tendenz der Bürokratisierung eher, als daß sie ihr einen kritischen Maßstab gegenübergestellt hätte. Es bestanden weitgehende Interdependenzen zwischen den professionellen Handlungsanweisungen der Pädagogik und den bürokratischen Systemzwängen, die beide den Lehrer in das Zentrum des Erziehungsprozesses stellten. Die Ansprüche einer spezifischen Phase der Entwicklung des Volksschullehrerstandes, die durch die rigide Definition der Rollennormen charakterisiert ist und deren veräußerlichte Formen fast den Charakter des Selbstzweckes annehmen mochten, und die sich aus der zunehmenden Politisierung des Elementarschulwesens ergebenden bürokratisch-strukturellen Bedürfnisse trafen sich hier.

Die These, daß die erzieherische Funktion der Schule allein auf der pädagogischen Wirkung des Lehrers beruhe und das Verhalten der Schulklasse die sittliche Photographie des Lehrers sei, konnte dem Pädagogen theoretisch einen Raum autonomen Handelns in seinem Unterricht eröffnen. Diesen Anspruch unterliefen jedoch nicht nur die konkurrierenden Erziehungsfaktoren der Institution Schule, sondern der vermeintliche Raum der Autonomie war auch inhaltlich genau definiert durch die Erziehungsziele Zucht und Gehorsam.

Die hohen normativen Ansprüche an die Lehrerrolle kollidierten mit Schulverhältnissen, die eine Erfüllung der Normen per se aussichtslos machten, denn in Klassen mit teilweise mehr als 100 Kindern war ein pädagogisches Einwirken auf den einzelnen Schüler undenkbar. In den stark besetzten Klassen war zur Aufrechterhaltung einer wenigstens äußerlichen Ordnung die Prügelstrafe für die Lehrer unverzichtbar. Die Anwendung gerade dieses Zuchtmittels war den Konservativen höchst erwünscht, da es die Kontinuität traditioneller Autorität dokumentierte und sie zugleich stabilisierte, denn auch in den Zeiten uneingeschränkter Anwendung der Leibesstrafen waren die Prügel vornehmlich für die ›unteren Volksklassen‹ reserviert gewesen.

Sie trieb die Lehrer in die Arme der konservativen Schulbürokratie, die den Schutz vor der ›Humanitätsduselei‹ liberaler Eltern bot, die mit strafrechtlichen Klagen den Rechtsbruch der Lehrer ad hoc manifest machen konnten. In der Abwehr strafrechtlicher Eingriffe in die Unterrichtspraxis ergab sich eine Interessenidentität zwischen Schulverwaltung und Lehrerschaft gegen die ›Milde‹ der Gesellschaft, die angeblich der Schule ein wichtiges Strafmittel aus der Hand nehmen wollte. Bezeichnenderweise richteten sich die Rechtsschutzbestrebungen der Lehrer eher auf die Abwehr strafrechtlicher Verfolgungen wegen Überschreitung des Züchtigungsrechtes als auf Fälle offensichtlicher Repression durch die Schulbehörden[304].

Die institutionellen Bedingungen der Strafpraxis wurden nicht erkannt; vielmehr wurde die Praxis als ein Berufsprivileg ideologisiert, das aus der pädagogischen Funktion unmittelbar abgeleitet wurde. Die Reglementierung des Züchtigungsrechtes mußten die Lehrer deshalb ehestens als Eingriff in ihre professionelle Autonomie erleben. Zwischen Lehrerschaft und Bürokratie zeichnete sich in dem Bereich ›Schulzucht‹ eine derartige Identität der Ordnungsvorstellungen ab, daß sie von vornherein daran zweifeln läßt, ob andere Differenzen in der Erziehungspolitik zwischen Unterrichtsverwaltung, Lehrerschaft und gesellschaftlichen Gruppen diesen Grundkonsensus ernstlich erschüttern konnten und echten Alternativen Raum boten.

Die Unmöglichkeit, den hohen Rollennormen zu entsprechen, und die willkürlichen Formen der Schulinspektion führten zu einer permanenten professionellen Verunsicherung der Lehrer. Nichts lag daher für diese näher, als die auftretenden Spannungen durch möglichst weitgehende Anpassung an das jeweilige politische oder berufliche Gebot zu mildern. Durch die fachfremde Schulaufsicht war zudem die Entscheidung darüber, ob das Verhalten der Lehrer der geforderten Norm entsprach, nicht an professionelle Qualifikationen gebunden, so daß die Berufstätigkeit der Lehrer selbst als im Grunde unprofessionell charakterisiert war. Während die Schulverwaltung in der strengen bürokratischen Kontrolle den Garanten der erzieherischen Wirkung der Lehrer erblickte, sah die Lehrerschaft nicht nur aus standespolitischen, sondern auch aus pädagogischen Gründen gerade darin eine schwere Gefährdung ihrer Erziehungsarbeit. Die bürokratischen Maßnahmen müßten die Schulinteressenten zu ungünstigen Schlüssen über den sittlichen Zustand der Lehrerschaft veranlassen und deren Autorität schwer schädigen[305].

Die Notwendigkeit einer Schulaufsicht war zwar auch in Lehrerkreisen unumstritten, doch fand ihre in Preußen historisch begründete Organisation ihre scharfe Kritik. Die Funktion des bürokratischen Zugriffs hatte sich qualitativ gewandelt, weil den Veränderungen in der Schulorganisation keine entsprechende Veränderung in der Schulaufsichtsorganisation gefolgt war. Obwohl die professionellen Fähigkeiten der Lehrer gerade wegen der staatlichen Förderung ihrer Ausbildung gewachsen waren – trotz der grundsätzlichen Kritik an den preußischen Ausbildungssystemen waren reale Fortschritte zu verzeichnen –, blieben ausgerechnet die fachlich gebildeten Lehrkräfte von der Aufsichtsfunktion ausgeschlossen. Den Lehrern war jede Form geordneter Mitwirkung an der Schulverwaltung überhaupt versagt, weil die Schulverwaltungsorganisation die gewachsenen beruflichen Fähigkeiten der Lehrer vorsätzlich negierte, um den ungebrochenen Fortbestand der bestehenden sozialen und politischen Hierarchie zu demonstrieren.

Die beruflichen Hemmnisse für die preußischen Volksschullehrer konkretisierten sich deshalb besonders augenfällig in der Schulaufsichtsfrage. In ihr spiegelten sich, ähnlich wie in der Besoldungsfrage, die verschiedenen Aspekte ihres abgebogenen Professionalisierungsganges: Durch die fachfremde Besetzung der Schulaufsichtsposten wurden dem Stand seine ›natürlichen‹ Karrierepositionen versagt. Die Kollision mit dem kirchlichen Anspruch auf die Schulaufsicht verstärkte diese Schranke für den Aufstieg der Volksschullehrer. Als ›Illiteraten‹ konnten sie keine Funktion übernehmen, die akademisch gebildeten Beamten reserviert war. Entscheidend war dabei nicht der Zweifel an dem für die Funktion notwendigen technischen Wissen, dessen partielle Überlegenheit man durchaus den Volksschullehrern zu konzidieren geneigt war, sondern der als minderwertig eingestufte Gang der Lehrerausbildung. Mit dieser Einschätzung waren unmittelbar nicht nur die Ausbildungsinhalte der Lehrer als nichtwissenschaftlich disqualifiziert, sondern auch die Berufskenntnisse als intellektuell unerheblich eingestuft, da sie von akademisch gebildeten Kräften auch ohne spezifische Ausbildung beherrscht werden konnten.

Der diesen Argumenten zugrundeliegende Hinweis auf die mangelnde akademische Bildung der Volksschullehrer fand seinen Reflex auch in den Standesforderungen nach einem Universitätsstudium für Volksschullehrer – und wenn schon nicht für alle, so doch wenigstens für einzelne Befähigte. Die fachfremde Schulaufsicht hatte nicht nur die angedeuteten ›makroprofessionellen‹ Konsequenzen, sondern durch die Anpassung des Schulunterrichts an die Art der Schulrevision auch unmittelbar in die Schul- und Unterrichtswirklichkeit eingreifende Folgen[306].

Die Schulaufsicht hatte die Doppelfunktion der beruflichen und politischen Kontrolle der Lehrer. Bei dem sich schnell wandelnden schulpolitischen Kurs der Staatsregierung forcierte die Prämiierung der Wandlungsfähigen einen allgemeinen Opportunismus. Das Verlangen, den politischen Kurs der Staatsregierung zu unterstützen, zielte nicht nur auf eine Identifikation mit den allgemeinen politischen Zielen, sondern auch auf eine unbedingte Befolgung der einschlägigen Gesetze und Verordnungen über das Schulwesen. Unter diesen Bedingungen verkam die erziehungswissenschaftliche Reflexion, die ohnehin keinen institutionellen Ort innerhalb der Universitäten eingeräumt erhalten hatte, zu einer »Büropädagogik«, die genau darauf achtete, »wie der Wind aus den Büros weht und wer ihn wehen läßt, namentlich auch, welche kirchliche und politische Richtung einem guten Patrioten jeweilig ziemt . . .«[307].

Da Lehrerversammlungen und Lehrervereine sich in irgendeiner Weise auch immer mit schulpolitischen Themen auseinandersetzen mußten, war das Vereinsrecht in entscheidender Weise beschnitten, weil eine kritische Auseinandersetzung mit der eigenen Position in Schule und in Schulverwaltung unversehens den Charakter der verbotenen staatsfeindlichen Haltung gewinnen konnte. Ohnehin unterbanden die Behörden gemeinsame Eingaben oder Petitionen konsequent als »unerlaubte Agitation«[308]. Wenn auch die Lehrer in ihrer politischen Disziplinierung formal unter denselben Rechts- und Verwaltungsvorschriften standen wie andere Verwaltungsbeamte, verschärfte sich ihre Situation jedoch aus der spezifischen Konstellation ihrer Berufsposition, die für andere Beamte so nicht galt: Zunächst bescherte ihre beamtenrechtliche Zwitterstellung den Gemeinden Rechte, die bei unmittelbaren Staatsbeamten nicht geltend gemacht werden konnten; das Lehrerwahlrecht der Gemeinden nahm die Volksschullehrer zum Teil zwar aus der gefügten bürokratischen

Hierarchie heraus, ohne daß aber durch die Wahl ihre Abhängigkeit gegenüber den vorgesetzten staatlichen Behörden nachhaltig gemildert worden wäre. Dazu beanspruchte die Kirche historisch und verfassungsmäßig begründete Rechte an der Schule, die unmittelbar auch die Situation des Lehrers tangierten.

Die konkurrierenden Ansprüche an die Lehrer wurden in ihrer disziplinierenden Konsequenz qualitativ gesteigert durch die professionelle Tätigkeit der Lehrer selbst. Während vergleichbare Gruppen der Unter- und Subalternbeamten schlimmstenfalls durch standespolitische Forderungen mit der Regierungspolitik kollidieren konnten, war für die Lehrer eine permanente Konfliktmöglichkeit allein durch die bloße professionelle Artikulation gegeben. Selbst die fachliche Kritik an bürokratisch angeordneten Unterrichtsmaßnahmen konnte den Charakter einer politischen Äußerung annehmen. Nicht nur die enge Interdependenz von Standes- und Schulpolitik setzte die Lehrer der Gefahr der politischen Disziplinierungen aus, sondern auch ihr privates Verhalten, das gleichfalls unter das Gebot universellen erzieherischen Wirkens gestellt war. Aus diesen Gründen mußten die für alle Beamten geltenden Formen politischer Disziplinierung die Lehrer härter treffen als andere Berufsgruppen.

Ausbildung, soziale und berufliche Situation der Lehrer haben, unabhängig von der inhaltlichen Bewertung dieser Phänomene und ihrer politischen Funktion, die Tendenz wachsender professioneller Ansprüche an den Berufsstand erkennen lassen. Das Schulamt erforderte nicht länger nur theoretisch, wie bereits seit dem Vormärz, sondern auch praktisch den vollen physischen und psychischen Einsatz seiner Inhaber[309]. Die Analyse ihrer materiellen und professionellen Situation ließ die preußischen Volksschullehrer als eine Art ›Unterbeamte‹ erkennen. Obwohl diese Klassifikation nirgends unmittelbar rechtsverbindlich ausgesprochen wurde, charakterisiert sie ehestens ihre Position. Die ideelle Zurücksetzung in der Beamtenhierarchie und die konkrete Gefährdung der materiellen Lage erzwangen aus sich heraus einen permanenten Anpassungsdruck, der den akuten Eingriffen und politischen Geboten der Bürokratie eine weitgehende Bereitschaft zum Gehorsam sicherte. Der mit der Politisierung der Schule verbundene Funktionsgewinn der Lehrer konnte daher keine soziale Aufwertung zur Folge haben.

Die sich aus der historischen Entwicklung des Standes ergebende, durch politische Disziplinierung und soziale Unsicherheit definierte Position des Lehrers sollte den Stand insgesamt als autonomen schulpolitischen Faktor isolieren und auf die Rolle ›pädagogischer Unterbeamter‹ reduzieren.

Kapitel IV

Stützen der Gesellschaft: Elemente und Funktion einer Berufsideologie

1. Der Volksschullehrerberuf als Plattform: Begrenzte Chancen des sozialen Aufstiegs

Die soziale Rekrutierung der Volksschullehrer ist im Zusammenhang mit den Erziehungs- und Ausbildungskonzepten der Seminare bereits kurz erörtert worden[1]. Die gesellschaftliche Herkunft hatte darüber hinaus zentrale Bedeutung für das Selbstverständnis des Berufsstandes und die Ausbildung seiner Standesideologie[2]. Die folgende Skizze der Standesnormen und des kollektiven Selbstverständnisses der Volksschullehrer verweist zurück auf ihre Rekrutierung und soziale Position[3]; dabei ist auch nach ihrer Zuordnung zum ›neuen Mittelstand‹ und den Gemeinsamkeiten mittelständischer Wertvorstellungen zu fragen[4]. Teile der Standesideologie gewannen außerdem als Elemente der Berufsethik unter berufssoziologischen Aspekten[5] eine progressive Funktion für den Professionalisierungsgang der Lehrer. Auf die konkreten Fortschritte dieses Prozesses kommt es hier vor allem an. Sie werden greifbar in den kollektiven Aktionen[6] der preußischen Lehrerschaft und können mit Hilfe politikwissenschaftlicher Kategorien der Interessenverbandsforschung untersucht werden[7].

Mit der sozialen Rekrutierung der preußischen Volksschullehrer haben sich bereits die Veröffentlichungen des preußischen statistischen Büros beschäftigt. Die entsprechenden Angaben sind allerdings nicht sehr aussagekräftig, da die Klassifikation der allgemeinen Berufszählungen zugrunde gelegt wurde. Sie erfaßte die Beschäftigten in den einzelnen Industriezweigen und Tätigkeitsbereichen und erlaubt keine zuverlässige Auskunft über die konkrete berufsständische oder soziale Gruppenzugehörigkeit[8]. Nach dieser Gliederung ergibt sich für die Jahre 1891 und 1896 folgende Verteilung der Väter von Volksschullehrern auf die einzelnen »Berufsabteilungen«[9]:

	1891	1896
A) Landwirtschaft und Gärtnerei	21 787 (35%)	23 607 (34%)
B) Industrie und Bauwesen	17 758 (29%)	18 557 (27%)
C) Handel und Verkehr	5 640 (9%)	6 260 (9%)
D) häusliche Dienste	202	325
E) Staats- usw. Dienst und freie Berufe	16 031 (26%)	16 844 (25%)
F) ohne Angabe und Berufslose	854 (1%)	3 095 (5%)

Die Schulverwaltung sah in den Nachweisen über die soziale Herkunft der preußischen Volksschullehrer ihre eigene Rekrutierungspolitik bestätigt, mit der sie den Beruf für alle Gesellschaftskreise offenhalten wollte. Doch ihre Feststellung, der Volksschullehrerstand ergänze sich aus »allen Klassen der Bevölkerung«, von denen der »mittlere Bürgerstand und namentlich die Landwirtschaft den größten Anteil« stellten[10], galt nur unter Einschränkungen. Einzelbeobachtungen in den Akten der Seminare, die zahllose Aufstellungen über die Berufszugehörigkeit der Väter der Seminaristen enthalten[11], deuten eher auf eine generell bescheidene soziale Herkunft. Allerdings sind auch diese Angaben interpretationsbedürftig, da z. B. Bezeichnungen wie ›Landwirt‹ oder ›Pächter‹ individuell und in den einzelnen Landesteilen unterschiedliche soziale Positionen beinhalten konnten und auch handwerkliche Berufsbezeichnungen wie die Titel der Subalternbeamten in der Beschreibung der konkreten Lage zu wenig differenzierten[12].

Eine Statistik aus dem Jahre 1875 über die Herkunft der Seminaristen spiegelte diese Schwierigkeit in ihrer recht realistisch anmutenden Dreigliederung der sozialen Rekrutierung: »(a) Aus Lehrerfamilien, (b) aus Familien der Unterbeamten, kleinen Gewerbetreibenden und Grundbesitzer; welche zugleich auf Tagelohn angewiesen sind, und ähnliche Lohnarbeiter und (c) aus besser situierten Familien«[13]. Bei dieser Klassifikation, die offensichtlich auf berufsständische Herkunftsbezeichnungen verzichtete und eher auf die konkrete soziale und materielle Position der Väter abzielte, gewinnt die Gruppe (b) nicht nur wegen ihrer zahlenmäßigen Stärke besonderes Interesse – auf sie entfielen 65%, während auf die Gruppe (a) 21% und die Gruppe (c) 14% kamen[14] –, sondern vor allem wegen ihrer Definition. Sie verweist auf unterbäuerliche und kleinbürgerliche Schichten an der Grenze zum Proletariat, während andererseits auffällt, daß der Terminus ›Fabrikarbeiter‹ oder ähnlich lautende Bezeichnungen nicht aufgeführt wurden.

Der Lehrerstand selbst und auch die öffentliche Meinung waren in der Zurechnung des Lehrernachwuchses zu dem ›mittleren Bürgerstand‹ sehr viel zurückhaltender als die Ministerialbürokratie. Auch wenn veranschlagt wird, daß der Zustrom in den Lehrerberuf den Konjunkturschwankungen antizyklisch folgte[15] und in den wirtschaftlichen Krisenzeiten auch das soziale Rekrutierungsniveau anstieg, so herrschte doch während des ganzen Untersuchungszeitraums die Grundstimmung, daß der Nachwuchs aus immer niedrigeren Gesellschaftsschichten gewonnen werden müsse[16]. Obwohl diese Einschätzung statistisch nicht belegt werden konnte, verdeutlicht sie doch die permanente Deklassierungsfurcht des Berufsstandes, die unabhängig von der tatsächlichen Herkunft der Seminaristen aus den einzelnen Gesellschaftsklassen für die Ausbildung der Standesideologie Realität gewann. Dazu kamen Klagen über mangelnde Selbstrekrutierung. Auch in Lehrerkreisen grassierte die Auffassung, daß unter drückenden wirtschaftlichen Bedingungen zwei Drittel der aufgenommenen Seminaristen »notorische Schwachköpfe« seien und das natürlich auch als Lehrer blieben[17]. Von anderer Seite wurden die so Charakterisierten kalt als der »Abhub aus den untersten Schichten des Volkes« klassifiziert, der sich allein noch dem Lehrerstande zuwende[18]. Um diesen negativen öffentlichen Einschätzungen entgegenzuwirken, die das Sozialprestige des Standes schwer gefährdeten, gingen in Lehrerkreisen die Überlegungen dahin, wie die ›Bessersituierten‹ für den Beruf interessiert werden könnten. Dagegen hielt man Distanz zu den »Menschen auf der Stufe des Tagelöhners«[19] und beklagte die Möglichkeit, daß auch sie leicht in den Lehrerberuf gelangen konnten:

Gewährung von Stipendien, Beschränkung des Militärdienstes, etc. bringen einen jungen Menschen scheinbar leicht und bald ins Amt und damit ins lebenslängliche Elend. Arme Dorfschulmeister, Tagelöhner, Weber, Bauern, etc. – denn aus diesen rekrutiert sich ein sehr großer Teil unserer Lehrer – schaffen sich ihre Söhne auf diese Weise vom Halse und glauben gar noch, damit ein übriges getan zu haben. – Wenn der Junge im Dorfschulexamen unter einer Anzahl Dummköpfen ›geglänzt‹ hat, so steckt unfehlbar ein Lehrer in ihm[20].

Die Feststellung, daß die Volksschule das Bildungsinstrument für über 90% der Bevölkerung sei[21], verwandten die Lehrer vornehmlich als Argument dafür, daß sie den ihnen angemessenen Platz in der Hierarchie der Beamten noch nicht erhalten hätten. Sie verwiesen *nicht* auf die mögliche Solidarität zwischen Schüler und Lehrer, um von daher eine egalitäre Veränderung des Bildungssystems zu verlangen. Ihre standespolitische Zielsetzung unterstützte vielmehr unausgesprochen die Trennung zwischen der sozialen Position von Schülern und Lehrern.

Da sich der Lehrernachwuchs fast ausschließlich aus den Absolventen der Volksschule rekrutierte, lag es für viele Lehrer nahe, begabten Schülern die gleiche Berufswahl zu empfehlen. Idealisierend spricht ein Standesfunktionär noch heute davon, daß die Lehrer gleichsam als Treuhänder für die geistige Potenz der sozial schwachen Schichten den befähigten ihrer Schüler den Weg in den eigenen Beruf wiesen[22].

Schon 1870 wurde allerdings beobachtet, daß gerade die »tüchtigsten, die wahre Lage der Volksschule erkennenden Kräfte« sich, »auch wohl von pessimistischen Grundsätzen geleitet«, gegen die Werbung des Lehrernachwuchses sperrten, um die Regierungen und die Gemeinden »in die größte Verlegenheit« kommen zu lassen[23]. Ob diese Haltung verbreitet war und gar konkreten Einfluß auf die relativ zurückgehende Aspirantenzahl ausgeübt hat, ist zwar schwer zu beurteilen; interessant aber war der Versuch der Zentralbehörden, ihrerseits um Schulnachwuchs zu werben. So forderte der Evangelische Oberkirchenrat zur Werbung für das Schulamt unter Konfirmanden ausdrücklich auf[24].

Die soziale Herkunft der Volksschullehrer wird plastisch in den Lebenserinnerungen von Lehrern, die durch die eine oder andere Form literarischen oder politischen Wirkens außerhalb der Schule einer breiteren Öffentlichkeit bekannt geworden sind. Das Haupt der deutschen Bodenreformbewegung, Adolf Damaschke, und der rheinische Schriftsteller Wilhelm Schäfer repräsentierten mit ihrer Herkunft zwei der wichtigsten Rekrutierungsfelder für den Volksschullehrerstand: Damaschke entstammte einer bescheidenen Berliner Handwerkerfamilie, die im beständigen Kampf mit dem Abstieg ins Proletariat zu unterliegen drohte, und Schäfer einer bäuerlichen Kolonistenfamilie, die sich auch im Kleingewerbe versuchte[25]. Charakteristischerweise würdigten beide in ihren Lebenserinnerungen die Seminarbildung als die faktisch einzige

Bildungschance für den »begabten Nachwuchs« aus dem Kleinbürgertum und Bauernstand[26]. Die individuelle Aufstiegschance wurde zu dem theoretischen Argument überhöht, daß der Volksschullehrerstand als »eine Klammer zwischen dem Volk und der Wissenschaft« diene und gleichsam eine sozialpolitisch bedeutsame Vermittlungsfunktion übernehmen könne[27]. Diese These berührte sich unmittelbar mit den auch von Standespolitikern vorgebrachten Hinweisen auf die soziale Mittlerrolle der Lehrer, die als eine der ersten Gruppen des ›neuen Mittelstandes‹ die Aufgabe des Ausgleichs zwischen der Arbeiterklasse und den besitzenden Schichten für sich in Anspruch nahmen[28]. Das Argument, daß der Stand den sozialen Ausgleich und die Aufstiegschancen für die Unterschichten in sich repräsentiere, wurde zu dem standespolitischen Postulat verdichtet, daß der fraglose intellektuelle Aufstieg auch durch die notwendigen materiellen Anreize vervollständigt werden müsse, damit der »Begabte aus dem Volke den Eintritt in den Lehrerberuf wirklich als einen Aufstieg empfinde«[29].

Die soziale Position der Volksschullehrer selbst wird so ehestens durch die allgemeine Definition des ›neuen Mittelstandes‹ beschrieben, die negativ als die »Zwischenstellung zwischen den Klassen« gefaßt wurde[30]; und genau wie diese Schicht als Einheit nur gegenüber anderen Klassen angesehen werden konnte, war auch die Volksschullehrerschaft ihrerseits in sich keineswegs homogen, so daß für sie eine »tiefere Gliederung«[31] ihrer jeweiligen sozialen Positionen notwendig war. Die grotesken Einkommensunterschiede[32] boten ein wesentliches Indiz für die Unterschiede, die weit über materielle Fragen hinausgingen.

Die »Volksschullehrer« der amtlichen Berufsstatistik waren weitgehend identisch mit den »Lehrern ohne akademische Bildung« der von dem Statistiker Johannes Conrad für die Universitätsstatistik entworfenen Berufsklassifikation[33], so daß beide Bezeichnungen jeweils Lehrkräfte erfaßten, die einerseits auf dem Wege einer Bewerbungsprüfung[34] ins Amt gelangt sein mochten, an einer einklassigen ländlichen Schule unterrichteten, ihren Schulacker bestellten und der Gemeinde auch zu den sog. niederen Küsterdiensten verpflichtet waren, und andererseits Direktoren mehrklassiger städtischer Volksschulen, die sich im Kreis klein- und mittelstädtischer Honoratioren zu behaupten vermochten[35]. Die bestehenden individuellen Unterschiede waren allerdings irrelevant im Hinblick auf die nichtakademische Ausbildung, die der Hauptgrund für die kollektive Einstufung der Lehrerschaft an der unteren Grenze der mittleren Schichten war. Von den ökonomischen Kriterien zur Definition des Mittelstandes traf im Grunde nur das der »grundsätzlich gesicherten Existenz«[36] auf den Volksschullehrerstand zu, während z. B. das von Schmoller 1897 für die Zurechnung zu dieser Schicht veranschlagte Jahreseinkommen zwischen 2 700 und 8 000 Mark[37] von der Mehrzahl der Lehrer nicht erreicht wurde. Die Lehrer beanspruchten die Einbeziehung in den Mittelstand deshalb auch eher wegen ihrer gesellschaftlich bedeutsamen Berufsfunktion und des Niveaus ihrer Ausbildung, während auf die Einkommens- und Besitzsituation des Standes gerade unter dem Gesichtspunkt verwiesen wurde, daß er hinter mittelständischen Normen zurückbleibe und dringend auf deren Niveau angehoben werden müsse[38].

Dieses Muster der Argumentation hatte bereits Riehl in seiner Kritik der »Proletarier der Geistesarbeit«, in deren Reihen er das »Schulmeisterproletariat« ausdrücklich ansiedelte, als ideologisch denunziert: »Der Widerstreit des Erwerbs mit den Bedürfnissen, der eingebildeten gesellschaftlichen Stellung mit der Wirklichkeit, ist bei dieser Gruppe des vierten Standes am unversöhnlichsten«[39]. Riehl war nicht einmal bereit, die gewachsene soziale Funktion dieser Gruppe anzuerkennen, weil er durch sie den traditional geprägten Gesellschaftsaufbau überhaupt gefährdet sah. Die hier aufscheinende Antinomie zwischen dem Anspruch der Lehrer einerseits, die sich als Garanten des bürgerlichen Staates verstanden, und dem konservativen Verdacht andererseits, daß sie die bewährte gesellschaftliche Ordnung durch ihre Berufsarbeit unterhöhlten, sollte der Standesideologie der Lehrer ihre irritierende Ambivalenz verleihen.

Mit der Rekrutierung der Volksschullehrer, den Berufschancen und der Berufswahl der Lehrersöhne ist das Problemfeld der intergenerationalen Mobilität angesprochen, in welchem der Volksschullehrerberuf von der Soziologie paradigmatisch eine sog. »Plattformfunktion«[40] zugesprochen erhält: Der Lehrerstand rekrutiere sich aus unteren sozialen Schichten und stelle seinerseits ein wichtiges Rekrutierungsfeld für akademische Berufe dar[41]. Bereits die zeitgenössische Diskussion verwies auf dieses Aufstiegsphänomen: »Für befähigte Knaben aus den Volksschichten, deren Kinder die Volksschule besuchen, ist der Lehrerberuf ein erstrebenswertes Lebensziel. Meist bedeutet die Erreichung dieses Zieles eine Erhöhung der Lebenslage gegenüber der, in welcher sich die Eltern befinden, einen Aufstieg in eine höhere Schicht der Lebensbetätigung und Lebensführung«[42].

Eine Untersuchung der sozialen Herkunft der Studierenden der Universität Halle ermittelte etwa 10% Söhne von Lehrern und 13% von Beamten ohne akademische Bildung unter den preußischen Studenten dieser Hochschule. Diese Ergebnisse wurden durch eine amtliche Erhebung für die Gesamtmonarchie bestätigt; danach waren unter den preußischen Studenten 8,4% Söhne von Lehrern ohne akademische Bildung und 13% Söhne von Beamten ohne akademische Bildung[43]. Die Zahlen belegen offensichtlich, daß sich der akademische Nachwuchs auch aus den Reihen der Volksschullehrer rekrutierte, ohne daß sie damit gegenüber anderen Beamtengruppen besonders hervortreten. Zudem muß berücksichtigt werden, daß die zeitgenössische Interpretation diese Zahlen als Beweis für eine Erweiterung des Rekrutierungsfeldes für die akademischen Berufe heranzog und nicht unter dem Aspekt prüfte, wie viele Lehrersöhne überhaupt die Chance eines akademischen Studiums ergreifen konnten. Die Breite des Aufstiegsstromes durch akademische Bildung wird in ihrer Größenordnung erst aussagekräftig, wenn man die Zahl der preußischen Studenten aus Lehrerkreisen mit der Zahl der Lehrersöhne vergleicht, die wiederum den Volksschullehrerberuf ergriffen. Den 1 118 Seminaristen des Jahres 1875, die aus Lehrerfamilien stammten, standen im Jahre 1887 knapp 1 000 Hochschüler gleicher Herkunft gegenüber[44]. Da Herkunftsangaben aus einem gemeinsamen Stichjahr nicht zur Verfügung stehen, ist der Zahlenvergleich zwischen Studierenden und Seminaristen zwar problematisch, aber die Zahlen sind zumindest in ihrer Größenordnung aussagekräftig. Denn erst durch den relativen wirtschaftlichen Aufschwung der 90er Jahre ging die Selbstrekrutierungsrate der Volksschullehrer relativ schnell zurück. Wenn im Jahre 1891 noch 20,9% der männlichen Lehrkräfte Söhne von Volksschullehrern waren, so fiel diese Rate bis 1896 auf 18,9% und erreichte 1901 16,4%, um dann 1906 auf den Tiefstand von 13,7% zu sinken[45]. Nach diesen Zahlen scheint die nicht näher belegte Angabe eines engagierten Standesvertreters von 1892 tendenziell richtig, daß unter den Seminaristen nur noch 7 bis 8% Lehrersöhne zu ermitteln seien[46]. Auch die amtliche Statistik von 1896 mußte einräumen, daß »in der neueren Zeit die Söhne von Volksschullehrern verhältnismäßig selten dem väterlichen Beruf zugeführt« würden, die sich statt dessen noch mehr als früher technischen und wissenschaftlichen Laufbahnen zuwendeten[47].

Im Hinblick auf die Universitätsstudien von Volksschullehrersöhnen ergibt sich allerdings, daß ihre absolute Zahl zwar zunahm, ihr Anteil unter den Studierenden aber prozentual nicht nennenswert stieg, nämlich von 8,4% im Jahre 1887 auf 9% im Jahre 1902/03[48]. Mit ihrem Anteil an den preußischen Studenten blieben die Söhne von Volksschullehrern ohnehin hinter dem der Söhne von akademisch gebildeten Lehrern zurück. Diese machten 3% der Studierenden aus, aber es gab fünfzehnmal mehr Lehrer an Volksschulen als an Gymnasien[49]. Die Studienwünsche der Lehrersöhne waren bei der angespannten finanziellen Lage der Lehrerhaushalte ohnehin meist nur beim Zusammentreffen glücklicher Umstände zu realisieren. Besonders begehrt waren deshalb Lehrerstellen in Hochschul- oder wenigstens Gymnasialorten[50], dort brauchte man die lernenden Söhne ja nicht für teures Geld außer dem Hause unterzubringen[51].

Die Studienchance der Söhne seminaristisch gebildeter Lehrer war darüber hinaus höchst einseitig, denn über 42,5% von ihnen wandten sich dem Studium der evangelischen Theologie zu. Damit waren sie neben den Söhnen der Geistlichen das wichtigste Rekrutierungsfeld für diesen Studiengang überhaupt, während sie bei den Philologen und Medizinern mit 26% und 21,5% unter den Durchschnittszahlen blieben. Innerhalb der philosophischen Fakultät bevorzugten die Lehrersöhne wiederum geisteswissenschaftliche Studienfächer. Mit dieser Studienwahl unterschieden sie sich signifikant sowohl von den Söhnen der Beamten ohne akademische Bildung als auch von der Gruppe, die akademisch gebildete Lehrer zu Vätern hatte[52]. Die Berufe des Geistlichen wie des akademisch gebildeten Lehrers waren auf der Ebene der akademischen Berufe einerseits materiell vergleichsweise wenig attraktiv und blieben in ihrem Sozialprestige z. B. weit hinter dem des Juristen zurück, dafür ließ sich das Studium rasch absolvieren und war dank der Stipendien, die gerade für Lehrer in diesen Fächern relativ reichlich flossen, materiell am ehesten zu verkraften[53]. Schwer abzuschätzen, wieweit darüber hinaus die Sozialisation der Lehrersöhne im Hause ›christlicher Erzieher‹ die Affinität zum Theologiestudium begünstigte.

Wenn Lehrerkreise alles aufboten, um den Söhnen ein akademisches Studium zu ermöglichen[54], so rührte das auch aus einer von fast allen Standesgenossen gemachten peinigenden Erfahrung: daß sie nicht studiert oder auch nur ein Gymnasium absolviert hatten, wirkte sich als die entscheidende persönliche und standespolitische Aufstiegsbarriere aus. Obwohl für keine andere Laufbahn in der nicht akademisch gebildeten Beamtenschaft eine solch intensive Ausbildung vorgeschrieben war, blieb den Lehrern eine Position versagt, die sie fraglos den ›Gebildeten‹ zugeordnet hätte. Bestenfalls im gesellschaftlichen Umgang konnten einzelne Lehrer von der Tatsache profitieren, daß ihre Ausbildung sie in die Nähe akademisch gebildeter Beamter stellte[55], ohne daß sich aber daraus Vorteile für ihre berufliche Karriere ergaben. Gerade deshalb ließ sich, wie ein konservativer Schulkritiker geltend machte, die Diskrepanz zwischen dem relativen Niveau der Ausbildung und der sozialen Stellung der Lehrer nicht ausgleichen:

Es kommt ein Produkt heraus, das in der Luft schwebt und in unserer sozialen Gliederung keinen Platz findet. Zu den Ungebildeten kann man doch den Lehrer absolut nicht rechnen. Der Regel nach ist er mehr als halbgebildet. Vollgebildet ist er aber wieder nur ausnahmsweise. Er stellt sich über das Gros der Nichtliteraten, aber die studierten Schichten weisen die Gemeinschaft mit ihm zurück[56].

Die Diskriminierung seminaristisch gebildeter Lehrer wurde gerade in den Schultypen deutlich, in denen sie mit akademisch gebildeten Lehrern gemeinsam unterrichteten, so im höheren Mädchenschulwesen und vor allem im Bereich der städtischen Mittelschulen. Hier ging das Bestreben der akademisch gebildeten Lehrer dahin, in Besoldungs- und Rangklassen eingestuft zu werden, die seminaristisch gebildeten Lehrern prinzipiell versperrt bleiben sollten, auch wenn in der konkreten Unterrichtsarbeit die gleichen Anforderungen an sie gestellt wurden[57].

Wo zu der Frage Stellung genommen wurde, ob seminaristisch gebildete Lehrer zur Übernahme von Kreisschulinspektoraten befähigt seien, hob man ausdrücklich hervor, daß nicht Zweifel an der fachlichen Qualifikation dieses Personenkreises Bedenken hervorriefen, sondern das zu geringe allgemeine Bildungsniveau, das die von derartigen Inspektoren beaufsichtigten literarisch gebildeten Kräfte ihrerseits zu deklassieren drohe[58]. Diese Einschätzung belegt deutlich den wertrationalen und noch nicht funktionalen Aspekt in den Auswahlkriterien für die Besetzung von Leitungsfunktionen. Die Teilhabe an der höheren ›klassischen‹ Bildung sicherte den Vorrang vor berufsspezifischer Qualifikation. Es hatte also seinen ausgesprochen standespolitischen Sinn, den der Barmer Lehrer Langermann freimütig zugab, wenn für die Lehramtsaspiranten die gymnasiale Vorbildung gefordert wurde[59].

Die Differenzierung der Lehrfunktionen und die Professionalisierung bürokratischer Positionen ließen das Kriterium der Vorbildung zur entscheidenden Schwelle für den Einstieg in die verschiedenen schulischen Laufbahnen werden, die sich gegeneinander scharf abgrenzten. Der Aufstieg auch nur einzelner Befähigter aus unteren Rängen, die die formalen Qualifikationskriterien nicht erfüllten, war deshalb ausgeschlossen, weil die jeweils betroffenen nächst höheren Ränge, die dadurch ihre eigene Privilegierung prinzipiell gefährdet sahen, im Einzelfall erfolgreich passiven Widerstand gegen derartige Maßnahmen androhten[60].

Die Tendenz, die verschiedenen Laufbahnen sozial und professionell voneinander abzuschotten, fand sich nicht nur zwischen den akademisch und seminaristisch gebildeten Lehrern, sondern ebenso innerhalb der Gruppe der Verwaltungsbeamten, in der sich die höheren Beamten immer rigider gegenüber den subalternen Beamten abgrenzten und damit das altpreußische System der Beförderung befähigter Staatsdiener aus den unteren in die höheren Ränge außer Kraft setzten, das als wichtiger Leistungsanreiz galt[61].

Die These, die Lehrerausbildung habe als einziger Ausbildungsgang, der auf den Volksschulabschluß aufbaute, die Qualifikation für einen ›geistigen‹ Beruf vermittelt und damit eine Aufstiegschance für ein weites soziales Feld eröffnet[62], trifft also nur einen Teil der Realität, denn die sozial und politisch relevante Scheidelinie verlief nicht zwischen gebildet und ungebildet, wie auch eine vulgär liberale Sozialpolitik glauben machen wollte, sondern zwischen akademisch gebildet und nicht-akademisch gebildet. Was der einzelne wissen und leisten mochte, war weniger wichtig als das Ansehen der Ausbildung, die er durchlaufen hatte. Die Grenzen des Aufstiegs verdeutlichen unwillentlich gerade auch die Thesen, die dem Stand die sozialpolitische Funktion der Vermittlung bescheinigten: »Durch mehrere Geschlechterfolgen vollzieht sich der Aufstieg und wirkt dadurch mit an der allmählich erfolgenden sozialen Umschichtung . . . , indem der Volksschullehrerstand in dem stetig sich vollziehenden Auf und Ab der sozialen Bewegung eine Vermittlung zwischen unteren und höheren Berufsschichten herstellt, erfüllt er also eine wichtige soziale Aufgabe«[63].

2. Politikverständnis und Erziehungspolitik: Die doppelte Beschwörung der Autorität

Die Volksschullehrer konnten sich nicht wie die ›klassischen‹ Professionen auf eine identitätsstiftende Berufstradition berufen, da diese Tradition ehestens die überwundenen Phasen der professionellen Entwicklung repräsentierte. Die damit verbundene Statusunsicherheit zeigte sich auch in Reaktionen auf das öffentliche Urteil über den Volksschullehrerstand[64], mit dessen negativem Tenor man sich selbstzerstörerisch identifizierte[65]. Besonnene Stimmen beklagten das »Heldentum im Lamento«, sie glaubten feststellen zu müssen, daß in »keiner Berufsklasse mehr Mißgunst und absprechendes Wesen« hause als im Lehrerstande[66]. Da die Identifizierung mit den eingeprägten Rollennormen und den vermuteten Rollenerwartungen für die Volksschullehrerschaft wesentlicher Garant ihrer eigenen beruflichen Identität war, reagierte sie mit großer Sensibilität auf die Veränderungen der öffentlichen Meinung und des politischen Klimas in dem unermüdlichen Streben, Zeugnis ihrer nationalen und bürgerlichen Zuverlässigkeit zu geben; dieses Bemühen determinierte von vornherein ihre politische Orientierung in entscheidender Weise.

Die Ambivalenz der Bewertung von Rekrutierungsfeld und Aufstiegschance, die sich in der Selbsteinschätzung des Standes abzeichnete, kam der Ausbildung einer Standesideologie zugute, die in der Abgrenzung von den ›unteren Schichten‹ und deren politischen Forderungen ihr eigentliches Zentrum fand, obwohl die materielle Ausstattung viele Lehrer sozial durchaus in deren Kreis stellte. Der Verfasser einer Denkschrift über die mangelnde

Dotation der Volksschullehrer versuchte 1870 geradezu den Nachweis, daß der von ihm analysierte Verarmungsprozeß der Lehrer ohne die Auflösung des »sittlichen Kerns« des Standes verlaufen sei, da die Lehrer sich angestrengt hätten, nicht arm zu erscheinen und sich auch nicht wie Arme zu benehmen: eben weil ihnen bewußt war, daß, sobald der Lehrer als »Proletarier« erscheine, es nicht allein um sein Ansehen geschehen sei, sondern auch um seine Selbständigkeit und Selbstachtung und damit zugleich um den Segen seiner Amtswirksamkeit[67]. Die Abgrenzung vom Proletariat wurde damit unmittelbarer Bestandteil der professionellen Ethik[68].

Unmißverständlich wurde aber angedeutet, daß die politische und nationale Zuverlässigkeit der Lehrer auch einen materiellen Preis verlange. Solange der Staat die Arbeit der »Jugendbildner« als »Tagelöhnerarbeit« lohne, mute er den Lehrern eine Aufgabe zu, die über das gewöhnliche Maß der sittlichen Kraft hinausgehe. Diese Haltung sei in einer Zeit verfehlt, »wo der Staat in seinem Kampf gegen den Sozialismus und die Hierarchie aller geistigen Kräfte und darum auch der Schule doppelt« bedürfe[69], formulierte eine Petition vom 6. 1. 1874 des Landesvereins preußischer Volksschullehrer an den Finanzminister Camphausen. Allerdings müsse man, wie einzelne Standesgenossen hervorhoben, verhindern, daß dem Lehrerstande vorgeworfen werde, »es sei ihm nur um mehr Gehalt zu tun«, wenn er agitiere. Wenn sie allerdings zu bedenken gaben, »daß die Hebung des Lehrerstandes mit der Hebung der unteren Volksschichten eng verknüpft« sei, da diese »das Volksschulpublikum« bildeten[70], so klassifizierte die Mehrzahl ihrer Kollegen eine solche Auffassung als sozialdemokratisch und damit höchst verdächtig ein. Als nämlich auf der Allgemeinen deutschen Lehrerversammlung 1872 ein Berliner Lehrer bezweifelte, daß »einflußreiche Feinde« der Volksschule trotz verbaler Beteuerung Interesse an einer Bildung des Volkes besäßen und dafür plädierte, die große Masse, die für die Volksschule das größte Interesse haben müsse, für die Bestrebungen der Lehrer zu gewinnen, verlangte seine Zuhörerschaft energisch Schluß und rief ihm zu: »Hier sind keine Sozialdemokraten!«[71]

Diese Einstellung gegenüber dem Proletariat sollte sich später unter standespolitischen Absichten unmittelbar politisch für einen aktiven Kampf gegen die Sozialdemokratie funktionalisieren lassen, der in den erziehungspolitischen Konzepten ohnehin angelegt war. Ausdrücklich wurden zwar alle weitreichenden Schulreformpläne als illusionär zurückgewiesen, solange die Besoldungsfrage nicht gelöst sei[72]. Doch das Plädoyer für eine realistische Bestandsaufnahme eröffnete nicht den Blick in die konkreten schulpolitischen Kräfteverhältnisse. Der Kommentar der »Berliner Pädagogischen Zeitung« zu Verhandlungen des preußischen Lehrervereins mit Mitgliedern des Abgeordnetenhauses im Dezember 1872[73] spiegelte die Ambivalenz der gesellschaftlichen Position der Lehrer, die sich ideologisch den liberalen Parteien verbunden fühlten, durch deren besoldungspolitische Versäumnisse sie sich aber sozial an die Seite der »Massen« gestellt sahen[74].

Die in den 1860er Jahren[75] realistisch anmutende These über die Interessenidentität zwischen Volksschullehrern und der »gemeinen Masse«, durch die der Lehrer zu »demokratischen Sympathien« vielfach eingeladen[76] sei, hatte ihre Evidenz verloren, als sich das Proletariat nicht mehr innerhalb des Rahmens bürgerlich-demokratischer Programmatik politisch artikulierte. Die Angst der Elementarlehrer, in das Lager der ›Massen‹ hinübergedrängt zu werden, erklärte die Gemeinsamkeit mit ihnen gerade für das Undenkbare. Die Erlasse, die den Kampf der Schule gegen die Sozialdemokratie forderten[77], wurden deshalb von den Lehrern trotz ihrer eigenen sozialen Herkunft mit Engagement aufgenommen[78]. Nicht nur die bürokratische Kontrolle erzwang dabei von vornherein eine Distanz zur Arbeiterschaft – und bei der Mehrheit der Lehrer auch zur bürgerlichen Opposition –, sondern eine Solidarisierung mit der Sozialdemokratie widersprach direkt dem beruflichen Selbstverständnis des Standes. Die Erfahrung der politischen Disziplinierung von Kollegen, die sich in unerwünschter Richtung politisch artikuliert hatten[79], tat das Ihre, um eine Teilnahme am politischen Leben zu verhindern. Auf dem vierten Deutschen Lehrertag 1882 in Kassel empfahl beispielsweise ein Referent speziell seinen preußischen Kollegen, sich »auf dem politischen Gebiet eine weise Zurückhaltung« aufzuerlegen, da den Lehrern andernfalls das Recht der politischen Meinungsäußerung auf dem Verordnungswege aberkannt zu werden drohe[80]. Die Fiktion, die Lehrer seien politisch gleichberechtigt, war also nur um den Preis zu bewahren, daß sie nicht in Anspruch genommen wurde.

Zu Beginn der 1870er Jahre hatten dagegen unter dem Eindruck der politischen Neuordnung Deutschlands noch fast alle Äußerungen über das Verhältnis von Lehrern und Politik darin übereingestimmt, daß der Lehrer sich mit Politik befassen müsse, da er und seine Schule »Geschöpfe der Politik« seien[81]. Zu diesem Zeitpunkt war allerdings auch eine Kollision mit der Regierungspolitik unwahrscheinlich, da die Volksschule als Instrument nationaler Konsolidierung im Inneren zunächst mit dem aufkommenden Kulturkampf eine ideologische Prägung erhielt, der sich viele Lehrer aus innerer Überzeugung anschließen konnten. Von einem die nationalen Belange kämpferisch vertretenden Staat erhoffte man sich die Hebung der »nationalen Schule«[82], als die man die Volksschule klassifizierte. Wenn die Nation bei der Formulierung der Erziehungsziele jetzt vor die Konfession gerückt wurde, dann gab das eine Waffe an die Hand, mit der sich die Ansprüche der Kirche an die Schule auch ideell abwehren ließen: der Lehrer habe gegenüber den Kirchen eine durchaus eigenständige Erziehungsaufgabe zu erfüllen, die auch inhaltlich gegenüber der konfessionellen Unterweisung eine eigene Qualität gewinne.

Die nationale Erziehung reklamierte die Volksschule auch gegenüber den klassischen Bildungszielen der Gymnasien als die ihr eigentümliche und eigentlich modernste Form der Bildung[83]. Der Monarch als Repräsentant des Nationalstaates erhielt damit für die Erziehungsarbeit der Volksschule einen eigenen Wert als Symbol nationaler Integration.

Der schulpolitischen Kritik der Lehrerschaft waren deshalb nicht nur wegen der bürokratischen Gebote enge Grenzen gesetzt[84]. Schon die didaktische Entrückung des Kaisers und Königs erschwerte eine Analyse der politischen Situation, da die Person des Monarchen von vornherein der Kritik entzogen war. Er schwebte aber nicht nur als das von der Realität abgelöste Ideal über der Erziehung, sondern war zugleich ein höchst realer Faktor innerhalb der

Verfassungswirklichkeit der preußischen Monarchie, der Repräsentant des bestehenden politischen und sozialen Systems, das eine Schulentwicklung nach den Vorstellungen der Lehrerschaft bisher verhindert hatte. Dazu kam, daß auch Kenntnis und Verständnis der Prinzipien der preußischen Verfassung so ungenau waren, daß sie eine angemessene Beurteilung der Verfassungswirklichkeit erschwerten. Die politischen Erwartungen orientierten sich am Modell einer parlamentarischen Monarchie und deren Funktionsbedingungen[85] und übersprangen die Tatsache der preußischen Verfassungsrealität, die dem Monarchen kaum konstitutionelle Fesseln anlegte und ihm ein Parlament gegenübergestellt hatte, das strikt klassenmäßig gewählt wurde.

Gerade die Empfehlungen zur Teilnahme am politischen Leben entwickelten einen höchst einseitigen Politikbegriff, als dessen Inhalt die »Beförderung des allgemeinen Volkswohls« definiert wurde[86].

Die Parteienbildung erklärte sich bei dieser Deutung aus den verschiedenen »Ansichten« über das »Staatswohl«, mit dem ein anderer Autor das Gemeinwohl gleichsetzte[87]. Als Ergebnis »parlamentarischer Schlachten« würdigte man nicht die schließliche politische Entscheidung, sondern ihren Beitrag »zur Klärung der Begriffe« und zur »Aufmunterung des politischen Lebens«[88]. Der politischen Erziehung der Schule fiel entsprechend die Aufgabe zu, der »Selbstsucht bei politischen Bestrebungen für die Zukunft entgegenzuarbeiten«. Politisches Streben stellte sich als die Erfüllung »der Pflicht gegen das Vaterland« dar, die oberhalb »persönlicher und egoistischer Interessen« rangierte[89]. Eine solche Normierung vermochte dem politischen Urteil keine Maßstäbe an die Hand zu geben, da sie den Interessengegensatz als den Inhalt politischer Prozesse theoretisch negierte und praktisch als unmoralisch verurteilte. Das politische Leben erschien aus dieser Perspektive einerseits als ein »vulkanischer Boden«, oder andererseits als das bloße Räsonieren in »politischen Clubs«, in denen »unnötig viel Staub aufgewirbelt und nur zu oft Verbitterung statt Versöhnung« erzeugt werde[90].

Dieses normative Politikverständnis begünstigte die Deutung der politischen Auseinandersetzung als Ausdruck primär ideologischer Kontroversen, die auf dem Wege verbesserter Aufklärung einer Lösung nähergebracht werden könnten. Die Erfahrung, daß sich die Interessengegensätze im Zeichen der ›großen Depression‹[91] verstärkten, bewirkte keine Korrektur dieses von den gesellschaftlichen Interessen abstrahierenden Politikverständnisses, sondern gab der Harmonisierungsideologie neue Impulse. Schule und Lehrer sollten sich verstärkt in den Dienst jenes ideellen Interessenausgleichs stellen, der offensichtlich versagt hatte. Selbst wenn die Situationsanalysen auf soziale und ökonomische Faktoren verwiesen, behielten moralische Kategorien den zentralen Rang in der Urteilsbildung[92].

Fast durchgängig wurden die Phänomene des sozialen Wandels mit den Ursachen der beklagten gesellschaftlichen Mißstände identifiziert, teilweise sogar die Anpassung des Rechtssystems und der politischen Institutionen für sie in Anspruch genommen. Der von dem angesehenen Kreisschulinspektor Polack zusammengestellte Katalog über die »wahren Ursachen unserer sozialen Schäden« kann in seiner eher konservativ-kulturkritischen Prägung als weitgehend repräsentativ für die Interpretation der Modernisierung der preußischen Monarchie gelten[93]. An die Spitze stellte er den Konflikt zwischen den kirchlichen Dogmen und der modernen Bildung. Außerdem sei die alte Ordnung durch die vielen neuen und in rascher Folge erschienenen Gesetze erschüttert worden, die zugleich eine gewisse Rechtsunsicherheit erzeugt hätten. Speziell kritisierte er die »allzu humane Strafgesetzgebung«, für die er die »niederen Volksschichten« noch nicht »reif genug« wähnte. In welchem Umfang die Ursachen der gesellschaftlichen Schäden als Problem der Gültigkeit bewährter gesellschaftlicher Normen gewertet wurden, verdeutlichen auch seine Hinweise auf die »Freiheitspredigt einer zügellosen Presse und einer gott- und gewissenlosen Agitation«. Auch die in den sozialen Strukturen beobachteten Veränderungen gerieten von vornherein in das Raster normativer Betrachtung. Polack rechnete dazu »die Fluktuation der Bevölkerung nach Erlaß des Freizügigkeitsgesetzes und das Zusammenströmen der Massen in den großen Städten«, woraus er den »reichen und leichten Erwerb und die Vervielfältigung der Genüsse« als Folge des »plötzlichen Umschlags des Erwerbs und damit der Lebens- und Genußverhältnisse« hervorgehen sah[94]. Maßstäbe dieser Kritik waren ganz offensichtlich die sozialen Verhältnisse einer primär bäuerlich oder handwerklich geprägten Gesellschaft mit geringer Mobilität und ständischen Ordnungsvorstellungen. Polack beklagte ausdrücklich das »Schwinden der Besitzfreude und des Heimatgefühls« sowie die »Auflösung des väterlichen Verhältnisses zwischen Arbeitgeber und Arbeitnehmer«[95].

Der Seminardirektor Karl Kehr[96] setzte sich zwar ausdrücklich von der von Polack vorgetragenen Identifikation zwischen den Ursachen und Erscheinungen der sozialen Mißstände ab: die Neuordnung der politischen, kirchlichen und sozialen Verhältnisse, Gewerbefreiheit, Freizügigkeit usw., habe das Unglück nicht erzeugt, sondern höchstens die vorhandenen Übel zutage befördert. Doch auch seine These über das ungleiche Tempo von gesellschaftlicher Entwicklung und der Fortbildung der ihr angemessenen gesellschaftlichen Normen als der »Ursache des ganzen Unglücks« eröffnete nicht den Blick für eine realistischere Bestandsaufnahme und Analyse der Phänomene des sozialen Wandels, sondern ortete die Grundursache von vornherein in den Versäumnissen der sittlichen Bildung[97]. Der gesunde Organismus des deutschen Volkes habe die Krankheitskeime nicht in Ruhe selbst ausscheiden dürfen, weil sie durch den »befruchtenden Regen« der französischen Milliarden »zur üppigsten Entwicklung« gebracht worden seien[98].

Als soziale Konsequenz des Milliardensegens konstatierte Kehr ein verändertes Verhältnis zur Arbeit, der man durch die Geldmengen überhoben zu sein glaube, und zum Geld, das man in den Dienst des Sinnengenusses gestellt habe[99]. Aus dieser Perspektive stellte sich der konjunkturelle Einbruch der 70er Jahre als eine Folge fehlender sittlicher Selbstbeherrschung dar: »Da aber die sittliche Weltordnung keine Sünde ungestraft läßt, so folgte nach dem Gründertum und dem Aktienschwindel der Börsenkrach«[100], und der sich verschärfende Kampf der Parteien und Interessengruppen schien ihm das Vergessen des »einen, was nottut, des Erbarmens mit dem Vaterlande und der Liebe, die nicht das ihre sucht«[101], zu dokumentieren.

Die Kritik an der industriellen Entwicklung in der Phase der ›großen

Depression‹ folgte den Klischees der öffentlichen Meinung[102], die konservative Gesellschaftsbilder begünstigte. Zu dem Bekenntnis zur uneingeschränkten Erhaltung des ›Mittelstandes‹ trat die Verurteilung der »Gründungsschwindeleien« und »Börsengaunereien«, die eine »Tyrannei des Geldbeutels« heraufgeführt hätten. Aus dieser Perspektive fand der durch Bismarck verkörperte wirtschafts- und gesellschaftspolitische Kurswechsel am Ausgang der 70er Jahre rückhaltlose Anerkennung. Denn »Deutschland würde noch Schlimmeres haben durchmachen müssen, wenn nicht die Weisheit Bismarcks zur rechten Zeit der aussaugenden Kraft des Großkapitals und des Börsenspiels entgegengearbeitet hätte«[103].

Die Billigung der konservativen Wende im wirtschafts- und gesellschaftspolitischen Bereich, die man auf dem Gebiet der Schule laut beklagte[104], schloß ausdrücklich die Anerkennung der staatlichen Repression gegenüber der Sozialdemokratie ein. »Um diesen feindlichen Gewalten zu begegnen, wird das Reich mit seinen Machtmitteln eintreten und davon Gebrauch machen«, erwartete unter dem Eindruck der Attentate auf den Monarchen ein führender Vertreter des Deutschen Lehrervereins auf dem 2. Deutschen Lehrertag 1878 in Magdeburg wie selbstverständlich[105]. Diese Erwartung entsprang keineswegs allein dem Eindruck der Situation. Die Alternative einer blutigen Auseinandersetzung mit der Arbeiterschaft war vielmehr schon 1872 formuliert worden. Es sei besser, beizeiten in der Schulerziehung »den Hebel anzusetzen, als vielleicht dann, wenn es unumgänglich nötig sein würde, Tausende der irregeleiteten Arbeiter blutig niederzuwerfen«, empfahl ein Preisbewerbungsaufsatz aus diesem Jahre[106].

Gerade diese von den Lehrern beigesteuerten Antworten zur Lösung der ›sozialen Frage‹ erlauben es, ein strategisches Element ihrer Standesideologie und die Interdependenz von Gesellschaftsbild und erziehungspolitischer Konzeption genauer zu analysieren:

Einmal wurde die sich abzeichnende soziale und politische Polarisierung der preußischen Gesellschaft weniger als Konsequenz der konkreten sozialen Situation der einzelnen Gruppen gedeutet, sondern als Folge unterschiedlicher Erziehungsanstrengungen für die einzelnen Bevölkerungsteile[107]. Zum anderen widmete man sich in den 70er Jahren der Abwehr der Vorwürfe, daß die Schule ›sozialistische, destruktive und zersetzende Bestrebungen‹ fördere[108], um zugleich die unbedingte Loyalität der Lehrer gegenüber der bestehenden gesellschaftlichen und politischen Ordnung zu erweisen. Die apologetische Tendenz dieser Ausführungen zeigte sich in der ermüdenden Wiederkehr der Beweise der Gesinnungstüchtigkeit[109], die man auch durch den Unterricht zu verbreiten suchte. Die Lehrer verstärkten damit die Tendenzen der politischen Funktionalisierung der Schule, um zugleich die patriotische Zuverlässigkeit des eigenen Standes zu erweisen. Im Stile der Lehrerbildung nach dem Muster der Regulative wurde wieder und wieder deduziert, in welcher Weise die einzelnen Fächer die Legitimität der bestehenden Ordnung zu begründen helfen vermöchten.

Die soziale Frage geriet damit unter dem Blickwinkel der Bekämpfung des Sozialismus und der Sozialdemokratie in die Diskussion, lange bevor die Schulverwaltung selbst Direktiven zur Unterrichtsgestaltung gab, die den

Kampf gegen den Sozialismus zur Pflicht der Schule machten. Bezeichnenderweise wurde eine derartige Verfügung der Regierung von Kassel 1878 zunächst durch die Lehrerpresse publiziert, ehe sie ausgangs der 80er Jahre zur allgemeinen Nachachtung auch ins Centralblatt übernommen wurde[110].

Die Lehrer boten sich an, durch Lehrplan und Unterrichtsstil die politischen Korrelate der sozialen Frage, Sozialismus und Sozialdemokratie, als nichtig zu erweisen und durch Rekonstruktion der traditionellen gesellschaftlichen Normen von Gehorsam, Unterordnung, Vaterlandsliebe und Pflichterfüllung die sozialen Phänomene von Unsittlichkeit, Genußsucht, Arbeitsscheu, etc. zu bekämpfen[111].

Eine vielzitierte Kabinettsorder Wilhelms II. von 1889, die eine Auseinandersetzung mit Kommunismus und Sozialismus im Unterricht befahl, sollte deshalb an diese Überlegungen anknüpfen können, auch wenn sie als originärer monarchischer Einfall auftrat[112].

Die täglich vom einzelnen Lehrer aufgrund der unzureichenden Unterrichtsverhältnisse erfahrene Bedrohung der äußeren Ordnung machte ihn anfällig für Deutungsversuche, welche die mit den industriellen Wandlungen verbundenen sozialen Phänomene primär als Problem der geschwächten Geltung traditioneller gesellschaftlicher Normen herausstellten. Diese praktische Erfahrung ließ die Postulate einer aufklärerischen, auf Emanzipation, Selbstverwirklichung drängenden, die Rechte des Individuums respektierenden Pädagogik als den sozialen Bedürfnissen der Gegenwart nicht mehr entsprechend erscheinen, der gegenüber die auf soziale Integration abzielenden Werte von Zucht, Ordnung und Gehorsam in ihr Recht einzusetzen waren: »Jeder will Autorität sein, aber keiner will eine Autorität anerkennen. Die Selbstherrlichkeit sitzt auf dem Thron der Zeit! Daher die Agitation gegen die Obrigkeit, der Widerstand gegen die Staatsgesetze, der Ungehorsam gegen die Vorgesetzten ...«[113]. Bei einer solchen Zeitkritik drohte die realistische Einsicht der Lehrer in die häufig nur mangelhaften Erziehungserfolge ihrer Unterrichtsarbeit in eine pessimistische Anthropologie umzuschlagen, die sittliche und menschliche Defekte der Zöglinge für den geringen Erfolg der Unterrichtsarbeit verantwortlich zu machen suchte. »Wir blicken in einen Schlund hinab, aus dem die Hydra der Auflehnung gegen Gesetz und Ordnung, gegen den obersten Repräsentanten derselben, hervorzüngelt«[114].

Der Kampf um das ungeschmälerte Recht zur körperlichen Züchtigung als der wichtigsten Grundlage zur Aufrechterhaltung der Autorität des Berufsstandes fand hier eines seiner wesentlichsten Motive[115]. »Daß schon in der Schule die Achtung vor der menschlichen Autorität untergraben wird, daran tragen ... jene Katheder-Dozenten, Pseudo-Pädagogen und Super-Humanisten, die dem Volk weismachen möchten, ein gesunder, flegelhafter Bube falle schon beim Anblick der Rute oder des Stockes in Zuckungen und Krämpfe, ... die Schuld«[116].

Die Sorge um die Aufrechterhaltung der Autorität gewann deshalb besonderen Rang, weil die gesellschaftlichen und pädagogischen Erziehungsvorstellungen in dem Autoritätspostulat zusammenliefen. Die Garantie der allseitigen Bewahrung der Autorität des Lehrers beanspruchte damit einen über den Stand selbst weit hinausreichenden zentralen gesellschaftspolitischen Wert.

Unter dem Gesichtspunkt, daß die Lehrer die wichtigsten Repräsentanten der Ordnung seien, wurde sogar die Zweckmäßigkeit der Kritik der Lehrerschaft an schulpolitischen Maßnahmen des Staates selbst in Frage gestellt: »Ich halte, offen gestanden, dieses Schmähen auf die Verfügungen der Staatsbehörden für ein großes Unrecht, teils, weil der Respekt vor der Autorität untergraben wird, teils, weil (sie) jene Schmähungen wirklich nicht verdienen.« Um so mehr wurden Standesgenossen verurteilt, die es gewagt hatten, einzelne Mißstände innerhalb des Lehrerstandes öffentlich zu kritisieren. Die Öffentlichkeit werde die Autorität eines Standes nicht anerkennen, deren Mitglieder sich gegenseitig herabsetzten[117]. Der Tabuisierung der Standeskritik durch Berufsgenossen entsprach die politisch argumentierende Zurückweisung der öffentlichen Kritik am Stand der Volksschullehrer, denn sie drohe seine »Autorität« gegenüber den »unteren Schichten« zu schwächen, wie man speziell auch gegenüber den abschätzigen Urteilen Treitschkes[118] über die Volksschullehrerschaft geltend machte[119].

Schon in der Lehrerpublizistik der 70er Jahre fand sich durchgängig die Klage über Autoritätsverfall, Zügellosigkeit und mangelnden Gehorsam, denen man das immer gleiche Rezept der Disziplinierung entgegenstellte: »Sein Leben ordnen, sich beugen unter das Joch einer exakten Disziplin, sind zwei Arten der Angewöhnung, die von höchster Bedeutung sind für das Glück unseres sozialen Lebens. Man kann diese aber nur sich aneignen in der Kindheit; in diesem Alter erworben, werden sie zur zweiten Natur«[120]. Die Erfahrung mit den sich widerstreitenden gesellschaftlichen Bestrebungen in der Politik der Gegenwart sicherte der Idee nationaler Geschlossenheit und Integration eine besondere Anziehungskraft, in deren Dienst die Schule gestellt werden sollte:

Möge die Schule immer mitarbeiten, daß die herrlichen Eigenschaften, die ein Volk groß machen, erhalten bleiben; es sei nur an Rechtschaffenheit, Frömmigkeit, Sparsamkeit, Achtung vor dem Gesetz, Achtung vor dem Gesetz der Ehre, Liebe zu Fürst, Volk und Vaterland erinnert. Der deutsche Lehrer hat die Aufgabe, deutsches Leben zu lehren und zu leben, die besten Züge des Deutschtums zu bewahren[121].

Da die auftretenden sozialen Konflikte als Folge eines verderbten sittlichen Willens und nicht als Ausdruck gegensätzlicher Interessen gedeutet wurden, kam der Gemüts- und Willensbildung durch die Schule ein besonderer Rang zu. »Nein, nein, die Zeit der Emanzipation mag kommen, zu wem sie will, zur Jugend darf sie nun und nimmer kommen«, entschied Kehr in einem Aufsatz über die »Erziehung zur Freiheit«, der keinen Zweifel daran aufkommen lassen wollte, daß der Weg zur Freiheit durch den Zwang gehen müsse. »Der Schüler muß gehorchen, das heißt, auf das Sittengesetz, das ihm in der Person seines Lehrers verkörpert entgegentritt, horchen lernen«, dekretierte der Verfasser, der zugleich verbot, den Gehorsam unter Darlegung von Gründen zu fordern[122]. Je beklagenswerter die Verhältnisse seien, desto mehr müsse die Volksschule den Hauptwert auf eine »strenge sittliche Erziehung« und auf eine »gesunde Schulzucht« legen[123]. In einer Epoche schwindenden Respekts vor den Autoritäten müßten die Lehrer sorgen, daß die Zeit die Autorität wieder ehren, schätzen und lieben lerne[124].

Ausgangs des Jahrzehnts griff Karl Kehr in einem Vortrag diese Stimmung nur auf, wenn er auf die Frage, »Worauf kommt es in unserer Volksschule jetzt hauptsächlich an?«, antwortete, »auf eine strenge Erziehung zur Sittlichkeit, auf eine gute, von echter Religiosität durchdrungene Schulzucht«[125]. Sein Programm fixierte eine erziehungspolitische Position, von der aus der konservative schulpolitische Kurs des Ministers Puttkamer[126] im Grunde nicht mehr zu kritisieren sein sollte.

Der Verfasser eines Preisbewerbungsaufsatzes erblickte in dem Bekenntnis zur politischen Zielsetzung der Sozialdemokratie den Ausdruck eines »Hanges zur Genußsucht und zum Nichtstun«, der »Leichtgläubigkeit für leichtfertige Vorspiegelungen« und der »Empfänglichkeit für Hetzereien«, die er alle in einem Mangel an wahrhafter Bildung begründet sah[127]. Den angeführten moralischen Defekten wollte er aber nicht allein auf pädagogischem Wege beikommen, sondern auch durch die Ausbildung zu »klarem Denken und ruhigem Prüfen« intellektuell begegnen, da er meinte, daß ein »klarer Kopf« auch »ohne höheres und umfangreiches Wissen« die Unmöglichkeit der Verwirklichung des sozialistischen Programms erkennen könne[128]. Das Postulat der Erziehung zum ›klaren Denken‹ war mit der Erwartung verbunden, daß die möglichen Erkenntnisse sich unzweifelhaft im Sinne einer politischen Distanzierung von der Sozialdemokratie einstellen müßten. Konkret sprach der Verfasser der nationalökonomischen Ausbildung der Lehrer eine wichtige Rolle zu, da die »Aufklärung des Volkes über wirtschaftliche Fragen eines der hauptsächlichsten Gegenmittel gegen die Sozialdemokratie« darstelle[129].

Die Einschätzung des politischen Programms der Sozialdemokratie als eine bewußt verbreitete Irrlehre wurde zum Gemeinplatz deutscher Lehrerversammlungen. Aber auch mit der nötigen Therapie konnten diese aufwarten: »Erst wenn unsere Jugend durchweg denken lernt, verlieren die sozialdemokratischen Verworrenheitsapostel den Boden unter den Füßen. Sie werden dann Wahres vom Falschen unterscheiden lernen«[130].

Neben das Angebot ideologischer Indoktrination traten Konzeptionen, die eine Reform der Schulorganisation selbst für die Lösung der sozialen Frage nutzbar machen wollten. Das Konzept der ›allgemeinen Volksschule‹ lieferte das Schlagwort für diese allerdings inhaltlich höchst unterschiedlichen Bestrebungen. Ausgangspunkt der Überlegungen war die Einsicht, daß die bestehende Schulorganisation erheblich zu den beklagten sozialen Unterschieden beitrage durch ihre Differenzierung nach Armenschulen, gehobenen Volksschulen und den sog. Vorschulen, in denen die Aspiranten der Gymnasien und Höheren Schulen abgesondert von den übrigen Volksschülern eine spezielle Ausbildung erhielten. Erst durch die »Scheidung der Schulen nach dem Geldbeutel« werde das Volk zu »Aristokraten und Proletariern« erzogen[131]. Während sich die unterrichtliche Auseinandersetzung der Schule mit der Sozialdemokratie praktisch ausschließlich auf die politische Indoktrination versteifte, barg das Programm der allgemeinen Volksschule immerhin die Chance einer moderneren Legitimierung der bestehenden industriellen Gesellschaft, die gesellschaftliche Ungleichheit nur als Ergebnis individueller Leistungsfähigkeit beurteilt wissen wollte, ohne damit jedoch egalitären Vorstellungen den geringsten Raum zu geben. Die »moderne Pädagogik«

lehne wohl die »bevorzugte Standeserziehung« ab und wolle jedem Kind eine möglichst hohe Bildung geben, keineswegs jedoch »Rang und Stand« aufheben. »Sie weiß, daß unsere Zustände das Endresultat ganzer Kulturepochen sind und daß das Befehlen und Gehorchen nicht auf Willkür, sondern auf verschiedener Intelligenz etc. beruht«[132]. Nicht der Klassencharakter des Gesellschaftssystems mit seinen Spiegelungen im Bildungsaufbau wurde problematisiert, sondern die mangelnde »Harmonie« zwischen den Klassen. Die Chance der allgemeinen Volksschule lag danach im Abbau von »Standesvorurteilen«. Wenn Reichtum und Not, Überfluß und Mangel an irdischen Glücksgütern als zufällige Lebensmomente aufgefaßt würden, dann würden sich im späteren Berufsleben die Männer nicht mehr so »schroff« gegenüberstehen, wie dies heute so vielfach geschehe[133]. Weiterreichende Konzepte einer allgemeinen Volksschule trafen deshalb auf dem Forum des Deutschen Lehrertages auf Ablehnung[134]. Die erste These des auf dem 9. Deutschen Lehrertag beratenen Themas »Die allgemeine Volksschule mit Rücksicht auf die soziale Frage« versuchte, die Aspekte der ideologischen Abwehr und schulorganisatorischen Prophylaxe in sich zu vereinen und zugleich die Gesichtspunkte der politischen Erziehung zu berücksichtigen: »Die Schule kann an der Lösung der sozialen Frage dadurch mitarbeiten, daß sie, soweit es die ihr zu Gebote stehenden Mittel gestatten, alle Glieder der Nation zur möglichst vollkommenen Entwicklung ihrer körperlichen, geistigen und sittlichen Kräfte bringt, und eine Jugend erzieht, die frei ist von Standesvorurteilen und erfüllt ist vom edlen Gemeinsinn und echter Vaterlandsliebe«[135]. Solche Konzepte waren wesentlich auf die Sozialisationsleistung der Schule angewiesen, nicht um die ›soziale Frage‹ zu überwinden, sondern sie durch Verinnerlichung zu entschärfen[136].
Die Forderung nach der allgemeinen Volksschule barg darüber hinaus eine massive standespolitische Komponente. Mit »lebhaftem Beifall« quittierte die Allgemeine deutsche Lehrerversammlung 1885 die These eines Redners, daß die Volksschule und der Volksschullehrerstand sich erst dann der allgemeinen Achtung erfreuen würden, wenn die Volksschule mit staatlichem Zwang zur Bildungsstätte des gesamten Volkes erklärt worden sei[137]. Man meinte nämlich zu verspüren, daß eine »Herabwürdigung« der Volksschule zur »Proletarierschule« auch die Achtung vor dem Lehrerstand dieser Schule untergraben müsse. Der vereinzelt zu Beginn der 1870er Jahre ausgesprochene Gedanke einer Interessensolidarität zwischen der Volksschullehrerschaft[138] und der Masse der Volksschulbesucher war damit seiner politischen Intention ausdrücklich entkleidet und eine schulpolitische Zentralforderung zum bloßen Vehikel standespolitischer Interessenwahrnehmung degeneriert.

3. Pädagogik und Schulreform: Wider die bevormundete Schule

Die erziehungspolitische Zielsetzung der preußischen Lehrerschaft war nicht allein durch ihre sozialen Ordnungsvorstellungen geprägt. Sie stellte sich vielmehr ihrem Selbstverständnis entsprechend vor allem auch als Ergebnis ihrer pädagogischen Einsichten dar. Der Seitenblick auf die Entwicklung der

Erziehungswissenschaft während des Untersuchungszeitraums zielt nicht auf das möglicherweise erreichte Niveau der Reflexion ihrer hervorragendsten Vertreter, sondern richtet sich auf die Formen pädagogischen Denkens, denen die preußischen Volksschullehrer amtlich oder in ihrer Vereinsbewegung in der Regel begegneten und die von ihnen rezipiert wurden[139].

Die Allgemeinen Bestimmungen forderten im Paragraphen 18 für die Ausbildung in Pädagogik die Vermittlung des »Wesentlichsten aus der Geschichte der Erziehung und des Unterrichts in lebendigen Bildern der bedeutendsten Männer, der bewegtesten Zeiten, der interessantesten und folgenreichsten Verbesserungen auf dem Gebiete der Volksschule.« Ergänzungsweise sollten in Verknüpfung mit »irgendeiner pädagogischen Frage« Hauptwerke der pädagogischen Literatur gelesen werden. Im übrigen wurde eine »allgemeine« und »spezielle« Erziehungs- und Unterrichtslehre verlangt[140]. Eine Verfügung von 1892 schärfte diesen Grundsatz ausdrücklich mit dem Hinweis auf das allgemeine Unterrichtsprinzip der Seminare ein, das ein Muster für den Unterricht in der Volksschule selbst bieten sollte. Der Pädagogikunterricht hatte danach die Aufgabe, in den Seminaristen »Freude« und »Interesse« für den künftigen Beruf zu erwecken, wozu die »Darbietung lebendiger Bilder hervorragender Meister der Erziehung und des Unterrichts mehr tun« würde als »eine ausführliche Darlegung ihrer Lehrsysteme«[141].

Die erziehungswissenschaftliche Unterweisung der Seminaristen zerfiel in eine populäre Pädagogikgeschichte zur ideologischen ›Erbauung‹ der Lehrerkandidaten und in eine technische Regelsammlung für den Unterricht, die beide ausdrücklich nicht auf systematische wissenschaftliche Reflexion abzielten. »Die Pädagogik, die in den Allgemeinen Bestimmungen und in der sich daran anschließenden Literatur zum Ausdruck kam«, war damit nach dem Urteil eines prominenten Standesfunktionärs »alles in allem eine Pädagogik des ›gesunden Menschenverstandes‹«[142].

Das Niveau der im Seminar vermittelten erziehungswissenschaftlichen Einsichten läßt sich aus den verbreiteten Lehrbüchern ersehen, die den Stoff für Prüfungszwecke präparierten und dabei den vorwissenschaftlich handwerklich regelhaften Charakter dieser Art von Pädagogik besonders deutlich erkennen ließen[143]. Vor allem bürokratische Eingriffe in den Lehrplan, wie die Allgemeinen Bestimmungen, stimulierten einen Großteil der Produktion von Leitfäden und Schulbüchern auf der einen und Unterrichtshilfen sowie Mustersammlungen von Prüfungsarbeiten auf der andern Seite[144]. Schulräte, Inspektoren, Seminardirektoren und Seminarlehrer konnten in ihrem Verwaltungsbereich auf sichere Kunden für ihre Produkte rechnen, und die bürokratische Kontrolle tat ein übriges, um die verunsicherten Lehrer nach solchen offiziösen Hilfen greifen zu lassen. Ein »geachteter und gediegener preußischer Schulmann« sah sich in einem Lehrbuch zur Vorbereitung auf die zweite Dienstprüfung zu der Warnung veranlaßt, die Kandidaten sollten sich ja vor Äußerungen hüten, die mit der »herrschenden Auffassung« im Widerspruch stünden. Zusätzlich riet er dazu, sich während der Vorbereitung nach den Lehrbüchern zu erkundigen, die der Examinator zugrunde lege[145].

Im übrigen bestimmten im amtlichen Auftrag die Kreisschulinspektoren die Anschaffungspolitik der Kreislehrer- und Konferenzbibliotheken, aus deren

Beständen sie staatsgefährdende oder sonst irgend ihre Bedenken erregende Titel zu entfernen hatten. Diese Aufsichtsrechte sanktionierten die ohnehin bestehende Politisierung der Erziehungswissenschaft, durch die das Bekenntnis zu bestimmten pädagogischen Heroen oder wissenschaftlichen Richtungen schulpolitische Relevanz gewann. Umgekehrt beurteilte auch die Lehrerschaft das erziehungswissenschaftliche Angebot primär nach den sonstigen schul- und standespolitischen Äußerungen der Verfasser entsprechender Schriften. Seit Beginn der 1870er Jahre hatten die literarischen Neuerscheinungen, die man im weitesten Sinne der Pädagogik zurechnen darf, nach der bloßen Titelzahl die Theologie von der Spitze des deutschen Buchmarktes verdrängt[146]. Doch diese Blüte barg zugleich die Mitursache für die wissenschaftliche Sterilität der Produktion[147]. Wie in den »Pädagogischen Jahresberichten« kritisch berichtet wurde, bestimmte das öffentliche Interesse an der Schule als einem universellen Heilmittel gegen die aktuellen sozialen und politischen Gebrechen ebenso wie rein buchhändlerische Spekulationen diese Konjunktur, die im übrigen leicht phasenverschoben der wirtschaftlichen Entwicklung folgte[148]. Aber auch einzelne Standesgenossen selbst waren für die Fülle der Titel verantwortlich, da sie, wie kritisch angemerkt wurde, häufig in ihren Seminarerfahrungen kramten, um den Kollegen ein tausendstes Mal klarzumachen, »wie der Lehrer das Vorbild seiner Gemeinde sei«[149]. Diese schriftstellerischen Bemühungen hatten für die Mehrzahl der Verfasser offensichtlich auch die Aufgabe, sich selbst der von außen bestrittenen beruflichen Autonomie durch eine ›wissenschaftliche‹ Leistung zu vergewissern[150].

Die eigene schriftstellerische Arbeit dokumentierte den Anspruch auf Zurechnung zu den gebildeten Kreisen[151]. Das Bemühen um einen ›gepflegten Stil‹, der auf Klassikerzitate ebensowenig verzichtete wie auf lateinische Sentenzen, reklamierte die Teilhabe an dem kanonisierten akademischen Bildungsgut[152]. Dominant waren jedoch – selbst bei Pädagogen, die auf eine Trennung von Schule und Kirche drängten – Bibelzitate und theologische Phraseologie: ob man nun hoffte, daß der »Leidensgeschichte der Volksschule bis in den Karfreitag hinein« auch ein Ostern folgen werde, oder die Lehrertätigkeit als »heiligen Gottesdienst« interpretierte[153].

Die von den Lehrervereinen initiierten berufswissenschaftlichen Fortbildungsbestrebungen überstiegen das von den Seminaren angebotene Niveau nicht grundsätzlich, denn auch die Lehrerbewegung versuchte, mit der Erinnerung an die großen Pädagogen und Standesgenossen eine eigene Berufstradition zu schaffen. Ein Teil der aktuellen pädagogischen Weiterbildung beschränkte sich deshalb weitgehend auf das Bekenntnis zu den Heroen der Pädagogik, die gleichzeitig Heroen der Vereinsbewegung waren[154]. Die historisierende Betrachtung der Pädagogik[155] schulte weniger die erziehungswissenschaftlichen Einsichten der praktizierenden Lehrer, als daß sie das berufliche Selbstverständnis stabilisierte.

Eine ähnliche Funktion übernahmen wissenschaftliche Kontroversen und Polemiken, die kaum wissenschaftliche Probleme einer Lösung näherbrachten, als vielmehr Medien der Selbstverwirklichung ihrer Verfechter und der sich mit ihnen identifizierenden Anhänger waren[156]. Außer durch standes- und schulpolitische Implikationen der Streitfragen läßt sich die Erbitterung, mit der die Konflikte durchgefochten wurden, so am ehesten verständlich machen. Aktuelle erziehungswissenschaftliche Untersuchungen konnten nur dann auf Resonanz rechnen, wenn sie handgreiflich standespolitisch verwertbar waren. Einer der herausragenden Köpfe der preußischen Volksschullehrer, der Barmer Rektor Friedrich Wilhelm Dörpfeld, der originäre Beiträge zur Schulverfassungslehre und zur Lehrplantheorie lieferte[157], gewann bezeichnenderweise wegen seiner »Leidensgeschichte der preußischen Volksschule«[158] größte Popularität, in der er abschätzige Urteile des preußischen Kultusministers v. Puttkamer über den Volksschullehrerstand zum Ausgangspunkt einer Kritik der Schulaufsichtsverhältnisse machte[159].

Neben isoliert bleibenden ›Schlagwörterpädagogen‹, die jeweils die drängenden unterrichtlichen oder sozialen Probleme durch partielle Reformen, wie z. B. die der Orthographie, der Veränderung der Lüftungsverhältnisse oder der Umgestaltung der Fibeln etc., lösen wollten[160], war die deutsche Lehrerschaft in »zwei Heerlager« geteilt[161], in denen man hie den Namen Herbarts und dort den Pestalozzis auf sein Banner geschrieben hatte. Eine derartige Konfrontation entsprang kaum den wissenschaftlichen Differenzen zwischen diesen beiden Pädagogen, sondern war wesentlich durch ihre unterschiedliche Rezeption und die damit verbundene schulpolitische und politische Funktionalisierung bestimmt. Wie Dittes in seinem mit Begeisterung auf der 25. Allgemeinen deutschen Lehrerversammlung aufgenommenen Referat »Über den gegenwärtigen Stand der deutschen Pädagogik«[162] ausführte, lag die »autonome, selbständige Pädagogik« mit einer »abhängigen und gebundenen Pädagogik« im Kampf[163]. Die »Überzeugungspädagogik«, der er sich selbst zurechnete und die er durch den Namen Diesterwegs am zutreffendsten bezeichnet sah, reklamierte Pestalozzi als ihren erziehungspolitischen Gewährsmann, während er die »Autoritätspädagogik«, die durch die Namen der Gegner Diesterwegs Raumer und Stiehl charakterisiert wurde, mit den wissenschaftlichen Erben Herbarts in Verbindung brachte. Die Fronten verwirrten sich aber wegen der Tatsache[164], daß das erziehungs- und schulpolitische Erbe der Aufklärungspädagogik mit seinen demokratischen schulorganisatorischen Postulaten ehestens von den sich auch politisch als liberal verstehenden ›Pestalozzianern‹ bewahrt wurde, die aber die pädagogischen Einsichten Pestalozzis weitgehend zu einer bloßen Regelsammlung praktischer Unterrichtshilfe verkommen ließen[165], so daß ihnen die Allgemeinen Bestimmungen als die Erfüllung seiner Grundsätze gelten konnten[166].

Die auf Herbart zurückgehende Unterrichtslehre versuchte dagegen, die Unterrichtsvorgänge auf eine einheitliche wissenschaftliche Grundlage zu stellen. Ihre Protagonisten vertraten aber ein ausgesprochen konservatives Schulprogramm. Die maßgeblich durch den Leipziger Pädagogen Tuiskon Ziller wissenschaftlich und wissenschaftsorganisatorisch geprägte Rezeption der Lehren Herbarts und ihre Weiterentwicklung und Umdeutung durch den von Ziller ins Leben gerufenen »Verein für wissenschaftliche Pädagogik«[167] zu einem ›Herbartianismus‹ konzentrierte sich weitgehend auf die Behandlung der Unterrichtsvorgänge. Eine von der Assoziationspsychologie bestimmte Lerntheorie wurde didaktisch zu dem fünfgliedrigen Schema der ›Formalstufen‹ umgesetzt, die prinzipiell bei allen Unterrichtseinheiten, unabhängig von den jeweils vermittelten Stoffen und Unterrichtsgegenständen, angewendet werden sollten. Die speziell von Ziller weiterentwickelten Einsichten des ›Konzentrationsgedankens‹ und der ›Kulturstufentheorie‹ verstärkten noch die schematisierenden und mechanischen Tendenzen des Herbartianismus.

Die ›Formalstufen‹[168] stabilisierten nach ihrem Eingang auch in die pädagogische Ausbildung der Seminaristen gerade im Gewand einer wissenschaftlich fundierten Unterrichtslehre im Grunde den vorwissenschaftlichen Charakter der Lehrerbildung als einer Handwerkslehre, so daß die Pädagogik der Herbartschen Schule die »Rolle eines trojanischen Pferdes« übernahm, durch »das unbemerkt von den Beteiligten, der alte Feind in die Mauern gelassen wurde«[169].

Die weniger wissenschaftlich begründete als vielmehr schulpolitisch inspirierte zeitgenössische Kritik der Gegner erkannte allerdings diese Funktion des Herbartianismus[170]. Für sie war es entscheidend, daß die unbestreitbaren Fortschritte in der wissenschaftlichen Behandlung des Lehrens und Lernens unter den bestehenden politischen Verhältnissen und bei der Organisation der Schulverwaltung die bürokratische Kontrolle erleichterten und sich für die erziehungspolitische Reaktion in Anspruch nehmen ließen. Obwohl Dittes der wissenschaftlichen Bedeutung der Herbartschen Pädagogik wohl keineswegs gerecht wurde, erfaßte er ihre Weiterentwicklung durch die Herbartianer prägnant in ihrer schulpolitischen Wirkung mit der Charakteristik als »Nachgeburt der Regulativpädagogik«[171]. Die aufklärerische Wirkung der dem Anspruch nach autonomen pädagogischen Wissenschaft gegenüber den theologischen und bürokratischen Herrschaftsansprüchen wurde durch die Einführung der von Ziller geprägten didaktischen Wissenschaft in die preußischen Volksschulen und Seminare abgeschwächt, da diese nicht nur den weiteren wissenschaftlichen Ausbau der Lehrerbildung stagnieren ließ, sondern zugleich den praktischen Zusammenhang der Emanzipationsbestrebungen von Schule und Wissenschaft aufhob[172]. Das Studium der Schriften Herbarts wurde ausdrücklich als ein Mittel gegen den »Radikalismus der Volksschullehrer« empfohlen, der als Ergebnis mangelhaften und unvollständigen Denkens diagnostiziert worden war[173]. Der Herbartianismus versprach sich die wissenschaftliche Autonomie der Pädagogik gerade als Folge staatlichen Eingreifens im Interesse des Staates[174], die ›Pestalozzianer‹ oder Anhänger der ›deutschen Pädagogik‹ erkannten dagegen die politische Dimension des Kampfes um die Emanzipation, an dem der Staat durch seine Bürokratie unmittelbar als Partei beteiligt war. Wenn auch undeutlich, bewahrten sie die Einsicht in die Interdependenz von pädagogischer und gesellschaftlicher Reform, und damit den politischen Charakter der Auseinandersetzung selbst[175], während die Herbartianer sich politisch mit dem Hinweis zu empfehlen versuchten, daß sie ihre Wissenschaft von der Behandlung schulpolitischer Streitfragen dispensiere. Mangelnde methodische und didaktische Ausbildung der Lehrer schienen ihnen die Quellen des Schulübels[176]. Als die »soziale Frage des Lehrerstandes« galt in dieser Sicht die allgemeine Verbreitung von »Kenntnis und Lehrgeschick, positivem Wissen und methodischem Können«[177].

Alle Kontrahenten in der erziehungswissenschaftlichen Auseinandersetzung stimmten aber trotz der Differenz über den Wert der jeweiligen pädagogischen Lehre darin überein, daß die Pädagogik die Basis für die Autonomie des Standes abgebe und ihre Qualität sowohl den Rang der schulpolitischen Forderungen der Lehrerschaft als auch deren soziale Position selbst definiere[178]. Die Bestrebungen für eine Pflege der Pädagogik und der Kampf der Lehrer für ein entsprechend verbessertes Ausbildungsniveau waren damit ebenso standespolitische Notwendigkeit[179] wie professionelle Pflicht. Die Wissenschaft sollte die entscheidende Instanz für die Regelung der Erziehungsprozesse darstellen, da sie unabhängig von aktuellen politischen Pressionen bleibe und selbst keine politischen Ziele verfolge[180]. Das von den Lehrervereinen propagierte Verhalten, aus einer pädagogisch begründeten Stellung oberhalb der Kampfebene der politischen Parteien die Schulinteressen wahrzunehmen und die Schulpolitik selbst zu entideologisieren, entsprach dabei dem Verfahren wirtschaftlicher Interessenverbände, sich bei der Verfolgung ihrer Ziele von der Parteipolitik zu lösen[181].

Dörpfeld hoffte, die anstehenden schulpolitischen Konflikte durch eine angemessene Schulverfassungstheorie zu entschärfen. Sie sollte eine Antwort auf die »Hauptfragen« geben, wie die Schulverfassung zu ordnen sei, damit alle Interessenten, Familie, bürgerliche Gemeinde, Kirche, Staat, Pädagogik und Lehrerstand, zu ihrem vollen Recht kämen und die Schule »unbelästigt und unbeschädigt ihr stilles Werk« tun könnte[182].

Auf dem 8. Deutschen Lehrertag in Berlin reklamierte der Hauptlehrer Greßler die Pädagogik als wichtigste Instanz für die erziehungspolitischen Entscheidungen. Dieser Anspruch ergab sich aus einem naturwissenschaftlich bestimmten Wissenschaftsverständnis der Pädagogik[183]. Es spiegelte den späten Abglanz des durch die naturwissenschaftliche Aufklärung erneuerten evolutionären Glaubens, daß die Gesellschaft den als vernünftig und naturgemäß aufgewiesenen Gesetzen die Chance der Verwirklichung einräumen müsse. Konkret unterstützte dieses Wissenschaftsverständnis das Postulat der Beteiligung der Lehrer an der Schulverwaltung, indem es zugleich über die rein standespolitisch argumentierende Begründung hinauswies:

Der Lehrer ist nicht nur Schulbeamter, sondern auch Vertreter der Pädagogik. Das Interesse des Lehrerstandes am Schulwesen beruht also nicht bloß darauf, daß dieses ihm die Sicherheit seiner Existenz verbürgt, sondern gleichzeitig auch dem Bestreben, innerhalb des Schulwesens die Grundsätze zur Geltung zu bringen, welche die von ihm gepflegte Wissenschaft als maßgebend für dasselbe aufstellt[184].

Die Pädagogik vermochte so zwar die schulpolitischen Forderungen der Lehrerschaft als wissenschaftlich und überparteilich zu legitimieren und zugleich einen Anspruch auf die Mitwirkung der Lehrer an der Schulverwaltung zu begründen, doch der Versuch, aus den »Prinzipien der vernunftgemäßen Pädagogik« die »Konsequenzen für die innere und äußere Organisation der deutschen Volksschule . . .« zu ziehen[185], kollidierte notwendig mit den konkreten politischen und gesellschaftlichen Interessen, welche die wissenschaftliche Instanz der Pädagogik in Schulorganisationsfragen schlicht negierten.

Die Erfahrung, daß erziehungswissenschaftlich begründete schulreformerische Konzepte in Preußen – zumal unter den Bedingungen des Dreiklassenwahlrechts – politisch keine Chancen besaßen, hatte schon Diesterweg zu der radikalen Lösung ermuntert, an die Stelle der politisch zusammengesetzten Körperschaften eine berufsständische Repräsentation treten zu lassen, in der die Lehrer als Vertreter von Pädagogik und Schule, und somit als die Funktionäre einer zentralen gesellschaftlichen Einrichtung, institutionell die ihnen zukommenden Mitwirkungsrechte besitzen sollten[186].

Das Verlangen, die schulpolitische Entscheidung unter den Primat erziehungswissenschaftlicher Einsicht zu stellen, war so zugleich auch der Reflex der fehlenden politischen und sozialen Basis der schul- und standespolitischen Programme der Lehrerschaft. Die Autorität wissenschaftlicher Einsicht sollte den mangelnden politischen Rückhalt kompensieren helfen. Die Spannung zwischen den Postulaten einer Erziehungswissenschaft und den Widerständen einer Gesellschaft, die eine Durchsetzung der wissenschaftlichen Einsichten verhinderte, löste sich für die Vertreter des Herbartianismus in der Weise, daß sie objektive gesellschaftliche Widerstände als Konsequenzen menschlichen Fehlverhaltens deuteten. Der auch von ihnen beklagte Zustand in den Schulaufsichtsverhältnissen, der Bürokratisierung, der Gehaltsfrage usw. wurde als unmittelbare Folge fehlender pädagogischer Bildung auf allen Ebenen der Schulverwaltung bis hinunter zu den amtierenden Lehrern gedeutet[187]. Dörpfeld führte beispielsweise seine präzise Analyse der Funktion der nichtfachmännischen Schulaufsicht zu der Frage, ob »nicht die traditionelle Aufsichtsordnung gerade aus der didaktisch materialistischen Aufsichtsordnung herausgewachsen und von derselben getragen worden sein« könnte[188]. Ihm schien ein anderer Erklärungsgrund nicht denkbar, als daß die Aufsichtspersonen meist selbst noch tief in dem von ihm scharf kritisierten didaktischen Materialismus steckten. Die dem Konflikt um die fachliche Schulaufsicht zugrunde liegenden Antagonismen der sozialen und politischen Ordnung, die die Lösung der schultechnischen Fragen spezifisch determinierten, konnten so aus seiner scharfsinnigen Analyse ausgeblendet bleiben und mußten die These von der Priorität pädagogischer Einsicht nicht gefährden.

Von allen Gruppen wurden zwar die politischen Kontroversen um das Schulwesen als Störfaktoren für eine ruhige Entwicklung des Schulwesens verantwortlich gemacht, doch es blieb bei einer pauschalen Benennung der ideologischen Gebundenheit der einzelnen am Konflikt beteiligten Parteien[189]. Auch wenn Liberale und Konservative als Träger spezifischer Interessen erkannt wurden, so nahm man für die wesentlichen Differenzen zwischen den Parteien doch ideologische Unterschiede in Anspruch. Dem schulpolitischen Programm der Parteien wurde jeweils partielle Berechtigung zugesprochen, wobei die Erkenntnisse der Pädagogik die Urteilsmaßstäbe bei ihrer Beurteilung abgeben sollten. Dörpfeld verband damit die sichere Erwartung, das als vernünftig Bezeichnete werde sich, wenn auch langsam, durchsetzen; er ging aber nicht auf die Frage ein, wie eine Schulverfassung nach dem Gebot der Pädagogik mit den bestehenden gesellschaftlichen und politischen Bedingungen zu vereinbaren sei.

Schon Diesterweg war darauf verfallen, angesichts der bestehenden Hemmnisse in der Volksschule auf die in der Räson des preußischen Staates liegende Verpflichtung zu vernunftgemäßem Handeln zu verweisen, um die pädago-

gisch geforderten Maßnahmen auch als die im höheren Sinne politisch sinnvollen erkennbar zu machen: »Hinter der Einsicht der ›Untertanen‹ zurückzubleiben, sich zu der besseren Einsicht antreiben zu lassen, geziemt am wenigsten einem preußischen Beamten, der es als solcher wissen und fühlen muß, daß der preußische Staat – wenn irgendeiner – ›der Staat der Reform‹ ist: er hat sein Wesen in der Bewegung nach den Ergebnissen vernunftmäßigen Denkens«[190]. Diese These war durch einen rationalistisch inspirierten Fortschrittsglauben getragen, der das Vernunftgemäße sich evolutionär durchsetzen sah[191]. Diesterwegs Erwartungen aus den 1860er Jahren wurden durch die sich zunehmend schärfer abzeichnenden sozialen Probleme eher noch verstärkt, weil man mit deren Lösung die Volksschulentwicklung verbunden sah: »Die Schulfrage ist ein Teil der sozialen Bewegung der Jetztzeit; darin liegt ihre Kraft und die Bürgschaft ihres Sieges«[192]. Auch wenn diese Aussage schon bald in der Richtung umgedeutet wurde, die Schule nicht als Teil, sondern als Instrument zur Lösung der sozialen Frage zu verstehen, so blieb doch das Vertrauen in die positive Kraft der historischen Entwicklung.
An der Annahme, daß die gesteigerte Volksbildung von zentraler Bedeutung für alle Bereiche von Staat und Gesellschaft sei[193], hielten die Lehrer bedingungslos fest, auch als sie feststellen mußten, daß zu deren Verwirklichung keine durchgreifenden Schritte eingeleitet wurden. Statt den postulierten Zusammenhang zu überprüfen, wurden andere interne Faktoren als Ursache für die ausgebliebene Förderung verantwortlich gemacht. Teilweise fand dabei in die standespolitische Argumentation ein blasser, darwinistisch gestimmter Fortschrittsglaube Eingang, der die Durchsetzung der pädagogischen Postulate des Standes als Konsequenz gesteigerter Öffentlichkeitsarbeit erwartete[194]. Aus dieser Perspektive konnte gegenüber zögernden Kollegen bewiesen werden, welchen für das Gemeinwohl strategischen Nutzen entschiedene standespolitische Forderungen brächten. Die über den gesellschaftlichen Gruppen und Parteien stehende Regierung könne die Echtheit eines Bedürfnisses am ehesten an dem Widerstande messen, den sie entsprechenden Forderungen entgegensetze. Mit diesen Überlegungen konnten zugleich die positive Wirkung staatlicher ›Reaktion‹ wie der Nutzen entschiedener Standespolitik in ihrem Zusammenwirken zur Steigerung des Allgemeinwohls begründet werden[195].

4. Standespolitik: Der Weg in die Anpassung

Die materielle, soziale und professionelle Situation der Lehrer enthielt die stärksten Impulse für kollektive Bestrebungen des Berufsstandes, die bestehenden vielfältigen Diskrepanzen in ihrer Position in der einen oder anderen Weise aufzulösen. Im besonderen hatten die Versuche des Staates, die Politisierung der Schule auf dem Wege ihrer Bürokratisierung in seinem Sinne zu kontrollieren, den Effekt, mit der scharfen Fixierung der staatlich verordneten Berufsnormen zugleich den Professionalisierungsprozeß der Volksschullehrer voranzutreiben und dem einzelnen Lehrer die Grenzen seiner professionellen Autonomie zu verdeutlichen. Die seit dem Vormärz bestehende Antinomie zwischen den wachsenden funktionellen Ansprüchen an den Berufsstand und den versperrten Selbstbestimmungsrechten der Lehrer verschärfte sich zunehmend. Schon die vormärzliche Bürokratie hatte sich der Einsicht in die Interdependenz zwischen steigender Unterrichtsleistung und der Tendenz kollektiver Vereinigungen der Lehrer mit dem Zweck beruflichen Erfahrungsaustausches nicht verschließen können. Sie hatte aber von Anfang an versucht, die Versammlungen und Vereinsbestrebungen unter ihre Kontrolle zu nehmen oder zu verbieten.

Angesichts der strukturell bedingten sozialen Ortlosigkeit der Volksschullehrer kam ihren Berufsorganisationen aber auch zentrale Bedeutung für ihre gesellschaftliche Integration zu. Diese Funktion der Vereine war vor allem von Diesterweg als das wichtigste Motiv für eine Selbstorganisation der Lehrer herausgestellt worden. Unterschiedliche und unzureichende Besoldung, Herabwürdigung der Berufstätigkeit durch fachfremde Dienstaufsicht, große Abhängigkeit von schulfremden Gruppen und Kräften überhaupt, geringes Sozialprestige etc. erwiesen sich jedoch als wesentliche Organisationshemmnisse. Auch die unterschiedliche Schulsituation und die historisch verschiedene Ausgangslage der Lehrer in den einzelnen Landesteilen sowie die Phase der Reaktion in den 50er und des Verfassungskonfliktes in den 60er Jahren erschwerten eine einheitliche Vereinsbildung[196].

Die Vereinsgesetzgebung und die speziell für die Lehrer geltenden beamtenrechtlichen Bedingungen hielten jede schlagkräftige Interessenvertretung durch die Lehrervereine von vornherein in engen Grenzen. Aber als noch wichtiger für deren Schwäche erwies sich, daß es für die Postulate der Lehrer außerhalb ihres Kreises selbst keine soziale Basis gab. Für die wachsende Zahl der Arbeiter war die Volksschule mit ihrem rigiden Schulzwang zum Teil ökonomisch bedrohlich, da sie die Kinder daran hinderte, zum Familieneinkommen dringend benötigte Beiträge zu liefern, zum Teil politisch fragwürdig in ihrem blinden Kampf gegen die politische Organisation der Arbeiterschaft. Das städtische Bürgertum richtete sein Hauptinteresse auf den Ausbau gymnasialer Bildungsanstalten, während den statusbedrohten Kleinbürgern und Handwerkern an einem differenzierten Schulsystem gelegen war, das seine Absolventen gerade gegenüber den Besuchern der Volksschule privilegierte, die ehestens in ihrem Charakter als ›Armenschule‹ konserviert werden sollte. In allen Parteien blieben Abgeordnete aus dem Lehrerstand ohne entscheidenden schulpolitischen Einfluß. Ein Grund dafür lag darin, daß es der Lehrerschaft an der nötigen Zahl fehlte, um als interessantes Wählerpotential veranschlagt zu werden. Zwar rechnete man den Lehrern einen erheblichen Einfluß auf die Wähler der dritten Klasse zu, ohne daß aber dadurch das Interesse der Regierungs- oder Oppositionsparteien über den Wahltermin hinaus stimuliert wurde, sich für Schulbelange zu engagieren. Auch innerhalb der Fortschrittspartei blieben die Lehrer weitgehend isoliert in ihren standespolitischen Bemühungen, obwohl die Partei die Schulmänner aus ideologischen Gründen als ihre natürlichen Parteigänger ansah. Parteipolitisch aktive Lehrer besaßen aber nicht nur innerhalb ihrer Fraktionen einen relativ geringen schulpolitischen Spielraum, sondern auch ihr Beamtenstatus nötigte sie dazu, Konfrontationen mit dem schulpolitischen Kurs des Staatsministeriums zu vermeiden. Das Klassenwahlrecht erschwerte nicht nur die politische Repräsentanz der Volksschule auf der Ebene des Abgeordnetenhauses, sondern ließ vor allem auch die eigentlichen Interessenten einer verbesserten Volksschulbildung, die Eltern der Volksschulkinder, auf der lokalen Ebene ohne Einfluß[197]. Es gab Schuldeputationen, in denen die Vertreter der Wirtschaft »das große Wort« führten, wie selbst eher Konservative kritisierten[198], und auch die Lehrer registrierten mit Bitterkeit das schulfeindliche Verhalten der »Fortschrittspaschas«[199]. Ihnen selbst war die aktive Mitarbeit in derartigen Gremien verwehrt, da ihnen das passive Wahlrecht vorenthalten war. Das schwindende Interesse des Bürgertums an einer durchgreifenden Schulreform, wie sie in der Phase der Revolution 1848 propagiert worden war, spiegelte sich in der wachsenden Enttäuschung der Lehrer über das schulpolitische Verhalten der liberalen Parteien. Der Abbau der demokratischen Elemente der Programme unter dem Eindruck des aufkommenden Proletariats blieb allerdings zunächst verborgen hinter der gemeinsamen ideologischen Front gegen den ›Ultramontanismus‹, die der Kulturkampf aktivierte. Solange das die politische Ungleichheit garantierende Dreiklassenwahlrecht Geltung hatte, erübrigte sich zudem die Frage, in welcher Weise das Bildungssystem im Sinne der Gewährung gesellschaftlicher Chancengleichheit als Faktor der Legitimation der preußischen Monarchie in Anspruch genommen werden müsse. Der Kampf um die Verbesserung des Volksschulwesens unter den Bedingungen der konstitutionellen Monarchie während der zweiten Hälfte des 19. Jahrhunderts war deshalb um so mehr Sache der Volksschullehrer selbst. Die Lehrer standen vor der Doppelaufgabe, einmal die bestehenden konkreten Mißstände umgehend durch wirksame Selbsthilfemaßnahmen anzugehen und zum anderen einheitliche Berufsnormen und erziehungspolitische Konzeptionen für den Berufsstand auszubilden. Nur unter diesen Voraussetzungen konnten sie eigenes schulpolitisches Gewicht gewinnen und damit ihre eigene Situation wie die der Volksschule positiv beeinflussen. Die allgemeine politische Klimaveränderung im Zeichen der Politik der ›neuen Ära‹ und die vielfältigen Aktivitäten politischer und gesellschaftlicher Gruppen, die sich zu ›Assoziationen‹ zusammengeschlossen hatten, ließen es auch parallel mit der Intensivierung der schulpolitischen Diskussion im parlamentarischen Raum innerhalb der Lehrerschaft zu neuen Ansätzen der Selbsthilfebewegung kommen[200].

Bürokratisierung und Politisierung der Schule erforderten jedoch eine Organisationsform für die Lehrerschaft, die es ihr erlaubte, auch auf die politische und administrative Führung Einfluß zu nehmen. Das Instrument des Petitionierens sollte sich für diesen Zweck als ungenügend herausstellen. Wenn auch die Massenpetitionen erfolglos blieben, so verstärkten sie doch die politische Mobilisierung der preußischen Volksschullehrer[201] und bereiteten zudem der Einsicht den Boden, daß eine organisierte Meinungsbildung und Interessenwahrnehmung nur durch einen gemeinsamen Landesverein der preußischen Lehrer möglich sein werde. Ein solcher Verein konnte sich auf die lokalen und regionalen Vereine stützen, die schon seit langer Zeit als ›pädagogische Arbeitsgemeinschaften‹ sich primär um den unterrichtlichen Aspekt des Lehrerberufes gekümmert hatten und versuchten, die technischen

Fähigkeiten der Lehrer zu fördern und ihr berufsständisches Zusammengehörigkeitsgefühl zu stärken.
Die Gründung eines Landesvereins preußischer Lehrervereine komplizierte sich jedoch durch die Initiativen einiger Berliner Standesgenossen, die unter dem Eindruck der Reichsgründung einen »Deutschen Lehrerverein« installiert hatten[202]. Die meisten Funktionäre der bereits bestehenden preußischen Regionalvereine hielten eine solche Gründung nicht nur für verfrüht, sondern auch aus prinzipiellen Gründen wegen der fehlenden Reichskompetenz in Unterrichtsfragen für verfehlt. Eine Beteiligung an einem deutschen Verein drohe die Kräfte zu zersplittern, da ein solcher reichsweiter Zusammenschluß bestenfalls auf langfristige Wirkungen rechnen könnte, während man selbst in der Dotationsfrage und in der Unterrichtsgesetzgebung auf schnelle praktische Erfolge hoffte. Aber auch aus politischen Gründen kam es zu einem Konflikt mit den Initiatoren des deutschen Vereins, von deren schulpolitischen Konzepten sich die preußischen Vereinsgründer distanzierten[203]. Diese hatten ihre traditionelle kritische Distanz gegenüber der Unterrichtsverwaltung zum großen Teil aufgegeben zugunsten einer »rückhaltlosen Ergebenheit«, die sicher nicht nur aus taktischen Gründen einen Dissens mit dem neuen, offensichtlich so wohlwollenden Minister sorgfältig vermied, sondern auch aus psychologischen Gründen. Der langersehnte Ausgleich mit der Obrigkeit schien nun endlich in Gang zu kommen, das Einverständnis mit dem Minister zugleich die Anerkennung der eigenen Position zu garantieren. Das generell spürbare Vertrauen des Ministeriums wollte sich der Landesverein offensichtlich nicht verscherzen[204]. Zweifellos spielten aber auch persönliche Rivalitäten zwischen den Initiatoren der verschiedenen Vereine eine erhebliche Rolle[205], so daß es in den nächsten Jahren zu einem Konkurrenzverhältnis kam, das die Entwicklung beider Vereine belastete.
Der Landesverein preußischer Volksschullehrer wurde auf einer Versammlung von Vertretern der Provinzen Brandenburg, Sachsen, Hannover und Hessen Anfang April 1872 aus der Taufe gehoben[206]. Das am 3. April 1872 verabschiedete »Statut des Landesvereins preußischer Volksschullehrer«, dessen Annahme die Vereinsgründung besiegelte, war durch seine pragmatische und rein organisatorische Gestalt charakterisiert. Der Verzicht auf eine statutenmäßige Absicherung von Standespostulaten war offensichtlich durch die preußische Vereinsgesetzgebung erzwungen[207], die ›politische Vereine‹ nicht zuließ. Gerade die Aufnahme von materiellen Forderungen hätte aber die Vereinsbestrebungen von vornherein in den Geruch des ›Politischen‹ gebracht[208].
Das ›Statut‹ des im Dezember 1871 gegründeten Deutschen Lehrervereins (DLV), das bis 1890 fast unverändert blieb, beschränkte sich nicht wie das des Landesvereins auf organisatorische Regelungen, sondern fixierte explizit die Vereinsziele und die zu deren Verwirklichung notwendigen Mittel. Der Paragraph 1, der den Zweck des Vereins ansprach, verlangte die »Förderung der Volksbildung durch Hebung der Volksschule« und präzisierte die Vereinsziele auch inhaltlich:

1. eine der Wichtigkeit der Schule entsprechende Stellung desselben [=des Standes] im Staat;

2. die Hebung der Bildung des Lehrerstandes;
3. eine dem jetzigen Standpunkte der Pädagogik entsprechende Organisation des Unterrichts;
4. eine zweckmäßige Ausstattung der Schulen;
5. eine Besoldung des Lehrers, welche mit der Bedeutung des Berufes im Einklang steht;
6. die Leitung und Beaufsichtigung der Schule durch Fachmänner[209].

Charakteristisch für die Vereinsarbeit überhaupt war die in dem Katalog des DLV zum Ausdruck kommende Verflechtung von schul- und standespolitischer Programmatik, die sich generell durch die These von der Interdependenz zwischen Standes- und Schulfortschritt zu legitimieren suchte. Der Paragraph 2 entwickelte die Mittel zur Verwirklichung der aufgeführten Vereinsziele, die erreicht werden sollten:

1. durch eine stetige Bildungsarbeit der Lehrer an sich selbst im kleineren und größeren Kreise, namentlich auch in Spezialvereinen;
2. durch Beteiligung an der Tätigkeit der bestehenden und an der Bildung neuer Volksbildungsvereine sowie durch Verbreitung richtiger Anschauungen von dem Wesen und der Aufgabe der deutschen Volksschule mittels der Presse;
3. durch Einwirkung auf die Verwaltungsbehörden und gesetzgebenden Faktoren[210].

Mit den Punkten: Fortbildung der Mitglieder, Öffentlichkeitsarbeit und lobbyistische Tätigkeit im weitesten Sinne waren prägnant die Arbeitsmöglichkeiten beschrieben, die einer Interessengruppe überhaupt zur Verfügung standen. Speziell die Öffentlichkeitsarbeit war durch einen Zentralverband wie den DLV zu leisten, während die Wirkung auf die Vereinsmitglieder selbst ehestens den lokalen Vereinen zugeschrieben werden konnte und die politische Einflußnahme schon aufgrund des kulturpolitischen Föderalismus den Landes- und Provinzialvereinen vorbehalten bleiben mußte.
Nach den Differenzen zwischen dem Preußischen Lehrerverein und dem Deutschen Lehrerverein zu Beginn der 70er Jahre wurde vor allem auf Drängen einzelner preußischer Provinzialvereine 1877 die Zusammenarbeit mit dem Deutschen Lehrerverein angebahnt, welche die praktisch schon bestehende Aufgabenteilung institutionalisierte, indem sie dem Landesverein die speziellen Landesangelegenheiten reservierte und dem deutschen Verein die Behandlung der Gegenstände von prinzipieller Bedeutung vom allgemeinen Standpunkt aus zusprach[211]. Preußische Lehrervereine konnten nur dann Mitglieder des Deutschen Lehrervereins werden, wenn sie zugleich dem preußischen Landesverein angehörten. Diese Bestimmung garantierte die Homogenität der preußischen Vereinsbewegung, führte zum andern aber auch eine Dominanz des preußischen Elements im deutschen Verein herbei, die süddeutsche Vereine von einer Mitarbeit abhielt. Zwar mochten auch landsmannschaftliche Vorbehalte gegen Preußen im Spiele gewesen sein. Doch vor allem war es die Gefahr, daß die Lehrervereine durch die dortige Vereinsgesetzgebung als ›politisch‹ eingestuft wurden, die vor einem Eintritt in einen preußisch dominierten Deutschen Lehrerverein abschreckte[212]. Aber auch das schulpolitische Programm mit seiner Begünstigung von Simultanschulen und der Forderung fachmännischer Schulaufsicht, die sich unmittelbar gegen die Geistlichkeit in der Schule wandte, mußte zwangsläufig konfessionell orientierte Lehrerkreise befremden und zumindest

eine Distanz zu ihnen schaffen[213].

Während evangelische Lehrer sich noch am ehesten Allerhöchsten Wohlwollens versichert halten durften und in ihren Vereinsbestrebungen keine Hindernisse zu überwinden hatten[214], waren katholische Vereinsgründungen gerade in der Kulturkampfphase sehr erschwert. Allerdings verfuhren die Ortspolizeibehörden in ihrer Schikanenpraxis höchst unterschiedlich[215]. In den ausgehenden 80er Jahren kam es jedoch auch bei den katholischen Vereinen zu überregionalen Zusammenschlüssen, in die sich der organisierte Katholizismus einzuschalten suchte. Besonders der Zentrumsführer Windthorst, der den ›Kampf um die Schule‹ als herausragendes Integrationsmittel für den Zusammenhalt des Zentrums erkannt hatte[216], wollte die Vereine für seine Zwecke benutzen. Diese auch von katholischen Lehrern mit einem gewissen Unbehagen registrierte Nähe zu einer politischen Partei mußte – abgesehen von den schulpolitischen Differenzen – auch die standespolitische Zusammenarbeit mit den paritätischen Vereinen erschweren. Immerhin blieb es aber bei zahlreichen Doppelmitgliedschaften von katholischen Lehrern in den konfessionell gebundenen und in den weltanschaulich neutralen Vereinen. Erst 1898 wurde es konfessionell gebundenen Vereinen unmöglich, sich am DLV zu beteiligen, nachdem durch eine Satzungsänderung festgestellt worden war, daß Einzelvereine prinzipiell allen Lehrern zugänglich sein müßten, so daß konfessionelle Exklusivität die Beteiligung am DLV ausschloß[217].

Die vorwiegend konfessionellen Hemmnisse für einzelne Kollegen, in den Landesverein einzutreten, erschließen sich aus dem Vergleich der Mitgliedschaften in verschiedenen Lehrervereinen auf Provinzialebene. Während in Schleswig-Holstein und Sachsen um 80% und in Hannover und Ostpreußen rund 70% dem Landesverein angehörten, fiel die Rate in Westfalen auf etwa 30% und im Rheinland auf etwa 20%. In diesen beiden Provinzen war die katholische Vereinsbewegung langfristig erfolgreich. 1896 waren knapp 20% der Lehrer Westfalens im Westfälischen Provinzialverein des Katholischen Lehrerverbandes organisiert, so daß auch in dieser Provinz insgesamt mehr als 50% der Lehrer einem Berufsverein angehörten[218]. Selbst von seiten der offiziellen Vereinsgeschichtsschreibung des DLV wurde deshalb anerkannt, daß trotz der Konkurrenzsituation zwischen Katholischem Lehrerverband und dem DLV die Verbreitung des Vereinsgedankens durch die katholischen Vereine sich für Schule und Lehrer nützlich auswirkte, da er Lehrerkreise mobilisiert hätte, »die sich vorher um die Angelegenheit des Standes nicht im geringsten kümmerten . . .«[219].

Während es zwischen konfessionellen und paritätischen Vereinen ein großes Reservoir gemeinsamer standespolitischer – speziell materieller – Forderungen gab, drohten Vereine, welche Interessen der Repräsentanten verschiedener schulischer Funktionen wahrzunehmen suchten, die Solidarität des Standes überhaupt zu gefährden, zumal sie die innerschulischen Konflikte in der Vereinsbewegung institutionalisierten. Zunehmende Bedeutung gewann der Gegensatz zwischen Stadt- und Landlehrern, da sich diese nach der Phase des Vereinsaufbaus weder personell noch standespolitisch durch die Vereinsvorstände repräsentiert sahen[220]. Der latente Konflikt zwischen Klassenlehrern und Rektoren[221] verschärfte sich in dem Maße, in dem immer mehr Schulen unter die Leitung von Rektoren gestellt wurden, die auch einen Teil der Aufsichtsrechte der Ortsschulinspektoren wahrzunehmen hatten. Hier zeigte sich die Ambivalenz standespolitischer Forderungen, da die mit dem Rektorenamt verwirklichte fachliche Schulaufsicht zu den Grundforderungen der Vereine gehörte. Die Regierung förderte im übrigen ihrerseits Direktorenvereine in der leicht erkennbaren Absicht, die Solidarität seminaristisch gebildeter Volksschullehrer aufzulösen, wirkte andererseits aber auch darauf hin, daß die Rektoren in den allgemeinen Volksschullehrervereinen einen »mäßigenden« Einfluß ausüben sollten[222].

Im Jahre 1896 waren von 68 688 vollbeschäftigten männlichen Lehrkräften an öffentlichen Volksschulen 44 953 Lehrer (= 65%) im Landesverein preußischer Volksschullehrer organisiert. Insgesamt war der Organisationsgrad noch größer, da ein Teil der Kollegen evangelischen oder katholischen Vereinen angehörte. Die Zahlen dieser Vereinsmitgliedschaften lassen sich jedoch nicht addieren, da Doppelmitgliedschaften in konfessionell geprägten Vereinen und in den paritätischen Vereinen möglich waren. Ein Jahrzehnt zuvor, 1886, waren von 55 902 Lehrern nur 21 666 Mitglieder des Vereins gewesen, entsprechend 37%, während 1876 weniger als 20% der preußischen Lehrer einem Verein angehört hatten[223].

Der Katalog schulpolitischer und professioneller Forderungen der Lehrervereine ging aus von der Interdependenz der einzelnen Postulate: die Forderungen waren jeweils Zweck und Mittel zur Beförderung der Standesziele und der Entwicklung des Volksschulwesens zugleich. So galt die berufliche Autonomie als Voraussetzung dafür, daß die Schule die ihr zufallenden Funktionen für Staat und Gesellschaft übernehmen könne, wie man umgekehrt erst von einer angemessenen Einschätzung der gesellschaftlichen Leistung der Schule auch die endgültige Anerkennung der Standesautonomie erwartete. Diese Interdependenz barg zugleich in sich den Keim der standespolitischen Verengung der Konzepte, da die Erfüllung standespolitischer Postulate keineswegs immer die erwartete progressive Funktion für die Schule haben mußte.

Ein knapper Aufriß der Vereinstätigkeit läßt erkennen, daß der Landesverein vornehmlich als standespolitische Interessenvertretung fungierte, die speziell die materiellen Belange des Standes in den Vordergrund stellte. »Die Geschichte des Vereins ist im wesentlichen die Geschichte des Kampfes um die materielle Besserstellung«, konstatierte der erste Vereinshistoriograph[224]. Bei der Entwicklung des Vereinswesens erlebte die Interdependenz der schul- und standespolitischen Forderungen zudem eine bezeichnende Schwergewichtsverlagerung, denn gerade die materiellen Forderungen waren in ihrer Funktion höchst ambivalent. Einerseits hatten sie als Voraussetzung eines professionellen Fortschritts, der Gewinnung qualifizierten Nachwuchses, eine zweifellos progressive Tendenz. Andererseits waren sie in ihrer Wirkung sozialpolitisch ausgesprochen konservativ, denn sie sollten die Lehrer ausdrücklich vor einer Proletarisierung schützen[225]. In dieser Funktion gehörten sie zu dem klassischen Argumentationsarsenal mittelständischer, spezifisch beamtenständischer Ideologie[226].

Die Tatsache, daß die Erfüllung ihrer beruflichen Forderungen auf die Zukunft verwiesen war, schuf für die Lehrerschaft einen permanenten Anpassungsdruck, der die große ideologische Flexibilität des Standes begünstigte. Die sich jeweils abzeichnenden gesellschaftlichen, ideologischen und politischen Bedürfnisse wurden von ihm in der Weise interpretiert, daß der Schule ein großer Anteil zu ihrer Erfüllung zufallen mußte, denn von einer funktionellen Aufwertung der Schule versprach man sich auch einen Prestigegewinn ihres Personals.

Angesichts der großen äußeren Widerstände hatte die Berufsideologie mit ihrer Betonung der hohen öffentlichen Bedeutung der eigenen Berufsfunktion aber keineswegs allein die Aufgabe einer propagandistischen Wirkung auf die schulpolitisch unaufgeklärte Öffentlichkeit, sondern sie übernahm wesentliche Funktionen zur Stabilisierung der Standesnormen. Die Ideologisierung der Berufsrolle selbst war ein wesentlicher Faktor der Professionalisierung, während in der Regel erst statusbedrohte Berufsgruppen dazu neigten, ihre Berufsrolle zu ideologisieren[227]. Die Ideologisierung der Standesposition und der Standesforderungen wurde den Lehrern auch durch die öffentliche Kritik nahegelegt, die moniert hatte, daß die Lehrer über ihre materiellen Forderungen die ideelle Seite der Schularbeit zu vernachlässigen drohten.

Auch die quantitative Expansion und der damit verbundene bemerkenswert hohe Organisationsgrad der preußischen Volksschullehrerschaft blieben nicht ohne Rückwirkung auf die schulpolitische und standespolitische Programmatik der Lehrerbewegung; das zunächst charakteristische Spannungsverhältnis zwischen den ›höchsten allgemeinen Gesichtspunkten‹ und der Berücksichtigung des ›Möglichen‹ und jetzt ›Erreichbaren‹, das durch die praktische Vereinsarbeit ohnehin notwendig unterlaufen wurde, machte auch in der programmatischen Diskussion immer mehr der pragmatischen Orientierung an den gegebenen Realitäten Platz. Die Wunschvorstellung einer einheitlichen Standesrepräsentation der preußischen und deutschen Lehrerschaft nötigte zu Konzessionen in der Frage des Verhältnisses von Kirche und Schule wegen der konkurrierenden konfessionellen Vereine und zu einer immer stärkeren Ausrichtung auf die unmittelbar anstehenden standespolitischen Probleme, unter denen speziell die materiellen Postulate für alle Lehrerkreise höchste Integrationskraft entwickelten. Es ergab sich ein unmittelbarer Zusammenhang zwischen dem Mobilisierungsgrad der Lehrerschaft, der aus der Teilnahme am Vereinsleben und aus dem Bezug von Lehrerzeitschriften ablesbar war, und den jeweiligen aktuellen Besoldungsdiskussionen in den parlamentarischen Gremien[228]. Die ›Pragmatisierung‹ der Konzepte trat weniger stark in der Arbeit des preußischen Landesvereins zutage, dessen schulpolitisches Konzept von Beginn an einen ›mittleren‹ Kurs verfolgt hatte und der seiner Organisationsstruktur nach auf die Verfolgung konkreter berufspolitischer Ziele angelegt war, als vielmehr in den Diskussionen des DLV, dem statutengemäß die Funktion zugefallen war, innerhalb der Lehrerschaft prinzipielle und allgemeine schulpolitische Konzepte zu initiieren und zur Entscheidung zu bringen. Die Diskussionen der großen Versammlungen belegten dabei deutlich, wie schnell die zu Beginn der 1870er Jahre noch verspürbare demokratische Substanz der Schulprogramme sowohl in der Frage der Schulorganisation, konkret in dem Punkt der ›allgemeinen Volksschule‹, als auch in der Frage der Schulverwaltungsorganisation, in dem

Punkt der ›Schulsynoden‹, verblaßt war[229]. Beurteilungskriterium für schulpolitische und damit auch erziehungswissenschaftliche Konzeptionen wurde die Frage, wieweit die Bestrebungen allgemein die Hebung der Volksschule und ihres Lehrerstandes förderten, wobei die Interdependenz zwischen den Fortschritten des Berufsstandes und denen der Institution Schule immer mehr im Sinne eines Kausalzusammenhanges interpretiert wurde, in dem die Hebung des Lehrerstandes den primären Rang eingeräumt erhielt.

Im standespolitischen Vorgehen der Vereine ergab sich ein allerdings strukturell bedingter Konflikt, da die schulpolitischen Forderungen auf eine politische und soziale Demokratisierung tendieren mußten, die Lehrer sich aber zur Durchsetzung ihrer Ziele zugleich als die loyalen Verteidiger der bestehenden politischen und gesellschaftlichen Ordnung ausweisen sollten und wollten. Dieser Konflikt wurde nur von Außenseitern erkannt, während die Mehrzahl der Kollegen ihn in der Weise löste, daß sie die Funktion für die bestehende Gesellschaft in ihrer Berufstätigkeit in den Vordergrund stellte. Wenn sich die Lehrer in ihren für die Öffentlichkeit bestimmten Argumenten deshalb auch einerseits als Garanten der bestehenden gesellschaftlichen Ordnung zu empfehlen versuchten, so blieb andererseits in ihrer standesinternen Diskussion das fast chiliastisch anmutende Bewußtsein lebendig[230], daß eine angemessene Stellung des Berufsstandes erst von einer Gesellschaft zu erwarten sei, die der Erziehung größere Bedeutung beimessen müsse. Dieser Erwartung fehlte allerdings die politische Dimension, da man sie sich als notwendiges Ergebnis eines bereits angelegten Entwicklungsprozesses erfüllen sah, der nicht durch die Beteiligung an der politischen Auseinandersetzung[231], sondern durch die immanente Qualitätsverbesserung der Standesmitglieder zu beschleunigen sei.

Während die Vereine bei der Durchsetzung konkreter standespolitischer Postulate im Stile von Interessenverbänden durch unmittelbare Einflußnahme auf die politischen Entscheidungsträger nicht sehr effizient waren, besaßen sie offensichtlich den von ihnen erstrebten mittelbaren Einfluß durch die planmäßige Einwirkung auf die öffentliche Meinung[232]. Vor allem die überregionalen Lehrerversammlungen, speziell die »Allgemeine deutsche Lehrerversammlung« und der »Deutsche Lehrertag«[233], die teilweise bis zu 5 000 Besucher anzogen, bestätigten sich in der erwarteten Doppelfunktion berufsständischer Integration und öffentlichkeitswirksamer Agitation. Gerade das publizistische Echo konservativer Blätter ließ sie als Veranstaltungen erkennen, die den Anspruch auf professionelle Autonomie des Standes zum Ausdruck brachten[234].

Der zentrale Rang von Vereinsbildungen, Konferenzen und überregionalen Versammlungen für Fortbildung wie professionelle Kontrolle der Lehrer ging auch der Unterrichtsverwaltung auf. Gerade die rigiden disziplinierenden Maßnahmen der Bürokratie gegen die Vereinsbestrebungen dokumentierten, für wie politisch sie die kollektiven Aktionen der Lehrer einschätzte. Die Vereine stellten in ihrem Einfluß auf den Stand selbst das staatliche Monopol der Kontrolle in Frage und brachten in ihrer Wirkung auf die Öffentlichkeit die Lehrer als eigenen schulpolitischen Faktor ins Spiel. Diese Tendenz war schon von der Bürokratie in der Zeit nach 1848 sehr entschieden bekämpft worden, da die Organisation der preußischen Lehrerschaft als Mitursache für die verfehlte gesellschaftliche Entwicklung galt, welche die traditionelle politische und soziale Hierarchie gefährdete. Die Verhinderung der Organisation des Lehrerstandes, »in sich selbst und auf seine eigenen Glieder basiert«[235], mit der die Lehrer die ›Emanzipation‹ von der Autorität erstrebten, war deshalb das erklärte Ziel der Regulativperiode gewesen. Die Politisierung der Schule unter restaurativem Vorzeichen verlangte zwar einen entpolitisierten Lehrerstand, forderte aber durchaus die im Interesse der Regierungspolitik politisierten einzelnen Lehrer. Dabei zeichnete sich ab, daß weder die notwendige bürokratische Einflußnahme auf die Fortbildung noch die erwünschte Politisierung der Lehrer ohne die organisatorische Überwindung ihrer berufsbedingten Isolierung möglich war, so daß Konferenzen amtlich gefördert wurden, die allerdings durch staatliche Aufsichtspersonen geleitet wurden.

Ein gewandeltes Verhältnis von politischer Führung und Vereinsbewegung entstand in dem Maße, in dem die schulpolitischen und politischen Konzepte der Vereine mit dem politischen Kurs des Staatsministeriums Berührungspunkte gewannen, z. B. als die Vereine in den Jahren der Reichseinigung in ihrer nationalpolitischen Emphase die politische Integration des Reiches unterstützten und vor allem ihr Konzept der Emanzipation von der Kirche sich für die kulturkämpferische Auseinandersetzung, wie der Staat sie betrieb, verwenden ließ. Bismarcks mit stürmischer Begeisterung aufgenommenes Wort von den ›treuen Kampfgenossen‹ bestätigte diese allerdings nur vorübergehende Identität der politischen Intentionen, ohne allerdings damit in irgendeiner Weise die Lehrerschaft als autonomen schulpolitischen Faktor anerkennen zu wollen. Im Kultusministerium selbst gab es zwar Überlegungen, die weitgehende schulpolitische Interessenidentität zwischen preußischem Lehrerverein und Schulverwaltung in Richtung auf eine politische Unterstützung des Ministers Falk auszubauen, ohne daß es aber zu einer institutionalisierten oder auch nur kontinuierlichen Zusammenarbeit zwischen Ministerium und organisierter preußischer Volksschullehrerschaft kam. Immerhin bewirkten die von Falk eingeleiteten Modernisierungsmaßnahmen der Volksschulorganisation, die eine Anhebung des Ausbildungsniveaus der Lehrer und relativ erhebliche materielle Verbesserungen anstrebten, ein bisher unbekanntes Vertrauensverhältnis der preußischen Volksschullehrerschaft zu ihrem ›Chef‹. Den Rücktritt Falks begleitete die Lehrerschaft deshalb mit bedauernden öffentlichen Erklärungen. Dieses Engagement für den Minister drohte ihnen allerdings in der gewandelten politischen Situation schon bald zu schaden. Falks Nachfolger Puttkamer sollte gerade die Phänomene der zaghaften professionellen Autonomiebestrebungen der Lehrer zum Anlaß nehmen, seine divergierenden schulpolitischen Konzeptionen zu verdeutlichen. Im Stile der Regulativperiode versuchte er, die freie Vereinstätigkeit der preußischen Lehrer zu unterbinden und die von ihr übernommene Funktion der Fortbildung amtlichen Konferenzen zu übertragen[236], die zugleich die Geselligkeitsbedürfnisse des Standes befriedigen sollten. Sein repressiver Kurs hatte die unmittelbare Folge der Stagnation der Vereinsbewegung[237]. Seine öffentliche Kritik an der moralischen und professionellen Zuverlässigkeit des

Lehrerstandes löste auf der anderen Seite auch in politisch konservativ eingestellten Lehrerkreisen eine tiefe Vertrauenskrise gegenüber dem konservativen Ministerium aus[238]. Die Enttäuschung der Lehrer war speziell die Folge der ›Aschermittwochsrede‹, in der Puttkamer den preußischen Volksschullehrern ein Übermaß sittlicher Verfehlungen, professioneller Unzuverlässigkeit und mangelnden Einsatzes vorgeworfen hatte. Die Rede war von den Lehrern deshalb zuallererst als eine öffentliche Anklage gegen den eigenen Berufsstand gewertet und beklagt worden. Die ministerielle Kritik an den Lehrern reichte aber wegen ihrer grundsätzlichen Argumentationsweise über den Stand selbst hinaus: Der Minister wertete die Volksschullehrer als Prototyp der modernen wirtschaftlichen und sozialen Entwicklung. Sein schulpolitisches Programm stellte so zugleich das Konzept universeller konservativer Gesellschaftspolitik überhaupt dar und war damit grundsätzlich mit den Regulativen zu vergleichen. Die Ansätze professioneller Autonomie eines modernen Berufsstandes wertete er als prinzipielle Gefährdung für das bestehende Gesellschaftsgefüge. Deshalb wurde der Versuch propagiert, die Institution der Volksschule mit Hilfe der Hierarchie zu verwalten, um so ihre immanente Sprengkraft zu entschärfen.

Puttkamers Nachfolger Goßler modifizierte trotz ähnlicher politischer Orientierung den Kurs gegenüber der Volksschullehrerschaft, denn unbestreitbar bestand vor allem in der gemeinsamen ideologischen Kampfstellung gegen die Sozialdemokratie ein breites Feld gemeinsamer erziehungspolitischer Vorstellungen zwischen Lehrerschaft und Schulverwaltung, die es dem Ministerium kaum erlaubte, die Aktivitäten des preußischen Lehrervereins von vornherein als ›staatsgefährdend‹ zu klassifizieren. Aus der Tatsache amtlicher Kenntnisnahme freier Versammlungen konnte nach Goßlers Auffassung keine zustimmende Stellungnahme des Ministeriums zu den jeweiligen Verhandlungsgegenständen abgelesen werden[239], wie im Abgeordnetenhaus von der Konservativen Partei und vom Zentrum behauptet worden war. Der Minister verteidigte die gerügte Teilnahme von seinen Beamten als den Versuch, unmittelbare Einblicke in den aktuellen Diskussionsstand der Lehrerschaft zu gewinnen, die für die Verwaltung höchst aufschlußreich seien. Dieses Konzept beendete die durch den Amtsvorgänger Puttkamer eingeleitete Phase der Konfrontation zwischen Ministerium und Vereinsbewegung, nachdem das Programm konkurrierender amtlicher Konferenztätigkeit offensichtlich gescheitert war. Die bürokratisch neutrale Einstellung gegenüber der Vereinsbewegung mußte die Tendenz der Pragmatisierung der Programme der Vereinsbewegung selbst begünstigen. Denn in der Kommunikationsbereitschaft der Schulverwaltung sahen die Lehrer eine Chance für eine Kooperation in den drängenden standespolitischen Fragen, die nicht durch unnütze Radikalität verschüttet werden sollte.

Symptomatisch für den gewandelten Stil der Standespolitik war das Verhalten des Landesvereins bei der Beratung des Goßlerschen Schulgesetzentwurfes von 1890. Als der Landtag eröffnet und der Entwurf bekannt geworden war, ließ der geschäftsführende Ausschuß die Vorlage in mehreren tausend Exemplaren drucken, um eine gründliche Vorklärung in den Einzelvereinen zu ermöglichen. Nach intensiver Arbeit in den Landesvereinen beriet dann am 29.

und 30. Dezember 1890 der »Erste preußische Lehrertag« in Magdeburg. Der Vorstand war bei seinen Vorbereitungen davon ausgegangen, die Beratung und Beschlußfassung möglichst auf die konkreten Gesetzesparagraphen auszurichten, weil er es nicht für den Zweck der Versammlung hielt, »in idealen Zügen zu zeigen, was alles erreicht werden könnte und müßte«. Der Vorsitzende Schröder schlug der Versammlung vor, sie müsse den »Nachdruck darauf legen, das zu erstreben, was unter den Umständen, die gegeben sind, erstrebt werden kann (Bravo!)«. Seine Aufforderung: »Wir müssen in dieser Beziehung praktisch sein«[240], gewann gleichsam programmatischen Charakter.

Kapitel V

Das konservative Schulregiment: Versuche der erziehungspolitischen Eindämmung der Sozialdemokratie zwischen 1880 und 1900

1. Das Ende der Expansion: Politische und wirtschaftliche Barrieren der Volksschulentwicklung während der 80er Jahre

a) Minister Puttkamer und der schulpolitische »Aschermittwoch«: Zurück zu den »Autoritäten«

Am 29. 6. 1879 reichte der Minister der geistlichen, Unterrichts- und Medizinalangelegenheiten Falk zusammen mit den Ministern Hobrecht und Friedenthal sein Abschiedsgesuch ein, das ihm zum Schluß der Reichstagssession zum 14. 7. 1879 gewährt wurde[1]. Die Ersetzung des ›Kulturkampfministers‹ durch den Oberpräsidenten Robert v. Puttkamer[2] galt über den Personenwechsel im Kultusministerium hinaus als erheblicher Rechtsruck[3] des Staatsministeriums. Diese Tendenzwende verschärfte der neue Minister durch öffentliche Erklärungen über seinen Kurs, die zumal vor den Wahlen zum preußischen Abgeordnetenhaus großes Aufsehen erregten. Bei der Einweihung eines Gymnasiums in Köslin hatte der Minister offen bekannt, nicht in allen wesentlichen Beziehungen den Standpunkt seines Amtsvorgängers zu teilen[4]. Damit war den offiziösen Versicherungen nach Falks Rücktritt, daß der Personenwechsel keineswegs einen Systemwechsel zum Ausdruck bringen solle, der Boden entzogen[5]. Auch politische Gesinnungsgenossen im Ministerium zeigten sich durch die Äußerungen Puttkamers zumindest »frappiert«. Der Vizepräsident Graf Stolberg hielt es bei aller Anerkennung der tatsächlich bestehenden Differenzen mit Falk für höchst fraglich, ob für eine derartige programmatische Erklärung, die doch für das ganze Ministerium von charakteristischer Bedeutung sei, sich gerade die Einweihung eines neuen Gymnasiums geeignet habe[6].

Person wie Programm des Ministers mußte die Öffentlichkeit fraglos als Phänomene des Anbruchs einer neuen Reaktionszeit deuten[7]. In einem Brief an den Herausgeber der »Deutschen Revue« teilte der zurückgetretene Minister zwar die »generelle Furcht« derer nicht, die im allgemeinen die Reaktion kommen sahen, aber er bekundete seine Sorge wegen des Unterrichtswesens: »Darum kämpfen die wichtigsten Faktoren der Gegner am leidenschaftlichsten und im gleichen Geiste. Hier steht ihnen kein Gesetz im Wege und kann ihnen bei der Natur des Gegenstandes keines im Wege stehen. Über den Geist, in welchem das Unterrichtswesen geleitet wird, entscheidet stets die Verwaltung«[8]. Kein Wunder, daß dieser im übrigen ursprünglich nicht zur Veröffentlichung bestimmte Brief in der Regierung »peinliches Aufsehen« erregte[9].

Als »geeignetster Gegenstand«, auch nach außen seine Stellung kundzugeben, erschien Puttkamer die Simultanschulfrage[10]. Im Oktober 1879 sistierte der neue Minister die Einweihung einer Bezirksschule der Stadt Elbing, mit der das von der Stadt initiierte Programm einer paritätischen Gestaltung des gesamten städtischen Schulwesens abgeschlossen werden sollte. Die Umgestaltung des Volksschulwesens war durch die zuständigen Regierungsbehörden genehmigt worden, und die zuerst fertiggestellte Mädchenschule arbeitete bereits nach dem aufgestellten Plan. Gegenüber einer Deputation der Stadt, die gegen die Verfügung protestierte, verwies der Minister darauf, daß sein Verbot die Gegnerschaft zur Simultanschule zum Ausdruck bringe, ein Punkt, in dem er von seinem Vorgänger abweiche[11]. Die darauf erfolgenden Petitionen der Stadt an das Abgeordnetenhaus bescherten Puttkamer die erwünschte Chance, seine Auffassung mit größtmöglicher Publizität zu vertreten. Taktisch geschickt stellte er sich auf den Boden der Verfügung Falks vom 17. Juni 1876, in der dieser die Genehmigung zur Einrichtung paritätischer Schulen davon abhängig gemacht hatte, daß in jedem Einzelfall zu prüfen sei, ob eine »wesentliche Verbesserung« durch die neue Einrichtung zu erwarten sei[12]. Der Minister verwies auf die Überlegenheit des konfessionellen Volksschulwesens und verneinte, daß durch die Überführung der Elbinger Schulen vom konfessionellen in ein simultanes System eine Verbesserung erreicht werde. Puttkamer erklärte die konfessionell eingerichtete Schule für die »normale, in unserem Recht begründete, in der historischen Entwicklung unseres Volkes lebend beruhende, pädagogisch richtigste und vollkommenste Gestaltung des Volksschulwesens«[13]. Der Chef der preußischen Unterrichtsverwaltung bestritt den Kommunen im übrigen das Recht, Fragen von der Tragweite wie Konfessionalisierung oder Simultanisierung der Entscheidung wechselnder Majoritäten von Gemeindevertretungen zu überlassen[14]. Diese Äußerungen enthielten in nuce das Schulprogramm der nächsten Jahrzehnte: Konfessionalisierung des Unterrichts und der Unterrichtsorganisation und den Versuch, die kommunalen Selbstverwaltungsrechte im Schulbereich zu reduzieren. Mit großer Mehrheit wurde der Antrag niedergestimmt, die Petition der Regierung »zur Berücksichtigung« zu überweisen. Der Elbinger Streit nahm nicht zuletzt deshalb den »Anschein eines großen Sieges des Kultusministers an, weil die liberale Presse diesen nur tatsächlich zu behandelnden Einzelfall sehr arg übertrieben«[15] hatte, wie Falk in seinem Tagebuch vermerkte[16].

Auch zu einer inhaltlichen Darlegung seines erziehungspolitischen Programms benutzte der Minister das Forum des Abgeordnetenhauses. Anläßlich der Beratung des Unterrichtsetats griff er auf »Anregung« des Zentrumsabgeordneten Dr. Lieber die Frage der disziplinarischen Zuverlässigkeit der Volksschullehrer auf, um an Hand einer grundsätzlichen Kritik an diesem Berufsstand zu umreißen, wie er das Verhältnis von Volksschule und Gesellschaft einschätze.

Die disziplinarische Haltung der preußischen Volksschullehrer sei für »Staat, Gemeinde und Schule« so »eminent wichtig«, daß sie unabhängig von

Parteirücksichten erörtert werden müsse. Die am 11. Februar 1880 vor dem Abgeordnetenhaus gehaltene Rede[17], die als ›Aschermittwochsrede‹ in die preußische Volksschulgeschichte einging, markierte aus der Sicht der Lehrer den absoluten Tiefpunkt der Beziehungen zwischen der Lehrerschaft und dem Ministerium[18].

Die einleitenden ministeriellen Bekundungen über die berufliche Zuverlässigkeit der großen Mehrheit des preußischen Volksschullehrerstandes nahmen die folgenden Ausführungen praktisch zurück. Aus den amtlich bekanntgewordenen Zahlen der disziplinarischen und strafrechtlichen Verfehlungen glaubte der Minister auf eine »sehr tiefe sittliche und moralische Versunkenheit einzelner Individuen« im Lehrerstand schließen zu müssen[19]. Dieses Urteil, das in der Lehrerschaft helle Empörung auslöste, ließ sich allerdings statistisch keineswegs verifizieren[20]. Aufschlußreicher für Puttkamers gesellschaftspolitisches Konzept waren deshalb die »Quellen« der von ihm analysierten Phänomene im Lehrerverhalten. Ausdrücklich nahm der Minister das von Falk reformierte Seminarbildungswesen gegen Angriffe in Schutz. Es biete die »völlige Garantie für eine sittlich religiöse Ausbildung der zukünftigen Volksschullehrer«[21]. Puttkamer brachte dagegen die industrielle und wirtschaftliche Entwicklung des letzten Jahrzehnts[22] unmittelbar mit der Haltung der Volksschullehrer in Verbindung[23]. Die Volksschule sei von allen öffentlichen Institutionen am meisten von den Bedingungen des praktischen Lebens abhängig, und so wirkten auch alle nachteiligen Einflüsse unmittelbar auf die Volksschule und auf die allgemeine sittliche Haltung der Lehrer zurück. Denn diese seien Söhne des Volkes und Mitglieder der Volksgemeinschaft. Mit dieser ›soziologisch‹ argumentierenden Erklärung gab sich der Minister jedoch nicht zufrieden, sondern versuchte, das Fehlverhalten der Lehrer auch als Konsequenz unangemessener Einflußnahme der Parteien auf die Lehrer zu deuten, welche die Berufsgruppe für ihre politischen Zwecke mit der Folge in Anspruch zu nehmen versucht hätten, daß der Volksschullehrerstand im letzten Jahrzehnt allzusehr in den Vordergrund des öffentlichen Lebens getreten sei.

Wenn mit diesen Argumenten vorwiegend objektive Tatbestände angesprochen waren, die ihrer Natur nach dem politischen Zugriff des Ministeriums entzogen waren, so waren die folgenden Einsichten über die den Lehrern selbst zuzumessende Schuld unmittelbar in praktische Verwaltungsmaßnahmen umzusetzen. Die Urteile des Ministers über Standespublizistik und Vereinswesen bestritten prinzipiell die professionelle Autonomie des Standes. In der Mehrzahl der »Organe der sog. Lehrerpresse« begegne man höchst einseitigen Überschätzungen der eigenen Leistung und sehr absprechenden Urteilen über anders Denkende und anders Meinende[24]. Da der Minister zu ähnlich negativen Urteilen über die Lehrervereine gelangte, glaubte er dem Lehrerstande als Konsequenz aller dieser »exzentrischen Erscheinungen« anraten zu müssen: ». . . er täte besser, – ich spreche selbstverständlich vom Volksschullehrerstande, meine Herren, – die Sorgen für die großen Gesichtspunkte, deren er sich auch annehmen zu müssen glaubt, seinen Vorgesetzten zu überlassen und sich auf die Sphäre zu beschränken, die sein Beruf ihm anweist«[25]. Auch die schulpolitische Entwicklung des letzten Jahrzehnts, die dazu geführt habe, die Lehrer von ihren »natürlichen Autoritäten« loszulösen, machte der Minister für deren mangelnde sittliche und politische Zuverlässigkeit verantwortlich. Der Hinweis auf die ›natürlichen Autoritäten‹ sowie die damit verbundenen Therapievorschläge charakterisieren die vorangegangene Analyse als Stereotyp konservativer Schulkritik, das sein Grundmuster seit dem Jahrhundertbeginn beibehalten hatte und allein die einzelnen Beispiele aktualisierte[26]; neu war allerdings die von Puttkamer beigesteuerte Einsicht in die Interdependenz von industrieller Entwicklung und gesellschaftlicher Unruhe, als deren Prototyp er die Lehrer einschätzte. Puttkamer kündigte an, er werde die Bezirksaufsichtsbehörden anweisen, »die Disziplin schärfer anzuziehen« und die Schule »wieder etwas mehr an ihre natürlichen Autoritäten« anknüpfen[27]. Wegen der ethisch-religiösen Seite rangierte in der Sicht des Ministers dabei die Lokalschulinspektion in der Hand von Geistlichen vor der von ihm als bloß technisch-methodisch bezeichneten Kreisschulinspektion[28]. Dennoch lehnte er es entschieden ab, das Institut der Kreisschulinspektion zur »Avancementleiter« für Volksschullehrer zu machen. Geistliche stünden als akademisch gebildete Leute sozial höher als Elementarlehrer, so daß sie »peinlich berührt« würden, wenn sie in Schulsachen unter nicht literarisch gebildete Kreisschulinspektoren gestellt würden[29]. Das Bekenntnis zum Institut des geistlichen Lokalschulinspektors hielt Puttkamer auch aus fachlichen Gründen für berechtigt: »Glauben Sie denn nicht, daß ein akademisch gebildeter Mann mit gutem Willen und nur ein wenig Anlage imstande ist, im Laufe der Jahre sich in diese doch nicht eleusinischen Mysterien einzuweihen?«[30] Mit dieser Bemerkung war zugleich der professionelle Charakter der von ihm an anderer Stelle gelobten Lehrerausbildung in Frage gestellt.

Die parlamentarische Auseinandersetzung um das in der »Aschermittwochsrede« zum Ausdruck kommende konservative Schulprogramm blieb bemerkenswert blaß. Allein der dem Fortschritt angehörende Abgeordnete Knörcke legte gegen die pauschalen Angriffe auf den Lehrerstand Verwahrung ein, während sein Fraktionsgenosse Virchow zwar die konfessionellen Elemente des Programms kritisierte, andererseits aber dem Ministerium in keiner Weise entgegentreten wollte, wenn es eine möglichst scharfe Aufsicht über das Lehrpersonal ausübe[31]. Die Verschärfung der Disziplin entsprach auch den ausdrücklichen Wünschen des Zentrums, das durch Windthorst den Minister aufgefordert hatte, »energisch die Schullehrerseminarien zu revidieren, ihnen einen anderen Geist beizubringen, den Lehrern wie den Zöglingen Botmäßigkeit zu lehren«[32], während seine Partei bisher jede ›Gesinnungsdressur‹ scharf kritisiert hatte.

Obwohl selbst Ministerialbeamte versuchten, ihren Chef von der Überspanntheit einiger seiner Ausführungen zu überzeugen[33], drang Puttkamer auf konkrete Verwaltungsmaßregeln. Durch Reskript vom 20. September 1880 wurden die bereits 1851 angeordneten Lehrerkonferenzen an Schullehrerseminaren reaktiviert, da solche Veranstaltungen für die wissenschaftliche und fachliche Weiterbildung unverzichtbar seien[34]. Unumwunden sprach die Verfügung aus, daß die amtlichen Konferenzen den freien Vereinigungen entgegentreten sollten, die teilweise »zu Herden agitatorischer Sonderbestre-

bungen« geworden seien[35]. Der Text verschärfte noch die Anklage der ministeriellen Rede über die politische Gefahr der freien Lehrervereine und gipfelte in der Aufforderung an die Lehrer zu einem freiwilligen organischen Anschluß an ihre »natürlichen Autoritäten«[36]. Um den Besuch der freien Versammlungen zu erschweren, wurden die Bestimmungen über Fahrpreisermäßigungen der Eisenbahnen verschärft und der Besuch der Allgemeinen Deutschen Lehrerversammlung ausdrücklich als unerwünscht bezeichnet[37]. Das Staatsministerium teilte Puttkamers Auffassung, solche Versammlungen hätten eine bedenkliche Tendenz, hielt es aber anläßlich des konkreten Falls der bevorstehenden Karlsruher Versammlung für nicht opportun, die Teilnahme zu verbieten. Praktisch war dieselbe Wirkung mit der Anweisung zu erreichen, den Unterricht nach den Pfingstferien pünktlich wieder beginnen zu lassen, »was den Lehrern z. T. die Teilnahme wenigstens für den letzten Tag unmöglich machen werde«[38], wie Puttkamer zur Erwägung gestellt hatte[39].
Schon die Ernennung Puttkamers hatte konservativen Schulaufsichtsbeamten unversehens Auftrieb gegeben, die gleichsam den Intentionen des neuen Chefs zuvorzukommen trachteten, indem sie Lehrervereinen, die dem zurückgetretenen Minister Falk Dankadressen hatten zukommen lassen, ihre schärfste Mißbilligung aussprachen, da solche Treuebekundungen als politische Kritik am Kurs der Staatsregierung gewertet werden müßten. Ein Bekenntnis zu dem zurückgetretenen Minister war deshalb für Lehrer und Schulaufsichtsbeamte nicht ungefährlich und mit amtlichen Zurücksetzungen verbunden. Ein westfälischer Schulrat wurde wegen eines als unpassend empfundenen Toastes strafversetzt, und der Seminardirektor Platen, der die Falksche Unterrichtsverwaltung im Abgeordnetenhaus nachdrücklich verteidigt hatte, kehrte aufgrund einer Versetzung aus seinem Wahlkreis nicht in das Abgeordnetenhaus zurück[40]. Selbst der telegrafische Dank einzelner Lehrerverbände an den Abgeordneten Knörcke, der die Lehrer vor dem Abgeordnetenhaus gegen die Angriffe in Puttkamers Aschermittwochsrede in Schutz genommen hatte, wurde von einigen Schulaufsichtsbeamten als unzulässige politische Demonstration gegen den Regierungskurs gerügt[41].
Der Kurs des Ministers, die Lehrer wieder an die »natürlichen Autoritäten« anzuschließen, den er nach seinem Eintritt ins Innenministerium für alle Beamtengruppen durchzusetzen strebte, führte in der Allerhöchsten Botschaft von 1882[42] zu einer ganz konkreten politischen Forderung: die Beamten seien verpflichtet, die Politik der königlichen Staatsregierung in Wahlen zu vertreten. Dieses Postulat ging weit über die von Falk aus kulturkämpferischen und nationalpolitischen Motiven gespeisten Verfügungen von 1873 und 1874 hinaus und schloß ehestens an die Praxis der Konfliktszeit während der 1860er Jahre an[43]. Manche unteren Verwaltungsbeamten versuchten, den monarchischen Ansprüchen umgehend zu entsprechen, und präzisierten ihrerseits die politische Stoßrichtung ohne Umschweife. So nahm der Schulinspektor des ostpreußischen Kreises Friedland die Wahl eines Anhängers der Fortschrittspartei in den Reichstag zum Anlaß einer Verfügung an alle Lehrer seines Aufsichtsbezirks; ein Lehrer habe die Amtspflicht, die »Regierung unseres Kaisers« zu unterstützen, und mache sich einer politischen Verfehlung schuldig, wenn er die Wahl oppositioneller Kandidaten nicht verhindere. Ihm

schien es unzweifelhaft, »daß die Wahl zum Reichstag ganz anders hätte ausfallen müssen, wenn Sie alle, ein jeglicher an seinem Ort und unter den Wählern seiner Schulsocietät, eingedenk Ihres Berufes als christlicher Lehrer, dafür gesorgt hätten, daß der oberste Grundsatz alles wahren Patriotismus: Fürchte Gott, ehre den König, zur Geltung gekommen wäre . . .«[44]. Die vor dem Abgeordnetenhaus abgegebene Bekräftigung des Ministers von Goßler, der Puttkamer am 17. Juni 1881 im Ministerium gefolgt war[45], er billige den »Gesamtgeist, den Gesamtcharakter dieses Rundschreibens«[46], mußte auch andere Aufsichtsbeamte zu ähnlichem Vorgehen ermutigen. Über die bloße Ermahnung war anläßlich derselben Wahl bereits die königliche Regierung in Königsberg hinausgegangen, die einen Lehrer mit einer Ordnungsstrafe von 20 Mark belegte, weil er den Wahlaufruf für einen liberalen Kandidaten unterschrieben hatte. Darüber hinaus wurde sein Verhalten in einer amtlichen Lehrerkonferenz im Auftrag der Regierung getadelt, die zwar seine unterrichtlichen Leistungen anerkannte, die Unterschrift unter den Wahlaufruf jedoch als verbotene Wahlagitation klassifizierte. Daß damit sein Eintreten für einen liberalen Kandidaten geahndet werden sollte und nicht die Unterschrift unter einen Wahlaufruf an sich, zeigte das Verhalten derselben Regierung gegenüber den Lehrern, die Wahlaufrufe für konservative Kandidaten unterzeichnet hatten und selbstverständlich ohne Strafe geblieben waren[47]. Das Puttkamersche Programm des Anschlusses der Lehrer an ihre ›natürlichen Autoritäten‹ hatte so schnell einen auch unmittelbar parteipolitischen Charakter gewonnen.

Die Maßnahmen zur Disziplinierung der Volksschullehrer blieben in ihrer schulpolitisch retardierenden Wirkung noch hinter einer Verfügung von 1881 zurück, die mit Rücksicht auf die schlechte Wirtschaftslage die ohnehin gefährdete materielle Ausstattung der Volksschulen noch weiter in Frage stellte[48]. Trotz erheblicher Widerstände des Fachreferenten im Ministerium[49], der eine schwerwiegende Schädigung des gesamten Volksschulwesens befürchtete, wies Puttkamer die Behörden an, im Interesse der überlasteten Gemeinden Verbesserungen im Schulwesen zu unterlassen. Das Reskript verwirklichte die von Bismarck schon gegenüber Falk mit Nachdruck erhobene Forderung, die Machtbefugnisse der Schulbehörden gegenüber den Gemeinden zu beschränken, da sie eine der Regierung feindliche Stimmung produzierten[50]. Puttkamer forderte zu der Erwägung auf, ob nicht die Belastung der Schulgemeinden teilweise über das Maß der Leistungsfähigkeit emporgewachsen sei, »zumal in einer Zeit, wo der nationale Wohlstand sich eben erst von den nachteiligen Folgen einer verfehlten Wirtschaftspolitik zu erholen« begonnen habe. Der Hinweis auf die ›verfehlte Wirtschaftspolitik‹ des letzten Jahrzehnts war in einer schultechnischen Verfügung formal ebenso ungewöhnlich wie politisch aufschlußreich. Der Erlaß war mit eindeutiger Wirkung auf die anstehenden Wahlen im preußischen Abgeordnetenhaus und die von Bismarck betriebene Finanzreform konzipiert[51]. Puttkamer stellte nämlich eine großzügigere Praxis in der Vergabe der Staatsbeihilfen an die Gemeinden für den Fall in Aussicht, »wenn der Staat nach vollständiger Durchführung der begonnenen Steuerreform in der Lage sein wird, den Gemeinden einen wesentlichen Teil der Schullast abzunehmen«[52]. Bis dahin sei mit einer erheblichen Vermehrung der für Schulzwecke verfügbaren Staatsfonds nicht zu rechnen. Folgenreicher als der propagandistische Effekt dieser Verfügung war das durch den Minister selbst verkündete Programm der Stagnation. Er forderte, »auf kostspielige Verbesserungen des bisherigen Zustandes, auch wenn sie an sich wünschenswert und nützlich sein mögen, zu verzichten . . . und sich mit den bestehenden Einrichtungen, auch wenn sie zu wünschen übrig lassen, bis auf bessere Zeiten zu begnügen«[53].

Puttkamer versuchte, seinen schulpolitischen Kurs weniger durch zähe bürokratische Detailarbeit durchzusetzen[54] wie vor ihm Falk und nach ihm seine ebenfalls konservativen Ministerkollegen Goßler und Bosse, als ihn eher durch spektakuläre Einzelaktionen zu signalisieren. Die politische Wirkung nach außen rangierte dabei eindeutig vor den immanenten Ressortinteressen, wie der Erlaß von 1881 verdeutlichte.

Dieser ›Bremserlaß‹, der ›Elbinger Simultanschulstreit‹, die ›Aschermittwochsrede‹ und die Behinderung der Lehrerbewegung steckten den schulpolitischen Kurs der nächsten Jahrzehnte ab: Schonung und materielle Entlastung der Schulunterhaltungspflichtigen auch um den Preis der Stagnation des Volksschulwesens, strenge konfessionelle Ausrichtung von Schulunterricht und Schulorganisation, verschärfte politische Disziplinierung der Lehrer und Hemmung ihrer professionellen Entwicklung.

b) Bismarck als Schulherr: Das Programm materieller und intellektueller Dürftigkeit

Das Ergebnis der Wahl zum preußischen Abgeordnetenhaus von 1879 legitimierte den Kurswechsel im Staatsministerium des gleichen Jahres. Einer vernichtenden Niederlage der gemäßigt liberalen Kräfte stand ein kräftiger Machtzuwachs der Konservativen gegenüber, die ihre Position als stärkste Fraktion auch in den folgenden Wahlen zu stabilisieren vermochten[55]. Den zweiten parlamentarischen Fixpunkt bildete die Gruppe des Zentrums, das mit großer Konstanz nach allen Wahlen jeweils mit ca. 100 Abgeordneten im Hause vertreten war. Wenn die Zahl der liberalen Abgeordneten auch erheblich zurückgegangen war, blieben theoretisch jedoch sowohl Mehrheitsbildungen zwischen den Konservativen und dem Zentrum als auch zwischen der konservativen Partei und dem rechten Flügel der Nationalliberalen möglich. Diese von Bismarck in Preußen favorisierte Alternative verlor in dem Maße an Realisierungschance, in dem das Zentrum in der Reichspolitik die Regierung stützte. Die Schulpolitik wurde durch diese Konstellation unmittelbar berührt, da das Zentrum in Preußen vitale kultur- und schulpolitische Interessen verfolgte. Bereits Falk hatte kurz vor seinem Rücktritt geltend gemacht, daß ihm aufgrund des parlamentarischen Kräfteverhältnisses die Fortführung seiner Schulpolitik unmöglich sein würde. Indem Bismarck den zoll- und wirtschaftspolitischen Fragen im Reich Priorität einräumte, die Falk im übrigen politisch unterstützte, war der Ministerpräsident und Reichskanzler nach dem Urteil des preußischen Kultusministers zu kulturpolitischen Konzessionen an das Zentrum genötigt, das die Reformpolitik im Reich parlamentarisch gestützt hatte[56].

Zum Programm der seit 1879 betriebenen Steuerreform gehörte auch die Erleichterung der Schullasten in Preußen. Sie sollte die ›Kommunalsteuernot‹, d. h. die Überlastung der direkten Staatssteuern mit Zuschlägen zugunsten der Gemeinden, mildern helfen[57]. Einen erheblichen Teil dieser Mehrbelastungen machten die Schulabgaben aus. In vielen Fällen betrugen sie mehrere hundert Prozent der direkten Staatssteuern. Wenn auch aus dem Mißverhältnis zwischen direkten Staatssteuern und Schulabgaben keineswegs immer auf die Überlastung der Leistungsverpflichteten geschlossen werden konnte, so dokumentierten die Zahlen doch den Zwang zu einer Neugestaltung der Schullasten[58].

Bismarck zog in der Diskussion mit dem Staatsministerium aus dem Verhältnis zunächst den Schluß, daß die Schulverwaltung den Verpflichteten überhaupt zu hohe Lasten aufgebürdet habe, die es jetzt zu vermindern gelte[59]. Dieser Plan gehörte zu seinem sozialpolitischen Programm, die direkten Staatsausgaben herunterzuschrauben; durch die Aufhebung des Schulgeldes sollte die ›Unzufriedenheit‹ der unteren Bevölkerungsschichten abgeschwächt werden. Dieses Motiv versuchte Bismarck bei seinen finanzpolitischen Bestrebungen, das Reich finanziell besser auszustatten, ins Spiel zu bringen. Bereitwillig griff er entsprechende Vorschläge für die ›Verwendungsgesetze‹ auf: die erwarteten Mehreinnahmen sollten spezifischen preußischen Bedürfnissen gesetzlich zugeschrieben werden und damit der Widerstand des Reichstages gegen eine Erhöhung der indirekten Steuern gebrochen werden. So sahen die Entwürfe des Gesetzes von 1882 vor, von den Einnahmen ca. fünfzig Millionen für das Schulwesen zu reservieren[60]. Wenn Bismarck aber auch die Verwendungsgesetze allein als Mittel zum Zwecke der Erlangung von Steuerbewilligungen im Reich betrieben hatte[61], so entsprachen die anvisierten Verwendungszwecke speziell im Bereich der Schule tatsächlich konkreten Bedürfnissen, so daß die Frage der Schullast auch nach dem Scheitern der Verwendungsgesetzentwürfe auf der Tagesordnung blieb[62].

Darüber hinaus finden sich auch Hinweise auf ein genuin schulpolitisches Engagement des Fürsten[63]; die Volksschule war nicht nur ein bloßes politisches Handelsobjekt, sondern auch ein Feld, auf dem er eigene erziehungspolitische Konzepte zu verwirklichen suchte. Der von Puttkamer eingeschlagene Kurs fand die volle Billigung des Ministerpräsidenten. Namentlich mit dessen scharfer Aschermittwochskritik an den Lehrern[64] war er zufrieden[65]. Und wenn Puttkamer die Wiedereinsetzung von Geistlichen in die Lokalschulinspektion in Gang brachte, so handelte er durchaus mit Bismarcks Einverständnis[66]. Die Initiativen, die Lasten der Leistungsverpflichteten einzuschränken, gingen ohnehin direkt auf den Ministerpräsidenten selbst zurück, der hier seine Interessen als Gutsherr zur Geltung brachte. In einem höchst aufgebrachten Brief hatte er noch 1879 Falk gegenüber als Schulherr von Misdow eine Verfügung der königlichen Regierung von Köslin reklamiert und die Rechtmäßigkeit ihrer Anordnung bestritten. Die Schulverwaltungen »mißbrauchten« die obrigkeitliche Gewalt, und die von ihm keineswegs als Einzelfall zur Sprache gebrachte Maßnahme erkläre auch die regierungsfeindliche Wahl bei einem großen Teil der sonst königstreu gesinnten Landbevölkerung[67]. Falk sah sich dagegen genötigt, aus rechtlichen Gründen der

Entscheidung der Regierung beizutreten, und wertete gleichzeitig den Fall als Beweis für die Notwendigkeit, derartige Fragen durch die Vorlage des von ihm erarbeiteten Unterrichtsgesetzes zu lösen. Bezeichnenderweise ließ Bismarck diesen Hinweis in seiner Antwort völlig außer acht, die sich wiederum auf die Punkte der verfassungsmäßigen Schwäche und des politischen Ungeschicks der Mehranforderungen der Regierungen versteifte[68].

Der Puttkamersche Erlaß vom 28. Mai 1881, der die Schulverwaltung zur Zurückhaltung in ihren Schulforderungen anhielt[69], entsprach deshalb völlig den Intentionen Bismarcks, der seinen Kollegen unmittelbar nach dessen Ernennung bereits auf die »exorbitanten Ansprüche mancher Schulabteilungen« hingewiesen hatte, die ungünstig auf die Wahlen wirkten[70]. Einen ersten gesetzlichen Schritt zur Zähmung der Schulbehörden[71] stellten die Paragraphen 45–49 des Gesetzes über die Zuständigkeit der Verwaltungs- und Verwaltungsgerichtsbehörden vom 1. August 1883 dar, die den Schulverwaltungsbehörden Grenzen ihrer diskretionären Gewalt zogen, speziell bei der Feststellung des Geldwertes von Naturalien und des Ertrages der Ländereien bei der amtlichen Festsetzung des Einkommens der Elementarlehrer[72]. Die Initiativen zur Begrenzung der Machtbefugnisse der Schulbehörden im Interesse der Gemeinden wurden ergänzt durch Maßnahmen, die vor allem den Gutsbesitzern als Herren der ländlichen Schule unmittelbare materielle Hilfe bescherten. Staatszuschüsse an diesen Personenkreis waren in den 1870er Jahren nur in absoluten Ausnahmefällen gewährt worden, während die Behörden zu Beginn der 80er Jahre zu einer großzügigeren Praxis explizit ermuntert wurden[73]. Bismarck erreichte sogar einen verfassungsrechtlich höchst zweifelhaften Ministerialbeschluß, durch den die landrechtlich begründeten subsidiarischen Leistungen der Gutsherren[74] einfach aufgehoben wurden.

1885 nahm der Fürst eine Beschwerde des Magistrats von Ottensen an das Staatsministerium zum Anlaß, das Problem der Schullasten in diesem Gremium in seinem Sinne endgültig zu regeln[75]. Der Ministerpräsident sprach sich dafür aus, die »anormalen Befugnisse« der Unterrichtsabteilungen abzuschaffen. Diese hätten zu sehr die engen Interessen ihres eigenen Ressorts im Auge und verlören die übergeordneten politischen Bedürfnisse aus dem Blick. Dem Vorschlag Goßlers, die Behörden zu einem angemessenen Gebrauch ihrer Befugnisse anzuweisen, trat Bismarck mit dem Verlangen entgegen, die zu weit gehenden Auslegungen des Art. 18 der Regierungsinstruktion von 1852[76], durch die sich die Schulverwaltung in ihrem Handeln legitimiert sehe, durch »legislative Interpretationen zu verhüten«. Seine Anregung ging dahin, die Kreisvertretungen oder derartige Instanzen mit der Bewilligungsfrage zu befassen.

Vor der Sitzung des Staatsministeriums vom 10. Juni 1885[77], in der dieser Punkt wieder auf die Tagesordnung gesetzt wurde, entspann sich ein Briefwechsel zwischen Goßler und Bismarck, den der Vizepräsident v. Puttkamer auf Wunsch des abwesenden Ministerpräsidenten wegen seiner grundsätzlichen Bedeutung abschriftlich an alle Minister verteilte[78]. Goßler und Bismarck stimmten darin überein, daß eine befriedigende Lösung des Problems am ehesten durch ein Schuldotationsgesetz zu erreichen sei. Doch

während der Kultusminister für die Übergangszeit einen Allerhöchsten Erlaß vorschlug, der die Rechte der Schulbehörden in Gehaltsfragen nur noch bei der Neueinrichtung von Lehrerstellen bestehen ließ, wollte Bismarck das Reskript von 1852 durch Ministerialbeschluß außer Kraft gesetzt sehen. Goßler versuchte deshalb, aus der rein juristischen Defensive in dieser Frage herauszukommen, indem er sich um die Unterstützung des Ministerpräsidenten bei der Aufstockung des Kultusetats bemühte. Bismarcks Ziel, das Ende der Klagen über den Druck der Schullasten herbeizuführen, sei nur über eine Vermehrung der staatlichen Mittel für diese Zwecke zu erreichen.
In seiner Antwort vom 31. Mai 1885[79] ging Bismarck über den bisher eingehaltenen Kurs bloßer Rechtskritik an dem Verfahren der Unterrichtsverwaltung hinaus. Denn nach seiner nun geäußerten Auffassung stellten die überhöhten materiellen Anforderungen für die Volksschule einen Ausdruck übersteigerter Bildungsansprüche an diese Schulform dar:

Soweit das Bestreben der Schulverwaltung darauf gerichtet ist, daß der Prozentsatz derjenigen, welche analphabet aufwachsen, möglichst verschwinde, bin ich mit ihr einverstanden; nicht aber mit weiterer Steigerung des Maßes von Wissen und Können, welches für den obligatorischen Volksunterricht als das Normale hingestellt wird; ich halte schon das Jetzige für zu hoch gegriffen und glaube, daß die dadurch bedingte Steigerung der Kosten unserer Schulverwaltung eine durch das staatliche Bedürfnis und die bestehenden Gesetze nicht gerechtfertigte Ursache der Überlastung der Gemeinden bildet[80].

Als pathologische Folge einer solchen Übertreibung des Elementarunterrichts stellte Bismarck das Beispiel der russischen Nihilisten hin. Der Ministerpräsident bekannte sich ausdrücklich zu dem vormärzlichen Konzept der Elementarbildung, in dem die Zahlungspflicht der Gemeinden nicht über die Kosten hinausging, welche erforderlich waren, »um den Religionsunterricht und den allgemeinen Unterricht im Lesen, Schreiben und Rechnen zu bestreiten«[81].
Bei einem solchen Schulkonzept war in der Tat selbst die Aktivität konservativer Schulverwaltungen für eine Verbesserung des Volksschulunterrichts beunruhigend, der gegenüber es wünschenswert erschien, »daß wenigstens in einer Beschränkung der Geldmittel für das Streben der Verwaltungsbehörden eine Grenze gefunden werde«[82].
Die Klage über die »das Maß der Bedürfnisse überschreitenden Anforderungen«[83] meinte sowohl die schulischen wie die finanziellen Anforderungen, die Bismarck gleichermaßen politisch unerwünscht waren. Wenn seine Argumente in der aktuellen Situation zunächst bei der Verärgerung der Leistungsverpflichteten angesetzt hatten, so stellte die These des über die Bedürfnisse hinausgehenden Unterrichtsniveaus der Elementarschule deren weitere Entwicklung überhaupt in Frage. Goßler bekundete deshalb in der Sitzung des Staatsministeriums vom 10. Juni 1885 zwar sein Einverständnis mit den von Bismarck vorgetragenen Hauptgedanken, versuchte aber, die entscheidende Überforderungsthese gleichsam zu unterlaufen, indem er die Differenz zwischen den Falkschen Allgemeinen Bestimmungen und den unverdächtigen Regulativen zu bestreiten suchte. »Falk habe nur kodifiziert, was sich bis dahin schon entwickelt habe, nur sei die theologisierende Sprache, welche in den

Regulativen vorherrsche, einer mehr populären Darstellung gewichen, und es sei, auch wohl mit Rücksicht der Popularität, ein größerer Akzent auf die sog. Realien gelegt worden«. Überspannten Anforderungen seien aber Puttkamer wie er im Sinne einer notwendigen »Ernüchterung« entgegengetreten, faßte das Protokoll der Sitzung des Staatsministeriums seine Argumente zusammen[84].

Der Finanzminister v. Scholz teilte die von Goßler vorgebrachte Einschätzung der Allgemeinen Bestimmungen, ließ aber mit seinem Bismarcks Forderungen beitretenden Verlangen nach baldmöglicher gesetzlicher Regelung und sofortiger Aufhebung des Reskriptes die vom Kultusminister verfolgte Taktik scheitern, durch Verfügungen die beklagten Härten abzustellen. Immerhin erklärte sich Goßler am 13. Juli 1885 bereit, »die Regierungen durch eine allgemeine Verfügung bezüglich der Begrenzung des Lehrstoffes der Volksschulen mit bestimmter Direktion i. S. seiner Ausführungen in der Staatsministerialsitzung vom 10. Juni 1885 zu versehen ...«[85].

Bismarck forcierte jedoch den Entwurf eines gleichfalls in Aussicht genommenen Spezialgesetzes; es wurde am 7. 3. 1886 als »Gesetz, betr. die Feststellung der Leistungen für Volksschulen«, im Staatsministerium in Anwesenheit des Ministerpräsidenten beraten[86]. Die Vorlage schrieb die bisherigen materiellen Leistungen für die Volksschule fest und machte von den Verwaltungsbehörden für notwendig gehaltene ›Steigerungen‹ von der Beschlußfassung der Kreisausschüsse abhängig. Damit war den Selbstverwaltungsorganen nicht nur das Recht zur Prüfung der finanziellen Leistungsfähigkeit der Gemeinden überantwortet, sondern in völliger Abkehr von bisherigen Verwaltungsmaximen sogar die Beschlußfassung über inhaltliche Schulbedürfnisse anheimgegeben. Gegenüber den von Goßler geltend gemachten Bedenken, zwischen den festgestellten Schulbedürfnissen und der fehlenden Leistungsfähigkeit der Schulgemeinden könne es zum Konflikt kommen, hielt Bismarck als den Kerngedanken des Entwurfes die gesetzliche Begrenzung der Befugnisse der Unterrichtsverwaltung fest. Sie war ihm Garantie dafür, daß die Ausbildung der schulpflichtigen Kinder nicht weiter über das wünschenswerte Maß hinaus gesteigert werde. Die Folgen der Überbildung der Landjugend beschwor er mit dem Hinweis auf die nach seiner Meinung fatale Wirkung des Handarbeitsunterrichts, der die Mädchen als Näherinnen in die Stadt dränge und sie dort der Unsittlichkeit verfallen lasse. Er wollte die vormärzliche Knappheit der Mittel wieder als Regulator des Unterrichtsniveaus in Funktion setzen und dekretierte kurzerhand: »Was Staat und Gemeinden nicht leisten können, das werde eben nicht geleistet«.

Das Gesetz hatte über seine schulpolitisch regressive Fixierung des Status quo hinaus für die Lehrer unmittelbar negative Konsequenzen[87]. Es schnitt den Behörden den seit Jahrzehnten praktizierten Weg ab, Gehaltsverbesserungen auf dem Verwaltungswege durchzusetzen, und konnte überdies Maßnahmen verhindern, die die bloße Zunahme der Zahl der schulpflichtigen Kinder nötig machte. Dabei sollten die statistischen Erhebungen über das gesamte niedere Schulwesen für das Jahr 1886 ohnehin ergeben, daß sich in der Volksschule Stagnation, wenn nicht sogar bereits ein Rückschritt abzeichnete. Die Zahl der unbesetzten Lehrerstellen nahm zu, und die Zahl der durchschnittlich von

einem Lehrer zu unterrichtenden Schüler stieg ebenfalls wieder an[88].
Bei der Zusammensetzung des Herrenhauses überrascht es nicht, daß die Vorlage dankbar begrüßt wurde. Ganz in Übereinstimmung mit dem Ministerpräsidenten hob der Berichterstatter hervor, durch die übermäßige Schullast seien »ganze Gemeinden der Sozialdemokratie in die Arme getrieben worden«[89]. Konservative Herrenhausmitglieder wollten die Vorlage als ersten Schritt zu einer grundlegenden Reform der bestehenden unzeitgemäßen Dotationsverhältnisse in Richtung auf eine stärkere staatliche Beteiligung ausgestalten. Ihr Stimmführer Kleist-Retzow verlangte, daß der Staat im Falle der Leistungsunfähigkeit der Gemeinden die von ihm selbst festgestellten Forderungen übernehmen sollte[90]. Dagegen charakterisierte Bismarck das Gesetz als »Flickwerk« und Provisorium, das der Unterrichtsgesetzgebung nicht vorgreifen solle. Ein Schulgesetz habe zurückgestellt werden müssen, weil im Reichstag die Versuche gescheitert seien, hierfür nötige Geldquellen zu erschließen[91]. Damit war auch an dieser Stelle wieder der Zusammenhang zwischen Reichsfinanzreform und preußischer Schulpolitik festgehalten.
Die Beratungen des Abgeordnetenhauses[92] verstärkten den Eindruck, daß kaum Schulinteressen für den Entwurf geltend gemacht werden konnten. Die höchst zwiespältigen Äußerungen des Kultusministers, der Entwurf garantiere immerhin die bestehenden Leistungen und nehme der Schulverwaltung das »Odium« ständiger Neuanforderungen[93], bestätigten im Grunde die von liberaler Seite vorgebrachte Kritik, die Zweifel an der Sachkompetenz der Selbstverwaltungsorgane äußerte und entschieden bestritt, daß die Vorlage im Interesse der Schulverwaltung eingebracht worden sei[94]. Plastisch schilderte der konservative, allerdings ›wilde‹ Abgeordnete v. Meyer die Sparsamkeitsmaximen bäuerlicher Schulinteressenten, die er in jahrzehntelanger Landratstätigkeit kennengelernt hatte:

> Da kann es aber mitunter leicht kommen, daß ein solches Bauernkollegium seinen Standesgenossen recht bequeme Entscheidungen trifft, namentlich, wenn noch dazukommt, vielleicht eine Animosität des Kollegiums gegen den Lehrer (Heiterkeit) – ja, das kommt gar nicht so selten vor, die Lehrer sind gar nicht überall populär, weil ihre Ansprüche bekanntlich immer wachsen (vielseitige Zustimmung)[95].

In der Debatte kam es zu einer auffälligen Verkehrung der Fronten, als die linke Seite des Hauses die Tätigkeit der Schulbürokratie mit geradezu emphatischen Worten lobte[96] und die Rechte nachdrücklich den Gedanken der Selbstverwaltung vertrat[97]. Der nationalliberale Abgeordnete Hobrecht charakterisierte die Motive der Befürworter des Gesetzes in seiner spontanen Bemerkung, daß die Vorlage offenbar als ein »Kriegsgesetz« aufgefaßt werde, »als ein Ausnahmegesetz gegen die gemeingefährlichen Bestrebungen der Regierungsschulräte«[98].
Das Gesetz legte die Befugnis, die Höhe der Aufwendungen der einzelnen Schulen zu bestimmen, in die Hände der Selbstverwaltungsorgane und beschnitt damit die Rechte der Exekutive. Was sich so formal als eine Stärkung liberaler Selbstverwaltungsprinzipien ausnahm, verlor schnell seinen Glanz: Hinter dem Schirm der Selbstverwaltung wollten sich Gutsherren und Gemeinden den Anforderungen der Kultusbürokratie in bezug auf die

Ausstattung und das Bildungsniveau der Schulen entziehen, denn die Schulräte hatten häufig gegen den Willen der zur Leistung verpflichteten Gemeinden wenigstens auf ein Minimum der Ausstattung einzelner Schulen und deren allmähliche Verbesserung gedrungen. Die Übertragung weitreichender Befugnisse an die Selbstverwaltungsorgane schien deshalb besonders problematisch, da weder die Höhe der Leistungsverpflichtung von Staat oder Gemeinden noch das Niveau der Schulausbildung gesetzlich fixiert waren, so daß jetzt die Frage der Anstellung weiterer Lehrkräfte als auch die der speziellen Lehrplananforderungen in die Entscheidungsgewalt der Selbstverwaltungsbehörden gestellt waren[99].

Die ausgangs der 80er Jahre spürbare Tendenz, die disponiblen Mittel im Steueraufkommen für die Erleichterung der Lasten der Gemeinden bereitzustellen und nicht unmittelbar den Lehrern zukommen zu lassen[100], dokumentierte die schulpolitische Annäherung von Stadt und Land nach dem Muster der Allianz von Großgrundbesitz und Großindustrie, die über ein Jahrzehnt zuvor im Zeichen des Schutzzolls einander gefunden hatten[101]. Der Einsatz der aus der Erhöhung der landwirtschaftlichen Zölle gewonnenen Mittel für die Erleichterung der Schullasten war sehr viel populärer und werbewirksamer im Sinne der Ziele der Reichsfinanzreform als die Verwendung der Mittel für die Verbesserung der Lehrergehälter[102].

Zusammen mit dem 1885 verabschiedeten Lehrer-Pensionsgesetz[103], das ebenfalls die Gemeinden begünstigt hatte[104], markieren die Vorlagen der sog. ›Erleichterungsgesetze‹ 1888/89 den Anfang einer intensiven finanziellen Betätigung des Staates auf dem Gebiete des Volksschulwesens, die eine nachhaltige Verschiebung im Aufbau des preußischen Gesamthaushalts zur Folge hatte. Die Staatsaufwendungen für die Volksschule stiegen von 14 Millionen Mark im Jahre 1886 auf 46,5 Millionen im Jahre 1890/91, und wenn die Ausgaben der Kultus- und Unterrichtsverwaltung noch 1869 an fünfter Stelle unter den Staatsverwaltungsausgaben gestanden hatten, so rangierten sie von den 90er Jahren ab eindeutig an der ersten Stelle[105].

Wenn am Ende der 80er Jahre staatliche Mittel zur Erleichterung der Volksschullasten aufgeboten wurden, so war das mit der Erwartung verbunden, jene Unzufriedenheit mit der Schulbürokratie vor allem auf dem Lande zu mildern, die Bismarck als Mitursache für die regierungsfeindliche Haltung der traditionell konservativen Landbevölkerung identifiziert hatte. Eine Aussöhnung der ›unteren Schichten‹ mit dem Staat sollte durch deren weitgehende Befreiung von direkten staatlichen Abgaben angebahnt werden. Unter diesem Aspekt erschien die von Bismarck propagierte Aufhebung des Schulgeldes als Teil seines sozialpolitischen Programms.

In den von Bismarck betriebenen Reichsfinanzreformplänen spielte zwar die Frage der Umschichtung der preußischen Volksschullasten eine wichtige Rolle, doch die Dominanz der finanzpolitischen Motive der Reform nahm dem Kultusminister das eigene politische Gewicht[106]. Während Puttkamer die Belange der Unterrichtsverwaltung den politischen Wünschen Bismarcks untergeordnet hatte, geriet Goßler, der die Interessen seines Ressorts entschiedener zu wahren trachtete, in einen permanenten Konflikt mit dem Ministerpräsidenten[107], der seinen restriktiven schulpolitischen Kurs mit

immer größerer Härte durchzusetzen strebte[108].
Die gesetzliche Regelung der Schulunterhaltungsfrage, die Goßler gleich nach seinem Antritt in Angriff genommen hatte[109], teilte das Schicksal des Falkschen Unterrichtsgesetzes. Das Lehrerpensionsgesetz von 1885 verdankte sein Entstehen einer Initiative des Abgeordnetenhauses, während im Verfahren um das ›Anforderungsgesetz‹ von 1887, das als ›Depossedierung‹ der Unterrichtsverwaltung eingeschätzt wurde[110], ein anderer die »Klinke der Gesetzgebung« gedrückt hatte, wie im Abgeordnetenhaus geargwöhnt wurde[111].
Selbst ein Gesetzentwurf im Bereich der Unterrichtsorganisation, der eine Verschärfung des Schulzwanges vorsah, scheiterte am massiven Widerstand des Fürsten Bismarck, der jede Niveauanhebung des Volksschulunterrichts energisch bekämpfte[112]. Erst sein Sturz ebnete wieder die Bahn zur Schulgesetzgebung, doch Regentenwechsel und Rücktritt des Ministerpräsidenten erweiterten den schulpolitischen Handlungsspielraum des Ministers nicht, denn an die Stelle der Hindernisse, die Bismarck den Gesetzesvorhaben in den Weg gestellt hatte, trat nun der Widerstand des Zentrums, das seine parlamentarische Schlüsselstellung im Reich auf die preußische Schulpolitik auszuspielen gedachte.

2. Ideologischer Konflikt und technokratische Reform: Die Volksschule im letzten Jahrzehnt des Jahrhunderts

a) Die Schulpolitik des »Neuen Kurses«: Wilhelm II. als Schulkaiser

Bismarcks Abschied im März 1890 konnte nicht ohne Rückwirkung auf die preußische Volksschulentwicklung bleiben, die er für ein Jahrzehnt systematisch zu hemmen versucht hatte. Sein schulpolitisches Wirken war allerdings in der Öffentlichkeit weitgehend unbeachtet geblieben, da der Ministerpräsident vornehmlich auf dem Wege über eine Veränderung der Schulverwaltungsorganisation sein Unterrichtsprogramm durchzusetzen getrachtet hatte. Die während seiner Ministerpräsidentschaft zurückgehaltenen Gesetzentwürfe des Kultusministeriums fanden jetzt die Billigung des Staatsministeriums und konnten in die parlamentarische Behandlung eingebracht werden[113].
Innerhalb von Caprivis ›Neuem Kurs‹ gewann die Schulpolitik einen neuen Stellenwert, da sie technisch wie ideologisch führend in die Auseinandersetzung mit der Sozialdemokratie eingreifen sollte[114]. Kronrede wie programmatische Erklärung des Ministerpräsidenten Caprivi zu Beginn der Landtagssession 1890/91 am 13. 11. 1890 schlugen ausdrücklich die Brücke zwischen den Gesetzentwürfen zur Steuerreform, zur Landgemeindeordnung und zur Volksschule, die gegenüber den von der Sozialdemokratie ausgehenden Bedrohungen die innere Geschlossenheit des Staates begründen sollten. Der Ministerpräsident führte aus, die Vorlagen seien in der Absicht konzipiert, nicht die Staatsregierung, sondern den Staat selbst zu stärken. Diese Wirkung im Bereich der Volksschule erwartete er von der Beseitigung der bestehenden Rechtsunsicherheit für die Gemeinden und der »Entlastung der schwachen Schultern«, womit die Aufhebung des Schulgeldes gemeint war.

Die von Caprivi als wesentlichste Grundlage des Entwurfes herausgehobenen Punkte: »gerechte Verteilung der Schullasten«, »vollständige Unentgeltlichkeit des Unterrichtes« und »angemessene Besoldung der Lehrer«[115] ließen den eher technokratischen Charakter erkennen, für den sich vor allem Miquel eingesetzt hatte. Der Finanzminister wünschte Konfliktmöglichkeiten mit dem Zentrum auszuschließen[116]. Goßler selbst unterstrich öffentlich diese taktische Überlegung; die »Erfahrung der preußischen Unterrichtsgesetzgebung lehre, daß gerade an dem Verlangen, gewisse Prinzipienfragen rein herauszukehren, sehr hoffnungsvolle Anläufe gescheitert« seien[117]. Der Entwurf[118] verzichtete überdies von vornherein auf jene gesetzliche Regelung des Privatschulwesens, auf die Freisinn und Zentrum drängten, als auch auf die der Schulaufsicht und Lehrerbildung, an denen die Lehrerschaft nachhaltig interessiert war[119]. In seinem Text schlugen sich die teilweise widerstreitenden Tendenzen der Erweiterung der Machtbefugnisse der Bürokratie einerseits und der der Religionsgesellschaften andererseits nieder. In der einhelligen Ablehnung der den Kirchen eingeräumten Rechte begegneten sich Liberale[120] und preußische Lehrerschaft[121], die zudem eine Garantie bestehender Simultanschulen vermißten.

Die erste Beratung des Goßlerschen Gesetzentwurfs im Parlament ergab – trotz aller beschwörenden Worte des Ministerpräsidenten, wie positiv der Entwurf auf die soziale Frage wirken würde – schulpolitisch keine neuen Gesichtspunkte. Auf allen Seiten war eine gewisse Reserve zu verspüren, die beim Zentrum bis zur prinzipiellen Ablehnung reichte. Windthorst verdichtete seine Kritik zu der Anklage, der Entwurf beabsichtige die »legalisierte Willkür« des Ministers[122]. Immerhin zeichnete sich in der Debatte die Aussicht auf eine Annäherung von Freikonservativen, Nationalliberalen, ja sogar von Teilen der Konservativen und der Deutschfreisinnigen ab, die von der Erwartung einiger materieller Verbesserungsmöglichkeiten des Entwurfs im Sinne der Stärkung der Rechte der Selbstverwaltung und der Überprüfung der Lasten der Gutsherren ausgingen. Allgemeine Zustimmung fand, daß die Lehrerbesoldung materiell durch die Übertragung der Schullast auf die politischen Gemeinden abgesichert werden sollte. Vor allem das Zentrum und die Polen strapazierten den von Caprivi angeregten Gedanken, die Auswirkung der Gesetzesvorhaben auf die Sozialdemokratie zu erörtern. Mißliebige Paragraphen des Entwurfs – wie auch schon bestehende schulgesetzliche Bestimmungen – wurden so immer wieder ad hoc mit der Behauptung kritisiert, sie begünstigten das Anwachsen der Sozialdemokratischen Partei[123]. Die von Windthorst forcierte Taktik des Zentrums ging überhaupt dahin, die von Caprivi dargelegten strategischen Intentionen der Gesetzgebung gegen die Goßlersche Vorlage zu wenden: Der Entwurf bedrohe den inneren Frieden, weil er die Rechte der katholischen Minorität verletze, und erleichtere bei zunehmender innerer Unzufriedenheit den Einfluß der Sozialdemokratie; andererseits installiere er eine Schule, die wegen ihrer mangelnden Konfessionalität das sittliche Manko nicht ausgleichen könne, das die Sozialdemokratie wesentlich fördere[124]. Einsicht in die zentralen Mechanismen institutioneller Erziehung bewies im übrigen Windthorsts Verlangen, die Lehrerausbildung müsse unbedingt in den Kreis des Gesetzes eingeschlossen werden, denn sie bestimme den Charakter des Unterrichts weit mehr als Fragen der Besoldung und materiellen Sicherung der Lehrer[125].

Da wegen der teilweise einschneidenden Eingriffe in die bestehenden Schulordnungen offensichtlich mit massiven parlamentarischen Widerständen gerechnet worden war, lobte Goßler den »überaus günstigen« Verlauf der ersten Lesung[126]. Doch die bei der Dezembersitzung ausgegebene Parole des Staatsministeriums, das Ministerium habe die feste Absicht, Landgemeindeordnung und Volksschulgesetz durchzubringen, verfehlte ihre Wirkung, denn das Zentrum verlagerte seinen Widerstand in die Kommissionsberatungen und setzte Anträge durch, die eine termingerechte Beratung des Entwurfes ausschlossen[127]. Zudem wirkte Windthorst unausgesetzt auf die Verabschiedung Goßlers hin, »indem er den Einfluß, über welchen er im Reichstag gebot, auf die preußische Politik zurückwirken ließ«[128]. Da im Reichstag die Kartellparteien nicht über die Majorität verfügten, die sie in Preußen hatten, war die Regierung hier auf die Unterstützung des Zentrums angewiesen. Der für die Kartellparteien katastrophale Ausgang der Reichstagswahlen von 1890, der Zentrum und Deutschfreisinnigen Mehrheitsbildungen ermöglichte, nötigte Caprivi zur Rücksichtnahme, so daß sich Goßler, auch unter dem Eindruck der schulpolitischen Differenzen mit dem Monarchen, zum Abschied entschloß[129].

Obwohl der scheidende Minister keine wesentlichen Verbesserungen für die Volksschule und ihre Lehrer hatte durchsetzen können, ließen ihn vor der Folie der Puttkamerschen Aschermittwochsrede seine verbindlicheren Umgangsformen und sachlicheren Urteile als ›wohlwollend‹ erscheinen, so daß die preußische Lehrerschaft seinen Abschied mit Bedauern vermerkte[130]. In die Zeit seiner Verwaltung fiel jedoch die von Puttkamer proklamierte Phase der Stagnation der preußischen Volksschulentwicklung, für die Goßler zwar nicht ursächlich verantwortlich war, der er aber auch keinen entschiedenen Widerstand entgegensetzte, so daß er schließlich die Initiative im Unterrichtsbereich weitgehend an den Ministerpräsidenten Bismarck verlor, der die Volksschule als politischen Infektionsherd zu isolieren trachtete, indem er die Leistungsverpflichteten entlastete und das Unterrichtsniveau durch finanzielle Austrocknung reduzierte.

In der Anfangsphase der Politik des ›Neuen Kurses‹ veröffentlichte das »Centralblatt für die gesamte Unterrichtsverwaltung« eine Kabinettsorder Wilhelms II. vom 1. Mai 1889[131], in der dieser den Plan der Bekämpfung sozialistischer und kommunistischer Ideen durch den Schulunterricht entwikkelte, der auch schulpolitisch den Beginn einer neuen Phase zu markieren schien. In der Kronratssitzung vom 30. April 1889 hatte Wilhelm II. die Intentionen seiner beabsichtigten Order erläutert:

> Gesetze, Verordnungen und andere Vorschriften, welche man gegen die Sozialdemokratie erlasse, seien Palliative, durch welche man vielleicht Schutz gegen deren äußere Ausschreitungen erlange; um sie aber an der Wurzel anzufassen und soweit als möglich im Keime zu ersticken, müsse man auf die Jugend einwirken. Der Hauptkampfplatz liege daher in der Schule[132].

Die Kabinettsorder wird allgemein als Beginn des bewußten und systematischen Einsatzes der Schule als Herrschaftsmittel gegen die Sozialdemokratie angesehen[133] und mit der Sozialpolitik des ›Neuen Kurses‹ in Verbindung gebracht. Der Gedanke der Verlagerung des Kampfes gegen die Sozialdemokratie in den Unterricht selbst war aber kein spezifisches Element der Politik des ›Neuen Kurses‹[134], sondern von den Lehrern seit den 1870er Jahren eifrig diskutiert und auch von einzelnen Schulverwaltungen in die Debatte gebracht worden.

Die Überlegungen der Lehrer, wie sie in der Schule gegen die Sozialdemokratie kämpfen könnten, kehrten vor allem nach den Kaiserattentaten in amtlichen Reskripten wieder. Die Deutung der Anschläge auf den Monarchen als Phänomen einer Entsittlichung bot damals den Ansatzpunkt, ein langfristiges Vorgehen gegen die Partei mit erzieherischen Maßnahmen zu eröffnen. Eine Verfügung der Regierung in Kassel vom 16. August 1878, die durch den Abdruck im Zentralblatt 1888 allgemeine Bedeutung erhalten hatte, nahm de facto die Kabinettsorder von 1889 vorweg, und zwar in ihren praktischen Vorschlägen wie in ihrer Motivation: »Die wahrhaft entsetzliche Verwilderung der Gemüter und Verwirrung der sittlichen Begriffe«, die in den Kaiserattentaten zum Ausdruck gekommen sei, stelle der deutschen Volksschule ernste und dringende Aufgaben. Der sozialdemokratischen Gesinnung könne zwar auf gesetzlichem Wege begegnet werden, doch die »tiefen Schäden des Innenlebens«, welche jenen Erscheinungen zugrunde lägen, könnten nur »von innen heraus geheilt werden«[135]. Diagnose und Therapie der Verfügung entsprachen damit weitgehend Diskussionsvorschlägen, die bereits in der Lehrerpublizistik nachzuweisen waren[136].

Da die Order von 1889 offensichtlich ohne Beteiligung der Kultusbürokratie konzipiert war[137], geriet Goßler durch die Initiative des Monarchen, so dankbar er sie begrüßen mußte, in eine zwiespältige Situation, denn er glaubte sich zu der Bemerkung berechtigt, »daß die . . . dargelegten großen Gesichtspunkte schon jetzt angestrebt würden. Die Unterrichtsverwaltung habe mit der Lehrweise, welche S. M. abgestellt wissen wolle, bereits gebrochen und den von S. M. vorgezeichneten Weg beschritten, wie er dies durch die Lehrpläne der letzten Jahre und die neuere Prüfungsordnung für Lehrer nachweisen könne«[138].

Das Neuartige an den monarchischen Intentionen aber war nicht, daß der Feldzug gegen die Sozialdemokratie nun in die Schule verlagert wurde, sondern der vorrangige Stellenwert, der dieser Form des Kampfes eingeräumt wurde. Das in der Kabinettsorder universell formulierte Erziehungsziel: »in erster Linie wird die Schule durch Pflege der Gottesfurcht und der Liebe zum Vaterlande die Grundlage für eine gesunde Auffassung auch der staatlichen und gesellschaftlichen Verhältnisse zu geben haben«[139], sollte sich den parteipolitischen Zwecken anpassen, »sozialistische und kommunistische Ideen« zu bekämpfen. Der König erwartete von der Schule höchst konkret, sie müsse schon der Jugend das Bewußtsein vermitteln, »daß die Lehren der Sozialdemokratie nicht nur den göttlichen Geboten und der christlichen Sittenlehre widersprechen, sondern in der Wirklichkeit unausführbar und in ihren Konsequenzen dem Einzelnen und dem Ganzen gleich verderblich sind«[140]. Das sozialpolitische Engagement der preußischen Könige sollte die

Schule durch »statistische Tatsachen« nachweisen und damit auch unmittelbar in die aktuellen Fragen der Politik einführen. Auch didaktische Überlegungen steuerte der Monarch bei: »Um den Religionsunterricht in dem angedeuteten Sinn fruchtbar zu machen, wird es erforderlich sein, die ethische Seite desselben mehr in den Vordergrund treten zu lassen, dagegen den Memorierstoff auf das Notwendigste zu beschränken«[141]. Das Konzept einer Bekämpfung der Sozialdemokratie mit Hilfe des Schulunterrichts, das Staatsministerium und Unterrichtsverwaltung im Anschluß an die Kabinettsorder entwikkelten, folgte eher dem Wirkungsdrang des Monarchen als den spezifischen Intentionen des Ministeriums. Auch der Blick auf das weitere Schicksal der königlichen Order unterstützt die These, daß die Kabinettsorder eher publizistisch wirkte, als daß sie die systematische Bekämpfung der Sozialdemokratie in der Schule eröffnete.

Im Bereich der Höheren Schulen war der unmittelbare bürokratische Zugriff zur Realisierung der Allerhöchsten Wünsche aus institutionellen Gründen erschwert, weil, wie der Minister im Kronrat erläuterte, die Gymnasiallehrerbildung sich nicht fest in der Hand des Staates befinde »und seit Jahren unter Fachmännern wie unter Laien die Ideen über eine Reform derselben von Grund aus eine starke Gärung und schroffe sich bekämpfende Gegensätze erzeugt hätten«[142]. Eine zur Klärung der Fragen des höheren Unterrichtswesens von Goßler einberufene Konferenz[143] unterlief die monarchischen Intentionen, indem die Frage des Kampfes mit der Sozialdemokratie gar nicht erst in die Tagesordnung aufgenommen wurde. Den direkten Kampf gegen die Sozialdemokratie hielt eine Fachkommission aus pädagogischen wie wissenschaftlichen Gründen für gleichermaßen problematisch[144].

Derartigen Widerständen begegneten die vom Staatsministerium gebilligten Maßnahmen zur Ausführung der Kabinettsorder im Bereich der Volksschule allerdings nicht, da das Verlangen nach der politischen Funktionalisierung der Volksschule vertraut war und die inhaltliche Tendenz des Eingriffs gebilligt wurde. Der vorgelegte Katalog[145] der Maßnahmen dokumentierte zugleich die Dürftigkeit der positiven Schritte als auch die Mechanismen der Umsetzung des politischen Gebots in den Volksschulunterricht. Der Monarch selber hatte die Lehrer als die wichtigsten Träger der Reform bezeichnet[146]. Die staatsministeriellen Vorschläge zur Ausführung des Allerhöchsten Befehls behandelten entsprechend die Lehrerbildung an erster Stelle. Der Seminarunterricht wurde um eine »besondere Unterweisung der Zöglinge in den elementaren Grundsätzen der Volkswirtschaft« erweitert. Der Unterricht sollte in der Weise erteilt werden, daß er die Seminaristen befähige, »in ihrer späteren Amtstätigkeit ihre Schüler, soweit es durch die Schule möglich ist, vor dem Einfluß sozialdemokratischer Irrlehren und Entstellungen zu bewahren und über das zu belehren, was wahr, was wirklich und was in der Welt möglich ist«[147].

Dieses apodiktisch gesteckte Ziel sollte durch die Verwendung eines Leitfadens von Aufsätzen erreicht werden, die nach Form und Inhalt als Muster hingestellt wurden. Bereits amtierende Lehrer sollten durch die Schulaufsichtsbeamten bei Revisions- und Schulkonferenzen erreicht werden und über die Ergänzung der Kreislehrerbibliotheken mit »einer Sammlung von guten

Werken belehrenden und geschichtlichen Inhalts« ins Bild gesetzt werden. In der Schule sollten Geschichts- und Religionsunterricht die hier in Betracht kommenden Belehrungen geben[148]. Speziell der Geschichtsunterricht war bis zum Regierungsantritt Seiner Majestät weiterzuführen, wie bereits die Allgemeinen Bestimmungen in Abschnitt 32 gefordert hatten, von »der Regierung des Großen Kurfürsten an die Reihe der Lebensbilder ununterbrochen fortzuführen«[149].

Das Programm der Unterrichtsreform schrumpfte also auf eine bloße stoffliche Erweiterung des Pensums, und nichts charakterisierte die Tendenz dieses ganz aus dem Geist des ›didaktischen Materialismus‹ stammenden Konzepts besser als die Tatsache, daß der erste praktische Schritt die Herausgabe eines Ergänzungsheftes zum Seminarlesebuch war, das eine fortlaufende Reihe von Lebensbildern der brandenburgisch-preußischen Herrscher lieferte[150]. Der volkswirtschaftliche Leitfaden dagegen war bei einer Prüfung auf Ablehnung von Fachwissenschaftlern gestoßen. Namentlich Schmoller hatte Goßler zu bedenken gegeben, daß es sehr schwierig sei, der »lernenden Jugend etwas Positives in die Hand zu geben«, da »auf diesem Gebiet alle Theorien im Flusse« seien[151]. Die Schwierigkeiten ließen sich offensichtlich nicht beheben, so daß von der Herausgabe des zweiten Ergänzungsheftes, das die volkswirtschaftlichen Aufsätze enthalten sollte, »vorläufig Abstand genommen« wurde[152].

Die didaktische Brüchigkeit der Konzeption wird aus einem Vergleich mit den Regulativen deutlich, die ebenfalls unter dem Eindruck einer gesellschaftlichen ›Fehlentwicklung‹ die Zöglinge der Volksschule politisch zu immunisieren trachteten. Die Regulative stellten Erziehungsziele der Volksschule, Lehrplan und institutionelle Position der Lehrer in einen unauflöslichen Zusammenhang. Mit klarer pädagogischer Intuition verlegten sie den Kampf gegen die unerwünschten Irrlehren nicht auf die Ebene intellektueller Argumentation, sondern auf die emotioneller und autoritativer Normierung. Einen ähnlichen Vorschlag hatte auch Bismarck zu den Beratungen von 1889 beigesteuert: ihm schwebte ein Geschichtsunterricht vor, »welcher in hausbackener Weise, an die preußische Geschichte der Gegenwart anknüpfend, den Schülern auf der Volksschule einen politisch monarchischen Katechismus liefere, welchen sie wie den christlichen, als eine auswendig gelernte Überzeugung in sich aufnähmen«[153].

In den Regulativen wirkten Unterrichtsverfahren, Unterrichtsziele und Unterrichtsorganisation in der Absicht zusammen, einen beschränkten Wissenskosmos autoritativ zu befestigen und Gegebenes, Vorfindliches als unabänderlich hinzustellen. Die Kabinettsorder von 1889 verlangte dagegen in einem Teilbereich kritische Reflexion, ohne sie institutionell zu ermöglichen und ohne ihre institutionellen Konsequenzen zu bedenken. Es zeigte sich im übrigen schnell, daß der Gedanke der geistigen Auseinandersetzung mit der Sozialdemokratie keineswegs ein aufklärerisches Element enthielt, sondern eine Form der Indoktrination anvisierte, durch die sich das ›Denken‹ in jeweils völliger Übereinstimmung mit den jeweiligen Regierungsabsichten befinden sollte. Die monarchischen Intentionen gingen damit völlig mit dem auch von Bismarck gutachterlich geäußerten Wunsch nach einer Erziehung zum

›selbständigen‹ Denken in der Schule überein[154], zu dem sich im übrigen auch der spätere hochkonservative Kultusminister Zedlitz in der Debatte um seinen Schulgesetzentwurf nachdrücklich bekannte[155]. Man traf sich in der Ablehnung bloß positivistischer Wissensanhäufung, eröffnete mit dem Appell an das selbständige Denken jedoch keineswegs den Raum kritischer Reflexion, sondern nahm mit geradezu erstaunlicher Naivität an, daß das selbständige Denken auch die Elementarschüler zu eben den Einsichten führen müsse, die von der Regierung propagiert würden. ›Selbständiges Denken‹ sollte jeweils ganz konkret oppositionelle Meinungen und Thesen als falsch erkennen.
Bismarck sperrte sich nicht gegen die Überlegung, die Schule aktiv in die Auseinandersetzungen einzubeziehen; die von ihm beigesteuerten praktischen Anregungen blieben allerdings hinter den hochgespannten Plänen Wilhelms zurück und rückten wieder den Aspekt der gewaltsamen Auseinandersetzung mit der Sozialdemokratie in den Vordergrund, bei der »alle Schulbildung nicht entscheide«[156]. Allerdings verwirklichte sich auch der kaiserliche Ansatz der geistigen Auseinandersetzung mit der Sozialdemokratie nicht als die späte Frucht einer illusionären Aufklärung[157], sondern wurde in der Unterrichtspraxis ganz im Sinne der Bismarckschen Vorschläge eines monarchischen Katechismus auf eine direkte und bewußte Indoktrination ausgerichtet.
Die Initiativen des »Schulkaisers«[158] nahm die gesamte deutsche Volksschullehrerschaft mit Genugtuung auf, da sie als Ausdruck gesteigerter monarchischer Wertschätzung der Volksschule überhaupt gewertet wurden: Nicht länger als Nährboden des Sozialismus sah man offenbar an Allerhöchster Stelle die Volksschule an; vielmehr wurden ihre Lehrer augenscheinlich als ›Bundesgenossen‹ umworben[159].
Die hier ansetzenden Hoffnungen auf ein größeres Verständnis Wilhelms II. für die standespolitischen Forderungen der Lehrer erfüllten sich jedoch nicht, da spektakuläre Erfolge der Schule im Kampf mit der Sozialdemokratie ausblieben, die den König von seinem sonstigen Desinteresse an der Volksschule hätten abbringen können. Auch seine bei der Dezemberkonferenz 1890 ausgesprochene Überlegung, daß die sich aus den Reformplänen ergebenden erheblichen Mehranforderungen an die Leistung der gesamten Lehrerschaft eine Verbesserung der Rang- und Gehaltsverhältnisse nach sich ziehen müßten, blieben für die Volksschullehrer folgenlose Programmworte[160].

b) Das Zedlitzsche Schulgesetz von 1892: Anschlag auf das moderne Preußen?

Der Volksschulgesetzentwurf Goßlers war insofern Ausdruck der Politik des ›Neuen Kurses‹ gewesen, als er zwar einen wesentlichen Teil der Innenpolitik konsolidieren sollte, indem er vor allem den Unterhalt der Volksschulen und die Lehrerdotation als permanente politische Unruheherde gesetzlich zu regulieren suchte, jedoch die ideologisch kontroversen Fragen wie die Ordnung des Simultanschulwesens zu isolieren trachtete. Wenn sich der Entwurf auf schulorganisatorisch technische Regelungen beschränkte, was einer Reservierung der inneren Fragen des Unterrichts für die Bürokratie entsprach, dann verblieb er im Rahmen Bismarckscher schulpolitischer Konzeptionen, die nicht durch eine Neuauflage des Kulturkampfes die staatliche Autorität in der Schule gefährden wollten. Die monarchischen Absichten der Funktionalisierung der Volksschule im Klassenkampf hinterließen in dem schon länger vorliegenden Entwurf des Ministers v. Goßler keine Spuren. Sein Amtsnachfolger jedoch, Graf v. Zedlitz-Trützschler, ließ bei seinem ersten parlamentarischen Auftreten bereits erkennen, daß er die königlichen Intentionen bei der Ausarbeitung eines Volksschulgesetzentwurfs berücksichtigen werde[161]. Der Minister teilte dabei keineswegs die von einzelnen Parlamentariern vorgebrachte These, angesichts der Forderungen des Monarchen an die Schule sei eine eigenständige Unterrichtsverwaltung erforderlich, die nicht an kirchenpolitische Rücksichten gebunden sei[162]. Der freisinnigen Interpretation, nach der die Doppelfunktion in Kultus und Unterricht die preußischen Unterrichtsminister immer wieder an »konfessionellen Felsen« habe scheitern lassen[163], trat er mit der Auffassung der Einheit von Kultus- und Unterrichtsverwaltung entgegen, die sich aus dem engen Zusammenhang von Erziehung und Religion ergebe. Seine hohe Einschätzung des kirchlichen Einflusses auf die Volksschule, verbunden mit dem Bekenntnis der Vorrangigkeit des Kultusaspektes[164], visierte einen schulpolitischen Kurs der Unterrichtsverwaltung an, der unmittelbar in das Kampfgebiet staatlich-kirchlicher Auseinandersetzungen führen mußte, das Bismarck, aber auch Miquel als einer der prononcierten Vertreter der Politik des ›Neuen Kurses‹, zu umfahren versucht hatten.

Der von Zedlitz schon in der nächsten Session zur Verwirklichung seines erziehungspolitischen Zieles eingebrachte Gesetzentwurf[165] sollte nicht nur die schulpolitischen Maßnahmen der innenpolitischen Konsolidierung in Frage stellen, sondern zugleich die ideologischen Differenzen innerhalb der ›staatstragenden‹ Parteien bis zur Höhe einer heftigen innenpolitischen Systemkrise aktivieren[166]. Die Tendenz des Entwurfes war wesentlich durch das schulpolitische Credo seines Verfassers bestimmt[167].

Die Erläuterungen zum ersten Paragraphen des Entwurfes über die »Aufgabe der Volksschule« bekannten sich ausdrücklich zu dem vormärzlichen Erziehungskonzept Friedrich Wilhelms III., das der Minister von Altenstein mehr als sechzig Jahre zuvor in einem Immediatbericht am 31. Juli 1829 entwickelt hatte. Die Volksschule hatte danach »nur dahin zu wirken, daß das Volk . . . 3. innerhalb des ihm von Gott angewiesenen beschränkten Kreises klar und wahr zu denken; 4. seine Gedanken in diesem Kreise kurz und bündig auszusprechen; 5. fremde, seine Sphäre berührende und betreffende Gedanken leicht und richtig aufzufassen vermöge . . .«[168]. Implizit nahm damit Zedlitz ein Programm auf, das den Zusammenhang von Bildung und Mobilität unterlaufen und den sozialen Status quo stabilisieren sollte[169].

Die Vorlage bezog sich ausdrücklich auf den Goßlerschen Entwurf und folgte ihm auch in vielen technischen Details getreu, hatte jedoch wegen gewichtiger Änderungen und Ergänzungen zentraler Punkte ein eigenes Profil. Formell lagen die Hauptunterschiede gegenüber der vorjährigen Vorlage in »der Organisation der äußeren und inneren Angelegenheiten der Schule«[170], die institutionell das inhaltliche »Grundprinzip des Gesetzes, die Konfessionalität«, absichern sollte. Der Minister verstand dabei seinen Entwurf als die gesetzliche Fixierung provinziell bestehender Verwaltungspraktiken; er sollte nichts Neues erstreben und die staatliche Machtvollkommenheit weder beschränken noch gar am Schulaufsichtsgesetz von 1872 rütteln. Die konsequente Verwirklichung des Organisationsprinzips der Konfessionalität führte aber zu Lösungen, die den Entwurf als eine fast vollkommene Realisation der Windthorstschen Schulanträge erscheinen ließen[171], obwohl Zedlitz entschieden – und wahrscheinlich subjektiv zu Recht – die Vorlage als eigene und selbständige Leistung reklamierte[172]. Die Freigabe des Privatschulwesens (§ 81) entsprach ebenso sehr kirchlichen Schulforderungen wie das Postulat ausschließlich konfessioneller Schulgründungen (§ 14), das überdies den Bestand der Simultanschulen in Frage stellte, denn bei sechzig Schulkindern einer Konfession mußte, bei dreißig Kindern konnte eine Schule eigener Konfession eingerichtet werden (§ 15). Die Teilnahme am Religionsunterricht war für alle Kinder obligatorisch, auch für die der Dissidenten (§ 17). Für einzelne Schulen wurden je eigene Schulvorstände installiert (§ 68), die kirchlichen Einflüssen eher offenstanden als die unter der Wirkung des Klassenwahlrechtes politisch zusammengesetzten Schuldeputationen alten Stils. Die Kinder sollten jeweils von Lehrern ihrer Konfession unterrichtet werden (§ 14), die entsprechend konfessionell vorzubilden und zu erziehen waren (§ 105). Zur Überprüfung und Leitung war den Kirchen deshalb konsequent sowohl eine gesetzliche Mitwirkung an der Lehrerbildung (§§ 110, 112) wie am Schulunterricht eingeräumt (§ 18).

Andererseits enthielt der Entwurf Elemente, die auf die Zustimmung der Lehrerschaft abgestellt waren. Der Kultusminister setzte sich sowohl für eine Besoldungserhöhung als auch für eine Fixierung von Gehaltssätzen ein. Einmal sollten so die dauernden Beunruhigungen von Gemeinden und Lehrern vermieden werden, zum andern die Lehrer aber auch als Verteidiger des Systems gewonnen werden, da »hungernde Lehrer . . . eine große Gefahr« seien, wie Zedlitz seine Kollegen im Staatsministerium beschwor[173]. Das Ende des Diskriminierungskurses zeichnete sich auch in seinem Plädoyer für die Beteiligung der Lehrer am Schulvorstand ab, in dem sie als stimmberechtigte Mitglieder gleichberechtigt mit Geistlichem und Ortsschulinspektor teilnehmen sollten. Im konfessionell geprägten Schulvorstand bringe den Lehrer seine Vertretung, wenigstens in der Landschule, »in Beziehung zu den natürlichen Autoritäten«. Miquel versprach sich von der Lehrerbeteiligung zusätzlich eine Dämpfung ihrer »Schulaspirationen« durch den Kooperationszwang mit den Gemeinden[174].

Mit dem Entwurf des Grafen Zedlitz verbanden sich jeweils höchst unterschiedliche Intentionen: Der Kultusminister selbst wollte die Schulverwaltungspraxis im Interesse einer gesetzlichen Absicherung des Konfessionsprinzips kodifizieren und vernachlässigte dabei die Frage der parlamentarisch-taktischen Behandlung der Vorlage. Bei der Auseinandersetzung im Abgeordnetenhaus allerdings wurde aus inhaltlichen Gründen die Kodifizierungsthese bestritten[175], vor allem aber auf die unterschiedliche Funktion von Verwaltungsmaximen und Gesetzesnormen verwiesen[176]. Der Minister verkannte in der Tat das prinzipielle Argument, daß gerade die Kodifizierung der Praxis

vornehmlich auf dem Gebiet der konfessionellen Gestaltung des Schulunterrichts den Konfessionen die Handhabe gab, die bisher geübten Verfahrensweisen prinzipiell zu bestreiten, da die gesetzliche Fixierung der Verwaltungsgebräuche in Konfliktfällen der Bürokratie ihre systembedingte Überlegenheit nahm und den Modus vivendi in Frage stellte, durch den staatliche Leitungs- und kirchliche Mitwirkungsrechte auf dem Verwaltungswege ausgeglichen wurden.
Der Ministerpräsident wollte dagegen vor allem durch die kulturpolitischen Konzessionen in Preußen das Zentrum für seine Reichspolitik verpflichten, ohne damit ein spezifisches kulturpolitisches Programm zu verfolgen. Er identifizierte sich offensichtlich erst im Lauf der Debatte mit den inhaltlichen Tendenzen des Entwurfs.
Die Opposition, die bis in die Reihen der Freikonservativen reichte, sah dagegen in den Konzessionen an die orthodox-konfessionellen Forderungen Anzeichen einer politischen Neuorientierung der Regierung, die mit Hilfe einer konservativ-klerikalen Mehrheit im Abgeordnetenhaus die ideologischen Errungenschaften der jahrzehntelangen liberal-konservativen Kooperation mit der Regierung zu liquidieren trachte. Ihrer Einschätzung der Regierungsvorlage als Kampfansage auch an die gemäßigte Form des Liberalismus stand die Furcht der Regierung vor einer großliberalen Blockbildung gegenüber.
In der Beurteilung der innenpolitisch fatalen Wirkung der Zedlitzschen Vorlage begegneten sich im übrigen der freisinnige Abgeordnete Richter und der verabschiedete Fürst von Bismarck, die durch die Initiative der Regierung einen neuen Kulturkampf entfacht sahen, der die innenpolitische Stabilität schwer gefährden müsse[177]. Die von Bismarck ausgehenden »Glossen zum preußischen Volksschulgesetz« in den »Hamburger Nachrichten« stellten deshalb die parteipolitischen Aspekte des Entwurfs in den Vordergrund. Die Kritik des Fürsten bestätigte zugleich die bereits vorgenommene Analyse seiner Schulpolitik. Der verabschiedete Kanzler zielte auf die Bewahrung des Status quo ab und wollte äußerstenfalls technisch bedingte Änderungen hinnehmen. Ein Vorgehen, das den »konfessionellen Zustand der Schule und das Autoritätsverhältnis zwischen Lehrern und Geistlichkeit« zur »parlamentarischen Diskussion« stellte[178], erschien ihm um so ungeschickter, als die zum Gefallen des Zentrums eingebrachte Vorlage der Regierung langfristig keinen politischen Nutzen bringen konnte.
Den irritierten Kritikern, die auf den vom Gesamtministerium eingebrachten Goßlerschen Gesetzentwurf des Vorjahres verwiesen, der durch Caprivi selbst als die weitestmögliche Konzession an die Kirchen charakterisiert worden war[179], präsentierte der Ministerpräsident die Vorlage des Grafen Zedlitz als eine Art Kampfgesetz gegen die Sozialdemokratie[180], indem er zugleich die parlamentarische Auseinandersetzung zu einem Kampf zwischen Atheismus und Christentum stilisierte[181]. Mit dieser dramatisierenden Betrachtungsweise korrespondierte die von nationalliberaler Seite beigesteuerte Vision, die in der Auseinandersetzung eine Schlacht zwischen romanischem und germanischem Geist heraufziehen sah[182].
Entsprechend dem parlamentarischen Charakter einer ersten Lesung konzen-

trierte sich die Verhandlung im Laufe der mehrtägigen Debatte im Abgeordnetenhaus immer stärker auf die politische Substanz und Funktion des Gesetzentwurfs, so daß die technisch-materiellen Bestimmungen weitgehend außer Betracht blieben, obwohl auch sie hochpolitische Wirkung zeigen konnten. Der Goßlersche Entwurf hatte die Zugeständnisse an die Konfessionen durch eine Straffung der Schulverwaltung zu kompensieren versucht, die als Repräsentant staatlicher Autorität prinzipiell gestärkt worden war. Zedlitz dagegen reduzierte die Einflußmöglichkeiten des Staates durch eine Umgestaltung der Schulverwaltungsbehörden, wenn er die äußeren Schulsachen weit stärker als bisher innerhalb einer neu geschaffenen Kreis- oder Stadtschulbehörde den Landräten übertrug. Die Schulabteilungen der Regierungen dagegen, die als die eigentlichen bürokratischen Motoren der Schulentwicklung gewirkt hatten und von allen Parteien in dieser Funktion anerkannt worden waren, sollten aufgelöst und die Schulsachen unmittelbar den Regierungspräsidenten übertragen werden, die sich politischen Pressionen sehr viel schwerer entziehen konnten als die ihnen – zudem schultechnisch – überlegenen Regierungskollegien[183].

Andererseits wurden die Selbstverwaltungsrechte der städtischen Schuldeputationen demontiert, die durch dezentrale Schulvorstände für die einzelnen Schulen ersetzt werden sollten. Zu ihnen sollten alle über dreißigjährigen Hausväter wahlberechtigt sein, während sich auf die Zusammensetzung der Schuldeputationen das Dreiklassenwahlrecht auswirkte, das in größeren Städten liberale oder freisinnige Majoritäten produziert hatte. Hier drohte also den höchstbesteuerten protestantisch-liberalen Minoritäten vornehmlich im Rheinland bei der katholischen Majorität der Gesamtgemeinden ein empfindlicher Machtverlust[184].

Den Einbußen der staatlichen und städtischen Bürokratie stand ein Gewinn der Konfessionen auf dem inneren Gebiet der Schule gegenüber, der sich außer beim Religionsunterricht für Dissidentenkinder und im Zwang zu konfessionellen Schulneugründungen am augenfälligsten in den Rechten der Kirche auf Mitwirkung am Religionsunterricht in Schulen und Seminaren zeigte und damit unmittelbar die Lehrer tangierte[185].

Die Beauftragten der Religionsgemeinschaften erhielten das Recht, den Religionsunterricht zu überprüfen. Eingeschlossen war die Befugnis, in den Unterricht einzugreifen, den Lehrer sachlich zu berichtigen und mit Weisungen zu versehen. Der Religionsunterricht konnte überdies den Ortsgeistlichen übertragen und damit der Hand des Lehrers genommen werden. Die Konflikte zwischen staatlichen und kirchlichen Auffassungen, die sich aus dem Zusammenwirken zwangsläufig ergeben mußten, sollten nicht zwischen den staatlichen und kirchlichen Bürokratien ausgetragen werden. Sie wurden vielmehr den einzelnen Lehrern aufgebürdet, die sich dem kirchlichen Gebot beugen mußten, wenn sie ihre Stellung nicht verlieren wollten. In einem Erziehungskonzept, das den gesamten Volksschulunterricht konfessionell inspiriert wissen wollte, war damit das Prinzip staatlicher Leitungsgewalt der Schule an entscheidender Stelle durchbrochen. Eine Eingabe der Universität Halle hob diesen Punkt präzise hervor: »Weisungen, welche eine vom Staat unabhängige Instanz dem Lehrer zu erteilen befugt ist, heben diejenige

Autorität des Staates auf, auf welche dieser in der Schule nicht verzichten darf; und jene der Kirchenbehörde eingeräumte Befugnis wird bei der Bedeutung des Religionsunterrichts für die Volksschule einem Absetzungsrechte tatsächlich nahekommen«[186].

Daß die Erziehungsfunktion der Schule den Vorrang vor der Wissensvermittlung haben sollte, erzwang im Zeichen konfessioneller Ausrichtung einmal die Konfessionalisierung der Lehrerbildung, denn nur konfessionell erzogene Lehrer konnten ihrerseits in diesem Sinne erziehen, und zum andern die totale Kontrolle des amtlichen und außeramtlichen Verhaltens der Lehrer. Den kirchlichen Oberbehörden wurde ausdrücklich das Recht eingeräumt, Lehre und Wandel zukünftiger Religionslehrer der Seminare zu überprüfen (§ 109). Die kirchlichen Aufsichts- und Mitwirkungsrechte stellten die Lehrer unter eine Instanz, die deren professionelle Autonomie noch stärker gefährdete als die staatliche Bürokratie, da gegen die kirchlichen Maßnahmen praktisch kein Rekurs möglich war[187]. Die Frage der professionellen Autonomie der Lehrer wurde deshalb zum Prüfstein der politischen Beurteilung des Entwurfs, ohne daß alle Kritiker des Klerikalismus ihrerseits primär an einer größeren Selbständigkeit des Berufsstandes interessiert waren. Die parlamentarische Auseinandersetzung zeigte aber, »daß jeder Kampf um die Volksschule auch zu einem Kampf für und wider die Volksschullehrer sich zuspitzt(e)«[188], wie sich umgekehrt auch aus der Positionsbestimmung der Lehrer unmittelbar die Funktionszuweisung des Volksschulunterrichts ablesen ließ. Der Minister von Zedlitz hatte die Weisungsbefugnisse des Geistlichen gegenüber den Lehrern im Interesse einer korrekten Vermittlung der positiven konfessionellen Lehrinhalte postuliert, welche die berufliche Selbständigkeit der einzelnen Lehrer nicht mehr tangieren sollten als die für alle Beamten üblichen Dienstinstruktionen[189]. Auch die Konservativen hielten Konflikte zwischen Lehrerschaft und Geistlichkeit für nahezu ausgeschlossen, da ihnen Lehrer, die ohne gläubiges Gemüt diesen Beruf ergreifen wollten, wie Kavalleristen vorkamen, die »das Pferd für ein Raubtier« hielten[190]. Der konservative Graf zu Limburg-Stirum sah den Lehrern eine sehr viel unabhängigere Position eingeräumt, als es sie jemals gegeben habe, da den »ordentlichen Lehrern«, die ihre Pflicht täten, kein Mensch zuleibe könne[191]. Der Nationalliberale v. Eynern dagegen hielt auch die Stellung des »bravsten und befähigsten Lehrers« für permanent gefährdet, da seine Anstellung und die Dauer seiner Anstellung davon abhänge, wie seine Lehrtätigkeit durch den Geistlichen beurteilt werde[192].

Während die Konservativen und das Zentrum Erziehungserfolge gegen die Sozialdemokratie erst für möglich hielten, wenn die Kirche ihren Einfluß geltend machen könne, sahen die beiden liberalen Parteien durch die Unterminierung der professionellen Position der Lehrer auch ihre Erziehungsfunktion in Frage gestellt. Auch der Volksschullehrer bedürfe eines »gewissen Maßes von Freiheit«, da nur durch sie jene Berufsfreudigkeit geschaffen werde, die die »sittliche Überzeugungskraft« entstehen lasse. Diese aber, so erklärte der Nationalliberale Ennecerus, übe auf die Kinder eine stärkere Wirksamkeit aus als die Überzeugungskraft des Bekenntnisses[193]. Und dem Freisinnigen Knörcke schien durch die Mitwirkungsrechte des

Geistlichen die berufliche Position des Lehrers überhaupt erschüttert[194].
Die Interdependenz von erziehungspolitischer Zielsetzung der Volksschule und professioneller Positionszuweisung der Volksschullehrer kam besonders deutlich in den konkurrierenden Diskussionsbeiträgen des freisinnigen Abgeordneten Eugen Richter und des konservativen Abgeordneten Adolf Stoecker zum Ausdruck, die im übrigen die Schule gleichermaßen nur mittelbar als Kampfinstrument gegen die Sozialdemokratie einsetzen wollten. Da der Freisinnige die Auseinandersetzung auf der Ebene des Verstandes führen wollte, die der Schule die Aufgabe der Erziehung zum selbständigen Denken zuwies[195], sprach er in Erziehungsfragen den Lehrern als pädagogischen Experten gegenüber den Geistlichen die Führungsrolle in der Schule zu[196]. Auf die Feststellung der professionellen Selbständigkeit der Lehrer reagierte die rechte Seite des Abgeordnetenhauses jedoch mit Lachen, und Stoecker bestritt ausdrücklich die Autonomie der Erziehungswissenschaft und die selbständige Kulturfunktion der Lehrerschaft[197], indem er auf die »christliche Pädagogik« hinwies, die er als die einzige gesunde Pädagogik bezeichnete[198]. Aus dem Bestehen einer christlichen Pädagogik ließen sich aber auch die Mitwirkungsrechte der Kirchen wissenschaftlich legitimieren.
Die Tendenz, in der die orthodoxe Geistlichkeit den ihr eingeräumten Spielraum nutzen würde, ließ sich aus diesen Diskussionsbeiträgen des Hofpredigers deutlich ablesen. Stoecker steuerte eine höchst restriktive Definition des ›selbständigen Denkens‹ bei: Er verstand darunter die Gewöhnung der Kinder »an Sachen, die ihnen gegeben werden, das eigene Nachdenken zu üben (sehr gut! rechts)«. Allein die Religion sei der Punkt im »Volksschulleben, wo der Geist die hohen Stufen des menschlichen Daseins« ersteige[199]. Konsequent attackierte er die standespolitischen Autonomieforderungen der »nicht bloß liberalen, sondern radikalen Lehrerkreise«, die sich gegen den geistlichen Schulinspektor zur Wehr setzten, da solche Postulate den »ganzen Bestand der Schule in ihren Beziehungen zur Kirche und damit den ganzen Bestand des pädagogischen Lebens« gefährdeten. Er schätzte diesen Zustand als eine schwere Gefahr ein, als »ein Portal, wodurch die sozialdemokratische Gesinnung in unser Volk« eingezogen sei[200].
Freisinnige und Nationalliberale erblickten in den Weisungsrechten der Geistlichen über die Lehrer den augenfälligsten Beweis für den Beginn der Herrschaft des Priesters über die Schule[201], deren kampflose Hinnahme sie um den Rest ihrer politischen Identität gebracht hätte. Der Zedlitzsche Entwurf eröffnete den liberalen Parteien, ähnlich wie der Kampf gegen den Kultusminister v. Mühler in den 1860er Jahren, die Chance einer ideologischen Konsolidierung, indem er auch den Nationalliberalen das Bewußtsein vermittelte, nach dem materialistischen Feilschen um Zölle und Tarife nun den ideellen Boden deutscher Geistesfreiheit verteidigen zu müssen[202]. Ihnen schien es ausgeschlossen, mit einer konfessionell beherrschten Volksschule den Kampf gegen die Sozialdemokratie erfolgreich aufnehmen zu können. Man fürchtete im Gegenteil, daß gerade »dieses Gesetz . . . der Sozialdemokratie Vorschub« leiste[203].
Die Befürworter des Entwurfs unterstellten den Kritikern, sie lehnten die Religion überhaupt ab und öffneten damit einem weiteren Vorrücken der

Sozialdemokratie die Bahn: »Aus diesem modernen Unglauben geht nicht nur die Sozialdemokratie, sondern da gehen die Morde, die Selbstmorde, die Betrügereien, die Unterschlagungen, die Unmasse von jugendlichen Verbrechern hervor«[204].

Die Auseinandersetzungen im Abgeordnetenhaus spiegelten die große politische Erregung über die Gesetzesvorlage wider. Diese Erregung blieb nicht nur auf Preußen beschränkt, sondern war im ganzen Reich zu verspüren. »Seit den Jahren des preußischen Verfassungskonflikts hatte es einen vergleichbaren Aufstand der öffentlichen Meinung gegen die Regierung nicht mehr gegeben[205]. Die krisenhafte innenpolitische Gärung führte den Monarchen am 17. März zu einer Aktion im Kronrat, in deren Folge es zu dem von Bismarck schon am 21. Januar prophezeiten Ende des Ministeriums Zedlitz kam[206]: Der Minister sah sich durch die Eingriffe des Monarchen desavouiert. Wilhelm II. hatte, ohne auf die inhaltlichen Kontroversen einzugehen, gefordert, den Entwurf in der Weise zu modifizieren, daß er ohne die sich abzeichnende Erschütterung der politischen Szene möglichst mit den Stimmen der Kartellparteien passieren könne[207]. Dieses Ansinnen legte Zedlitz eine Änderung der von ihm aus sachlichen Gründen vertretenen schulpolitischen Konzeption nahe und zerstörte die strategischen Pläne des Ministerpräsidenten Caprivi, der es für die Hauptsache gehalten hatte, »das Zentrum zu befriedigen, um im nächsten Jahr im Reichstag die Unterstützung dieser den Ausschlag gebenden Partei zu finden«. Da Caprivi die Vorlage mit seinem politischen Schicksal verband, führte der Eingriff des Monarchen auch zu einer Regierungskrise, in deren Verlauf allerdings nur das Rücktrittsgesuch des Grafen Zedlitz akzeptiert wurde, während Wilhelm II. den Ministerpräsidenten Caprivi nicht aus seiner Verantwortung als Reichskanzler entlassen wollte und nur dessen Rückzug aus dem Präsidium des preußischen Staatsministeriums genehmigte[208].

Die Ernennung des hochkonservativen Grafen von Eulenburg zum Ministerpräsidenten konnte allerdings die Verwirklichung der vom Monarchen anvisierten schulpolitischen Alternative kaum näherbringen[209], und die Berufung Robert Bosses zum neuen Kultusminister deutete eher einen Rückzug auf die Linie bürokratisch inspirierter Schulpolitik an[210]. Der Personenwechsel signalisierte allerdings die Zurücknahme des Zedlitzschen Entwurfs und brachte damit zunächst ein Entspannungsmoment in die innenpolitische Konfrontation[211]. Auch wenn der Sturm der öffentlichen Meinung gegen das Zedlitzsche Unterrichtsgesetz offensichtlich triumphiert hatte, kann man ihn nur schwer als den Ausdruck einer »großen Aufwallung freiheitlichen Denkens« einschätzen, welche die »auch heute noch verbreitete Legende vom ›obrigkeitsstaatlichen‹ Sinn des deutschen Bürgertums der Wilhelminischen Ära« widerlege[212]. Er dokumentiert weniger die Stärke eines obsiegenden öffentlichen Protestes als vielmehr die Schwäche des politischen Systems in Preußen. Die politische Mehrheitsbildung des Abgeordnetenhauses hatte sich so weit vom Grundkonsens der ›staatstragenden‹ Parteien entfernt, daß die politisch an sich legitime Mehrheitsentscheidung in den parlamentarischen Gremien das Gesamtsystem zu gefährden drohte[213]. Nur durch das monarchische Eingreifen konnte die Krise entschärft werden[214]. Die

These, der Zedlitzsche Entwurf habe scheitern müssen, weil er auf einen für einen Industriestaat längst untauglichen Lehrplan abzielte[215], läßt sich schon aufgrund der in den parlamentarischen Verhandlungen aufgetauchten Argumente nicht halten. Entscheidend für den Mißerfolg des Entwurfs war nicht das niedrige Niveau der fixierten Ausbildungsnormen, sondern die heraufbeschworene ideologische Kontroverse. Das Scheitern des Zedlitzschen Entwurfs belegt die Enge des schulpolitischen Handlungsspielraums auch in einem Falle, in dem politische Führung und Parlamentsmehrheit zusammenwirkten, aber den ideologischen Konsensus der preußischen Monarchie, der nur in dem instabilen Zustand eines Modus vivendi fixiert war, entscheidend tangierten.

c) Das Ministerium und die Volksschullehrer: Die Furcht vor Überläufern

Die Volksschulgesetzvorlage gab, so wichtig sie war, dem schulpolitischen Wirken des Grafen Zedlitz nicht allein das Gepräge. Der Minister stand der Lehrerbewegung trotz seiner hochkonservativen Grundhaltung sehr viel unbefangener gegenüber als seine Vorgänger[216]. Er war nicht auf dem Wege einer juristisch-bürokratischen Karriere in die höheren Staatsämter gelangt, sondern hatte seine politischen und administrativen Erfahrungen in verschiedenen Selbstverwaltungsgremien gewonnen[217]. Eine neue Qualität der Schulpolitik kündigte sich in der von ihm im Staatsministerium vertretenen These an, man müsse den Lehrern einmal mit mehr Vertrauen entgegenkommen[218] und zum anderen auch ihre materielle Lage nachhaltig verbessern.
Schon bald nach seiner Ernennung hatte der Minister die Oberpräsidenten aufgefordert, eine Neugestaltung der Lehrerbesoldung vorzubereiten, da der »heutige Zustand den Interessen des Unterrichtswesens und den billigen Ansprüchen des Lehrerstandes nicht mehr« entspreche[219]. Ein weiterer Erlaß zielte darauf ab, den Lehrern ihren bereits erreichten sozialen Besitzstand zu sichern: Er verbot, vokationsmäßig zugesicherte Zulagen mit den staatlichen Dienstalterszulagen zu verrechnen[220]. Eine direkte Abkehr von den Puttkamerschen Maximen bedeutete die Aufforderung, bei der Neubesetzung von Kreisschulinspektoren auch seminaristisch gebildete Lehrer zu berücksichtigen. Für die gedeihliche Entwicklung des Unterrichts- und Erziehungswesens sei es von größter Bedeutung, »daß das verantwortungsvolle Amt nur in die Hände von besonders zuverlässigen und im Volksschuldienst als hervorragend tüchtig erprobten Beamten« gelegt werde[221]. Indem der Minister seminaristisch gebildeten Lehrern die Chance der Besetzung von Kreisschulinspektoraten eröffnete, folgte er gleichermaßen den standespolitischen Forderungen der Lehrerschaft wie seinem schulpolitischen Konzept, die Lehrer durch vermehrte Mitwirkungsrechte fester in die Schulverwaltungsorganisation zu integrieren. In dieselbe Richtung zielte auch seine Maßnahme, die Pfingstferien um einen Tag zu verlängern, um den Lehrern den Besuch der traditionell in der Pfingstwoche abgehaltenen Berufsversammlungen zu ermöglichen. Dankbar titulierten die Lehrer diesen Donnerstag der Pfingstwoche als »Zedlitz-Tag«[222].

Die Ernennung des Staatssekretärs des Reichsjustizamtes Robert Bosse zum Kultusminister bedeutete keinen Kurswechsel gegenüber der kurzen Ära Zedlitz. Der neue Minister, der in den Jahren 1876–78 als Justitiar bereits in der Unterrichtsabteilung des Kultusministeriums gearbeitet hatte[223], folgte weitgehend den schulpolitischen Bahnen seines Amtsvorgängers. Jetzt gewann allerdings der unter Zedlitz weitgehend isolierte Ministerialdirektor Kügler starken Einfluß, der wie sein Chef ein starkes Solidaritätsgefühl mit den untergebenen Lehrern entwickelte. Ihm wurde ein wesentlicher Anteil an den sich standespolitisch günstig auswirkenden Maßnahmen des Ministeriums Bosse zugeschrieben[224]. Die von Zentrum und Konservativen ausgehenden Klagen, der Minister sei von seinem leitenden Ministerialbeamten abhängig, bestätigen diese Einschätzung[225], und auch im Parlament wurde der Minister wegen des Auftretens seines Ministerialdirektors kritisiert[226], der vor dem Abgeordnetenhaus mit einer für Bürokraten ungewohnten Offenheit die Versäumnisse aller Verantwortlichen bloßgestellt hatte.
Für die zentrale Aufgabe seiner Verwaltung hielt Bosse die Aufbesserung der Lehrergehälter, die er auf dem Wege der Gesetzgebung und der Verwaltung energisch in Angriff nahm. Durch das Scheitern der Volksschulgesetzentwürfe der Minister Goßler und Zedlitz war ja auch die allseits als dringend angesehene Neuregelung der Lehrerbesoldung ausgeblieben. Daß die unklare Rechtslage in der Schulunterhaltungsfrage beseitigt werden müsse, die in den Schulgemeinden einen permanenten politischen Unruhefaktor bildete, war von Ministerpräsident Caprivi als Motiv der Schulgesetzgebung geltend gemacht worden, und Zedlitz hatte Gehaltsverbesserungen für die Lehrer in Aussicht genommen, da er »hungernde Lehrer« für eine erhebliche politische Gefahr erachtete. Sein Amtsnachfolger drang deshalb auf ein Dotationsgesetz, das die Ungleichmäßigkeit der Lehrerbesoldung regulieren und der Gefahr begegnen sollte, »daß ein Großteil der Lehrer ins sozialdemokratische Lager übergehe«[227].
Bei der Beratung über den von Bosse eingebrachten Gesetzentwurf, in dem es um »die Verbesserung des Volksschulwesens und das Diensteinkommen der Volksschullehrer« ging[228], kam es 1892/93 zu einer gewissen Sensation, als der Kultusminister ganz im Tenor der Motive zur Gesetzesvorlage die Schäden im preußischen Volksschulwesen mit großer Schärfe bezeichnete. Nicht nur die Besoldungssituation wurde für einen großen Kreis von Volksschullehrern unumwunden als unzureichend dargestellt. Auch daß sich das Anforderungsgesetz von 1887 über die schlimmsten Befürchtungen seiner Kritiker hinaus verheerend ausgewirkt hatte, wurde von der Staatsregierung offen zugegeben: »Sie erkennt in den Vorschriften dieses Gesetzes mehr und mehr – ich weiß sehr wohl, was ich sage – die Gefahr eines Stillstandes – (Zuruf links: Rückschrittes!) und des Zerfalls einer einheitlichen Entwicklung nicht bloß des Lehrerbesoldungswesens, sondern unseres gesamten Volksschulwesens (sehr richtig!)[229].«
Mit der Vorlage des Entwurfs ließ die Unterrichtsverwaltung ihren neuen Kurs erkennen, auf eine inhaltliche Regelung des gesamten Volksschulwesens nach dem Scheitern des Zedlitzschen Entwurfs auf absehbare Zeit zu verzichten, da die bestehenden Mehrheitsverhältnisse einen abweichenden Entwurf politisch

ohne Chance ließen[230]. Die Debatte selbst zeigte die schon bekannte Verkehrung der Fronten, als die linke Seite des Hauses für die Schulbürokratie, die rechte Seite jedoch für die Rechte der Selbstverwaltungsorgane eintraten. Zentrum und Konservative sprachen ohne Umschweife aus, daß sie nach der Erfahrung des Scheiterns der vorjährigen Volksschulgesetzesvorlage nicht bereit waren, irgendwelche finanziellen Zugeständnisse zu machen, geschweige denn das ihnen politisch höchst genehme Gesetz von 1887 zu modifizieren oder gar aufzuheben[231]. Da die vom Minister beanspruchten Mittel aus Fonds genommen werden sollten, die sich im Zusammenhang mit der Einkommenssteuerreform ergaben, erledigte die konservative Mehrheit des Hauses den Entwurf in der Weise, daß der einschlägige Paragraph 1 der Steuerkommission überwiesen wurde[232]. Von einer Kommissionsberatung über die eigentlich inhaltlichen Bestimmungen des Entwurfs, der die Aufbesserung unzureichender Lehrergehälter erstrebte, wurde mit der voraussehbaren Konsequenz abgesehen, daß bei der Schwierigkeit der Materie der entsprechende Paragraph nach kurzer Aussprache der zweiten Beratung des Entwurfs im Plenum zum Opfer fiel. Allein die Mittel für die Entlastung der Gemeinden bei den Schulbauten wurden mit Abstrichen konzediert. Bei der Beratung dieses Punktes überraschte, mit welcher Offenheit der Regierungskommissar Kügler den völlig unzureichenden Bauzustand einzelner Schulen im Plenum erörterte[233].

Die Beratung über die Gesetzesvorlage reproduzierte die schon bekannte Konstellation. Alle Parteien betonten mit mehr oder weniger großem Engagement den Zwang zu einer Verbesserung der Lehrergehälter, doch die Majorität fand einen Weg, den Entwurf zu beseitigen und so die gesetzliche Regelung der Volksschule in ihrem Sinne offenzuhalten: ohne Volksschulgesetz kein Dotationsgesetz[234].

Unter dem Eindruck sozialdemokratischer Stimmengewinne machten jedoch in allen Parteien einzelne Anhänger auf die politische Wirkung unzureichender Lehrerbesoldung aufmerksam:

> Von materiellen Sorgen gedrückt, soll der Mann nicht nur seinem Beruf in Freudigkeit obliegen, sondern noch über denselben hinaus für die bürgerliche Gesellschaft kämpfen, die ihm diesen Hungerlohn gibt . . . Es taugt nicht, wenn ein ganzer Stand unzufrieden und vor allem nicht, wenn der Arbeit dieses Standes die Zukunft unseres Volkes anvertraut ist, es taugt das nicht nur nicht, es liegt darin eine große soziale Gefahr[235].

Die von Bosse im Abgeordnetenhaus nur verhüllt geäußerten Zweifel, ob man von ungenügend besoldeten Lehrern große politische Widerstandskraft erwarten könne[236], wurden speziell von den Freisinnigen im Interesse einer Besoldungsverbesserung aufgegriffen. Sie fürchteten um die »Berufsfreudigkeit« der Lehrer: Von einem Stand, der sich betrogen sehe, sei zu befürchten, daß sich seine Verbitterung – zum Schaden für die positive Wirkung des Unterrichts – den Kindern mitteile. Ja, man müsse sich sorgen, »daß fortan ein großer Teil der Lehrer sich der sozialdemokratischen Bewegung in die Arme werfen könnte«[237]. Damit war ein Argument in die öffentliche Diskussion eingebracht, das schon in der Vereinspublizistik der Lehrer eine Rolle gespielt und vor allem auch das Staatsministerium selbst zu seinen Aktivitäten veranlaßt hatte. Der Nationalliberale Enneccerus vertraute allerdings auf die »Einsicht der Lehrer, auf ihr Verständnis und ihr Interesse für die ›idealen Seiten‹, die sie vor allem zu vertreten haben«, und betrachtete den Lehrerstand trotz der erschwerten pekuniären Lage »als einen der wichtigsten Vorkämpfer gegenüber den Bestrebungen der Sozialdemokratie«[238]. Obwohl die Mehrheit des Hauses die vom freisinnigen Abgeordneten Knörcke beschworene politische Gefahr, die sich aus der Besoldungssituation der Lehrer ergab, mit »Heiterkeit« quittiert hatte[239], wurde diese Befürchtung wenig später in die von konservativer Seite vorgebrachte Behauptung verwandelt, die Lehrer würden die sozialdemokratischen Bestrebungen aktiv fördern. Jetzt freilich wurde daraus der Schluß gezogen, daß man solche Kräfte durch Gehaltsverbesserungen nicht auch noch auszeichnen dürfe[240].

Der 1892/93 eingeleitete Versuch der Besoldungsregelung schlug fehl, da Zentrum und Konservative den Hebel des Dotationsgesetzes als Druckmittel einer Unterrichtsgesetzgebung christlich konfessioneller Prägung nicht aus der Hand geben und zudem ihre Verärgerung über die Rücknahme des Zedlitzschen Entwurfs zum Ausdruck bringen wollten. Unbestritten blieb jedoch auf allen Bänken, mit Ausnahme der äußersten Rechten, daß die Regelung der Gehaltsverhältnisse der preußischen Volksschullehrer sachlich und politisch dringend geboten war.

Nach dem Scheitern seiner Initiative war der Minister zunächst wieder ganz auf den Weg der bürokratischen Aufbesserung der Lehrergehälter verwiesen, dem sich jedoch das Gesetz von 1887 als nahezu unaufhebbare Schranke querlegte. Kam hinzu, daß hier nicht nur die betroffenen Gemeinden, sondern auch die Provinzialbürokratie Widerstand leisteten. So behielt der ehemalige Kultusminister Puttkamer auch als Oberpräsident von Pommern seinen schulpolitischen Kurs gegenüber den Volksschullehrern bei. Im Hinblick auf die Anstrengungen des Ministeriums Bosse, die Lehrergehälter auf dem Verwaltungswege aufzustocken, verwies er auf die »durchaus leistungsunfähigen« Gemeinden, während er das Streben der Volksschullehrer als überhaupt zu hoch hinausgehend charakterisierte[241].

Im Jahre 1896 versuchte der Minister Bosse einen erneuten Anlauf zu einem Dotationsgesetz[242], nachdem ihm im Jahr zuvor alle Parteien – mit Einschluß der Konservativen – gegenüber einer Zentrumsvorlage parlamentarisch das Vertrauen ausgesprochen hatten[243]. Seine Initiative zu einer gesetzlichen Regelung der Lehrerbesoldung gelangte allerdings auch diesmal nicht sofort zum Ziel. Die Dotationsvorlage scheiterte jedoch nicht wegen ihrer Zielsetzung, sondern die agrarische Rechte des Herrenhauses[244] konnte sich nur deshalb durchsetzen, da der Entwurf wegen seiner Benachteiligung der großen Städte auf die entschiedene Ablehnung der Fraktion der Oberbürgermeister im Herrenhaus gestoßen war[245]. Schon in der nächsten Session[246] passierte dann eine kaum modifizierte Vorlage auch das Herrenhaus[247], wo die Konservativen ihren Widerstand aufgegeben hatten, weil sie einen Dauerkonflikt mit der Regierung vermeiden und die bevorstehenden Abgeordnetenhauswahlen nicht mit Zehntausenden unzufriedener Lehrer belasten wollten[248]. Der erfolgreiche Abschluß des zweiten Besoldungsgesetzentwurfs[249] war genau an die Voraussetzungen gebunden, die ein Jahrzehnt zuvor das Pensionsgesetz zu verwirklichen geholfen hatten: Die vorhandenen Mißstände im Lehrerbesoldungswesen hatten einen Umfang angenommen, der das Institut Volksschule überhaupt gefährdete; die in Aussicht genommenen materiellen Verbesserungen blieben aber so minimal, daß sie keineswegs einen schulpolitischen Kurswechsel einleiten konnten. Die materiellen Vorteile kamen darüber hinaus primär den ländlichen und kleinstädtischen Leistungsverpflichteten zu, während die größeren Städte schlechter gestellt wurden als durch die Erleichterungsgesetze von 1888 und 1889[250]. Die Aufbesserung der Grundgehälter auf 900 Mark, die fast ausschließlich für die östlichen Provinzen relevant war, erwies sich als zwingend notwendig, wenn sich für die bisher völlig unzureichend ausgestatteten Stellen überhaupt noch Bewerber finden sollten. Obwohl alle Parteien höhere Gehaltssätze normieren wollten[251], blieb es mit Rücksicht auf die konservative Herrenhaus-Mehrheit, deren Position auch von dem Finanzminister Miquel geteilt wurde[252], bei den Minimalsätzen. Dieser Satz war für die Konservativen ebenso ein Dokument jener Grenze ländlicher Leistungsfähigkeit, die angesichts der verfehlten Wirtschaftspolitik der Regierung keineswegs überschritten werden durfte[253], wie der Ausdruck einer bildungspolitischen Konzeption, die den Lehrer materiell nicht über den Durchschnitt seiner Schulgemeinde hinausheben wollte[254].

Die Einsicht, daß die Lehrerbesoldung gesetzlich geregelt werden müsse, nötigte alle Parteien zu einer Behandlung der Vorlage, die sich ausschließlich auf die technischen Aspekte beschränkte und alle politischen Dimensionen der Schulgesetzgebung ausblendete[255]. Es galt, eine Neuauflage der systemgefährdenden ideologischen Konflikte zu vermeiden, die bei der Beratung des Zedlitzschen Entwurfes manifest geworden waren. Immerhin versuchte die Majorität des Herrenhauses, ihre prinzipielle Position zu wahren, indem sie in einer Resolution die Regierung zu einer Volksschulgesetzvorlage auf konfessionell-kirchlicher Grundlage aufforderte, für die der vorgenannte Entwurf, wie in der Debatte offen eingeräumt wurde[256], das Muster abgegeben hatte.

Daß Zentrum und Konservative das Junktim von Dotationsgesetz und Volksschulgesetz überhaupt aufgegeben hatten, war der gewandelten Situation zuzuschreiben, in der angesichts einer allgemein erheblichen Anhebung der Bezüge der Staatsbeamten auch die Lehrer besser gestellt werden mußten. Ihre fortdauernde Diskriminierung war politisch unkalkulierbar und die Tendenz zunehmenden Lehrermangels in der einsetzenden Phase wirtschaftlicher Hochkonjunktur stärker geworden[257]. Die überaus günstige Haushaltssituation ließ zudem das Argument der fehlenden Staatsmittel fadenscheinig werden.

Bosses Aktivitäten beschränkten sich nicht auf die Besoldungsfrage: Mehrere Erlasse suchten den professionellen Standard der Volksschullehrer zu festigen, indem sie die Praxis verboten, Präparanden mit der Verwaltung von Schulstellen zu betreuen, und die Beschäftigung pädagogisch ungeprüfter Theologen in der Volksschule untersagten[258].

Durch diesen Erlaß ergab sich die für die berufliche Situation der Volksschullehrer bezeichnende Tatsache, daß Geistliche zwar als Kollegen, nicht aber als Aufsichtspersonen aus den Schulen verwiesen worden waren.

Die Stellung der Volksschullehrer stärkte das Bekenntnis des Ministers zur

allgemeinen Volksschule[259], das durch Maßnahmen zur Eindämmung der Vorschulen und zur Abschaffung der Armenschulen Realität gewann[260].
Ein Entscheid von 1894 bekundete die Intention, die von den Lehrern schon lange geforderte prinzipielle Ablösung der niederen Küsterdienste von den Lehrerstellen einzuleiten[261]. Ebenfalls auf dem Verwaltungswege versuchte der Minister, den Lehrern den Zugang zu den Schulvorständen zu öffnen[262]. Wenn der Lehrer im Geltungsbereich der Provinzialschulordnung von 1845 für Preußen auch nicht »geborenes Mitglied« dieses Gremiums sein konnte, so war er doch unter bestimmten Voraussetzungen als »Hausvater« wählbar. Auf die Ausschöpfung dieser Möglichkeit drang eine Verfügung des Ministeriums von 1895, die eine Wahl von Lehrern in den Schulvorstand als höchst erwünscht bezeichnete, den Lehrern aber zugleich untersagte, sich selbst »agitatorisch« für diese Maßnahme einzusetzen[263]. Diese Verfügung charakterisiert den Verwaltungsstil Bosses und seines leitenden Ministerialbeamten: Sie forderten eine Vermehrung der Berufsrechte der Lehrer als Konsequenz technokratischer Modernisierung – die Lehrer waren als Fachleute vornehmlich im ländlichen Schulvorstand nicht länger zu entbehren –, legten diesen Fortschritt aber ganz in die Kontrolle bürokratischer Instanzen.
Bosses ›Verdienstkonto‹ wurde ebenfalls die Verleihung des Rechts auf den einjährig-freiwilligen Militärdienst für Seminarabsolventen zugeschrieben[264]. Die offizielle Teilnahme des preußischen Kultusministers und seines Ministerialdirektors an der Eröffnung des deutschen Lehrerheims 1897 in Schreiberhau galt seinen Untergebenen als ein wichtiges Ereignis in der Entwicklungsgeschichte des deutschen Volksschullehrerstandes, da sie öffentlich die Verbundenheit des Ministeriums mit der Lehrerschaft bezeugte[265].
Bemerkenswert war auch, daß auf seinen Vorschlag mit Clausnitzer, Schröder, Helmcke und Höhne führende Vertreter der preußischen Lehrervereinsbewegung durch Orden ausgezeichnet wurden, obwohl sie Repräsentanten der von den Konservativen scharf kritisierten Lehrerversammlungen und Lehrerpresse waren[266]. Diese Maßnahmen knüpften ein bisher unbekanntes Vertrauensband zwischen der preußischen Lehrerschaft und dem Ministerium »Unter den Linden«[267]. Der vom Minister erstrebte Ausgleich zwischen Lehrerverbänden und Kultusbürokratie gab aber keineswegs das Vorbild für das Verhalten von Schulbeamten auf regionaler und kommunaler Ebene ab. Ein Düsseldorfer Schulrat fertigte die Bitte des Vorsitzenden des Elberfelder Lehrervereins um Aussprache in einer die Klassenlehrer betreffenden Gehaltsregulierungsangelegenheit »kurzerhand« ab, da er nicht geneigt sei, dem Verein »Schreiberdienste« zu leisten. Die örtliche Presse schob dieses immerhin als ungewöhnlich angesehene Verhalten auf seine frühere Diensttätigkeit in Bromberg, das, wie ironisch angemerkt wurde[268], in der Nähe der russischen Grenze liege.
Dem Positiv-Katalog der Ministertätigkeit Bosses stand eine Reihe von Verfügungen gegenüber, die erst den schulpolitischen Gesamtkurs seines Ministeriums definierten. Das Wohlwollen gegenüber den standespolitischen Aktivitäten verband sich mit dem Bestreben, die amtliche Disziplin zu verschärfen. Seminaraspiranten mußten sich verpflichten, nach ihrem Abgang fünf statt wie bisher drei Jahre die ihnen zugewiesenen Stellen zu übernehmen[269]. Eine weitere Verfügung machte die Zulassung zur zweiten Lehrerprü-

fung von den Zeugnissen des Kreisschulinspektors abhängig[270] und verstärkte damit die bürokratische Kontrolle. Außerdem zielten mehrere Maßnahmen des Ministers darauf ab, den Einfluß der Geistlichkeit auf die Schulverwaltung zu erweitern[271]. Während die Versuche des Ministers, die städtischen Selbstverwaltungsrechte an der Schulverwaltung zu beschneiden, ziemlich erfolglos blieben, mußten die Lehrer die erneute Übergabe der Orts- und Kreisschulinspektion in die Hände der Geistlichen als einen gefährlichen Angriff auf ihre ohnehin eingeschränkte berufliche Autonomie werten. Die Festigung des geistlichen Einflusses in der Schulverwaltung hatte die Konsequenz, die Zustände vor Bestehen des Schulaufsichtsgesetzes wiederherzustellen und so die modernisierenden Impulse der ministeriellen Tätigkeit Falks zu negieren[272].

In den Besoldungsgesetzentwurf von 1896 nahm Bosse die Bestimmung auf, daß den Lehrern als eine Art vorbeugender disziplinarischer Maßnahme die vorgesehenen Alterszulagen versagt werden könnten. Der Minister versperrte sich in der Diskussion der Einsicht, daß die bloße Existenz einer solchen Bestimmung politisch disziplinieren mußte[273].

In Fragen der Lehrerausbildung blieb er weitgehend untätig, während er im Gebiet der Präparandenausbildung eine neue Bestimmung erließ, die mit den Normen der Regulative verglichen werden konnte[274]. Seine Passivität im Gebiet der Lehrerausbildung war nur konsequent, denn im Jahre 1895 bekräftigte er das traditionelle Ausbildungsziel der preußischen Seminare, die ihre Zöglinge nicht nur zu guten Deutschen, Preußen und Christen erziehen sollten, sondern auch »zu einfachen Menschen, die sich in die Verhältnisse schicken, in die sie nun einmal gestellt sind«[275].

Die Tendenz, den sozialen Aufstieg zu begrenzen, kam indirekt auch in der Verfügung Bosses zum Ausdruck, die das Aufrücken der Lehrer in Rektorenstellen generell von dem Bestehen der Rektorenprüfung abhängig machte[276]. Eine ähnlich hemmende Wirkung ging von der Besoldungsregelung aus, die nicht allein wegen ihres materiellen Niveaus die Lehrer enttäuschte, sondern auch wegen ihrer standespolitischen Wirkung. Man befürchtete, daß mit dem niedrigen Gehalt ein Prinzip zum Ausdruck komme, dessen Anwendung die schlimmsten Folgen für die »ideale Seite« der fortschreitenden Entwicklung des Lehrerstandes, aber auch der Schule haben könne, da ein Mann, der »wie ein Unterbeamter« besoldet werde, nicht den »geringsten Anspruch auf ein Einrücken in eine leitende Stellung« erheben könne[277].

Das zu Beginn des Jahrhunderts formulierte Prinzip, die Erziehung der Lehrer am sozialen Status quo zu orientieren, erwies sich auch am Jahrhundertende weiterhin als gültig. Denn Bosse erstrebte mit seinem Eintreten für die materielle Besserstellung ebensowenig eine neue Definition der sozialen Position der Lehrer, wie er mit seinem Wohlwollen gegenüber den Standesbestrebungen etwa ihre professionelle Autonomie anerkannte. Sein unermüdlicher Einsatz für das von ihm selbst formulierte schulpolitische Programm der Staatsregierung – nach Möglichkeit zu verhindern, daß ein Großteil der Lehrer ins sozialdemokratische Lager übergehe – charakterisierte seine Unterrichtsverwaltung und garantierte zugleich das politische Überleben des Bürokraten Bosse, der trotz hochkonservativer Grundhaltung politisch kaum eigenes

Gewicht gewann. Da der Minister die politischen Spannungen in der Lehrerschaft wie auch innerhalb der Arbeiterbevölkerung als Ausdruck subjektiven Unrechtsbewußtseins deutete, konnte er seine Maßnahmen darauf beschränken, den Lehrern das »vollkommene Bewußtsein« dafür zu vermitteln, »daß sie gerecht behandelt« würden[278]. Das Modell der gerechten Behandlung bestritt aber implizit die Anerkennung der professionellen oder politischen Autonomie und garantierte allein die Erfüllung der von der politischen Führung definierten Minimalnormen, die der Diskussion der unmittelbar Betroffenen entzogen waren. In der öffentlichen Auseinandersetzung vermied der Minister ebenso ängstlich jeden politischen Vorwurf wie die Einbeziehung seiner Vorlagen in politische Dimensionen. Bosses Bekenntnis zu ›seinen Lehrern‹ überstieg ebensowenig wie sein Einsatz für die ›allgemeine Volksschule‹ die Grenzen seines eher restaurativen Gesellschaftsbildes: Gesellschaftliche Ungleichheit sollte mit Hilfe der Schule nicht überwunden, sondern bestenfalls in ihren zwischenmenschlichen Spannungen gemildert werden.

Zusammenfassung

Zur politischen Funktion der preußischen Volksschule im 19. Jahrhundert

1. Die Etappen der Volksschulpolitik

In den ersten Jahrzehnten des 19. Jahrhunderts hat das niedere Schulwesen in Preußen einen Aufschwung genommen, der jede andere Phase seiner Entwicklung übertraf. Mochten sich auch die konkreten Schulverhältnisse – zumal auf dem Lande – bis über die Jahrhundertmitte hinaus in vielen Punkten kaum von denen des 18. Jahrhunderts unterscheiden[1], so war doch mit dem allgemein durchgesetzten Schulzwang der qualitativ entscheidende Schritt über die Schulzustände der Vergangenheit hinaus eingeleitet. Das Programm, die preußischen Untertanen mit Hilfe der Schule zu aktivieren, war nach den Erfahrungen der Niederlage gegen das napoleonische Frankreich eindeutig politischen Intentionen entsprungen. Die offensichtlichen Erfolge einer Mobilisierung der französischen Bürger setzten das monarchische Preußen einem Konkurrenzdruck aus, der die entscheidenden Impulse für eine Modernisierung des Bildungssystems lieferte. Das Postulat, alle Heranwachsenden müßten unterrichtet werden, bedingte eine neue Qualität der staatlichen Intervention in den privaten Bereich der Bürger, die am zutreffendsten mit den Konsequenzen der allgemeinen Wehrpflicht verglichen werden kann. Bezeichnend für die strukturellen Gemeinsamkeiten zwischen der allgemeinen Wehr- und der allgemeinen Schulpflicht war das Interesse der preußischen Militärs an Volksbildungsfragen. Die Anstöße zur Bildungsreform und die entsprechenden institutionellen Maßnahmen gingen von einer Bürokratie aus, die zwar durch den absoluten Monarchen gestützt wurde, ihre spezifische Wirksamkeit aber einer nur kurzen historischen Ausnahmesituation verdankte, in der die traditionellen politischen Führungsgruppen ratlos geworden waren. Charakteristisch für die bürokratische Struktur dieser Zeit war der persönliche Kontakt zwischen den Ministerialbeamten und den Schulmännern, in dem sich die Reforminitiativen unmittelbar realisieren ließen. Als geeignetstes Instrument der Reform wurde von Humboldt und seinen Mitarbeitern die Professionalisierung des Elementarschullehrerstandes angesehen, die auf dem Wege der Reform des Lehrerbildungswesens mit vergleichsweise geringem Aufwand von der Zentralbürokratie relativ am besten stimuliert und unter Kontrolle gehalten werden konnte. Damit war das durch das Jahrhundert hindurch praktizierte Prinzip festgelegt, die Entwicklung der Volksschule über die Einflußnahme auf ihre Lehrer zu regulieren.

Während die Bürokratie im Bereich der Lehrerbildung ihre Programme relativ unangefochten durchzusetzen vermochte, scheiterte sie mit ihren allgemeinen Schulgesetzvorhaben, wenn sie sich der jeweiligen politischen Konstellation nicht vollkommen unterordnete. Vor allem die Organisation des preußischen Volksschulwesens entsprechend dem durch das ALR geprägten Prinzip der ›Schulgemeinde‹ erwies sich als ein wesentliches Hemmnis jeder in die Struktur eingreifenden Reform[2]. Das Modell der Schulgemeinde war angemessen für relativ statische agrarische Verhältnisse, in denen der Erwachsene dort zu bleiben pflegte, wo er aufgewachsen war, so daß es sinnvoll war, das Ausbildungsniveau den Gemeindebedürfnissen entsprechend zu definieren. Hier amortisierten sich die Ausbildungskosten als ›Zukunftsinvestitionen‹ auch tatsächlich im Kreis ihrer Aufbringer.

Durch die Schulreformpläne der Bürokratie kam es jedoch zu einem Konflikt zwischen lokaler und staatlicher Schulverwaltung, weil sich die schulpolitischen Ziele der Schulgemeinde und der Gesamtmonarchie immer weiter voneinander entfernten. Wenn im ausgehenden 18. Jahrhundert die Vermittlung elementarer Kulturtechniken und die Einübung in rationales Weltverhalten das gemeinsame schulpolitische Ziel ländlicher, städtischer und staatlicher Interessenten gewesen war, so verschob sich diese Interessenidentität nicht zuletzt aufgrund der Erfolge der preußischen Reformpolitik.

Die Lehrer der Volksschule wurden unmittelbar Opfer des auftretenden Gegensatzes. Die staatliche Bürokratie definierte die Ausbildungsnormen, hatte aber keinen ausschließlichen Einfluß auf die soziale und professionelle Situation der Lehrer in den lokalen Schulgemeinden, solange diese für die Aufbringung der Schulunterhaltungskosten verantwortlich waren. Die Formel des den Lehrern zugesicherten bestimmten auskömmlichen Gehalts in Art. 23 der oktroyierten Verfassung von 1848 stellte zwar eine Beziehung zwischen Einkommenshöhe und beruflicher Funktion der Lehrer her; die Fassung der entsprechenden Bestimmung des Art. 25 der revidierten Verfassung in der Form des festen, den Lokalverhältnissen angemessenen Einkommens ermöglichte jedoch die allzeit praktizierte Deutung, die Einkommenshöhe der Leistungsfähigkeit der Gemeinden anzupassen. Die Revision entsprang vornehmlich konservativ-agrarischen Interessen. Sie definierte zugleich das Verhältnis von Bürokratie und Schulgemeinde in ihrem Einfluß auf das Entwicklungstempo des preußischen Volksschulwesens: Der Schulverwaltung blieben zwar Aktionen zur Verbesserung des Schulwesens unbenommen; diese wurden aber durch materielle Leistungsfähigkeit und Leistungsbereitschaft der Gemeinden determiniert.

Nach 1815 hatten auch die restaurativen Tendenzen in der Innenpolitik Einfluß auf die schulpolitische Zielsetzung in Preußen gewonnen. Die progressiven Elemente in der institutionellen Ausgestaltung des Elementarschulwesens wurden überall da kassiert, wo deutlich wurde, daß sie weder aktuellen Qualifikationsbedürfnissen entsprachen noch politisch durch gesellschaftliche Gruppen getragen wurden. Auch der sozioökonomische Wandel – die Industrialisierung eingeschlossen – wirkte keineswegs als ein Motor der Schulreform. Im Gegenteil: daß mit dem Aufkommen der Fabriken der Bedarf an der Arbeitsleistung von Kindern im schulpflichtigen Alter steil anstieg,

mußte die Entwicklung verlangsamen. Die noch relativ einfachen Produktionsabläufe verlangten keine bessere schulische Vorbildung der Arbeiter. Die Schulverwaltung hatte vielmehr mit den Fabrikanten einen harten Strauß auszufechten, um für die bei diesen beschäftigten Kindern wenigstens ein Minimum an Unterrichtszeit herauszuschlagen, in der sich das Elementarste vermitteln ließ[3].
Trotz aller Unzulänglichkeiten lieferte das installierte Elementarschulsystem jedoch mehr Bildung, als viele Teile des nach wie vor agrarisch bestimmten Preußen für erforderlich hielten. Die internationalen Vergleichszahlen über den Stand des Analphabetismus bestätigten das positive Urteil des Franzosen Cousin, der von Preußen als dem ›Land der Schulen und Kasernen‹ sprach. Das Urteil mochte zwar aufgrund nur höchst oberflächlicher Recherchen zustande gekommen sein, darf aber wohl als repräsentativ sowohl für die ausländische Einschätzung der Leistungsfähigkeit des preußischen Schulsystems wie auch für die innerpreußische Selbsteinschätzung gelten[4].
Wenn man die Leistung der preußischen Volksschule würdigen will, dann muß man freilich im Auge behalten, welche bescheidenen Fähigkeiten einen bereits aus der Klasse der Analphabeten heraushoben: Bei der Aufnahme ins Heer wurden die Rekruten überprüft, ob sie ihren eigenen Namen lesen und schreiben konnten. Zwar fand eine gewisse Abstufung nach weiterreichenden Kenntnissen statt, doch deren Einschätzung war militärischen und nicht etwa pädagogischen Kräften überantwortet. Aber selbst das bezeichnete Minimum, das sich in den im internationalen Vergleich sich so günstig ausnehmenden preußisch-deutschen Statistiken niederschlug, bietet keinen verläßlichen Anhaltspunkt, da die prüfenden Offiziere in den verschiedenen Jahren mehr oder weniger großzügig verfuhren und somit die Analphabetenquote beeinflußten[5]. Entscheidender als dieses Spiel mit Prozent- oder Promillezahlen des Analphabetismus ist die Tatsache, daß sich an diesem Maßstab nicht ablesen läßt, welches Quantum an Kulturtechniken ein bestimmter Personenkreis tatsächlich beherrschte[6]. Die entscheidende Frage war, ob eine ausreichende Zahl von Schulabsolventen ein Maß von Bildung und Wissen erhielt, das zu politischer Artikulation befähigte und die Chancen vertikaler Mobilität steigerte.
Wenn in der ersten Jahrhunderthälfte die staatliche Schulpolitik auf eine Modernisierung des Lebensstiles abzielte und – in einem freilich eingeschränkten Maße – auf Mobilisierung, so verschob sich die Funktion der Elementarbildung in der zweiten Jahrhunderthälfte. Sie sollte nun nicht länger der Motor von Mobilisierung und Modernisierung sein, sondern deren Folgen auffangen. Schlüssig ergab sich daraus das Konzept, vormoderne gesellschaftliche Normen zu reaktivieren: konkret den Religionsunterricht zu intensivieren. Die Unterrichtsverwaltung war zwar den konservativen Interpretationen ausdrücklich entgegengetreten, die in der übersteigerten Volksbildung eine wichtige Ursache der Revolution von 1848 erblickten. Doch wenn die Bürokratie ihrerseits geltend machte, der konstitutionelle Staat sei auf die Bildung seiner Bürger angewiesen, zielte sie nicht auf allgemeine intellektuelle Fähigkeiten, sondern auf »die Bildung und die durch tiefe Gottesfurcht getragene Sittlichkeit derer, die zur Teilnahme an der Gesetzgebung und

Verwaltung berufen« seien[7].
Ausdrücklich hatte Stiehl in seinen Regulativen die Erfüllung dieser Erziehungsziele der konfessionellen Unterweisung überantwortet. Die von Humboldt als selbstverständlich hingestellte qualitative Unterscheidung der Bildungsinhalte von Elementar- und höherem Schulwesen, die hier auf die klassische Bildung und dort auf die Religion verwiesen, war dagegen weniger prinzipiell als pragmatisch motiviert gewesen. In der aktuellen Situation, in der die institutionellen Voraussetzungen universeller Elementarbildung noch keineswegs gegeben waren, erschien ihm eine weiterreichende Zielbestimmung für die Elementarschule illusionär, während die von ihm projektierte Reform der Schulorganisation auf eine prinzipielle Angleichung der allgemeinbildenden Unterrichtsanstalten abzielte. Doch seine pragmatisch funktionelle Unterscheidung der Bildungsinhalte zwischen niederem und höherem Schulwesen sollte sich im Laufe des Jahrhunderts nicht in diesem Sinne angleichen, sondern als eine ideologisch klassenspezifische weiter verschärfen. Die Erziehungsziele, die sich aus den unzureichenden Verhältnissen zum Zeitpunkt der institutionellen Ausgestaltung des Volksschulwesens am Jahrhundertbeginn ergaben, wurden auf Dauer in dem Bestreben festgeschrieben, die in ihnen zum Ausdruck gekommene soziale Differenzierung nun auch ideologisch zu befestigen. Die aus dem Mangel geborene vorläufige Beschränkung des Bildungsziels der Elementarbildung wurde zu einem bewußt formulierten Programm, in dem der Mangel eigenständige Funktion gewann. Der Ausrichtung des preußischen Volksschulwesens auf »Religion und Vaterland, Thron und Altar«[8] kam ein eigener erziehungspolitischer Wert zu. Als Integrationsfaktor gewann dieser angesichts der zunehmenden sozialen Konflikte noch an Gewicht, so daß die antiintellektualistische Tendenz in Lehrerbildung und Volksschulunterricht sogar gegenüber der national und religiös als unzuverlässig verdächtigten Gymnasialbildung eine eigene ideologische Dignität erhielt. Die religiös fundierte nationale Bildung war nicht länger der Notbehelf für den Bereich der Elementarbildung, sondern wurde das wesentliche Erziehungsziel der preußischen Volksschule überhaupt.
Das große Problem für die Volksschule der zweiten Hälfte des 19. Jahrhunderts in Preußen war nicht die Zurüstung auf die intellektuellen Anforderungen des modernisierten Arbeitswesens, sondern das der sozialen und politischen Disziplinierung: Einführung in technische und nicht länger nur persönlich erfahrene Unterordnungsverhältnisse, die Gewöhnung an das Zusammenleben an neuen geographisch und sozial fremden Orten waren die wichtigsten Ziele schulischer Erziehung[9]. In der Unterrichtspraxis blieb es deshalb unabhängig von dem jeweils anvisierten stofflichen Niveau bei einem Erziehungsstil, der die »reproduktive Bewahrung routinemäßig vollzogener Verhaltensweisen« weitgehend garantierte. Ohne daß diese Intention jeweils bewußt durch die Lehrer verfolgt werden mußte, verwirklichte sie sich schon allein aufgrund der äußeren Unterrichtsverhältnisse der Volksschule.
Die preußische Führung war in der Regel erst dann an schulpolitischen Fragen interessiert, wenn die Bewahrung der konfessionellen Prägung und der bestehenden institutionellen Formen, soweit sie in Einzelfällen nicht mit aktuellen staatlichen Bedürfnissen kollidierten, nicht mehr gesichert war.

Die von Bismarck praktizierten Herrschaftstechniken der ›negativen Integration‹[10] griffen aber unmittelbar auch in die preußische Volksschulentwicklung ein. Speziell der Kulturkampf und die Auseinandersetzung mit der Sozialdemokratie haben die schulpolitische Diskussion ebenso nachhaltig verzerrt wie die Entwicklung ungünstig beeinflußt. In beiden Fällen wurde die Schule unumwunden in den Dienst allgemeiner politischer Strategien gestellt, ohne daß die vitalen Bedürfnisse der Institution selbst sich wesentlich auf die Entscheidungen ausgewirkt hätten. Allerdings können die tiefgreifenden, längerfristig wirksam gewordenen Tendenzunterschiede zwischen den in die Schule verlagerten politischen Kampfmaßnahmen nicht übersehen werden: Das Schulaufsichtsgesetz und die aus dem Geist des Kulturkampfes genährten Verwaltungsanordnungen im Bereich des niederen Schulwesens betraten den Weg zu einer rationellen und effizienteren Schulorganisation, die nicht allein die Schulverwaltung erleichterte, sondern auch den erziehungswissenschaftlichen und professionellen Ansprüchen der Lehrer Rechnung tragen konnte. Das Konzept, die erzieherische Funktion der Schule durch eine möglichst leistungsfähige Unterrichtsorganisation zu gewährleisten, ließ sich in klaren materiellen Anforderungen ausdrücken: Abbau überfüllter Klassen durch Vermehrung der Lehrerstellen und Zusammenlegung kleinerer Schulen zum mehrklassigen Schulsystem auch um den Preis ihrer Simultanisierung.
Dagegen verstärkte die der Volksschule auferlegte Auseinandersetzung mit der Sozialdemokratie und dem Sozialismus unmittelbar und langfristig die retardierenden Momente der Entwicklung. Während eine wie auch immer verblaßte liberale Bildungsideologie sich von der Schule zukünftig positiven Einfluß versprach, verlangte der konservativ begründete Kampf gegen die Sozialdemokratie von der Schule eine unmittelbare Wirkung im Sinne seines Programms.

Wenn Anspruch und Wirklichkeit auseinanderklafften, so wurde das nicht etwa der möglicherweise verfehlten Absicht angelastet, sondern den angeblichen Konstruktionsmängeln der Institution Schule zugerechnet. Die erzieherische Funktion der Schule sollte nicht primär durch die Unterrichtsorganisation – das gesteigerte Niveau des Unterrichts wurde im Gegenteil sehr verdächtigt, den Sozialismus zu begünstigen –, sondern durch die konfessionelle Prägung im Sinne der Kaiserreden garantiert werden, daß dem Volk die Religion erhalten bleiben müsse. Der einklassigen Konfessionsschule wurde so der Vorrang vor mehrklassigen, möglicherweise paritätischen Schulen eingeräumt.

Auch wenn in Simultanschulen oder paritätischen Schulen selbstverständlich der Religionsunterricht in strenger konfessioneller Trennung den einzelnen Schülergruppen erteilt wurde, bestanden Konservative und Zentrum auf Konfessionsschulen, in denen der gesamte Unterricht konfessionell ausgerichtet sein sollte. Dieses Programm maß seine Erfolge nicht an überprüfbaren intellektuellen Unterrichtsergebnissen, sondern ausschließlich an der Gesittung der Schulentlassenen. Eine Zunahme sozialdemokratischer Wahlstimmen ließ sich so als Versagen gegenüber der politischen und sittlichen Aufgabe der Volksschule interpretieren, wobei die Schlußfolgerung nahelag, daß die

Ursache in ihrer noch unzureichenden konfessionellen Prägung zu suchen war – ein Argumentationszirkel, durch den sich schließlich auch die Nationalliberalen fangen ließen. Schulorganisatorisch führte diese Politik zu einer Auflösung der Simultanschulen und der Zunahme wenig gegliederter Schulen für konfessionelle Minderheiten.
Daß sich die Schulpolitik relativ weit hinten auf der politischen Prioritätenliste einordnen mußte, bedeutete aber nicht, daß Versuche zur Änderung des jeweiligen Status quo im Schulbereich etwa als Nebensache betrachtet wurden. In der Tat kam auch der Ernennung der Minister Falk, Puttkamer und Zedlitz Signalcharakter nicht nur für den kulturpolitischen, sondern auch für den innenpolitischen Kurs des Staatsministeriums zu.
Den Ressortministern öffnete sich erst dann ein größerer Spielraum für Veränderungen im Unterrichtsbereich, wenn sie sich zu Sprechern des Regierungskurses auch in anderen übergeordneten Fragen machten oder wenn ihr schulpolitisches Programm eine Funktion in einer politischen Gesamtstrategie gewinnen konnte. Die Wirkung solcher Maßnahmen blieb allerdings im ganzen ambivalent. So schädigte beispielsweise der Kulturkampf mit der rigiden Durchsetzung der Kampfgesetze auch den inneren Schulbetrieb, gab aber dem Minister in Übereinstimmung mit der Mehrheit des Abgeordnetenhauses die Chance jener strukturellen Modernisierung, die der Monarch und sein Ministerpräsident prinzipiell ablehnten. Andererseits hatte der eine innenpolitische Krise heraufbeschwörende Zedlitzsche Volksschulgesetzentwurf nur deshalb die Billigung des Staatsministeriums gefunden, weil der Ministerpräsident durch seine Vorlage die Unterstützung des Zentrums für Gesetzgebungsvorhaben im Reich zu gewinnen hoffte. Auch während der Bismarckschen Ministerpräsidentschaft war die Schulpolitik des Staatsministeriums durch politische Motive bestimmt worden, die nicht unmittelbar mit dem Unterrichtsbereich in Verbindung standen. Immerhin blieb aber in dem von Bismarck hergestellten Junktim zwischen Reichsfinanzpolitik und preußischer Schulpolitik – trotz zweifelloser Priorität des Reichsaspekts – eine sachliche Verbindung zwischen den Projekten im Reich und in Preußen bestehen, da die erstrebten Geldmittel auch den preußischen Schulunterhaltungspflichtigen zukommen sollten. Während Bismarcks Konzepte die Fragen der inneren Schulverfassung nicht berührten, machte Caprivis Verknüpfung von preußischer Kulturpolitik und Reichspolitik dagegen gerade auch die Probleme der preußischen Schulverfassung zu einem politischen Handelsobjekt. Allerdings begegneten seine Konzessionen an das Zentrum weitgehend den Wünschen der konservativen Abgeordnetenhausmehrheit, die in der gesetzlichen Fixierung des konfessionellen Charakters der Volksschule einen wichtigen Damm gegen das weitere Anwachsen der Sozialdemokratie erblickte. Diese Absicht ließ jedoch den latenten Dissens über wichtige Normen der preußischen Verfassung manifest werden.
Die dem preußischen Unterrichtswesen, speziell den Elementarschulen gewidmeten Artikel der Verfassung gewannen ohne das verheißene Unterrichtsgesetz keine Realität, verhinderten andererseits aber auch, daß überhaupt ein Schulgesetz zustande kam. Sobald die Schulfrage als Verfassungsfrage behandelt wurde, also zur politischen Auseinandersetzung um die in der

preußischen Monarchie in Geltung zu setzenden Normen führte, wurde offenbar, daß die in der Verfassung dem Schulwesen gegebenen Vorschriften auf keinem politisch praktizierbaren Konsensus der relevanten gesellschaftlichen Gruppen beruhten. Eine Einigung über die das Schulwesen betreffenden Gesetze war deshalb nur dann möglich, wenn Normenfragen ausdrücklich ausgeklammert werden konnten und die Regelung als ein ›Provisorium‹ einen technisch bereits praktizierten Verwaltungsgebrauch legitimierte. Legislative Maßnahmen im Bereich der institutionellen Ausgestaltung des Elementarbildungswesens bedeuteten deshalb entweder mehr oder weniger direkte Anpassungen an die Praxis der Schulbürokratie oder Korrekturen offensichtlich eingetretener Strukturdefekte. Die Beseitigung der Mängel war aber in den Rahmen technokratischer Reparaturen gespannt und keineswegs mit der Intention qualitativer Veränderungen verbunden. Deshalb kamen nur diejenigen Gesetzesvorhaben zustande, in denen der Mißstand so offensichtlich war, daß seine Beseitigung ohne politische Zielprojektion zu verwirklichen war, der Vorgang insgesamt also von allen Interessenten als ›unpolitisch‹ gedeutet werden konnte – ein Verfahren von eindeutig konservativem Charakter, das die Rechte sich zumeist zusätzlich durch materielle Zugeständnisse in agrarischem Interesse abhandeln ließ.
Wie unvereinbar die Standpunkte waren, legte jede parlamentarische Auseinandersetzung über das Unterrichtswesen offen. Einerseits vermochte zwar die Bürokratie relativ flexibel im Unterrichtsbereich auf technische und politische Ansprüche zu reagieren, da sie in ihrem Wirken kaum gesetzliche Schranken fand, andererseits geriet sie aber wegen der anachronistischen Form der Schulunterhaltung in einen permanenten Rückstand zu den wachsenden Unterrichtsbedürfnissen. Da die sich daraus ergebende Stagnation teilweise bewußt gewollt wurde, gewannen zwar die Auseinandersetzungen um die Gewährung von Mitteln, die wenigstens den Nachholbedarf verkleinern sollten, eigenes schulpolitisches Gewicht, führten aber zu keiner qualitativen Veränderung des bestehenden Schulsystems. Der geltend gemachte Zusammenhang zwischen materieller Mehraufwendung für das Bildungswesen und dessen qualitativem Progreß gewann offenbar erst oberhalb eines Niveaus Evidenz, das im Untersuchungszeitraum ehestens während der Ära Falk gestreift wurde, später aber erkennbar unterschritten blieb. Der ideologische Konflikt berührte die Lehrer nicht nur wegen der skizzierten materiellen Wirkung, sondern erschwerte auch ihre professionelle Positionszuweisung, die eng mit den materiellen Fragen verknüpft war.

2. Die Entwicklung der Volksschullehrer

Die Volksschullehrer modernen Typs waren in Preußen das Produkt der Bürokratie. Die Reformbewegung hatte zu Beginn des 19. Jahrhunderts mit der Institutionalisierung der Ausbildung und der Normierung der fachlichen Ansprüche an die Kandidaten für ein Lehramt die entscheidenden Voraussetzungen für einen professionellen Lehrerstand geschaffen. Die staatlichen Maßnahmen, den preußischen Volksschullehrer in seine beruflichen Funktio-

nen einzuüben und ihm seine soziale Position anzuweisen, erfolgten jedoch in einer Weise, welche die eingeleitete Professionalisierung deformierte und die Autonomie des Standes langfristig erschwerte. Die drei wesentlichen Merkmale der Professionalisierung – Ausbildung, Anstellung und Sanktionierung der Standesnormen – waren jeweils in einschneidender Weise durch staatliche Prärogative dem Stande selbst vorenthalten worden. Im Ausbildungssektor ließ sich dieser Vorgang am einfachsten verfolgen und in seinen gesamtgesellschaftlichen Konsequenzen skizzieren. Die preußischen Reformer hatten unter dem Eindruck völlig unzureichender Verhältnisse im Elementarschulwesen und unter dem Zwang knappster Finanzmittel neben dem System der allgemeinbildenden Schulen ein isoliertes Lehrerbildungswesen geschaffen. Die Ausbildung der Lehrer wurde Institutionen übertragen, die ausschließlich durch den Staat kontrolliert wurden und allein der beruflichen Vorbildung dieses einen Standes gewidmet waren. Der feste staatliche Zugriff auf das Sozialisationsinstrument der Lehrerseminare dokumentierte, daß ihr strategischer schulpolitischer Rang klar erkannt und deshalb von der Bürokratie gegen alle Angriffe zäh verteidigt wurde.
Das Konzept, die Lehrerbildung als zentrales Vehikel der Volksschulreform überhaupt einzusetzen, wurde in der Reaktionszeit durch die Verklammerung der Seminarausbildung mit dem Kursus der einklassigen ländlichen Volksschule zugleich verengt und intensiviert. Stiehl zwang den preußischen Seminaren unter dem Eindruck der Revolution endgültig eine feste institutionelle Form auf, die eine akademische Bildung als Alternative ausschloß. Er versuchte, die auszubildenden Lehrer zu bedingungslos funktionierenden Instrumenten der staatlichen Schulpolitik abzurichten; die Voraussetzungen für das erwünschte politische und soziale Verhalten sollte vor allem die Phase der Seminarausbildung schaffen. Die in den späten 1860er und frühen 70er Jahren aufgebrochene öffentliche Kritik an der Erziehungsarbeit der Internate nach den Gesetzen der Regulative blieb ohne Konsequenzen. Mit den Allgemeinen Bestimmungen kam es nur zu einer formellen Anhebung der stofflichen und intellektuellen Ansprüche des Seminarunterrichts, welche die wesentlichen institutionellen Züge der von Stiehl etablierten Form der Lehrerbildung aber bestehen ließ.
Auch der von führenden Schulpraktikern ständig rekapitulierte Katalog professioneller Tugenden der Lehrkräfte unterschied sich kaum von den Forderungen der aus dem Geist der Regulative verfaßten »Schulkunde« des Karl Bormann. In ihrem methodischen Vorgehen repräsentierten die Lehrbücher nach wie vor das Niveau vorwissenschaftlicher Reflexion und pragmatischer Regelsammlung. Ihrem Verfahren, den Lehrer in das Zentrum der Schule zu rücken und praktisch alle Leistungserwartungen seinem erziehenden Unterricht aufzubürden, lagen zunächst didaktische Motive zugrunde: Die angehenden Lehrer sollten erkennen lernen, daß, was immer sie innerhalb und außerhalb der Schule taten, Gewicht für ihr berufliches Dasein hatte. Hier zeigte sich das Gepräge der noch andauernden ersten Phase der Professionalisierung des Volksschullehrerberufes, in der generell die Herausstellung der zentralen Funktion des einzelnen Lehrers das Bewußtsein für die berufliche Dignität begründen sollte. Die autoritativ ausgesprochenen Handlungsanwei-

sungen für die Lehrer, die sich allerdings auf solide Einsichten aus einer bewährten Unterrichtspraxis stützen konnten, wurden jeweils ad hoc mit sprichwörtlichen Sentenzen belegt, mit Klassikerzitaten illustriert oder wenn möglich mit einzelnen Bibelversen begründet und charakterisierten so augenfällig den vorwissenschaftlichen Stil dieser Art der Lehrerbildung.
Mitentscheidend für das geringe Niveau der zeitgenössischen Pädagogik war zweifellos, daß dieses Fach weder an preußischen noch an den meisten anderen deutschen Universitäten institutionell verankert war. Das Fehlen pädagogischer Ordinariate und das Versagen der Studienchance für preußische Volksschullehrer stellten sich dabei als die beiden Seiten derselben Medaille heraus. Den Lehrern wurde individuell der gesellschaftliche Aufstieg aufgrund ihrer Berufsbildung bestritten wie kollektiv die spezifische Berufswissenschaft vorenthalten. Wissenschaftliche Leistungen zur Festigung des Standesbewußtseins konnten sie nur da vollbringen, wo, vornehmlich bei spezialistischen Naturforschungen, autodidaktische Studien weiterhalfen, während sie sich am Ausbau ihrer Berufswissenschaft, der Pädagogik, kaum selbst beteiligen konnten[11].
Die Seminare behielten die Doppelfunktion der Wissensvermittlung für eine bestimmte Berufsfunktion und der Konditionierung der Lehramtskandidaten für einen spezifischen beruflichen und sozialen Verhaltensstil. Die zweite Funktion der Seminarausbildung wurde in der öffentlichen Diskussion nicht mit gleicher Klarheit erkannt: der Mustercharakter des Anstaltslebens für das spätere dienstliche und außerdienstliche Verhalten der Lehrer, die unter dem Schlagwort der ›Gewöhnung‹ als Erziehungsziel der Seminare wieder und wieder in den Akten auftauchte. Wichtiger als die stofflichen Änderungen des Lehrplanes und die Steigerung der intellektuellen Ansprüche an die zukünftigen Lehrer war die Erziehungspraxis der Seminare selbst.
Die Seminarausbildung konnte kein intellektuelles Prestige gewinnen, das an die öffentlichen höheren Schulen heranreichte. Entsprechend der sozialen Herkunft der Aspiranten und wegen des tatsächlich oder angeblich geringen Niveaus der Ausbildung schien den politischen Gruppen das bestehende Besoldungsniveau für die Seminarabsolventen deshalb als ausreichend. Die andauernde Dürftigkeit der Lehrerbesoldung reduzierte einerseits die schulpolitischen Diskussionen weitgehend auf die Geldfrage, andererseits garantierte die permanente Knappheit den Sozialisationsgang mit all seinen politischen und sozialen Konsequenzen. Folgender Zirkel bildete sich heraus: Rekrutierung aus unteren sozialen Schichten, schlechte Entlohnung, geringes soziales Prestige, Lehrermangel, Rekrutierung aus unteren Sozialschichten. Dabei blieb jedoch der Anteil von Arbeitersöhnen, die sich dem Lehrerberuf widmeten, weit hinter dem ständig steigenden Prozentsatz von Arbeiterkindern in der Volksschule zurück.
Eine qualitative Veränderung der sozialen Position der Volksschullehrer, die durch ihre Ausbildung und ihre berufliche Funktion angelegt war, hätte notwendig bei der großen Zahl der Elementarlehrer die bestehende ständische Schichtung und vor allem die Elitepositionen nachhaltig beeinflussen müssen. Genau diese Absicht unterstellte die vormärzliche Schulkritik den Reformern: »Man förderte einen Stand in das Volk, der seiner Natur nach ungleich mehr

verbreitet ist, wie der eigentlich geistliche ..., man konstituierte mit dem Stand die ganze neuere Partei[12].« Bezeichnend für die Spannungen, die zwischen der neuen Berufsgruppe und der noch weitgehend ständisch empfindenden Gesellschaft erwuchsen, war die von Riehl beigesteuerte Deutung. Die Ursachen des Konflikts wurden reduziert auf die unberechtigten Gehaltsansprüche des einzelnen, »der die Gesellschaft reformieren will, weil er seinen knappen Gehalt nicht reformieren kann ...«[13].

Auch in der zweiten Jahrhunderthälfte sah sich die konservative Schulpolitik gegenüber den Lehrern vor das Dilemma gestellt, daß eine materielle Besserstellung der Lehrer diese ehestens sozial beruhigen würde, andererseits aber die Erfüllung der materiellen Forderungen des Lehrerstandes zugleich einen wesentlichen Schritt in Richtung auf eine größere Standesautonomie ausmachen würde. Aus diesem Grunde war der gewöhnliche Weg konservativer Sozialpolitik, die Privilegierung einzelner Gruppen auf Kosten Dritter[14], gegenüber den Lehrern von vornherein ungangbar. Die permanente Diskrepanz zwischen gesellschaftlicher Leistungserwartung an den Lehrerstand und unzureichender materieller Entschädigung wollten die Konservativen im Sinne einer Reduktion der Ansprüche entschärfen. Sie favorisierten deshalb das Leitbild des guten alten Dorfschulmeisters, das den agrarischen Interessen am ehesten entsprach. Ähnliche Tendenzen fanden sich aber auch in der Publizistik, z. B. in den »Grenzboten«, die den Freikonservativen nahestanden. Diese Zeitschrift plädierte ebenfalls für eine Reduzierung des Ausbildungsniveaus der Volksschullehrer, da es auch langfristig unmöglich sei, die für die Schulzwecke zur Verfügung stehenden Geldmittel dem Bildungsniveau der Volksschullehrer anzupassen[15]. Das konservative Lehrermodell, das die soziale Position des Lehrers am Durchschnitt der Gemeinde orientierte, in der er zu wirken hatte, wies zurück auf eine Phase der Volksbildung, in der diese noch nicht als eigene Funktion aus den allgemeinen Wirtschafts- und Lebensbeziehungen ausgegliedert war. Das Modell verfolgte ausdrücklich die Absicht, die den sozialen Wandel begünstigende Wirkung rationaler und funktionell selbständiger Erziehung zu verhindern. Es bestritt damit auch indirekt die staatlich verordnete Professionalisierung des Berufsstandes und die bürokratische Institutionalisierung der Elementarbildung überhaupt.

Während die kleine Zahl der akademisch gebildeten Gymnasiallehrer leicht in die bestehende Gesellschaft integriert werden konnte, weil sie durch die eigene gymnasiale Vorbildung und das Universitätsstudium auch die entsprechenden Sozialisationsinstitute durchlief, war für die Volksschullehrer ein eigenes Ausbildungssystem geschaffen worden, das den ›sozialen Aufstieg‹ kanalisierte und den Bildungsbesitz sozial neutralisierte. Diese äußere institutionelle Differenzierung, die den Übergang in andere Schulsysteme ausschloß, fand ihre Ergänzung durch die Gestaltung der Lehrinhalte und Stoffpläne, die bewußt von den Curricula der allgemeinbildenden höheren Schulen abwichen. Deutlich waren die in den staatlichen Seminaren ausgebildeten Lehrer aber auch von den ›Schulhaltern‹ abgegrenzt worden, die durch eine handwerkliche Tätigkeit einen wesentlichen Teil ihres Lebensunterhalts verdienten und ad hoc in ihr Amt berufen worden waren. Die ausschließlich als Lehrer ausgebildeten Absolventen der Seminare dagegen mußten die Mittel für ihre

Existenzsicherung ausschließlich aus ihrem Schulamt gewinnen, ohne daß die Organisation der Schulfinanzierung der Modernisierung der Lehrerbildung gefolgt war.
Der von den Reformern angelegte strukturelle Widerspruch zwischen minimaler materieller Entschädigung der Lehrer und den an sie gestellten steigenden bürokratischen und auch gesellschaftlichen Leistungserwartungen gewann seine volle Schärfe in der zweiten Jahrhunderthälfte, als er für alle Volksschullehrer Realität wurde. Die starke Expansion des Volksschulwesens hatte sich zugleich als Schranke für die bessere materielle Ausstattung der einzelnen Lehrerstellen herausgestellt, da die zunehmende Schülerzahl zur Gründung neuer Lehrerstellen zwang, so daß trotz erhöhter Gesamtaufwendungen der Gemeinden und des Staates die einzelnen Lehrer sich sogar zeitweise mit relativen oder absoluten Stellenverschlechterungen abfinden mußten. Das Marktprinzip, von dessen Mechanismus sich mehrere Standesvertreter langfristig Besoldungsverbesserungen erhofften, war an einer wesentlichen Stelle durchbrochen: Die Regulierung von Angebot und Qualität des Angebots hatten die Lehrer selbst nicht in der Hand. Die staatlich gesetzten Normen für die Anstellungsfähigkeit der Lehrer bildeten deshalb zwar einen Faktor ihrer beruflichen Konsolidierung; aber das Monopol ihrer berufsqualifizierenden Ausbildung war für sie professionell weniger entscheidend als das staatliche Anstellungsmonopol, das bei Bedarf die eigenen Qualifikationsforderungen unterlaufen konnte und damit den prinzipiellen Geltungsanspruch der selbst formulierten professionellen Normen in Frage stellte. Aber auch in der beruflichen Tätigkeit der Lehrer selbst lagen Barrieren für deren Professionalisierung. Der Stand erfüllte eine relativ unspezialisierte Berufsfunktion, vor allem soweit die Erziehungsfunktion in den Vordergrund seiner Tätigkeit gerückt wurde, die auf individuelle menschliche Qualitäten des Lehrers abgestellt war. Was er an Wissen vermittelte, ließ sich bestenfalls an vordergründigen Memorierleistungen der Schüler messen – sofern die fachfremde Schulaufsicht sich überhaupt nicht nur an der Einhaltung der Verwaltungsvorschriften, pünktlichem Stundenbeginn, sorgfältiger Führung von Listen, Schulchroniken usw. orientierte. Das Berufsbild war gekennzeichnet durch die Pluralität der Funktionen, ausgedrückt in der These universeller Erziehungswirkung der Lehrerpersönlichkeit innerhalb und außerhalb der Schule. Für dieses Berufsbild aber existierte kaum ein sinnvoller bürokratischer Maßstab. Die strukturelle Schwäche behördlicher Überprüfung gegenüber dem Erziehungsauftrag der Lehrer nötigte deshalb zu einer Stärkung der professionellen Autonomie des Berufsstandes. Dadurch wurde zwar die unmittelbare bürokratische Kontrolle erschwert, aber zugleich die Voraussetzung dafür geschaffen, daß die erwünschten Normen überhaupt realisiert wurden.
Einen gegenläufigen Einfluß auf die Entwicklung des Berufsstandes hatten nach 1848 die sich gegenseitig bedingenden Faktoren der unmittelbaren Politisierung des Elementarschulwesens und der Bürokratisierung seiner Funktionen gewonnen. Die Ergebnisse der politischen, sozialen und professionellen Situationsanalyse der Volksschullehrer bieten das Bild eines ›pädagogischen Unterbeamten‹, der an die niedrigste Stelle der Schulverwaltungshier-

archie gestellt war, ohne daß ihm seine bescheidene Stellung zumindest eine spezifische Verhaltenssicherheit beschert hätte. Seine ungesicherte rechtliche und soziale Situation machte ihn zum wehrlosen Objekt politischer und sozialer Disziplinierung.

Die Politisierung stand ihrerseits unter dem Doppelaspekt der Funktionalisierung der Schule in spezifischer politischer Absicht und der Kontrolle der Schulverwaltung durch politische Gremien. Da die Fachminister auch für die Handlungsweisen unterer Schulverwaltungsinstanzen, sogar für die unterrichtlichen Verhaltensweisen einzelner Lehrer, vor den parlamentarischen Gremien die politische Verantwortung übernehmen mußten, waren sie geneigt, alle Verwaltungs- und Unterrichtsabläufe bis ins einzelne zu reglementieren. Dieser Zwang galt um so mehr, wenn bestimmte politische Wirkungen durch ihre Verwaltungstätigkeit erzielt werden sollten. Das Personal der Schule wurde zum bloßen Gegenstand des bürokratischen Zugriffs, der die jeweilig erwünschte politische Haltung auf dem Wege der Gesinnungskontrolle zu realisieren versuchte. Die Politisierung der Schule führte überdies dazu, daß jeder politische Kurswechsel bis in schulorganisatorische und unterrichtstechnische Spezialfragen zurückwirkte, die nicht unter erziehungswissenschaftlichen Gesichtspunkten geklärt, sondern die durch bürokratische Gebote entschieden wurden.

In der Beurteilung der Schulzucht als einer zentralen Kategorie der Unterrichtsarbeit ergab sich eine auffällige Identität zwischen den Zielsetzungen, die Lehrerschaft und Aufsichtsinstanzen vorschwebten, und den erziehungswissenschaftlichen Maximen. Die Schulzucht und ihre Ultima ratio, die Prügelstrafe, verdienten deshalb besonderes Interesse, weil sie stärker als die stofflichen Ansprüche der Lehrpläne das Sozialisationsschicksal der Volksschüler bestimmten und die wirklichen politischen Funktionen der preußischen Volksschule erkennbar werden ließen. Die unbedingte Reklamation der Prügelstrafe für die Schule verband Lehrerschaft, Bürokratie und Agrarier in gemeinsamer Abwehr ›humanitärer Gefühlsduselei‹.

Auch die Bedürfnisse einer auf strenge bürokratische Reglementierung abzielenden Unterrichtsverwaltung und die Postulate einer lehrerzentrierten praktischen Unterrichtslehre schienen weitgehend kongruent und mußten vor allem von schulfremden Aufsichtspersonen als identisch angesehen werden. Wenn die »Schuldisziplin« als der »Prüfstein für das tiefinnerste Wesen des Lehrers«[16] vorgestellt wurde, so waren sicher die meisten Inspektoren geneigt, die Leistung der Schule primär an dieser Kategorie zu messen. Eine Bürokratie, die politische Ziele durch den Schulunterricht zu verwirklichen suchte, konnte kaum mit dem Lehrertyp des autonomen Erziehers kooperieren, sondern mußte schon aus der Eigengesetzlichkeit ihrer Stellung heraus unabhängig von ihrer jeweiligen politischen Ausrichtung seine Stellung als die eines funktionsfähigen ›Unterrichtsbeamten‹ definieren.

Die preußischen Volksschullehrer des 19. Jahrhunderts waren primär Instrumente der politischen Herrschaft; die staatliche Behandlung der Volksschullehrer definierte zugleich die Erziehungsfunktion der Volksschule. Aufgrund der Tatsache aber, daß Volksschullehrer Teile des Herrschaftssystems darstellten, können sie nicht als Repräsentanten unterer Sozialschichten

angesehen werden, deren gesellschaftliche Aufstiegschancen oder deren politisches Verhalten sie exemplarisch darzustellen vermöchten. Zum einen verdankte der moderne Volksschullehrerstand sein Entstehen und den entscheidenden Impuls zu seiner Professionalisierung den Bedürfnissen des politischen Systems. Daß er durch bürokratische und staatliche Kontrolle determiniert war, schließt von vornherein einen sinnvollen Vergleich mit anderen am Produktionsprozeß unmittelbar beteiligten Berufsgruppen aus. Zum anderen kam der Nachwuchs für den Volksschullehrerberuf nur in Ausnahmefällen aus der Unterschicht. Das Rekrutierungsfeld der Volksschullehrer lag an der Grenze zum Proletariat, begünstigte aber wegen der permanenten Deklassierungsangst der Standesmitglieder die Distanz zur Arbeiterschaft und die Übernahme antisozialistischer Ideologien. Daß die Volksschullehrer den Unterschied zum Proletariat so nachdrücklich herausstellten, gewann allgemeine sozialpolitische Bedeutung im Rahmen der in den 80er Jahren einsetzenden staatlichen Mittelstandspolitik. Die Intention einer Verbreiterung der staatstragenden Kräfte mit dem ausdrücklichen strategischen Ziel, die sozialen und politischen Gleichheitsansprüche des vierten Standes abzuweisen, entsprach der schon lange von der Lehrerbewegung für den eigenen Stand proklamierten Funktion, die sozialen Spannungen auszugleichen. Zu der Vermittlungsposition fühlte sich der Volksschullehrerstand sowohl durch seine soziale Herkunft als auch durch seine berufliche Aufgabe legitimiert.
Die Standesideologie der Volksschullehrer war mit dem Selbstverständnis des unselbständigen Mittelstandes vergleichbar, in dem sich Aufstiegsstolz und Deklassierungsfurcht begegneten, was eine scharfe Abgrenzung gegenüber den politischen und sozialen Vorstellungen des Proletariats produzierte. Ihrer soziologischen Funktion nach war die Standesideologie ein wichtiges Element der Professionalisierung, da sie die Standesnormen zu stabilisieren und zu sanktionieren vermochte. Wenn sie sich ihrem politischen Gehalt nach als eindeutig konservativ erwies, indem sie dem Lehrerstand eine hervorragende Aufgabe für die Verteidigung der bestehenden politischen Ordnung zusprach, so gewann dieselbe Standesideologie doch sozial einen progressiven Aspekt, da sie für den Bereich der Volksschule Änderungen verlangte, die das Gesellschaftssystem insgesamt tangierten. Für die konkrete Wirkung dieser funktionalen Aspekte der Standesideologie war es jedoch entscheidend, daß ihre konservativen Gehalte die möglichen progressiven Momente der Professionalisierung eindeutig einschränkten. Ein höheres Maß an Professionalisierung bedeutete zugleich eine festere Einbindung der Volksschullehrer in die herrschenden gesellschaftlichen Normen und die wachsende Bereitschaft, sich für deren ungeschmälerte Gültigkeit zu engagieren. Die Kritik der Lehrer an behördlicher Reglementierung – ein Vorgang, der von der Schulverwaltung als Ausdruck mangelnder staatlicher Loyalität gewertet wurde – verstellte häufig den Blick auf den tiefliegenden ideologischen Konsensus zwischen Lehrern und Gesellschaft. Oppositionelles Verhalten gegenüber der Regierung oder Kritik am politischen System waren nicht nur wegen der scharfen Disziplinierung erschwert, sondern verboten sich schon aus immanenten professionellen Gründen: Die Volksschullehrer sahen die Erziehung ihrer Schüler zu

königstreuen und patriotischen Untertanen als den Mittelpunkt ihrer Unterrichtsbestrebungen an und wollten selbst ein entsprechendes Verhalten praktizieren. Politische Zuverlässigkeit und nationale Gesinnung erwiesen sich nicht nur als eine selbstverständliche Beamtentugend, sondern als das Zentrum ihrer professionellen Identität. Es bedurfte nicht der Repression der Sozialdemokratie mittels der Sozialistengesetze, um die Lehrer zu unbedingten Verteidigern der bestehenden gesellschaftlichen Ordnung zu machen. Vielmehr verstanden sie sich selbst als die gleichsam natürlichen Feinde des Sozialismus und der Sozialdemokratie, die ihren heiligen Erziehungsauftrag zu zerstören drohten.

In den 1860er Jahren hatte sich noch ein Teil der organisierten Lehrer zu demokratischen Idealen bekannt und auch eine Schulreform in diesem Sinne angestrebt, schon in den 70er Jahren distanzierte sich die große Mehrheit dann jedoch von solchen Forderungen. Mehrfach wiesen Lehrervereine mit Entschiedenheit und Entrüstung öffentliche Vorwürfe zurück, in denen sie demokratischer Bestrebungen bezichtigt wurden[17]. Wenn die Spannung zwischen der Idealität der Vorstellungswelt der Lehrer und der konkreten schulischen und schulpolitischen Realität in den ersten Jahrzehnten des Jahrhunderts ein revolutionäres Pathos erzeugt haben mochte, das aber höchst konkrete schulpolitische Reformforderungen in sich barg, so versuchte man, die Spannung zwischen Realität und Idealität in der Phase der Reichsgründung und später zu mildern, indem man weitreichende schulpolitische Konzepte zugunsten aktueller standespolitischer Erfolge reduzierte. Der Kampf um die Emanzipation des Standes, der sich z. B. in Diesterweg und Dittes personalisierte, verblaßte zur Erinnerung an eine heroische Phase seiner Entwicklungsgeschichte, der man sich nur in Gedenkvorträgen begeistert hingab.

Den Normenkonflikt zwischen Pädagogik und Gesellschaft[18] versuchten die Lehrer in doppelter, sich gegenseitig ausschließender Weise zu lösen. In der Formulierung der Erziehungsziele traf man sich weitgehend mit den Konzepten zur Wiederherstellung traditionaler gesellschaftlicher Normen, wie sie exemplarisch Stiehl verwirklicht und Puttkamer anvisiert hatte. Sie sollten den einzelnen für einen vorbestimmten Platz innerhalb der sozialen und politischen Ordnung konditionieren. Zur Verwirklichung der Standesziele mußte man jedoch auf eine Schultheorie drängen, nach der die Lehrer als Experten der Schule und Repräsentanten der Erziehungswissenschaft Mitspracherechte verlangen mußten, die ihnen die traditionelle Institution gerade wegen ihrer gesellschaftsverändernden Konsequenzen versagte. In der Praxis versuchte man das Dilemma in der Weise zu lösen, daß die Lehrer die funktional begründeten Mitwirkungsrechte als Standesprivilegien reklamierten: Als Mitglieder der privilegierten Eliten würden sie Interesse an der Verteidigung des bestehenden gesellschaftlichen Systems gewinnen.

Je mehr die materiellen Fragen innerhalb der Lehrerbewegung dominierten, um so leichter konnte die Regierung deren Kurs manipulieren. Schneider hatte schon 1872 die Verbesserung der pekuniären Lage der Lehrer mit dem Argument empfohlen, daß dann ihre Isolierung und »ihre enge, mancherlei Aufregung bergende Zusammenschließung von selbst aufhören« werde[19]. Seit das Ministerium eine standespolitische Interessenwahrnehmung durch die

Lehrerbewegung bedingt anerkannt hatte, verzichteten die Lehrer immer mehr auf eine eigene schulpolitische Programmatik. Gerade indem die Lehrer kollektiv als politische Größe in die politische Auseinandersetzung hineingezogen wurden, nötigte man sie ihrerseits dazu, abweichende Konzepte in den eigenen Reihen zu unterdrücken, um die erreichbar scheinenden Tageserfolge nicht zu verspielen.

Die Einbeziehung der Lehrer in die Schulverwaltung auf lokaler Ebene durch ihre Aufnahme in die Schulvorstände entsprang ähnlichen Motiven. Es ergab sich ein unmittelbarer Kooperationszwang mit den Gemeinden, der die staatliche Bürokratie entlastete.

Zweifellos bestand die von den Lehrern behauptete Interdependenz zwischen Fortschritten des Standes und solchen der Volksschule, doch diese Fortschritte waren wegen ihrer durchaus ambivalenten jeweiligen Wirkung verschieden zu bewerten. Eine qualitative Verbesserung des Volksschulwesens konnte langfristig dahin führen, daß die Klassenstruktur der preußischen Volksschule überwunden wurde. Der standespolitische Fortschritt der Volksschullehrer konterkarierte aber gerade diesen möglichen Effekt, denn er wurde in der Absicht gewährt, die integrative Leistungsfähigkeit der Schule für die preußische Monarchie zu steigern und den Lehrer zugleich endgültig als Funktionsträger und Stütze der Gesellschaft zu gewinnen. Der politischen Funktionalisierung der Schule durch politische Führung und Bürokratie stand damit auf seiten der Lehrer die standespolitische Funktionalisierung gegenüber. Die in der Berufsfunktion der Volksschullehrer angelegte Tendenz zu einer gesellschaftlichen Demokratisierung wurde aufgehoben, als die Volksschullehrer im Hinblick auf ihre kollektiven Aufstiegswünsche ihre Interessen ganz mit denen des bestehenden politischen Systems verknüpfen. Dieses Verhalten sicherte aber eine nur temporäre Interessenidentität, da sich die Rolle des Volksschullehrers als pädagogischer Unterbeamter zunehmend als anachronistisch herausstellen mußte. Staatliche und standespolitische Interessen an der Volksschule gerieten seit der Mitte der 1890er Jahre in einen unaufhebbaren Gegensatz. Politisch führte sich die Praxis der Untertanenschule schon angesichts der stetigen Zunahmen der Sozialdemokratie ad absurdum. Konzepte einer staatsbürgerlichen Erziehung[20] signalisierten mit dem ausdrücklichen Verweis auf den Begriff ›Staatsbürger‹ den erziehungspolitischen Wandel, und die Vorschläge zur Erleichterung des ›Aufstiegs der Begabten‹[21] suchten zugleich gesellschaftliche Ungleichheit rationaler zu begründen und der verschärften internationalen Konkurrenz Rechnung zu tragen[22].

Auch wenn die aus dem Geiste des Imperialismus erwachsenden bildungspolitischen Reformpläne keineswegs auf den mündigen Staatsbürger abzielten, so verhieß doch das Programm des ›Aufstiegs der Tüchtigen‹ ein Maß an Mobilität, welches das starre System präfigurierter Ungleichheit in Frage stellte. Auf der Seite der Lehrer dagegen mußten die reformpädagogischen Ansätze dem Gedanken der pädagogischen Autonomie eine Weite geben, die das Modell des pädagogischen Unterbeamten erschütterte.

Die vorliegende Untersuchung hat viele Belege dafür geliefert, daß die preußische Volksschule und ihre Lehrer in der zweiten Hälfte des 19. Jahrhunderts sich als typische Elemente der politischen und gesellschaftlichen Ordnung des preußisch-deutschen Kaiserreiches interpretieren lassen. Wie dieses durch die Diskrepanz industrieller Modernisierung und politischer Rückständigkeit charakterisiert werden kann[23], so läßt sich für die Volksschule der Widerspruch zwischen institutioneller Modernität, repräsentiert durch die Professionalisierung der Volksschullehrer, und ideologischer Rückständigkeit herausarbeiten.

Es wäre allerdings voreilig, daraus zu schließen, daß während der gleichen Zeit in den westeuropäischen Ländern, die das Modell politischer Demokratisierung geliefert haben, für die Erziehung der Massen Unterrichtssysteme eingerichtet worden wären, die in wesentlichen Zügen die demokratischen bildungspolitischen Vorstellungen von Chancengleichheit und Erziehung zur Mündigkeit verwirklicht hätten. Ehe man pauschal alle Elemente der preußischen Untertanenschule der ›deutschen Sonderentwicklung‹ zuschiebt, wäre zu prüfen, inwieweit es Parallelen hierzu auch in der Erziehungspraxis der Elementarschulen anderer Industriestaaten gab.

Anhang

Abkürzungsverzeichnis

ADLZ	Allgemeine Deutsche Lehrerzeitung
ALR	Allgemeines Landrecht
Anm.	Anmerkung
Art.	Artikel
Diss.	Dissertation
DLV	Deutscher Lehrerverein
DZA	Deutsches Zentralarchiv
GWU	Geschichte in Wissenschaft und Unterricht
PVS	Politische Vierteljahresschrift
VSWG	Vierteljahresschrift für Sozial- und Wirtschaftsgeschichte

Quellen- und Literaturverzeichnis

a) Archivalien

Deutsches Zentralarchiv, Historische Abteilung II, Merseburg (DAZ II, Merseburg)

2.2.1.	Zivilkabinett
Rep. 76 VII	Ministerium der geistlichen, Unterrichts- und Medizinalangelegenheiten
Rep. 77	Innenministerium
Rep. 90a	Staatsministerium
Rep. 92	Nachlaß Falk
Rep. 151	Finanzministerium
Rep. 169 C	Haus der Abgeordneten

b) Schrifttum (Auswahl)

Abel, Fridrich: Agrarkrisen und Agrarkonjunktur. Eine Geschichte der Land-Ernährungs-Wirtschaft Mitteleuropas seit dem hohen Mittelalter, Hamburg/Berlin 1966

Adorno, Th. W.: Tabus über den Lehrerberuf. In: Neue Sammlung 65, 487–98

Aktenstücke zur Geschichte und zum Verständnis der drei Preußischen Regulative vom 1., 2. und 3. Oktober 1854. Mit erläuternden Bemerkungen herausgegeben von F. Stiehl, Berlin 1855

Alt, Robert (Hg.): Kinderausbeutung und Fabrikschulen in der Frühzeit des industriellen Kapitalismus, Berlin 1958

Anderson, Eugene N.: The Prussian Volksschule in the Nineteenth Century. In: Entstehung und Wandel der modernen Gesellschaft. Festschrift für Hans Rosenberg zum 65. Geburtstag, hg. von G. A. Ritter, Berlin 1970, 261–79

Appens, Wilhelm: Die pädagogische Bewegung des Jahres 1848. Ein Beitrag zur Geschichte der Pädagogik des 19. Jahrhunderts, Phil. Diss. Jena 1914 (Teildruck)

Archiv für öffentliches Recht, Tübingen 1886 ff.

Arndt, Ad.: Über die verfassungsrechtlichen Grundlagen des preußischen Unterrichtswesens. In: Archiv für öffentliches Recht 1 (1886), 512–40

Bachem, Karl: Vorgeschichte, Geschichte und Politik der deutschen Zentrumspartei, Köln 1926–32, 9 Bde.

Baethge, Martin: Ausbildung und Herrschaft. Unternehmerinteressen in der Bildungspolitik, Frankfurt 1970
Barth, Paul: Geschichte und Erziehung in soziologischer und geistesgeschichtlicher Beleuchtung, Leipzig 1925
Beckmann, Hans-Karl: Lehrerseminar-Akademie-Hochschule. Das Verhältnis von Theorie und Praxis in drei Epochen der Volksschullehrerausbildung, Weinheim 1968
Beetz, K. O.: Der Führer im Schulamt. Ein Ratgeber für Lehrer, Osterwieck 1902 = Der Bücherschatz des Lehrers. Wissenschaftliches Sammelwerk zur intellektuellen und materiellen Hebung des Lehrerstandes, Bd. VI
Berg, Christa: Die Okkupation der Schule. Eine Studie zur Aufhellung der gegenwärtigen Schulprobleme an der Volksschule Preußens 1872–1900, Heidelberg 1973
Stenographischer Bericht über die vom preußischen Ministerio des Kultus angeordnete Volksschullehrer-Conferenz der Provinz Sachsen. Abgehalten in Merseburg, am 7., 8. und 9. September 1848, Merseburg 1848
Stenographische Berichte über die Verhandlungen der durch die Allerhöchste Verordnung vom ... einberufenen beiden Häuser des Landtages. Haus der Abgeordneten; Herrenhaus, Berlin 1848 ff.
Bertlein, Hermann: Die wissenschaftliche Betätigung des Lehrers. In: Kartsch/Vathke/Bertlein: Studien zur Soziologie des Volksschullehrers, Berlin 1967 = Deutsches Institut für Internationale Pädagogische Forschungen, Studien zur Soziologie des Bildungswesens, Bd. 3, 161–67
Bertlein, Hermann: Geist und Tat des deutschen Volksschullehrers. Sein öffentlich anerkannter Beitrag zur Wissenschaft und Wissenschaftsförderung, Essen 1957
Beyhl, Jakob: Wir fordern unser Recht. Ein Wort zur wirtschaftlichen Befreiung der Volksschullehrer, Berlin 1912
Beyme, Klaus von: Interessengruppen in der Demokratie, München 1969
Birke, Adolf M.: Zur Entwicklung und Funktion des bürgerlichen Kulturkampfverständnisses in Preußen-Deutschland. In: Aus Theorie und Praxis der Geschichtswissenschaft (Festschrift für Hans Herzfeld), hg. von D. Kurze, Berlin 1972, 257–79
Bismarck: Die gesammelten Werke, Berlin 1924–32, 15 Bde.
Blankertz, Herwig: Bildung im Zeitalter der großen Industrie. Pädagogik, Schule und Berufsbildung im 19. Jahrhundert, Berlin 1969
Blinckmann, Theodor: Die öffentliche Volksschule in Hamburg in ihrer geschichtlichen Entwicklung, Hamburg 1930
Bloth, Hugo Gotthard: Adolph Diesterweg. Sein Leben und sein Wirken für Pädagogik und Schule, Heidelberg 1966
Bloth, Peter C.: Religion in den Schulen Preußens. Der Gegenstand des evangelischen Religionsunterrichts von der Reaktionszeit bis zum Nationalsozialismus, Heidelberg 1968
Boehme, Helmut: Deutschlands Weg zur Großmacht. Studien zum Verhältnis von Wirtschaft und Staat während der Reichsgründungszeit 1848–81, Köln 1966
Borchard, Knut: Erziehungs- und Ausbildungsinvestitionen im 19. Jahrhundert. In: Beiträge zur Wirtschafts- und Stadtgeschichte. Festschrift für Hektor Ammann, Wiesbaden 1965, 380–92
Bormann, Karl: Schulkunde für evangelische Volksschullehrer auf Grund der preußischen Regulative vom 1., 2. und 3. Oktober 1854 über die Einrichtung des evangelischen Seminar-, Präparanden- und Elementarschulunterrichts, Berlin 1872 (17., verbesserte Auflage)
Bornhak, Conrad: Das preußische Unterrichtswesen als Staatsinstitut in rechtsgeschichtlicher Entwicklung. In: Archiv für öffentliches Recht 5 (1889), 101–46
Bornkamm, Heinrich: Die Staatsidee im Kulturkampf (1950), Darmstadt 1969
Bosse, Robert: Erinnerungen. In: Die Grenzboten 63, 2 (1904), 28–41, 157–65, 281–89,

399–409, 523–31, 642–48, 754–59
Botzenhart, E. (Hg.): Freiherr vom Stein. Briefe und amtliche Schriften. Neu hg. von W. Hubatsch, Stuttgart 1959, Bd. II, Teil 1
Brand, A.: Das Beamtenrecht. Die Rechtsverhältnisse der preußischen unmittelbaren und mittelbaren Staatsbeamten, Berlin 1914 = Handbücher des Preußischen Verwaltungsrechts, Bd. V
Bremen, Eduard von: Die preußische Volksschule. Gesetze und Verordnungen, Stuttgart 1905
Brix, Th.: Was im Land der Denker und Dichter passieren kann. Ein Wort über die Schulprügler und ihre Gönner, Berlin 1899
Bruehl, Gisela: Die Schule im Urteil ihrer Lehrer vom ausgehenden 16. bis zum ausgehenden 19. Jahrhundert, Wiesbaden/Dotzheim 1969 = Probleme der Erziehungswissenschaft, Bd. 11/12
Brunkhorst, Heinz Ernst: Die Einbeziehung der preußischen Schule in die Politik des Staates (1808–1918), Phil. Diss. Köln 1956
Buchheit, Otto: Die Pädagogische Tagespresse in Deutschland von der Reichsgründung bis zum Weltkrieg 1871–1914. Mit einem Anhang: Gesamtverzeichnis der deutschsprachigen pädagogischen Presse 1871–1914, Phil. Diss. München 1939 = Zeitung und Leben, Bd. 57
Buchholz, Friedrich/Buchwald, Gerhard (Hg.): Die brandenburgischen Lehrerseminare und die ihnen angegliederten Präparandenanstalten, Berlin 1961
Bungardt, Karl: Die Odyssee der Lehrerschaft. Sozialgeschichte eines Standes. Ein Versuch, Frankfurt/Main 1959
Bußhoff, Heinrich: Politikwissenschaft und Pädagogik. Studien über den Zusammenhang von Politik und Pädagogik, Berlin 1968 = Beiträge zur politischen Wissenschaft, Bd. 4
Bußhoff, Heinrich: Die preußische Volksschule als soziales Gebilde und politischer Bildungsfaktor in der ersten Hälfte des 19. Jahrhunderts. Ein Bericht. In: GWU 1971, 385–96

Centralblatt für die gesamte Unterrichtsverwaltung in Preußen, hg. in dem Ministerium der geistlichen, Unterrichts- und Medizinalangelegenheiten, Berlin 1859 ff.
Allgemeine Chronik des Volksschulwesens, Altona 1865–72
Clausnitzer, Leopold / Rosin, Heinrich: Geschichte des preußischen Unterrichtsgesetzes mit besonderer Berücksichtigung der Volksschule. Neue, bis zum Jahre 1911 fortgeführte Ausgabe. 2 Teile, Spandau 1912. Teil I: Bis 1892. Von Clausnitzer (6. Auflage), Teil II: Von 1892–1911. Von Rosin (3. Auflage)
Combe, Arno: Kritik der Lehrerrolle. Gesellschaftliche Voraussetzungen und soziale Folgen des Lehrerbewußtseins, München 1973 (3. Auflage)
Conrad, Johannes: Einige Ergebnisse der deutschen Universitätsstatistik. In: Jahrbücher für Nationalökonomie und Statistik. III. Folge 32. Band (1906), 433–92
Conrad, Johannes: Das Universitätsstudium in Deutschland während der letzten 50 Jahre, Jena 1884 = Sammlung national-ökonomischer und statistischer Abhandlungen des Staatswissenschaftlichen Seminars zu Halle, Bd. 3, Heft 2
Constabel, Adelheid: Die Vorgeschichte des Kulturkampfes. Quellenveröffentlichungen aus dem deutschen Zentralarchiv. Bearbeitet von A. Constabel, mit einer Einleitung von Fritz Hartung, Berlin 1956

Daheim, Hansjürgen: Der Beruf in der modernen Gesellschaft. Versuch einer soziologischen Theorie beruflichen Handelns, Köln 1970 (2. Auflage)
Daheim, Hansjürgen: Mittelstand. In: Wilhelm Bernsdorf (Hg.): Wörterbuch der Soziologie, Stuttgart 1969 (2. Auflage), 707–09

Daheim, Hansjürgen: Soziologie der Berufe. In: R. König (Hg.): Handbuch der empirischen Sozialforschung, Stuttgart 1969, Bd. II, 358–99
Damaschke, Adolf: Aus meinem Leben, Leipzig 1924
Deutschmann, Ernst: Die Schul-Aera Falk. Ein Beitrag zur Schulgeschichte und Schulreform, Frankfurt Main 1881
Diesterweg, Adolf: Schriften und Reden, ausgewählt und eingeleitet von H. Deiters, Berlin 1950, 2 Bde.
Diesterweg, Friedrich W. A.: Sämtliche Werke. Abt. 1: Zeitschriftenbeiträge. Bd. 1–11. Bearbeitet von Ruth Hohendorf, Berlin 1956 ff.
Dilthey, Wilhelm: Süvern. In: ders.: Gesammelte Schriften, Bd. 4, hg. von H. Nohl, Berlin 1925, 451–506
Dittes, Friedrich: Reden und Aufsätze zur Schulpolitik. Ausgewählt, eingeleitet und erläutert von Karl-Heinz Günther, Berlin 1957 = Erziehung und Gesellschaft, Materialien zur Geschichte der Erziehung. Hg. von R. Alt
Dittes, Friedrich: Schule der Pädagogik. Gesamtausgabe der Psychologie und Logik, Erziehungs- und Unterrichtslehre, Methodik der Volksschule, Geschichte der Erziehung und des Unterrichts, Leipzig 1894 (5., verbesserte Auflage)
Dörpfeld, Friedrich Wilhelm: Ein Beitrag zur Leidensgeschichte der Volksschule, nebst Vorschlägen zur Reform der Schulverwaltung, Barmen 1881
Dörpfeld, Friedrich Wilhelm: Neuer Beitrag zur Leidensgeschichte der Volksschule, Barmen 1883
Dörpfeld, Friedrich Wilhelm: Grundlinien einer Theorie des Lehrplans, Gütersloh 1873
Dörpfeld, Friedrich Wilhelm: Didaktischer Materialismus. Eine zeitgeschichtliche Betrachtung und eine Buchrezension, Gütersloh 1879
Dörpfeld, Friedrich Wilhelm: Die Schulkonferenz im Preußischen Unterrichtsministerium. In: Evangelisches Schulblatt 16 (1872), 297–314

Eilers, Gerd (anonym): Zur Beurteilung des Ministeriums Eichhorn, von einem Mitgliede desselben, Berlin 1849
Eilers, Gerd: Meine Wanderungen durchs Leben, Leipzig 1856–1861, 6 Bde.
Encyklopädie des gesamten Erziehungs- und Unterrichtswesens, bearbeitet von einer Anzahl Schulmänner und Gelehrten. Hg. von K. A. Schmid, Gotha 1858–78, 11 Bde.

Falk, Adalbert: Die Reden, gehalten in den Jahren 1872–79, Berlin 1880 (3 Teile in 1 Bd.)
Felsch, Erwin: Die Rechtsstellung der Gemeindeschullehrer in Preußen, Diss. Jur. Greifswald 1908
Fett, W. A.: Der Bürokratismus auf dem Schulgebiet, Berlin 1889 = Sammlung pädagogischer Vorträge, hg. von Meyer-Markau, Bd. II, Heft 8
Finanz-Archiv, Tübingen 1884 ff.
Fischer, Konrad: Geschichte des Deutschen Volksschullehrerstandes, Hannover 1892 (Neudruck: Leipzig 1969), 2 Bde.
Fischer, Wolfram: Der Volksschullehrer. Zur Sozialgeschichte eines Berufsstandes. In: Soziale Welt 12 (1961), 37–47
Flitner, Andreas: Die politische Erziehung in Deutschland. Geschichte und Probleme 1750–1880, Tübingen 1957
Flitner, Wilhelm: Die vier Quellen des Volksschulgedankens, Stuttgart 1966 (6. Auflage)
Flora, Peter: Die Bildungsentwicklung im Prozeß der Staaten- und Nationenbildung. In: Soziologie und Sozialgeschichte. Hg. von P. C. Ludz, Opladen 1973 = Kölner Zeitschrift für Soziologie und Sozialpsychologie, Sonderheft 16, 294–319
Foerster, Erich: Adalbert Falk. Sein Leben und Wirken als preußischer Kultusminister, Gotha 1927
Freudenthal, Herbert: Die deutsche Volksschule, Langensalza 1940

Fürstenau, Peter: Neuere Entwicklungen der Bürokratieforschung und das Schulwesen. Ein organisationssoziologischer Beitrag. In: Zur Theorie der Schule, Weinheim 1969 = Pädagogisches Zentrum Veröffentlichungen Reihe B: Diskussionsbeiträge, Bd. 10, 47–66

Furck, Karl Ludwig: Probleme einer Geschichte der Pädagogik. In: Zeitschrift für Pädagogik 9 (1963), 262-79

Gahlings, Ilse: Die Volksschullehrer und ihre Berufsverbände, Phil. Diss. Münster 1965

Gahlings, Ilse/Möhring, Else: Die Volksschullehrerin, Frankfurt/Main 1961 = Beiträge zur Soziologie des Bildungswesens, Bd. 2

Die Gartenlaube, Leipzig 1868 ff.

Gebhardt, Bruno: Die Einführung der Pestalozzischen Methode in Preußen. Ein urkundliches Kapitel preußischer Schulgeschichte, Berlin 1896

Geiger, Theodor: Die soziale Schichtung des deutschen Volkes. Soziographischer Versuch auf statistischer Grundlage, Stuttgart 1932 (Neudruck: Stuttgart 1967)

Georgi, Johannes: Die politischen und geistigen Kämpfe um die sächsische Volksschulgesetzgebung von 1830–1873, Phil. Diss. Leipzig 1931

Gerloff, Wilhelm: Die Finanz- und Zollpolitik des Deutschen Reiches nebst ihren Beziehungen zu Landes- und Gemeindefinanzen von der Gründung des Norddeutschen Bundes bis zur Gegenwart, Leipzig 1913

Gerloff, Wilhelm: Der Staatshaushalt und das Finanzsystem Deutschlands 1820–1927. In: ders.: Handbuch der Finanzwissenschaft, Tübingen 1929 Bd. III, 1–69

Gerloff, Wilhelm: Wirtschaftsführung und Haushaltungsaufwand deutscher Volksschullehrer. In: Archiv für Sozialwissenschaft und Sozialpolitik 30 (1911), 381–424

Geschichte der Erziehung. K.-H. Günther u. a., Berlin 1969 (9. Auflage)

Europäischer Geschichtskalender. Hg. von Heinrich Schultheß, Nördlingen 1861 ff.

Die Gesetzgebung auf dem Gebiete des Unterrichtswesens in Preußen vom Jahre 1817 bis 1868. Aktenstücke und Erläuterungen aus dem Ministerium der geistlichen, Unterrichts- und Medizinalangelegenheiten, Berlin 1869

Gewelke, Albrecht: Die beruflichen Organisationen der preußischen Volksschullehrer, Phil. Diss. Königsberg 1922 (Teildruck)

Giese, Gerhard: Quellen zur deutschen Schulgeschichte. Eingeleitet und kommentiert von G. Giese, Göttingen 1961 = Quellensammlung zur deutschen Kulturgeschichte, Bd. 15

Giggel, G.: Die deutschen Volksschullehrerkonferenzen des Jahres 1879, Dresden 1879 ff. = I. pädagogisches Jahrbuch, enthaltend Themen und Thesen über Erziehung und Unterricht, aufgestellt, debattiert und angenommen in den Lehrerkonferenzen

Gneist, Rudolf von: Die staatsrechtlichen Fragen des preußischen Volksschulgesetzes, Berlin 1892

Gneist, Rudolf von: Die Selbstverwaltung der Volksschule. Vorschläge zur Lösung des Schulstreits, Berlin 1869

Gneist, Rudolf von: Die gesetzmäßige Volksschule in Preußen. In: Verwaltungsarchiv II (1893), 1–73

Götze, Carl: Volksschule und Begabung. In: Petersen, Peter (Hg.): Der Aufstieg der Begabten, Leipzig 1916, 48–60 = Deutscher Ausschuß für Erziehung und Unterricht

Goldschmidt / Händle / Furck u. a.: Erziehungswissenschaft als Gesellschaftswissenschaft, Heidelberg 1969 = Pädagogische Forschungen, Bd. 40, 1

Goltz, Freiherr J. v. d.: Die Entwicklung der Selbstverwaltung innerhalb der staatlichen Verwaltung der öffentlichen Volksschule in Preußen, Diss. Jur. Greifswald 1914

Die Grenzboten, Leipzig 1869 ff.

Groß, Eberhard: Erziehung und Gesellschaft im Werk Adolf Diesterwegs. Die Antwort

der Schule auf die soziale Frage, Weinheim 1966
Günther, Karl Heinz: Bürgerlich-demokratische Pädagogen in Deutschland während der zweiten Hälfte des 19. Jahrhunderts, Berlin 1962

Hamerow, Th. S.: The Social Foundations of German Unification 1858–71, Princeton 1969
Harkort, Friedrich: Bemerkungen über die preußische Volksschule und ihre Lehrer. In: K. E. Jeismann (Hg.): Friedrich Harkort, Schriften und Reden zur Volksschule und zur Volksbildung, Paderborn 1969, 5–63
Harkort, Friedrich: Die preußische Volksschule und ihre Vertretung im Abgeordnetenhaus 1848–1873, Hagen 1875
Harnisch, Wilhelm: Handbuch für das deutsche Volksschulwesen. Mit Anmerkungen und Harnisch's Biographie, hg. von Friedrich Bartels, Langensalza 1893 = Bibliothek pädagogischer Klassiker, hg. von Fr. Mann, Bd. 32
Hartung, Fritz: Studien zur Geschichte der preußischen Verwaltung. Dritter Teil: Zur Geschichte des Beamtentums im 19. und 20. Jahrhundert, Berlin 1948 = Abhandlungen der Deutschen Akademie der Wissenschaften zu Berlin, Jg. 1945/46, Phil-hist. Klasse, Nr. 8
Hattermann, Otto: Konservative und liberale Strömungen in der preußischen Volksschulpolitik 1819–1848, Hamburg 1939 = Volkstum und Erziehung, hg. von W. Flitner, Bd. 5
Heffter, Heinrich: Die Deutsche Selbstverwaltung im 19. Jahrhundert. Geschichte der Ideen und Institutionen, Stuttgart 1950
Heinel, Jürgen: Die deutsche Sozialpolitik des 19. Jahrhunderts im Spiegel der Schulgeschichtsbücher, Braunschweig 1962 = Schriftenreihe des Internationalen Schulbuchinstituts, Bd. 6
Heinemann, Manfred: Schule im Vorfeld der Verwaltung. Die Entwicklung der preußischen Unterrichtsverwaltung von 1771–1800, Göttingen 1974 = Studien zum Wandel von Gesellschaft und Bildung im 19. Jahrhundert, hg. von O. Neuloh/ W. Rüegg, Bd. 8
Helmreich, Ernst Christian: Religionsunterricht in Deutschland. Von der Klosterschule bis heute, Hamburg 1966
Heman, Friedrich: Geschichte der neueren Pädagogik. Eine Darstellung der Bildungsideale der Deutschen seit der Renaissance und Reformation zum Unterricht für Lehrerseminare und zum Selbststudium, Osterwieck 1904 = Der Bücherschatz des Lehrers. Wissenschaftliches Sammelwerk zur intellektuellen und materiellen Hebung des Lehrerstandes, Bd. X
Henning, Hansjoachim: Das westdeutsche Bürgertum in der Epoche der Industrialisierung 1860–1914. Soziales Verhalten und soziale Strukturen. Teil I: Das Bildungsbürgertum in den preußischen Westprovinzen, Wiesbaden 1972 = Historische Forschungen, hg. von Brunner / Rassow / Vogt, Bd. IV
Heppe, Heinrich: Geschichte des deutschen Volksschulwesens. Bd. I, Gotha 1858
Herrfurth, G.: Das gesamte Preußische Etats-, Kassen- und Rechnungswesen einschließlich der Rechtsverhältnisse der Staatsbeamten. Teil II: Rechtsverhältnisse der Staatsbeamten, Berlin 1896 (3. Auflage)
Herzfeld, Hans: Johannes von Miquel. Sein Anteil am Ausbau des Deutschen Reiches bis zur Jahrhundertwende, Detmold 1938, 2 Bde.
Heß, Josef: Der Kampf um die Schule in Preußen 1872–1906, Köln 1912
Heydorn, Heinz J.: Über den Widerspruch von Bildung und Herrschaft, Frankfurt/ Main 1970
Hintze, Otto: Der Beamtenstand (1911). In: ders.: Soziologie und Geschichte. Gesammelte Abhandlungen zur Soziologie, Politik und Theorie der Geschichte. Hg.

und eingel. von G. Oestreich, Göttingen 1964 (2., erweiterte Auflage)
Hirschberg, S.: Das Bildungsschicksal des gewerblichen Proletariats im Lichte der Arbeiterbiographie, Phil. Diss. Köln 1930
Hirth, G.: Über Culturpolizei und Rechtsgleichheit. Zur Lösung der sozialen Frage. In: Annalen des deutschen Reiches für Gesetzgebung, Verwaltung und Statistik, 1873, 795–862
Hirth, G.: Das deutsche Reich und die Schule. Versuch einer staatsrechtlichen Theorie der Volksbildung. In: Annalen des deutschen Reiches für Gesetzgebung, Verwaltung und Statistik, 1874, 1–34
Höhn, Reinhard: Die Armee als Erziehungsschule der Nation. Das Ende einer Idee, Bad Harzburg 1963
Hoffmann, Hermann: Fürst Bismarck 1890–1898. Nach persönlichen Mitteilungen des Fürsten und eigenen Aufzeichnungen des Verfassers, nebst einer authentischen Ausgabe aller vom Fürsten Bismarck herrührenden Artikel in den »Hamburger Nachrichten«, Stuttgart 1914 (8. Auflage), 2 Bde.
Hoffmann, Rudolf: Karl Friedrich Wilhelm Wander. Eine Studie über den Zusammenhang von Politik und Pädagogik im 19. Jahrhundert, Phil. Diss. Erlangen 1929
Hoffmann, Walter: Erziehungs- und Forschungsausgaben im wirtschaftlichen Wachstumsprozeß. In: Freundesgabe für Ernst Helmut Vits, Frankfurt 1963, 101–33
Huber, Ernst Rudolf: Deutsche Verfassungsgeschichte seit 1789, Stuttgart 1957–1969, 4 Bde.
Huisken, Freerk: Anmerkungen zur Klassenlage der pädagogischen Intelligenz. In: Altvater, Elmar/Huiskens, Freerk (Hg.): Materialien zur politischen Ökonomie des Ausbildungssektors, Erlangen 1971, 405–38
Humboldt, Wilhelm von: Gesammelte Schriften. Hg. von der Königlichen Akademie der Wissenschaften, Bd. X, Zweite Abteilung: Politische Denkschriften I. Hg. von B. Gebhardt, Berlin 1903

Jahrbuch des Vereins für wissenschaftliche Pädagogik, Leipzig 1869 ff.
Jahrbücher für Gesetzgebung, Verwaltung und Volkswirtschaft des Deutschen Reiches, Leipzig 1871 ff.
Preußische Jahrbücher, Berlin 1868 ff.
Pädagogischer Jahresbericht für Deutschlands Volksschullehrer, Leipzig 1869 ff.
Jeismann, Karl Ernst: Die »Stiehlschen Regulative«. Ein Beitrag zum Verhältnis von Politik und Pädagogik während der Reaktionszeit in Preußen. In: Dauer und Wandel der Geschichte, Festgabe für K. von Raumer. Hg. von R. Vierhaus und M. Botzenhart, Münster 1966, 423–47
Jeismann, Karl Ernst: Volksbildung und Industrialisierung als Faktoren des sozialen Wandels im Vormärz. Dargestellt am Beispiel der Forderungen Friedrich Harkorts zur Bildungsreform. In: Zeitschrift für Pädagogik 18 (1972), 315–37
Jütting, Wübbe Ulrich: Die ungenügende Besoldung der preußischen Volksschullehrer, mit einem Nachwort über die Küsterfrage, Leipzig 1872
Jütting, Wübbe Ulrich: Zur Dotation der preußischen Volksschule. Kritik und Antikritik. Wider den Prov. Schulrat Bormann, Minden 1871
Jütting, Wübbe Ulrich: Geschichte des Rückschritts in der Dotation der preußischen Volksschule. Beiträge zur inneren Schulgeschichte und zur Kritik der bestehenden Schulgesetzgebung nebst der Unterrichtsgesetzvorlage, Minden 1870

Kaelble, Hartmut: Sozialer Aufstieg in Deutschland 1850–1914. In: VSWG 60 (1973), 41–71
Kamp, Ferdinand: Der Wandel in Berufsrolle und Status des Volksschullehrers, Diss. rer. pol. Köln 1964
Kehr, Karl: Die Praxis der Volksschule. Ein Wegweiser zur Führung einer guten

Schuldisziplin und zur Erteilung eines methodischen Schulunterrichts für Volksschullehrer und solche, die es werden wollen, Gotha 1870 (4. Auflage)
Kehr, Karl: Pädagogische Reden und Abhandlungen über Volkserziehung und Lehrerbildung, Gotha 1881
Keller, Fr. Eduard: Geschichte des preußischen Volksschulwesens, Berlin 1873
Kellner, Lorenz: Lebensblätter. Erinnerungen aus der Schulwelt, Freiburg 1891
Kiehn, Ludwig: Geheimrat Stiehl und die Regulative. In: Westermanns pädagogische Beiträge 6 (1954), 566–81
Kittel, Helmut: Die Entwicklung der pädagogischen Hochschulen 1926–1932. Eine zeitgeschichtliche Studie über das Verhältnis von Staat und Kultur, Berlin 1957
Klein, Ernst: Von der Reform zur Restauration. Finanzpolitik und Reformgesetzgebung des preußischen Staatskanzlers Karl August von Hardenberg, Berlin 1965
Klein, Heinrich: Die Bildungsaufgabe der Volksschule in den amtlichen Lehrplänen des 19. Jahrhunderts. In: Bildung und Erziehung 16 (1963), 403–15
Kocka, Jürgen: Unternehmensverwaltung und Angestelltenschaft am Beispiel Siemens 1847–1914. Zum Verhältnis von Kapitalismus und Bürokratie in der deutschen Industrialisierung, Stuttgart 1969 = Industrielle Welt, Schriftenreihe des Arbeitskreises für moderne Sozialgeschichte, hg. von W. Conze, Bd. 11
König, Helmut: Diesterwegs Kampf für die soziale Hebung des Lehrerstandes und seine Entwicklung in Deutschland bis zur Gegenwart. In: Diesterweg und wir. Diesterweg Symposion 1966. Hg. vom Diesterweg Komitee der DDR, Berlin 1967, 258–71
König, Helmut: Programme zur bürgerlichen Nationalerziehung in der Revolution 1848/49. Ausgewählt und eingeleitet von H. König, Berlin 1971 = Materialien zur Geschichte der Erziehung und Gesellschaft, hg. von R. Alt
Koselleck, Reinhart: Preußen zwischen Reform und Revolution. Allgemeines Landrecht, Verwaltung und soziale Bewegung von 1791–1848, Stuttgart 1967 = Industrielle Welt, Schriftenreihe des Arbeitskreises für moderne Sozialgeschichte, hg. von W. Conze, Bd. 7
Krause-Vilmar, Dietfried: Materialien zur Sozialgeschichte der Erziehung. Über die Arbeit der »Gesellschaft für deutsche Erziehungs- und Schulgeschichte« (1890–1938). In: Zeitschrift für Pädagogik 18 (1972), 358–72
Kreppel, Friedrich: Der Lehrer in der Zeitgeschichte. In: Zeitschrift für Religions- und Geistesgeschichte 13 (1961), 128–48
Krüger, Bernhard: Die Rede Friedrich Wilhelms IV. vor Teilnehmern der Seminarlehrerkonferenz 1849. In: Pädagogische Rundschau 24 (1970), 845–56
Krüger, Bernhard: Stiehl und seine Regulative, Weinheim 1970
Kulemann, W.: Die Berufsvereine. Erste Abteilung: Geschichtliche Entwicklung der Berufsorganisationen der Arbeitnehmer und Arbeitgeber aller Länder. Erster Band: Deutschland, Jena 1908
Kumm, Franz: Die Befreiung des Lehrers vom niederen Küsterdienst. Ein Beitrag zur Hebung des Gedeihens der Volksschule und der sozialen Stellung der Volksschullehrer, Berlin 1890 = Sammlung pädagogischer Vorträge, hg. von Meyer-Markau, Bd. II, Heft 12
Kynast, Reinhard: Problemgeschichte der Pädagogik, Berlin 1932

Laacke, Karl: Das Besoldungswesen der Lehrer im Deutschen Reich und das neue Besoldungsgesetz in Preußen, Leipzig 1897
Laacke, Karl: Die Neuregelung der Lehrerbesoldung, Leipzig 1898
Lange, Hermann: Schulbau und Schulverfassung der frühen Neuzeit. Zur Entstehung und Problematik des modernen Schulwesens, Weinheim 1967 = Pädagogische Studien, Bd. 12
Langermann, J.: Die Vorbildung der Lehrer in Präparandenanstalten, Bielefeld 1889 =

Sammlung pädagogischer Vorträge, hg. von Meyer-Markau, Bd. II, Heft 4
Lasker, E.: Über Anlagen und Erziehung. In: Deutsche Rundschau 1874, 204–39, 398–425
Lauckhardt: Bilder aus dem Schulleben, Wien 1874
Ledebur, Freiherr von: Die Geschichte des deutschen Unteroffiziers, hg. vom Reichsbund ehemaliger Berufssoldaten, Berlin 1939
Lederer, Emil / Marschak, Jakob: Der neue Mittelstand. In: Grundriß der Sozialökonomik, IX. Abt. Teil 1, Tübingen 1926, 120–141
Lehmann, Karl: Die Gestalt des Lehrers in der deutschen Literatur, Frankfurt 1955 (3., erweiterte Auflage)
Lehrerrolle im Wandel. Bericht über die Konferenz vom 28. 10. – 1. 11. 1968 zu Berlin. Hg. von A. Scheller, Weinheim 1971 = Pädagogisches Zentrum, Veröffentlichungen, Reihe C: Berichte, Bd. 21
Allgemeine Deutsche Lehrerzeitung, Leipzig 1868 ff.
Lewin, Heinrich: Geschichte der Entwicklung der preußischen Volksschule und der Förderung der Volksbildung durch die Hohenzollern, Leipzig 1910
Lexis, W. (Hg.): Das Volksschulwesen und das Lehrerbildungswesen im Deutschen Reich, Berlin 1904 = Das Unterrichtswesen im Deutschen Reich, Bd. III
Liebermann, Myron: Education as a Profession, Englewood Cliffs N. J. (Prentice Hall) 1956
Liebknecht, Wilhelm: Wissen ist Macht – Macht ist Wissen und andere bildungspolitisch-pädagogische Äußerungen. Ausgewählt, eingeleitet und erläutert von Hans Brumme, Berlin 1968 = Erziehung und Gesellschaft, Materialien zur Geschichte der Erziehung. Hg. von R. Alt
Lindner, Theodor: Max Albert Kügler. In: Biographisches Jahrbuch VII, 308–12
Loening: Die Unterhaltung der öffentlichen Volksschulen und der Schulverbände in Preußen. In: Jahrbuch des öffentlichen Rechts der Gegenwart III (1909), 69–138
Lotz, Albert: Geschichte des Deutschen Beamtentums, Berlin 1914 (2., durch einen Nachtrag ergänzte Auflage)
Lotz, Albert: Die Kosten der Volksschule in Preußen. In: Schmollers Jahrbuch für Gesetzgebung, Verwaltung und Volkswirtschaft 22 (1898), 1338–57
Lüdicke, Reinhard: Die preußischen Kultusminister und ihre Beamten im ersten Jahrhundert des Ministeriums. 1817–1917, Stuttgart 1918
Lüttgert, G.: Preußens Unterrichtskämpfe in der Bewegung von 1848. Ein geschichtlicher Rückblick, Berlin 1924
Lundgreen, Peter: Bildung und Wirtschaftswachstum im Industrialisierungsprozeß des 19. Jahrhunderts. Methodische Ansätze, empirische Studien und internationale Vergleiche, Berlin 1973 = Historische und Pädagogische Studien, Bd. 5
Lundgreen, Peter: Schulbildung und Frühindustrialisierung in Berlin/Preußen. Eine Einführung in den historischen und systematischen Zusammenhang von Schule und Wirtschaft. In: Untersuchungen zur Geschichte der frühen Industrialisierung vornehmlich im Wirtschaftsraum Berlin/Brandenburg. Hg. von O. Büsch, Berlin 1971 = Historische Kommission zu Berlin beim Friedrich-Meinecke-Institut der Freien Universität Berlin, Bd. 6, 562–610

Massow, C. von: Reform oder Revolution! Berlin 1895 (2., veränderte Auflage)
Mehliß, Hermann: Volksschulkunde, Hannover 1882, (3 Teile in einem Band)
Menzel, G.: 100 Jahre Deutscher Lehrerverein. Zugleich ein Beitrag zur Geschichte der deutschen Volksschule, Essen 1964 (verfaßt 1948)
Meyer, Helmut: Das Selbstverständnis des Volksschullehrers in der zweiten Hälfte des 19. Jahrhunderts (1850–1880), Phil. Diss. Münster 1965
Meyer, Johannes: Die soziale Frage und die Schule. In: ders.: Pädagogische Streit- und

Zeitfragen, Gotha 1888, Bd. I
Meyer, Joh. Fr.: Reaktion und Volksschule. Dreißig Jahre preußischer Schulgeschichte 1840–1870, Leipzig 1882
Meyer, Ruth: Das Berechtigungswesen in seiner Bedeutung für Schule und Gesellschaft im 19. Jahrhundert. In: Zeitschrift für die gesamte Staatswissenschaft 124 (1968), 763–76
Meyn-von Westenholz, Elisabeth: Der Allgemeine Deutsche Lehrerinnenverein in der Geschichte der deutschen Mädchenbildung, Berlin 1936
Milberg, Hildegard: Schulpolitik in der pluralistischen Gesellschaft. Die politischen und sozialen Aspekte der Schulreform in Hamburg 1890–1933, Hamburg 1970
Mohl, Robert von: Politik II. Monographien, Bd. III., Tübingen 1869
Moog, Willy: Geschichte der Pädagogik. Bd. III: Die Pädagogik der Neuzeit vom 18. Jahrhundert bis zur Gegenwart. Neu herausgegeben von Fr.-J. Holtzkamper, Ratingen 1967
Müller, C.: Die preußischen Kultusminister und das Volksschulwesen, Bernburg 1884
Müller, Detlef: Sozialstruktur und Schulsystem. Forschungsbericht über eine mehrdimensionale Analyse des Schulwesens im 19. Jahrhundert, Modellfall Berlin. In: W. Rüegg / O. Neuloh (Hg.): Zur Soziologischen Theorie und Analyse des 19. Jahrhunderts, Göttingen 1971 = Studien zum Wandel von Staat und Gesellschaft und Bildung im 19. Jahrhundert, Bd. I, 213-37
Müller, Friedrich: Korporation und Assoziation. Eine Problemgeschichte der Vereinigungsfreiheit im deutschen Vormärz, Berlin 1965 = Schriften zum Öffentlichen Recht, Bd. 21
Müller, K. A. von: Chlodwig Fürst zu Hohenlohe Schillingsfürst. Denkwürdigkeiten aus der Reichskanzlerzeit, Stuttgart 1931
Muhr, Wilhelm: Diesterweg im preußischen Abgeordnetenhaus. In: Die deutsche Schule 34 (1930), 591–607, 668–72, 740–49
Mundorf, Gerda: Forschungen zur Schul- und Erziehungsgeschichte. In: Historische Forschungen in der DDR 1960–1970, Analysen und Berichte = ZfG XVII (1970), Sonderband, 210–33
Murtfeld, Rudolf: Über die Herrschaft der Bürokratie in Preußen während des 19. Jahrhunderts (unter besonderer Berücksichtigung des Volksschulwesens). In: Zeitschrift für die Geschichte der Erziehung und des Unterrichts 1933, 243 ff.
Murtfeld, Rudolf: Der Weg der preußischen Volksschullehrer zum Dienst am deutschen Volke (1815–1871), Frankfurt/M. 1934
Muthesius, Karl: Die Berufslaufbahn des Volksschullehrers. In: Petersen, Peter (Hg.): Der Aufstieg der Begabten, Leipzig 1916 = Deutscher Ausschuß für Erziehung und Unterricht

Nathusius-Ludom, Ph.: Conservative Partei und Ministerium, Berlin 1872
Naudé, Wilhelm: Zur Geschichte des preußischen Subalternbeamtentums. In: Forschungen zur brandenburgischen und preußischen Geschichte 18 (1905), 364–84
Naumann, Friedrich: Die Erziehung der Persönlichkeit im Zeitalter des Großbetriebes, Berlin 1907
Nichols, J. Alden: Germany after Bismarck. The Caprivi Era 1890–1894, Cambridge (Mass.) 1958
Nipperdey, Thomas: Geschichte der Erziehung, allgemeine Geschichte, historische Anthropologie. Bemerkungen zu: Wilhelm Roessler, Die Entstehung des modernen Erziehungswesens in Deutschland, Stuttgart 1961. In: Göttingische gelehrte Anzeigen 216 (1964), 249–72
Nipperdey, Thomas: Interessenverbände und Parteien in Deutschland vor dem ersten Weltkrieg. In: PVS 2 (1961), 262–80

Nipperdey, Thomas: Die Organisation der deutschen Parteien vor 1918, Düsseldorf 1961
Nipperdey, Thomas: Verein als soziale Struktur im späten 18. und frühen 19. Jahrhundert. In: Geschichtswissenschaft und Vereinswesen. Beiträge zur Geschichte historischer Forschung in Deutschland, Göttingen 1972 = Veröffentlichungen des Max-Planck-Instituts für Geschichte, 1, 1–44
Nipperdey, Thomas: Volksschule und Revolution im Vormärz. In: Politische Ideologien und nationalstaatliche Ordnung (Festschrift für Th. Schieder), München 1968, 117–42
Nohl, Hermann: Die pädagogische Bewegung in Deutschland und ihre Theorie, Frankfurt/Main 1963 (6., unveränderte Auflage)
Nyssen, F. / Waldeyer, H. (Hg.): Schule und Staat in Deutschland im 18. und 19. Jahrhundert. Zur Sozialgeschichte der Schule im 18. und 19. Jahrhundert in Deutschland, Frankfurt/Main 1974

Oncken, Hermann: Rudolf von Bennigsen. Ein deutscher liberaler Politiker. Nach seinen Briefen und hinterlassenen Papieren, Stuttgart/Leipzig 1910, 2 Bde.

Paulsen, Friedrich: Das Deutsche Bildungswesen in seiner geschichtlichen Entwicklung. Mit einem Geleitwort zur dritten Auflage von W. Münch und einem Nachwort zum Neudruck von W. Flitner, Darmstadt 1966 (1. Auflage 1906)
Paulsen, Friedrich: Geschichte des gelehrten Unterrichts auf den deutschen Schulen und Universitäten vom Ausgang des Mittelalters bis zur Gegenwart, Berlin 1919/21 (3. Auflage), 2 Bde.
Paulsen, Friedrich: Aus meinem Leben, Jugenderinnerung. 1909
Pesl, L. D.: Mittelstandsfragen. In Grundriß der Sozialökonomik, IX. Abt. Teil 1, Tübingen 1926, 71–119
Petersilie: Das Unterrichtswesen im Deutschen Reich und in den übrigen europäischen Kulturländern, Leipzig 1897, 2 Bde. = Hand- und Lehrbuch der Staatswissenschaften, hg. von K. Frankenstein, Dritte Abteilung, III. Band
Plickart, Hans-Heinrich: Die Schule als Instrument des sozialen Aufstiegs, Weinheim 1959 = Pädagogische Studien, Heft 2
Polack, Friedrich: Brosamen. Erinnerungen aus dem Leben eines Schulmannes. Bd. I: Jugendleben, Wittenberg 1885 (3. Auflage), Bd. II: Amtsleben auf dem Lande, Wittenberg 1885 (3. Auflage), Bd. III: Amtsleben in der Stadt, Wittenberg 1887 (2. Auflage)
Pretzel, C. L. A.: Geschichte des Deutschen Lehrervereins in den ersten fünfzig Jahren seines Bestehens. Unter Benutzung von Robert Rißmanns Geschichte des Deutschen Lehrervereins, Leipzig 1921
Pretzel, C. L. A.: Schulaufsicht und Schulleitung in den deutschen Staaten, Leipzig 1909 = Schriften der Statistischen Zentralstelle des Deutschen Lehrervereins, Bd. 1
Preuß, Hugo: Die staatliche Bestätigung der Mitglieder der Schuldeputation nach preußischem Recht. In: Archiv für öffentliches Recht 15 (1900), 200–25
Prior, Harm: Staatsschule und Beamtenlehrer in Deutschland. Eine Betrachtung zur historischen Entwicklung in Deutschland. In: Aus Politik und Zeitgeschichte 1966
Publikationen aus den Preußischen Staatsarchiven. Bd. 94, 1. Abteilung: Reorganisation des Preußischen Staates unter Stein und Hardenberg, 2. Teil. Hg. von R. Vaupel, Leipzig 1938
Puhle, Hans-Jürgen: Agrarische Interessenpolitik und preußischer Konservatismus im wilhelminischen Reich (1893–1914). Ein Beitrag zur Analyse des Nationalismus in Deutschland am Beispiel des Bundes der Landwirte und der Deutsch-Konservativen Partei, Hannover 1966

Puttkamer, Adalbert von: Staatsminister von Puttkamer, Leipzig o. J.

Quellen zur Geschichte der Erziehung. Ausgewählt von K.-H. Günther u. a., Berlin 1971 (6. Auflage)
Quittschau, Ewalt: Das religiöse Bildungsideal im Vormärz. Beiträge zur Geschichte des Seminarunterrichts in Preußen, Gotha 1931

Rach, Alfred: Sachwörter zur deutschen Erziehungsgeschichte, Weinheim 1964
Radtke, Manfred: Charakteristik der schulpolitischen Entwicklung 1889–1918 in Deutschland, dargestellt am Beispiel Preußens. In: Wissenschaftliche Zeitschrift der Ernst Moritz Arndt-Universität Greifswald VII (1957/58), Gesellschafts- und sprachwissenschaftliche Reihe, Nr. 1/2
Radtke, Manfred: Der schulpolitische Kampf in Preußen-Deutschland 1889–1919, Paed. Diss. Greifswald 1955
Reble, A.: Geschichte der Pädagogik. In: Pädagogisches Lexikon, mit einem Anhang über die Geschichte der Pädagogik und über das Bildungswesen der Länder. Im Auftrag des deutschen evangelischen Kirchentages hg. v. Hans-Hermann Groothoff und Martin Stallmann, Berlin 1961, 1063–1154
Reccum, Hasso von: Volksschullehrerberuf und soziale Mobilität. In: Kölner Zeitschrift für Soziologie und Sozialpsychologie, Sonderheft 4: Soziologie der Schule, Köln 1968 (5. Auflage), 108–19
Die drei Preußischen Regulative vom 1., 2. und 3. Oktober 1854 über die Einrichtung des evangelischen Seminar-, Präparanden- und Elementarschul-Unterrichts, Berlin 1854
Im Neuen Reich, Leipzig 1871 ff.
Reichle, W.: Zwischen Staat und Kirche. Das Leben und Wirken des preußischen Kultusministers H. von Mühler, dargestellt unter Benutzung des schriftlichen Nachlasses des Ministers, Berlin 1938
Rein, Wilhelm (Hg.): Enzyklopädisches Handbuch der Pädagogik, Langensalza 1895–1906, 8 Bde.
Rein, Wilhelm: Pädagogik in systematischer Darstellung, Langensalza 1911 (2. Auflage), 3 Bde.
Rich, Norman/Fischer, M. H.: Die geheimen Papiere Friedrich von Holsteins. Deutsche Ausgabe von W. Frauendienst. Bd. II: Tagebuchblätter, Göttingen 1957
Richter, Kurt: Der Kampf um die Schulgesetzgebung des Grafen Zedlitz-Trützschler vom Jahre 1892. Ein Beitrag zur inneren Geschichte des »Neuen Kurses« und zur Parteigeschichte, Phil. Diss. Halle 1934
Riehl, Wilhelm Heinrich: Die bürgerliche Gesellschaft, Tübingen 1854 (2. Auflage)
Rißmann, Robert: Geschichte des Deutschen Lehrervereins, Leipzig 1908
Rißmann, Robert: Deutsche Pädagogen des 19. Jahrhunderts, Leipzig 1910
Rißmann, Robert: Volksschulreform. Herbartianismus, Sozialpädagogik, Persönlichkeitsbildung, Leipzig 1911
Roeder, Peter-Martin: Erziehung und Gesellschaft. Ein Beitrag zur Problemgeschichte unter besonderer Berücksichtigung des Werkes von Lorenz von Stein, Weinheim 1968 = Marburger Forschungen zur Pädagogik, Bd. 1
Roeder, Peter-Martin: Gemeindeschule in Staatshand. Zur Schulpolitik des preußischen Abgeordnetenhauses. In: Zeitschrift für Pädagogik 12 (1966), 439–69
Röhl, John C. G.: Deutschland ohne Bismarck. Die Regierungskrise im Zweiten Kaiserreich 1890–1900, Tübingen 1969
Rönne, Ludwig von: Die Verfassung und Verwaltung des Preußischen Staates. Achter Teil, 2. Bd.: Das Unterrichtswesen. Bd. 1: Volksschulwesen, Berlin 1855
Roeßler, Wilhelm: Die Erschließung des pädagogischen Bereichs durch Erziehungswissenschaft, Soziologie und Geschichtswissenschaft. In: Bildung und Erziehung, 1961, 641–64

Rosenberg, Hans: Große Depression und Bismarckzeit, Wirtschaftsablauf, Gesellschaft und Politik in Mitteleuropa, Berlin 1967
Rosin, H.: Friedrich Harkort, der Tribun der preußischen Volksschule. Mit besonderer Berücksichtigung seiner schulpolitischen Schriften und Reden, Dortmund 1893
Rude, Adolf: Alte und neue Schule. In: W. Flitner, G. Kudritzki: Die Deutsche Reformpädagogik, Düsseldorf 1961/62, Bd. II, 223–37
Rühlmann, Paul: Parteien, Staat, Schule. Zusammenhänge zwischen Imperialismus und Schulpolitik, Berlin 1905
Rüschemeyer, Dietrich: Partielle Modernisierung. In: Theorien des sozialen Wandels. Hg. von W. Zapf, Köln 1969, 382–96
Rüschemeyer, Dietrich: Modernisierung und die Gebildeten im kaiserlichen Deutschland. Überlegungen zu einer in Arbeit befindlichen Untersuchung. In: Soziologie und Sozialgeschichte, hg. v. P. C. Ludz, Opladen 1973 = Kölner Zeitschrift für Soziologie und Sozialgeschichte, Sonderheft 16, 515–29
Ruhenstroth-Bauer: Bismarck und Falk im Kulturkampf, Heidelberg 1944 = Heidelberger Abhandlungen, hg. von W. Andreas, Heft 170
Die Deutsche Rundschau, Berlin 1874 ff.

Sachse, A.: Die Entwicklung der Bildungsorganisation und ihr gegenwärtiger Stand in Deutschland. In: Nohl/Pallat: Handbuch der Pädagogik. Bd. I: Theorie und Entwicklung des Bildungswesens, Langensalza 1928, 377–464
Sachse, Arnold: Die preußische Volks- und Mittelschule. Ihre Entwicklung und ihre Ziele, Leipzig 1913 = Aus Natur und Geisteswelt, Bd. 432
Sack, Eduard: Gegen die Prügelpädagogen, Braunschweig 1878
Sack, Eduard: Schlaglichter zur Volksbildung, Nürnberg 1886
Sack, Eduard: Unsere Schule im Dienst gegen die Freiheit, Braunschweig 1878 (2. Auflage)
Sack, Eduard: Beiträge zur Schule im Dienst für die Freiheit, Braunschweig 1878
Sack, Eduard: Die preußische Schule im Dienst gegen die Freiheit. Schulpolitische Kampfschriften. Ausgewählt, eingeleitet und erläutert von K.-H. Günther, Berlin 1961
Samuel, R. H. / Hinton, Th. R.: Education and Society in Modern Germany, London 1949 = International Library of Sociology and Social Reconstruction, Ed. K. Mannheim
Sauer, Wolfgang: Probleme des deutschen Nationalstaates. In: PVS 3 (1962), 159–86
Schäfer, Wilhelm: Rechenschaft, Kempen 1948
Schlesier, Emil: Der Volksschullehrer in der deutschen Literatur. Versuch einer politisch-literarischen Darstellung. In: Zeitschrift für deutschen Unterricht 23 (1909) 163–78, 225–33
Schmitt, Heinz: Entstehung und Wandlungen der Zielsetzungen, Struktur und der Wirkungen der Berufsverbände, Berlin 1966 = Untersuchungen über Gruppen und Verbände, hg. von G. Weippert, Bd. 6
Schneider, Karl: Ein halbes Jahrhundert im Dienste von Kirche und Schule. Lebenserinnerungen, Berlin 1900
Schneider, Karl: Der Lehrermangel, eine Gefahr für das deutsche Volksleben. In: Deutsche Schulzeitung, hg. von E. Keller, 1872, Nr. 46–48
Schneider, Karl: Die Volksschule und die Schullehrerbildung in Frankreich, dargestellt und mit den entsprechenden Verhältnissen des preußischen Schulwesens verglichen, von Dr. Schneider, Bielefeld 1867
Schneider, Karl: Volksschullehrerseminar. In: Encyklopädie des gesamten Erziehungs- und Unterrichtswesens, hg. von K. A. Schmid, Gotha 1875, Bd. X, 49–184

Schneider / von Bremen: Das Volksschulwesen im Preußischen Staate, in systematischer Zusammenstellung der auf seine innere Einrichtung und seine Rechtsverhältnisse, sowie auf seine Leitung und Beaufsichtigung bezüglichen Gesetze und Verordnungen. Bd. I: Die Stellung der Behörden und Beamten, die Ausbildung und die Stellung der Lehrer, Bd. II: Die Organisation und die Verwaltung der Schulgemeinden, Bd. III: Die Schulpflicht, der Privatunterricht, die Schulzucht, der Schulunterricht, Schulgesetze, Berlin 1886/87

Schnell, Ferdinand: Die preußische Volksschule und die Verhältnisse ihrer Lehrer, Langensalza 1867

Schrader, Wilh.: Gustav Heinrich von Goßler. In: Biographisches Jahrbuch VII, 334–47

Schriften des Vereins für Sozialpolitik. Band: 28: Verhandlungen 1884, Berlin 1884

Schultze, Karl: Nachrichten über das Königliche Seminar für Stadtschullehrer in Berlin. Eine Festschrift zum 50jährigen Bestehen der Anstalt am 6. Januar 1881, Berlin 1881

Schulz, Heinrich: Die Schulreform der Sozialdemokratie, Dresden 1911

Schwerdt, Theodor: Kritische Didaktik in klassischen Unterrichtsbeispielen, Paderborn 1952 (9. Auflage)

Seeliger, G.: Das Seminar zu Weißenfels. Festschrift zur Feier seines 100jährigen Bestehens, den Zöglingen gewidmet, Halle 1884

Seyffarth, L. W.: Die Dorfschule. Ein Beitrag zur Geschichte der Pädagogik, Berlin 1867

Seyffarth, L. W.: Die Deutsche Volksschule. Eine Denkschrift. Im Auftrag und nach den Beratungen des Vorstandes des Landesvereins der preußischen Volksschullehrer, Berlin 1872, (2., erweiterte Auflage)

Silbergleit, Heinrich: Preußens Städte. Denkschrift zum 100jährigen Jubiläum der Städteordnung vom 19. Nov. 1808, Berlin 1908

Spranger, Eduard: Zur Geschichte der deutschen Volksschule. In: ders.: Gesammelte Schriften, Bd. 3: Schule und Lehrer. Hg. von C. Englert, Heidelberg 1970, 131–71

Spranger, Eduard: Fünfundzwanzig Jahre deutscher Erziehungspolitik, Berlin 1916

Spranger, Eduard: Pädagogik. In: Abb, G. (Hg.): Aus fünfzig Jahren deutscher Wissenschaft. Festgabe für Friedrich Schmitt-Ott, Berlin 1930, 86–103

Spranger, Eduard: Der Zusammenhang von Politik und Pädagogik in der Neuzeit. Umrisse zu einer Geschichte der deutschen Schulgesetzgebung und Schulverfassung. In: Die Deutsche Schule, 18 (1914), 13–21, 73–80, 152–161, 290–99, 424–30, 559–65; 19 (1915), 225–33, 282–93, 355–66, 430–39, 690–701, 748–59; 20 (1916), 204–216

Preußische Statistik: Heft 101 (1886), Heft 102 (1890), Heft 120 (1891), Heft 151 (1896)

Steffenhagen, H.: Handbuch der Organisation und Verwaltung der preußischen Schuldeputationen, Berlin 1888

Stiehl, Ferdinand: Meine Stellung zu den drei Preußischen Regulativen vom 1., 2. und 3. Oktober 1854, Berlin 1872

Stiehl, Ferdinand: Die Weiterentwicklung der drei Preußischen Regulative vom 1., 2. und 3. Oktober 1854, Berlin 1861

Stoecker, Adolf: Christlich-Sozial. Reden und Aufsätze, Berlin 1890 (2. Auflage)

Strewe: Der Landesverein Preußischer Volksschullehrer, Magdeburg 1896

Teschner, Manfred: Bürokratie. In: Evangelisches Staatslexikon. Hg. von H. Kunst und S. Grundmann, Stuttgart 1966, 194–200

Tews, Johannes: Grundzüge der deutschen Schulgesetzgebung. Eine Prüfung und Beurteilung der Grundsätze der wichtigsten Bestimmungen der deutschen Volksschulgesetze, Leipzig 1913

Tews, Johannes: Ein Jahrhundert preußischer Schulgeschichte. Volksschule und Volksschullehrerstand in Preußen im 19. und 20. Jahrhundert, Leipzig 1914

Tews, Johannes: Der Achte deutsche Lehrertag und seine Gegner. Hg. vom Ortsausschuß des Achten deutschen Lehrertages, Leipzig 1890

Tews, Johannes: Schulkämpfe der Gegenwart. Vorträge zum Kampf um die Volksschule in Preußen, gehalten in der Humboldt Akademie in Berlin, Leipzig 1906 = Aus Natur und Geisteswelt, Bd. 111
Tews, Johannes: Die preußische Volksschule, ihr gegenwärtiger Stand und ihre jüngste Entwicklung, Bielefeld 1889 = Sammlung pädagogischer Vorträge von W. Meyer-Markau, Bd. II, Heft 9
Thiele, Gunnar: Geschichte der preußischen Lehrerseminare. Teil I, Berlin 1938 = Monumenta Germaniae Paedagogica, Bd. 62
Thiele, Gunnar: Volksschule und Seminarwesen in Preußen, 1809–1819, Leipzig 1912
Thilo, Wilhelm: Das preußische Volksschulwesen nach Geschichte und Statistik, Gotha 1867
Titze, Hartmut: Die Politisierung der Erziehung. Untersuchungen über die soziale und politische Funktion der Erziehung von der Aufklärung bis zum Hochkapitalismus, Frankfurt/Main 1973
Trautmann, Oskar: Die städtische Schuldeputation in Preußen und die Ministerialinstruktion vom 26. Juni 1811. In: Archiv für öffentliches Recht 19 (1905), 536–89
Tredup, A. E.: Statistik des deutschen Schulwesens. In: Allgemeines Statistisches Archiv 14 (1923/24), 1–81
Treitschke, Heinrich von: Deutsche Kämpfe. Neue Folge, Leipzig 1896
Treitschke, Heinrich von: Politik. Vorlesungen, gehalten an der Universität zu Berlin. Hg. von M. Cornicelius, Leipzig 1925 (2. Auflage), 2 Bde.
Tymister, Josef: Die Entstehung der Berufsvereine der katholischen Lehrerschaft in Deutschland. Beiträge zur Schul- und Standespolitik der katholischen Lehrerschaft im 19. Jahrhundert, Phil. Diss. Köln 1964
Uhlig, Gottfried: Bourgeoisie und Volksschule im Vormärz. Schulpolitische Kämpfe in Westfalen 1838–48, Berlin 1960 = Diskussionsbeiträge zu Fragen der Pädagogik. Bd. 25
Verhandlungen über Fragen des höheren Unterrichts. Berlin, 4. – 17. Dezember 1890, Berlin 1891
Vogel, Rudolf Martin: Erziehung im Gesellschaftssystem, München 1970 = Grundlagen der Erziehungswissenschaft, hg. von K. Mollenhauer, Bd. 4
Wallraf, Lothar: Die Deutschkonservative Partei. In: Die bürgerlichen Parteien in Deutschland, Bd. I, Leipzig 1969, 673–701
Weber, Max: Wirtschaft und Gesellschaft. Grundriß der verstehenden Soziologie, Tübingen 1972 (5., revidierte Auflage)
Wehler, Hans-Ulrich: Das Deutsche Kaiserreich 1871–1914, Göttingen 1973 = Deutsche Geschichte, hg. von J. Leuschner, Bd. 9
Wehler, Hans-Ulrich: Modernisierungstheorie und Geschichte, Göttingen 1975
Weinlein, Christian: Geschichte der Allgemeinen Deutschen Lehrerversammlung. Nach Quellen und authentischen Mitteilungen hervorragender Führer bearbeitet, Leipzig 1887
Weiß, Karl: Die wahren Bedürfnisse der preußischen Volksschule in Hinblick auf die Volksschulkonferenz des Herrn Unterrichtsministers Dr. Falk vom 11. – 20. 6. 1872, Berlin 1872
Wienstein, Friedrich: Preußische Pädagogen der Neuzeit. Dreißig Charakterbilder als Beitrag zur Schulgeschichte, Arnsberg 1900
Wiese, Ludwig von: Lebenserinnerungen und Amtserfahrungen, Berlin 1886 (zwei Bände in einem Band)
Wigge, H. / Martin, P.: Die Unnatur der modernen Schule. Grundlagen zur naturgemäßen Umgestaltung des gesamten Volksschulwesens, Leipzig 1888
Wilhelm, Theodor: Pädagogik der Gegenwart, Stuttgart 1967 (4., umgearbeitete

Auflage)
Winkler, Heinrich August: Mittelstand, Demokratie und Nationalsozialismus. Die politische Entwicklung von Handwerk und Kleinhandel in der Weimarer Republik, Köln 1972
Wöhe, Kurt: Die Geschichte der Leitung der preußischen Volksschule von ihren Anfängen bis zur Gegenwart, Phil. Diss. Halle 1933
Wulf, Hinrich: Geschichte und Gesicht der bremischen Lehrerschaft. Ein Beitrag zur Geschichte der deutschen Volksschule, Bremen 1950, 2 Bde

Zapf, Wolfgang (Hg.): Theorien des sozialen Wandels, Köln 1969
Zeitschrift des Preußischen Statistischen Bureaus 9 (1869), X. Ergänzungsheft (1879), XIII. Ergänzungsheft (1883)
Zeitschrift für Philosophie und Pädagogik, 1894 ff.
Zieger, Alfred: Schulmeister, Schullehrer, Volksschullehrer. Das Werden des Lehrerstandes in Sachsen als Beitrag zu einer Soziologie des Berufsstandes, Langensalza 1932
Ziekursch, Johannes: Politische Geschichte des neuen Deutschen Kaiserreiches. Bd. II: Das Zeitalter Bismarcks (1871–1890), Frankfurt/Main 1927, Bd. III: Das Zeitalter Wilhelms II. (1890–1918), Frankfurt/Main 1930
Zimmermann, Wilhelm: Der Aufbau des Lehrerbildungs- und Volksschulwesens unter preußischer Verwaltung, 1814–1840, Köln 1963 = Die Anfänge des Lehrerbildungswesens am Rhein, Teil 3
Zmarzlik, Hans-Günther: Wieviel Zukunft hat unsere Vergangenheit. Aufsätze und Überlegungen eines Historikers vom Jahrgang 1922, München 1970

Anmerkungen

Die Sieger von Königgrätz

1 Die Lehren der jüngsten Kriegsgeschichte, in: Das Ausland. Überschau der neuesten Forschungen auf dem Gebiet der Natur-, Erd- und Völkerkunde, 1866, Nr. 29, 695.
2 In: Gerhardt Giese: Quellen der deutschen Schulgeschichte seit 1800, Göttingen 1961 = Quellensammlung zur Kulturgeschichte, hg. von Wilhelm Treue, Bd. 15, 154
3 Stenographische Berichte über die Verhandlungen der durch das Allerhöchste Patent vom 5. Dezember 1858 einberufenen Kammern. Erste Kammer, Bd. III, 1050.
4 Vgl. Strewe: Der Landesverein Preußischer Volksschullehrer, Magdeburg 1896, 31.
5 Vgl. David Wardle: English Popular Education 1780–1970, Cambridge 1970, 32.
6 Die preußische Schulverwaltung hatte allerdings dem Lob durch eine geschickte Auswahl der dem französischen Besucher Cousin vorgestellten Schulen vorgearbeitet (vgl. Eduard Sack: Schlaglichter zur Volksbildung, Nürnberg 1886, 69).
7 Vgl. Ivor Morrish: Education Since 1800, London 1970, 17 ff.
8 Reichsvolksschulgesetz vom 14. Mai 1869, Auszüge in: A. Petersilie: Das öffentliche Unterrichtswesen im Deutschen Reiche und den übrigen europäischen Kulturländern, Leipzig 1897, Bd. II, 177–81.
9 Vgl. Wardle, 31.
10 Vgl. allgemein Reinhard Bendix: Modernisierung und soziale Ungleichheit, in: W. Fischer (Hg.): Wirtschafts- und sozialgeschichtliche Probleme der frühen Industrialisierung, Berlin 1968, 179–246.
11 Vgl. z. B. Hans-Ulrich Wehler: Das Deutsche Kaiserreich von 1871–1918, Göttingen 1973 = Deutsche Geschichte, hg. von Joachim Leuschner, Bd. 9, 124 ff.
12 Christa Berg: Die Okkupation der Schule. Eine Studie zur Aufhellung gegenwärtiger Schulprobleme an der Volksschule Preußens (1872–1900), Heidelberg 1973, 190.
13 Vgl. Peter Flora: Die Bildungsentwicklung im Prozeß der Staaten- und Nationenbildung, in: Soziologie und Sozialgeschichte, hg. von P. C. Ludz, Opladen 1973 = Kölner Zeitschrift für Soziologie und Sozialgeschichte, Sonderheft 16, 294–319.
14 Dietrich Rüschemeyer: Partielle Modernisierung, in: Theorien des sozialen Wandels, hg. von W. Zapf, Köln/Berlin 1969, 382–96; ders.: Modernisierung und die Gebildeten im kaiserlichen Deutschland. Überlegungen zu einer in Arbeit befindlichen Untersuchung, in: Soziologie und Sozialgeschichte, 515–29. Zur Kritik des Begriffes der ›partiellen Modernisierung‹ vgl. Hans-Ulrich Wehler: Modernisierungstheorie und Geschichte, Göttingen 1975, 68.
15 Die zeitgenössischen Bezeichnungen für den Schultyp ›Volksschule‹ waren während des 19. Jahrhunderts keineswegs einheitlich. Bis in die zweite Jahrhun-

derthälfte figurierten diese Schulen im amtlichen Sprachgebrauch als ›Elementarschulen‹; schon früher erschienen für die in ihr amtierenden Lehrer die Bezeichnungen ›Schullehrer‹ und ›Volksschullehrer‹. Eine klare inhaltliche und gesetzlich sanktionierte Beschreibung für den Schultyp fehlte; in den Gesetzestexten kommt es wiederholt nur zu einer Definition ex negativo: Volksschulen waren Schulen, die ein fixiertes Mindestmaß von Bildung ihrer Zielsetzung nach nicht überstiegen. Hier wird unter Volksschule entsprechend die Schulform verstanden, die zur Ableistung der gesetzlich normierten Unterrichtspflicht diente. Mit der ideellen Aufladung des Begriffes ›Volk‹ durch die Romantik und der daran anknüpfenden Theorien der ›volkstümlichen Bildung‹ ist auch der Begriff ›Volksschule‹ zu einem Gegenstand geworden, der der ideologiekritischen Analyse bedürftig wäre (Eduard Spranger: Zur Geschichte der deutschen Volksschule (1949), in ders.: Gesammelte Schriften, Bd. 3: Schule und Lehrer, hg. von C. Englert, Heidelberg 1970, 131–76; Wilhelm Flitner: Die vier Quellen des Volksschulgedankens, Stuttgart 1966 (6. Auflage); Hans Glöckel: Volkstümliche Bildung? Versuch einer Klärung, Weinheim 1964).

16 W. Lexis (Hg.): Das Volksschulwesen und das Lehrerbildungswesen im Deutschen Reich, Berlin 1904 = Das Unterrichtswesen im Deutschen Reich, Bd. III, 9.

17 Für die unterschiedliche Volksschulentwicklung beispielsweise in den Hansestädten: Theodor Blinckmann: Die öffentliche Volksschule in Hamburg in ihrer geschichtlichen Entwicklung, Hamburg 1930; Hinrich Wulf: Geschichte und Gesicht der bremischen Lehrerschaft. Ein Beitrag zur Geschichte der deutschen Volksschule, Bremen 1950, 2 Bde.

18 Paul Barth: Geschichte der Erziehung in soziologischer und geistesgeschichtlicher Beleuchtung, Leipzig 1925 (6. Auflage); R. H. Samuel/Th. R. Hinton: Education and Society in Modern Germany, London 1949, VII = International Library of Sociology and Social Reconstruction, Ed. K. Mannheim.

19 Dietfried Krause-Vilmar: Materialien zur Sozialgeschichte der Erziehung. Über die Arbeit der »Gesellschaft für deutsche Erziehungs- und Schulgeschichte« (1890–1938), in: Zeitschrift für Pädagogik 18, 1972, 358–72, orientiert zugleich über den gegenwärtigen Stand schulgeschichtlicher Forschungen.

20 Friedrich Paulsen: Das Deutsche Bildungswesen in seiner geschichtlichen Entwicklung, mit einem Geleitwort zur dritten Auflage von W. Münch und einem Nachwort zum Neudruck von Wilhelm Flitner, Darmstadt 1966 (1. Auflage: Berlin 1906); in der DDR besteht dagegen schon seit langem ein anhaltendes Engagement für schulgeschichtliche Fragen: Geschichte der Erziehung, K.-H. Günther u. a., Berlin 1969 (9. Auflage); Quellen zur Geschichte der Erziehung, ausgewählt von K.-H. Günther u. a., Berlin 1971 (6. Auflage); zur aktiven Schulgeschichtsforschung der DDR: Gerda Mundorf: Forschungen zur Schul- und Erziehungsgeschichte, in: Historische Forschungen in der DDR 1960–1970, Analysen und Berichte = Zeitschrift für Geschichtswissenschaft XVII, 1970, Sonderband, 210–33.

21 Arnold Sachse: Die preußische Volks- und Mittelschule. Ihre Entwicklung und ihre Ziele, Leipzig/Berlin 1913 = Aus Natur und Geisteswelt, Bd. 432; A. Sachse: Die Entwicklung der Bildungsorganisation und ihr gegenwärtiger Zustand in Deutschland, in: H. Nohl/L. Pallat: Handbuch der Pädagogik, Bd. I: Theorie und Entwicklung des Bildungswesens, Langensalza 1928, 377–464; Willy Moog: Geschichte der Pädagogik, Bd. III: Die Pädagogik der Neuzeit vom 18. Jahrhundert bis zur Gegenwart. Neu herausgegeben von Fr.-J. Holtzkemper, Ratingen/Hannover 1967; Alfred Rach: Sachwörter zur deutschen Erziehungsgeschichte,

Weinheim 1964.

22 Ernst Rudolf Huber: Deutsche Verfassungsgeschichte seit 1789. 4 Bde. Stuttgart 1957–1969, liefert in den einzelnen dem Volksschulwesen gewidmeten Abschnitten seiner Verfassungsgeschichte die relativ ausführlichste Darstellung der preußischen Volksschulpolitik.

23 Leopold Clausnitzer/Heinrich Rosin: Geschichte des Preußischen Unterrichtsgesetzes mit besonderer Berücksichtigung der Volksschule, Spandau 1912; Johannes Tews: Ein Jahrhundert preußischer Schulgeschichte. Volksschule und Volksschullehrerstand in Preußen im 19. und 20. Jahrhundert, Leipzig 1914; Rud. Murtfeld: Der Weg der preußischen Volksschullehrerschaft zum Dienst am deutschen Volke (1815–1871), Frankfurt 1934.

24 Karl Ludwig Furck: Probleme einer Geschichte der Pädagogik, in: Zeitschrift für Pädagogik 9, 1963, 262–79.

25 Die daraus entstandene Diskussion referiert Manfred Heinemann: Schule im Vorfeld der Verwaltung. Die Entwicklung der preußischen Unterrichtsverwaltung von 1771–1800, Göttingen 1974 = Studien zum Wandel von Gesellschaft und Bildung im 19. Jahrhundert, hg. von O. Neuloh/W. Rüegg, Bd. 8, 11 ff.

26 Martin Rudolf Vogel: Erziehung im Gesellschaftssystem, München 1970 = Grundlagen der Erziehungswissenschaft, hg. von K. Mollenhauer, Bd. 4, 9.

27 Peter-Martin Roeder: Erziehung und Gesellschaft. Ein Beitrag zur Problemgeschichte unter besonderer Berücksichtigung des Werkes von Lorenz von Stein, Weinheim 1968 = Marburger Forschungen zur Pädagogik, Bd. 1, 2 ff. Auf die zunächst beabsichtigte Auseinandersetzung mit diesen sozial- und erziehungswissenschaftlichen Analysen der pädagogischen und sozialen Funktion des Bildungswesens mußte wegen der inzwischen auch quantitativ umfänglichen Diskussion im Rahmen dieser Arbeit verzichtet werden.

28 Das gilt gerade für die sehr anregenden Studien von Heinz J. Heydorn: Über den Widerspruch von Bildung und Herrschaft, Frankfurt/Main 1970, und den Sammelband von F. Nyssen/H. Waldeyer (Hg.): Schule und Staat in Deutschland im 18. und 19. Jahrhundert. Zur Sozialgeschichte der Schule im 18. und 19. Jahrhundert in Deutschland, Frankfurt/Main 1974. In den weiteren Umkreis der vorliegenden Untersuchung gehören: Eugene N. Anderson: The Prussian Volksschule in the Nineteenth Century, in: Entstehung und Wandel der modernen Gesellschaft. Festschrift für Hans Rosenberg zum 65. Geburtstag, hg. von G. A. Ritter, Berlin 1970, 261–279; Manfred Radtke: Der Schulpolitische Kampf in Preußen-Deutschland 1889–1919, Paed. Diss. Greifswald 1955; ders.: Charakteristik der schulpolitischen Entwicklung 1889–1919 in Deutschland, dargestellt am Beispiel Preußens, in: Wissenschaftliche Zeitschrift der Ernst Moritz Arndt-Universität Greifswald, VII, 1957/58, Gesellschafts- und sprachwissenschaftliche Reihe, Nr. 1/2, 39 ff.; Heinz Ernst Brunkhorst: Die Einbeziehung der preußischen Schule in die Politik des Staates (1808–1918), Phil. Diss. Köln 1956, behandelt das gesamte Schulwesen und kann nur einzelne Vorgänge dabei berühren; Andreas Flitner: Die politische Erziehung in Deutschland. Geschichte und Probleme, 1750–1880, Tübingen 1957; Karl-Heinz Günther: Bürgerlich-demokratische Pädagogen in Deutschland während der zweiten Hälfte des 19. Jahrhunderts, Berlin 1962.

29 L. Froese/W. Krawietz: Deutsche Schulgesetzgebung, Bd. I: Brandenburg, Preußen und Deutsches Reich bis 1945, Weinheim 1968 = Kleine Pädagogische Texte, Bd. 37, 27.

30 Heinrich von Treitschke: Politik. Vorlesungen, gehalten an der Universität zu Berlin. Hg. von M. Cornicelius, Leipzig 1925 (2. Auflage), Bd. I, 139.
31 Aktenstücke zur Geschichte und zum Verständnis der drei Preußischen Regulative vom 1., 2. und 3. Oktober 1854. Mit erläuternden Bemerkungen herausgegeben von F. Stiehl. Berlin 1855, 57.
32 Vgl. Johannes Tews: Die Volksschule, in: Enzyklopädisches Handbuch der Pädagogik, hg. von W. Rein, Langensalza 1899, Bd. 7, 1024.
33 L. Jolly: Unterrichtswesen, in: Schönberg (Hg.): Handbuch der politischen Ökonomie, Tübingen 1891 (3. Auflage), Bd. III, 1055.
34 Lexis, Bd. III, 7.
35 Lexis, Bd. III, 15.
36 Petersilie, Bd. II, 50.
37 Dieser Aspekt des Begriffes dominiert auch bei Max Weber (vgl. Max Weber: Wirtschaft und Gesellschaft, Grundriß der verstehenden Soziologie, Tübingen 1972 [5., revidierte Auflage], 652).
38 Schanze: »Untertanen«, in: Grenzboten 71, 3 (1912), 157–65; Treitschke, Bd. I, 139; vgl. Manfred Riedel: Bürger, in: Geschichtliche Grundbegriffe. Historisches Lexikon zur politisch-sozialen Sprache in Deutschland, hg. von O. Brunner/W. Conze/R. Koselleck, Stuttgart 1972, 702–06.
39 Weber, 681–87.
40 Vgl. Hermann Lange: Schulbau und Schulverfassung der frühen Neuzeit. Zur Entstehung und Problematik des modernen Schulwesens. Weinheim/Berlin 1967 = Pädagogische Studien, Bd. 12, 9 f.; Murtfeld: Weg, 108.
41 Vgl. Reinhard Höhn: Die Armee als Erziehungsschule der Nation. Das Ende einer Idee, Bad Harzburg 1963, 101–04.
42 Otto Hintze: Der Beamtenstand (1911), in: ders.: Soziologie und Geschichte. Gesammelte Abhandlungen zur Soziologie, Politik und Theorie der Geschichte. Hg. und eingel. von G. Oestreich, Göttingen 1964 (2., erweiterte Auflage), 104.
43 Vgl. Reinhard Höhn: Sozialismus und Heer. Bd. III: Der Kampf des Heeres gegen die Sozialdemokratie, Bad Harzburg 1969, 314–22; Ledebur: Die Geschichte des deutschen Unteroffiziers. Hg. vom Reichsbund ehemaliger Berufssoldaten, Berlin 1939.
44 Wilhelm Liebknecht: Wissen ist Macht – Macht ist Wissen und andere bildungspolitisch-pädagogische Äußerungen. Ausgewählt, eingeleitet und erläutert von Hans Brumme, Berlin 1968 = Erziehung und Gesellschaft, Materialien zur Geschichte der Erziehung. Hg. von R. Alt, 71. Im Untersuchungszeitraum hat sich neben Liebknecht besonders Eduard Sack mit dem Verhältnis von Volksschulentwicklung und politischem System beschäftigt und besonders anschauliche Materialien zum Stand der Volksbildung veröffentlicht: Eduard Sack: Schlaglichter zur Volksbildung, Nürnberg 1886; ders.: Unsere Schulen im Dienste gegen die Freiheit, Braunschweig 1878 (2. Auflage); ders.: Beiträge zur Schule im Dienst für die Freiheit, Braunschweig 1878; ders.: Die preußische Schule im Dienst gegen die Freiheit. Schulpolitische Kampfschriften. Ausgewählt, eingeleitet und erläutert von Karl-Heinz Günther, Berlin 1961.
45 Vgl. Willy Strzelewicz: Sozialhistorische Aspekte des Sozialisations- und Erziehungsproblems, in: Zeitschrift für Pädagogik 16, 1970, 489–99; Paul Ackermann (Hg.): Politische Sozialisation, Opladen 1975 = Studienbücher zur Sozialwissenschaft, Bd. 15.
46 Vgl. Thomas Nipperdey: Geschichte der Erziehung, allgemeine Geschichte, historische Anthropologie. Bemerkungen zu: Wilhelm Roessler: Die Entstehung

des modernen Erziehungswesens in Deutschland, Stuttgart 1961, in: Göttingische gelehrte Anzeigen 216, 1964, 249–72.

47 Die vorliegende Untersuchung hat mit der schon zitierten pädagogischen Dissertation von Christa Berg (Die Okkupation der Schule) in der quellenmäßigen Grundlage und Darstellung einzelner Gesetzesentwürfe und Verwaltungsanordnungen sowie in dem Versuch der Darstellung der Schul- und Unterrichtswirklichkeit stoffliche Berührungspunkte. Gegenüber der erziehungswissenschaftlich orientierten Arbeit ergibt sich aber eine spezifische Differenz in Erkenntnisabsicht und Darstellungsform. Der Nachweis der gesellschaftlichen und politischen Fesselung der Schule, die der Titel der genannten Arbeit zur These zuspitzt, wird in der historischen Arbeit als Tatsache geradezu vorausgesetzt: es geht hier um die Frage, welchen Stellenwert die Schulpolitik für die Politik überhaupt gewonnen hat. Gerade unter diesem Aspekt ist Bergs Interpretation der preußischen Volksschule zwischen 1871 und 1900 als Modell politische Okkupation der Schule problematisch, denn die Entwicklung der Volksschule war in dieser Zeit durch die spezifischen politischen Bedürfnisse der preußischen Monarchie geprägt. Einen großzügigen Überblick liefert die soziologische Studie von Hartmut Titze: Die Politisierung der Erziehung, Untersuchungen über die soziale und politische Erziehung von der Aufklärung bis zum Hochkapitalismus, Frankfurt/Main 1973.

48 Peter Lundgreen: Bildung und Wirtschaftswachstum im Industrialisierungsprozeß des 19. Jahrhunderts. Methodische Ansätze, empirische Studien und internationale Vergleiche, Berlin 1973 = Historische und Pädagogische Studien, Bd. 5.

49 Biographisches Material zur Wirkung des Unterrichts: S. Hirschberg: Das Bildungsschicksal des gewerblichen Proletariats im Lichte der Arbeiterbiographie, Phil. Diss. Köln 1930; Günther Roth: Social Democrats in Imperial Germany, Totowa 1963, 212–48.

50 Detlef Müller: Sozialstruktur und Schulsystem. Forschungsbericht über eine mehrdimensionale Analyse des Schulwesens im 19. Jahrhundert, Modellfall Berlin, in: W. Rüegg/O. Neuloh (Hg.): Zur Soziologischen Theorie und Analyse des 19. Jahrhunderts, Göttingen 1971 = Studien zum Wandel von Staat und Gesellschaft und Bildung im 19. Jahrhundert, Bd. I, 217–37.

51 Friedrich Kreppel: Der Lehrer in der Zeitgeschichte, in: Zeitschrift für Religions- und Geistesgeschichte 13, 1961, 128–48.

52 Hansjürgen Daheim: Der Beruf in der modernen Gesellschaft. Versuch einer soziologischen Theorie beruflichen Handelns, Köln 1970 (2. Auflage); ders.: Soziologie der Berufe, in: R. König (Hg.): Handbuch der empirischen Sozialforschung, Bd. II, 358–99; Alfred Zieger: Schulmeister, Schullehrer, Volkslehrer. Das Werden des Lehrerstandes in Sachsen als Beitrag zu einer Soziologie des Berufsstandes, Langensalza 1932; Myron Liebermann: Education as a Profession, Englewood Cliffs, N. J. (Prentice Hall) 1956; vgl. die informative Besprechung von Berthold Michael: Die Professionalisierung des Lehrers, Bemerkungen zu Myron Liebermanns Buch »Education as a Profession«, in: Soziale Welt 12, 30–37; Wolfram Fischer: Der Volksschullehrer. Zur Sozialgeschichte eines Berufsstandes, in: Soziale Welt 12, 37–47; Ferdinand Kamp, Der Wandel in Berufsrolle und Status des Volksschullehrers, Diss. rer. pol. Köln 1964.

53 Die Vereinsbestrebungen der Lehrer brachten diesen Anspruch auch institutionell zum Ausdruck: Robert Rißmann: Geschichte des Deutschen Lehrervereins, Leipzig 1909; die Darstellung Rißmanns wurde zur Fünfzigjahrfeier des Vereins bearbeitet und ergänzt von A. Pretzel: Geschichte des deutschen Lehrervereins in den ersten fünfzig Jahren seines Bestehens, Leipzig 1921; Robert Rißmann:

Deutsche Pädagogen des 19. Jahrhunderts, Leipzig 1910; J. Tews: Schulkämpfe der Gegenwart. Vorträge zum Kampf um die Volksschule in Preußen, gehalten in der Humboldt-Akademie in Berlin, Leipzig 1906 = Aus Natur und Geisteswelt, Bd. 111; Strewe: Der Landesverein Preußischer Volksschullehrer, Magdeburg 1896; Hermann Nohl: Die pädagogische Bewegung in Deutschland und ihre Theorie, Frankfurt/Main 1963 (6., unveränderte Auflage); Josef Tymister: Die Entstehung der Berufsvereine der katholischen Lehrerschaft in Deutschland. Beiträge zur Schul- und Standespolitik der katholischen Lehrerschaft im 19. Jahrhundert, Phil. Diss. Köln 1964.

54 Werner Conze: Beruf, in: Geschichtliche Grundbegriffe, 503–05.

55 Helmut Meyer: Das Selbstverständnis des Volksschullehrers in der zweiten Hälfte des 19. Jahrhunderts (1850–1880), Phil. Diss. Münster 1965.

56 Vgl. H. G. Zmarzlik: Der Sozialdarwinismus in Deutschland als geschichtliches Problem, in: ders.: Wieviel Zukunft hat unsere Vergangenheit. Aufsätze und Überlegungen eines Historikers vom Jahrgang 1922, München 1970, 68.

57 Fischer: Volksschullehrer, 47.

58 Wehler: Kaiserreich, 230; Hasso von Reccum: Volksschullehrerberuf und soziale Mobilität, in: Kölner Zeitschrift für Soziologie und Sozialpsychologie, Sonderheft 4: Soziologie der Schule, Köln 1968 (5. Auflage), 108–19; Hartmut Kaelble: Sozialer Aufstieg in Deutschland 1850–1914, in: VSWG 60, 1973, 41–71.

59 Konrad Fischer: Geschichte des Deutschen Volksschullehrerstandes, Hannover 1892 (Neudruck: Leipzig 1969), Bd. 2: Von 1790 bis auf die Gegenwart; Karl Bungardt: Die Odyssee der Lehrerschaft. Sozialgeschichte eines Standes. Ein Versuch, Frankfurt 1959; W. U. Jütting: Geschichte des Rückschritts in der Dotation der preußischen Volksschule. Beiträge zur inneren Schulgeschichte und zur Kritik der bestehenden Schulgesetzgebung nebst der Unterrichtsgesetzvorlage, Minden 1870, lieferte umfängliches Material zu einer Soziologie der preußischen Volksschullehrer; er konstatiert bereits eine ›Revolution‹ des Volksschullehrerberufes.

60 Die Arbeit bezieht prinzipiell nur männliche Lehrkräfte in ihre Analyse ein, da im Untersuchungszeitraum die Berücksichtigung der Lehrerinnen eine weitere Komplizierung der Darstellung mit sich bringen würde, weil sich hier die Problematik des Lehrerberufs und die Fragen der Berufstätigkeit der Frau sowie der Mädchenbildung überlagern. Dieser Verzicht bedeutet, daß eine zunehmende Zahl der mit Lehrerinnen besetzten Volksschullehrerstellen aus der Darstellung ausgeschlossen bleibt. Ihr Anteil verdoppelte sich in den Jahren von 1871 bis 1890 von 6% auf über 12% der Gesamtstellenzahl. Obwohl sich unter dem Aspekt der sozialen Herkunft der Lehrerinnen wie in dem institutionellen Aufbau des Mädchenbildungswesens erhebliche Unterschiede zur Position der Volksschullehrer ergeben – den fließenden Übergängen zwischen den verschiedenen Institutionen der Mädchenbildung entsprach eine größere Einheitlichkeit der Lehrerinnenausbildung für die Kandidatinnen der verschiedenen Schultypen –, ist zu erwarten, daß damit die aus der Analyse der Situation der Lehrer zu gewinnende soziale und politische Funktionsbestimmung der preußischen Volksschule kaum eingeschränkt wird. Es zeichnet sich nämlich die Tendenz ab, daß in dem Maße, in dem die Mädchenschulbildung in ihrer institutionellen Ausgestaltung an das auf die männliche Jugend ausgerichtete Schulwesen angeglichen wird, auch die dort gültigen Mechanismen nachweisbar sind. Die größere Durchlässigkeit im Mädchen- und Lehrerinnenbildungswesen wie in der beruflichen Situation der Lehrerinnen, die sich für die verschiedenen Stufen der Mädchenbildung qualifizie-

ren können, bildet nicht das Modell der weiteren Schulentwicklung, sondern repräsentiert überwundene Stufen, auf denen das individuelle Ausbildungsniveau keinen unmittelbaren sozialen und politischen Anspruch mit sich führte (Ilse Gahlings/Else Möhring: Die Volksschullehrerin, Frankfurt 1961 = Beiträge zur Soziologie des Bildungswesens, Bd. 2; Elisabeth Meyn-von Westenholz: Der Allgemeine Deutsche Lehrerinnenverein in der Geschichte der deutschen Mädchenbildung, Berlin 1936).

61 Stenographische Berichte über die Verhandlungen der durch die Allerhöchste Verordnung vom ... einberufenen beiden Häuser des Landtages. Haus der Abgeordneten; Herrenhaus, Berlin 1848 ff.

62 Centralblatt für die gesamte Unterrichtsverwaltung in Preußen, hrsg. in dem Ministerium der geistlichen, Unterrichts- und Medizinalangelegenheiten, Berlin 1859 ff.

63 Die Deutsche Rundschau, Berlin 1874 ff.; Preußische Jahrbücher, Berlin 1868 ff.; Im Neuen Reich, Leipzig 1871 ff.; Die Grenzboten, Leipzig, 1869 ff.; Gartenlaube, Leipzig, 1868 ff.

64 Jahrbuch für Gesetzgebung, Verwaltung und Volkswirtschaft des Deutschen Reiches, Leipzig 1871 ff.; Jahrbücher für Nationalökonomie und Statistik, Jena 1863 ff.; Archiv für öffentliches Recht, Tübingen 1886 ff.; Finanz-Archiv, Tübingen 1884 ff.

65 Allgemeine Deutsche Lehrerzeitung, Leipzig 1868 ff. (ADLZ); Pädagogischer Jahresbericht für Deutschlands Volksschullehrer, Leipzig 1869 ff.; Allgemeine Chronik des Volksschulwesens, Altona 1865–72; Jahrbuch des Vereins für wissenschaftliche Pädagogik, 1869 ff.

66 E. Engel: Beiträge zur Geschichte und Statistik des Unterrichts, insbesondere des Volksschulunterrichts, im Preußischen Staat, in: Zeitschrift des Preußischen Statistischen Bureaus 9, 1869, 99 ff., 153 ff.; X. Ergänzungsheft zur Zeitschrift des Pr. Stat. Bur., 1879; XIII. Ergänzungsheft zur Zeitschrift des Pr. Stat. Bur., 1883; Preußische Statistik, Heft 101, 1886; Preußische Statistik, Heft 120, 1891; Preußische Statistik, Heft 151, 1896; zur Schulstatistik vgl. A. E. Tredup: Statistik des deutschen Schulwesens, in: Allgemeines Statistisches Archiv 14, 1923/24, 1–81.

67 K. Schneider/E. von Bremen: Das Volksschulwesen im Preußischen Staate, in systematischer Zusammenstellung der auf seine innere Einrichtung und seine Rechtsverhältnisse, sowie auf seine Leitung und Beaufsichtigung bezüglichen Gesetze und Verordnungen. Bd. I: Die Stellung der Behörden und Beamten, die Ausbildung und die Stellung der Lehrer, Bd. II: Die Organisation und die Verwaltung der Schulgemeinden, Bd. III: Die Schulpflicht, der Privatunterricht, die Schulzucht, der Schulunterricht, Schulgesetze, Berlin 1886/87; Eduard von Bremen: Die preußische Volksschule. Gesetze und Verordnungen, Stuttgart 1905; A. Petersilie: Das Unterrichtswesen im Deutschen Reich und in den übrigen europäischen Kulturländern, Leipzig 1897, 2 Bde. = Hand- und Lehrbuch der Staatswissenschaften, hg. von K. Frankenstein, Dritte Abteilung, III. Band; Ludwig von Rönne: Die Verfassung und Verwaltung des Preußischen Staates. Achter Teil, 2 Bd.: Das Unterrichtswesen. Bd. 1: Volksschulwesen, Berlin 1855.

Kapitel I

Von der Reform zur Reaktion: Die Volksschulentwicklung von 1808–1854

1 Eine detailliertere Darstellung der Volksschulsituation im Vormärz kann innerhalb der vorliegenden Untersuchung unterbleiben, da im Rückblick allein die institutionellen Kontinuitäten festzustellen und die offensichtlichen Konstanten schulpolitischer Erfahrungen in ihrer Qualität zu bestimmen sind. Zum gegenwärtigen Forschungsstand vgl.: Thomas Nipperdey: Volksschule und Revolution im Vormärz, in: Politische Ideologien und nationalstaatliche Ordnung (Festschrift für Th. Schieder), München 1968, 117–42; Heinrich Bußhoff: Die preußische Volksschule als soziales Gebilde und politischer Bildungsfaktor in der ersten Hälfte des 19. Jahrhunderts. Ein Bericht, in: GWU 1971, 385–96. Problematisch erscheint der von Bußhoff in die Strukturanalyse eingeführte Faktor des »Bildungswillens«. Noch immer grundlegend: Eduard Spranger: Der Zusammenhang von Politik und Pädagogik in der Neuzeit. Umrisse zu einer Geschichte der deutschen Schulgesetzgebung und Schulverfassung, in: Die deutsche Schule 18, 1914, 13–21; 73–80; 152–61; 290–99; 424–30; 559–65; 19, 1915, 225–33; 283–93; 355–66; 430–39; 690–701; 748–59; 20, 1916, 204–16; Otto Hattermann: Konservative und liberale Strömungen in der preußischen Volkschulpolitik 1819–1848, Hamburg 1939 = Volkstum und Erziehung, hg. von W. Flitner, Bd. 5; Ewalt Quittschau: Das religiöse Bildungsideal im Vormärz, Beiträge zur Geschichte des Seminarunterrichts in Preußen, Gotha 1931; Gottfried Uhlig: Bourgeoisie und Volksschule im Vormärz. Schulpolitische Kämpfe in Westfalen 1838–48, Berlin 1960 = Diskussionsbeiträge zu Fragen der Pädagogik, Bd. 25; Titze, 89–145; Flitner: Erziehung, 65–149.

2 Vgl. Peter Lundgreen: Schulbildung und Frühindustrialisierung in Berlin/Preußen. Eine Einführung in den historischen und systematischen Zusammenhang von Schule und Wirtschaft, in: Untersuchungen zur Geschichte der frühen Industrialisierung vornehmlich im Wirtschaftsraum Berlin/Brandenburg, hg. v. Otto Büsch, Berlin 1971 = Historische Kommission zu Berlin beim Friedrich-Meinecke-Institut der Freien Universität Berlin, Bd. 6, 562–610.

3 Deutsche Schulgesetzgebung, Bd. I Brandenburg, Preußen und das deutsche Reich bis 1945. Eingeleitet und bearbeitet von Leonhard Froese und Werner Krawietz, Weinheim 1968 = Kleine pädagogische Texte, Bd. 37, 127–32.

4 Leopold Clausnitzer/H. Rosin: Geschichte des Preußischen Unterrichtsgesetzes unter besonderer Berücksichtigung der Volksschule, Spandau 1912; Bruno Gebhardt: Die Einführung der Pestalozzischen Methode in Preußen. Ein urkundliches Kapitel preußischer Schulgeschichte, Berlin 1896, 9 ff.

5 Gebhardt, 9.

6 Neidhard von Gneisenau zur Pestalozzischen Methode, in: Publikationen aus den Preußischen Staatsarchiven. Bd. 94. 1. Abt.: Reorganisation des Preußischen Staates unter Stein und Hardenberg, 2. Teil, hg. v. Rudolf Vaupel, Leipzig 1938, 186 f.

7 Loening: Die Unterhaltung der öffentlichen Volksschulen und der Schulverbände in Preußen, in: Jahrbuch des Öffentlichen Rechts der Gegenwart III, 1909, 75.

8 Wilhelm Dilthey: Süvern, in: W. Dilthey: Gesammelte Schriften, Bd. IV, hg. v. H. Nohl, Berlin 1925, 459.

9 Hugo Preuß: Die staatliche Bestätigung der Mitglieder der Schuldeputation nach preußischem Recht, in: Archiv für öffentliches Recht 15, 1900, 200–25; Oskar

Trautmann: Die städtische Schuldeputation in Preußen und die Ministerialinstruktion vom 26. Juni 1811, in: Archiv für öffentliches Recht 19, 1905, 536–89; Rönne, 329 ff.
10 Freiherr J. v. d. Goltz: Die Entwicklung der Selbstverwaltung innerhalb der staatlichen Verwaltung der öffentlichen Volksschule in Preußen, Diss. Jur. Greifswald 1914, 40 ff.
11 Preuß, 202.
12 Joh. Fr. Meyer: Reaktion und Volksschule. Dreißig Jahre preußischer Schulgeschichte 1840–1870, Leipzig 1882, 183.
13 Für die einzelnen Lehrer bestand gegenüber den Kommunen deshalb eine sehr starke Abhängigkeit. Einige Gemeinden griffen zu Repressionen, die über das Maß staatlicher Einflußnahme hinausgingen (vgl. Meyer, Reaktion, 184).
14 Thiele: Seminarwesen, 78 ff.; Rönne, 321 ff.
15 v. d. Goltz, 37.
16 Die Schulordnung für die Elementarschulen der Provinz Preußen bestimmte im § 33: »Die Anordnungen über das Innere des Schulwesens [Unterweisung, Lehrmethode, Befolgung des Lehrplans usw.] und die Aufsicht über die Amtsführung des Lehrers gehören zu den Obliegenheiten des Pfarrers als Lokal-Inspektors der Schule« (Rönne, 344 ff.).
17 Centralblatt 1873, 496.
18 Vgl. Anderson, 267.
19 S. u., 164.
20 Loening, 87.
21 Spranger: Zusammenhang, 366.
22 Denkschrift Steins »Über die zweckmäßige Bildung der Obersten . . . Behörden.« Nassau, Juni 1807, in: Freiherr vom Stein, Briefe und amtliche Schriften, hg. v. E. Botzenhart, neu hg. v. W. Hubatsch, Bd. II, Teil 1, Stuttgart 1959, 384.
23 Spranger: Zusammenhang, 364; Rönne, 345 ff.
24 Der Vorgang entsprang aktuell wohl weniger neuen bildungspolitischen Zielsetzungen, er war vielmehr Hardenbergs unmittelbare Reaktion auf eine Krise innerhalb seiner Verwaltung (vgl. Ernst Klein: Von der Reform zur Restauration. Finanzpolitik und Reformgesetzgebung des preußischen Staatskanzlers Karl August von Hardenberg, Berlin 1965, 284 ff.).
25 Vgl. Hattermann, 63–74.
26 Dilthey: Süvern, 460 ff.; Titze, 89 ff.
27 Wilhelm von Humboldt, Gesammelte Schriften, hg. v. der Königlichen Preußischen Akademie der Wissenschaften, Bd. X, Zweite Abteilung: Politische Denkschriften, I, hg. v. Bruno Gebhardt, Berlin 1903, 206/07.
28 Zitiert bei: Gebhardt, 71.
29 S. u., 36 und 65.
30 Die Gesetzgebung auf dem Gebiete des Unterrichtswesens in Preußen vom Jahre 1817 bis 1868. Aktenstücke und Erläuterungen aus dem Ministerium der geistlichen, Unterrichts- und Medicinalangelegenheiten, Berlin 1869, 16.
31 Vgl. Spranger: Zusammenhang, 428 ff.; Gunnar Thiele: Volksschule und Seminarwesen in Preußen, 1809–1819, Leipzig 1912, 20.
32 Gunnar Thiele: Geschichte der preußischen Lehrerseminare, Teil I, Berlin 1938 = Monumenta Germaniae Paedagogica, Bd. 62, 21; Thiele: Seminarwesen, 108 ff.
33 Gesetzgebung, 15–74.
34 Quittschau, 243.
35 Gesetzgebung 93. In diesem Zusammenhang muß auch auf die eigenartige Stellung

Altensteins hingewiesen werden, der als neuberufener Minister mit der Ausarbeitung des Entwurfes unmittelbar nicht befaßt war (vgl. Gesetzgebung, 14, 85).

36 Gesetzgebung, 90 ff.; Clausnitzer, 71 ff.

37 Spranger: Zusammenhang, 284; Titze, 118 ff.

38 Wieder abgedruckt in: Ergänzungsheft XIII, 48/49.

39 Domherr von Rochow in einem Briefwechsel mit dem Minister von Zedlitz, in: Clausnitzer, 93.

40 Vgl. die Aufstellung in der Schulordnung für die Elementarschulen der Provinz Preußen, § 12, in: Gesetzgebung, 104; Rönne, 815 ff.

41 Rönne, 813 ff.

42 Friedrich Harkort: Bemerkungen über die preußische Volksschule und ihre Lehrer, in: K. E. Jeismann: Fr. Harkort, Schriften und Reden zur Volksschule und Volksbildung, Paderborn 1969, 30.

43 W. U. Jütting: Geschichte des Rückschritts in der Dotation der preußischen Volksschule, Beiträge zur inneren Schulgeschichte und Kritik der bestehenden Schulgesetzgebung nebst der Unterrichtsgesetz-Vorlage, Minden 1870, Kap. 4: Schädigung älterer Schulstellen durch Gründung neuer und durch die Anstellung von »Gehülfen und Adjuncten«, 101–117.

44 Wilhelm Harnisch: Handbuch für das deutsche Volksschulwesen. = Bibliothek pädagogischer Klassiker, Bd. 32, 129. Ein Gutachten zum Süvernschen Unterrichtsgesetzentwurf hatte 1820 folgende Einschätzung gegeben: »Das Ansehen des Lehrers, welcher in manchen Gegenden nicht höher als der Gemeindehirt geachtet würde, steige, wenn er von der Regierung berufen werde« (Gesetzgebung, 93).

45 Gerd Eilers: Wanderungen durchs Leben, 23, im Anschluß an die von Riehl ausgesprochene Einschätzung.

46 Treitschke: Politik, Bd. I, 361.

47 Spranger: Zusammenhang, 285; Hattermann, 11.

48 Über die strukturellen Voraussetzungen und geistesgeschichtlichen Momente der vormärzlichen Dezentralisation, vgl. Nipperdey: Vormärz, 125 ff. und Spranger: Zusammenhang, 226 ff.

49 Vgl. Reinhart Koselleck: Preußen zwischen Reform und Revolution. Allgemeines Landrecht, Verwaltung und soziale Bewegung von 1791 bis 1848. Stuttgart 1967, 398 ff.

50 Exemplarisch war der Fall des Hirschberger Lehrers Fr. W. Wander. Vgl. Rudolf Hoffmann: Karl Friedrich Wilhelm Wander. Eine Studie über den Zusammenhang von Politik und Pädagogik im 19. Jahrhundert, Phil. Diss. Erlangen 1929.

51 Firnhaber: Art. »Zeugnisse (Conduitenlisten)«, in: Encyklopädie des gesamten Erziehungs- und Unterrichtswesens. Hg. von K. A. Schmid, Gotha 1875, Bd. X, 658.

52 Murtfeld: Weg, 56.

53 Koselleck, 407.

54 Grundlegend für die Seminarreform: Thiele: Seminarwesen, 13 ff.: »Über die Seminarschulreform bis zum Beginn der Befreiungskriege«; Titze, 42 ff.

55 Gebhardt: Pestalozzi, passim; Dilthey, 474–82.

56 Dilthey, 463–74.

57 Zitiert bei: Thiele: Seminarwesen, 10.

58 Thiele: Seminarwesen, 93 ff.

59 Ebd., 86 ff.

60 Thiele: Lehrerseminar, 21.

61 Fischer: Volksschullehrerstand, Bd. II, 162.

62 Aktenstücke zur Geschichte und zum Verständnis der drei Preußischen Regulative. Hg. von F. Stiehl, Berlin 1855, 92–94.
63 Dilthey, 485.
64 Aktenstücke, 46.
65 Wilhelm Zimmermann: Der Aufbau des Lehrerbildungs- und Volksschulwesens unter preußischer Verwaltung. 1814–1840, Köln 1963 = Die Anfänge des Lehrerbildungswesens am Rhein, Teil 3, 177/78.
66 Schonung der agrarischen Schulinteressenten war ein beständiges Motiv preußischer Volksschulpolitik, s. u., 158 und 160.
67 Schneider: Art. »Volksschullehrerseminar« in: Encyklopädie des gesamten Erziehungs- und Unterrichtswesens, Bd. X, 73.
68 Humboldt, 212.
69 Ebd.
70 Wilhelm Abel: Agrarkrisen und Agrarkonjunktur. Eine Geschichte der Land- und Ernährungs-Wirtschaft Mitteleuropas seit dem hohen Mittelalter, Hamburg 1966 (2. Aufl.), 205–15.
71 Vgl. Murtfeld: Weg, 17.
72 Vgl. Rißmann/Pretzel, 19 f.
73 Spranger: Zusammenhang, 435 f.; Rönne, 514 ff.; Thiele: Seminarwesen, 26 ff.
74 Murtfeld: Weg, 24.
75 Adolf Diesterweg: Schriften und Reden, ausgewählt und eingeleitet von H. Deiters, Berlin 1950, Bd. II, 166–85.
76 Ebd., 170/71. Zum Charakter der Vereinsbildungen als einem zentralen politischen und sozialen Phänomen des Vormärz vgl.: Thomas Nipperdey: Verein als soziale Struktur im späten 18. und frühen 19. Jahrhundert. In: Geschichtswissenschaft und Vereinswesen. Beiträge zur Geschichte historischer Forschung in Deutschland, Göttingen 1972 = Veröffentlichungen des Max-Planck-Instituts für Geschichte, 1, 1–44; Friedrich Müller: Korporation und Assoziation. Eine Problemgeschichte der Vereinigungsfreiheit im deutschen Vormärz, Berlin 1965 = Schriften zum Öffentlichen Recht, Bd. 21, 250 ff.
77 Diesterweg: Schriften, Bd. II, 174/75.
78 Ebd., 180.
79 Ebd., 173.
80 Vgl. Gerd Eilers (anonym): Zur Beurteilung des Ministeriums Eichhorn von einem Mitglied desselben, Berlin 1849, passim.
81 Vgl. Koselleck, 398 ff.
82 Vgl. Clausnitzer, 101 ff.; Fischer: Volksschullehrerstand, Bd. II, 228 ff.
83 Ebd., 232.
84 Rißmann/Pretzel, 29.
85 Vgl. Clausnitzer, 118/19.
86 In mehreren Provinzen fanden sich jährlich Kollegen eines größeren Bezirks zusammen zur Erinnerung an bestimmte Gedenktage oder zur Feier eines würdigen Amtsgenossen; häufig waren diese Treffen verbunden mit öffentlichkeitswirksamen Gesangsaufführungen. Selbstverständlich wurde anläßlich solcher Feste auch über Standes- und Unterrichtsfragen gesprochen (Rißmann/Pretzel, 24). Bereits unter Altenstein waren die Provinzialschulkollegien angewiesen worden, die Form der Feste zu kontrollieren (Rönne, 525/26).
87 Rißmann/Pretzel, 25; Fischer: Volksschullehrerstand, Bd. II, 246; Diesterweg: Was wollte Pestalozzi, was wollen wir? Rede bei der Männerfeier des 100jährigen Geburtstages Pestalozzis, in: ders.: Schriften, Bd. II, 281–322.

88 Hoffmann, 67.
89 Zitiert bei: Hoffmann, 72.
90 Zitiert bei: Rißmann/Pretzel, 29; vgl. Uhlig, 33.
91 Rönne, 554 f.
92 Zieger, 138.
93 Zitiert bei: Sack: Schlaglichter, 84.
94 Vgl. Nipperdey: Vormärz, 118.
95 Die schul- und erziehungspolitischen Vorgänge der Jahre 1848/49 sind relativ gut erforscht: W. Appens: Die pädagogischen Bewegungen des Jahres 1848. Ein Beitrag zur Geschichte der Pädagogik des 19. Jahrhunderts. Phil. Diss. Jena 1914; G. Lüttgert: Preußens Unterrichtskämpfe in der Bewegung von 1848. Ein geschichtlicher Rückblick, Berlin 1924; Flitner: Politische Erziehung, 155–64; Helmut König: Programme zur bürgerlichen Nationalerziehung in der Revolution von 1848/49. Ausgewählt und eingeleitet von Helmut König, Berlin 1971 = Erziehung und Gesellschaft, Materialien zur Geschichte der Erziehung und Gesellschaft, hrsg. von R. Alt; Zieger, 215–253; Rißmann/Pretzel, 31–45; Geschichte der Erziehung, 288–303. Zeitgenössische Darstellungen: Pädagogischer Jahresbericht für Deutschlands Volksschullehrer. Im Verein mit Bartholomäi, Hentschel, Kellner, Lüben, Prange, Schulze und Stoy bearbeitet und herausgeg. von Karl Nacke. 1. Jg. Leipzig 1848. Viel Material enthalten auch die Bände: F. W. A. Diesterweg: Sämtliche Werke, Bd. VII–IX, bearbeitet von Ruth Hohendorf, Berlin 1965 ff.
96 Vgl. König, 20 ff.
97 Vgl. Lüttgert, 55.
98 Eduard Hintze: Aufruf an den preußischen Lehrerstand, in: König, 103–11.
99 Vgl. Pädagogischer Jahresbericht 1848. Die einzelnen Sprecher verbanden ihre Klagen mit höchst unterschiedlichen Therapievorschlägen, die die Realität teilweise weit hinter sich ließen und ehestens in den massiven Angriffen gegen die geistliche Schulaufsicht konvergierten.
100 König, 115–28; Murtfeld: Weg, 30.
101 Diesterweg stand beispielsweise den Universitäten prinzipiell kritisch gegenüber.
102 Als Gehaltsminimum wurden zwischen 250 und 400 Taler gefordert (König, 126).
103 Fischer: Volksschullehrer, 45.
104 Vgl. Rißmann/Pretzel, 40.
105 Vgl. Lüttgert, 57–64.
106 Gesetzgebung, 126.
107 Lüttgert, 218 f.
108 Rißmann/Pretzel, 38.
109 Pädagogischer Jahresbericht 1849, 7.
110 Lüttgert, 220/21.
111 Gesetzgebung, 126–34; vgl. Lüttgert, 222 f.; Fischer: Volksschullehrerstand, Bd. II, 260.
112 Rißmann/Pretzel, 38, 40; Fischer: Volksschullehrerstand, Bd. II, 265.
113 Rönne, 476; vgl. Murtfeld: Weg, 30; Lüttgert, 77.
114 Rönne, 478.
115 Ebd., 479.
116 K. Schneider/E. von Bremen, Bd. I: Die Stellung der Behörden und Beamten, die Ausbildung und die Stellung des Lehrers, § 171, 664–75.
117 Rönne, 480; vgl. Murtfeld: Weg, 31.
118 Vgl. Rißmann/Pretzel, 40.

119 Rönne, 479.
120 Hoffmann, 77.
121 Riehl, 333.
122 Vgl. Fischer: Volksschullehrerstand, Bd. II, 265.
123 Rönne, 475.
124 Bußhoff, 396; vgl. Uhlig, 125 ff.
125 Friedrich Harkort: Die preußische Volksschule und ihre Vertretung im Abgeordnetenhaus 1848–1873, Hagen 1875; vgl. Uhlig, 84 ff.
126 Stenographischer Bericht über die vom preußischen Ministerio des Kultus angeordnete Volksschullehrer-Conferenz der Provinz Sachsen. Abgehalten in Merseburg, am 7. u. 8. u. 9. Sept. 1848, Merseburg 1848, 50.
127 Diesterweg: Schriften, Bd. II, 390 ff.
128 Vgl. Heinrich Deiters, Einleitung zu Diesterwegs Schriften, Bd. I, XXXIII.
129 Diesterweg: Werke, Bd. VIII, 370.
130 Vgl. Lüttgert, 11 ff.
131 Vgl. Karl-Heinz Günther: Bürgerlich-demokratische Pädagogen in Deutschland während der zweiten Hälfte des 19. Jahrhunderts, Berlin 1962, 12 ff.
132 Stenographische Berichte über die Verhandlungen der durch das Allerhöchste Patent vom 5. Dezember 1848 einberufenen Kammern. Erste Kammer, Bd. III.
133 Vgl. das Gutachten des späteren Kultusministers von Mühler über die Unterrichtsartikel der Verfassung, zitiert bei: W. Reichle, Zwischen Staat und Kirche. Das Leben und Wirken des preußischen Kultusministers H. v. Mühler, dargestellt unter Benutzung des schriftlichen Nachlasses des Ministers, Berlin 1938, 82.
134 Stenographische Berichte, I. Kammer, Bd. III, 1051. Die Beratungen der Zweiten Kammer über die Unterrichtsartikel der Verfassung waren 1849 im ganzen mehr auf die technische Abwicklung des Revisionsverfahrens gerichtet, und allgemein war der Tenor der Aussprachen gegenüber den Volksschullehrern und ihren Bedürfnissen weniger angespannt als in der Ersten Kammer; die Notwendigkeit zu verbesserter materieller Ausstattung wurde generell anerkannt. (Stenographische Berichte 1849, II. Kammer, Bd. III, 55.–57. Sitzung, 1195–1263).
135 Stenographische Berichte 1849, II. Kammer, Bd. III, 1207.
136 Ebd.
137 Damit war von konservativer Seite ein Argument in die bildungspolitische Diskussion eingebracht, das die preußischen Lehrer zu Beginn der 1870er Jahre standespolitisch zu nutzen trachteten, als sie ihrerseits das Beispiel der Entstehung der Pariser Commune als Konsequenz unzureichender Volksbildung warnend zitierten (W. U. Jütting: Die ungenügende Besoldung der preußischen Volksschullehrer mit einem Nachwort über die Küsterfrage, Leipzig 1872, 71).
138 Frankfurter Journal 17. 2. 1849, in: Reden und Trinksprüche Friedrich Wilhelms IV., 1855, 344 f.: »All' das Elend, das im verflossenen Jahr über Preußen hereingebrochen, ist Ihre, einzig Ihre Schuld, die Schuld der Afterbildung, der irreligiösen Massenweisheit, die Sie als echte Weisheit verbreiten, mit der Sie den Glauben und die Treue in dem Gemüte meiner Untertanen ausgerottet und deren Herzen von mir abgewandt haben«. Die Authentizität dieser Vorwürfe Friedrich Wilhelms IV. an die Adresse von Seminarlehrern aus dem Jahre 1849 ist zwar bestritten (Lüttgert, Unterrichtskämpfe, 227, Anmerkung 1; Bernhard Krüger: Die Rede Friedrich Wilhelms IV. vor Teilnehmern der Seminarlehrerkonferenz 1849, in: Pädagogische Rundschau 24, 1970, 845–56), sie spiegelten jedoch zweifellos die schulkritische Haltung des Monarchen. Nipperdey verwendet sie als Ausgangspunkt seiner vormärzlichen Strukturanalyse (Nipperdey: Vormärz,

117 f.).
139 Riehl, 101 f.
140 Stenographische Berichte 1849, I. Kammer, Bd. III, 1069.
141 Die drei Preußischen Regulative vom 1., 2. und 3. October 1854 über die Einrichtung des evangelischen Seminar-, Präparanden- und Elementarschul-Unterrichts, Berlin 1854; Ferdinand Stiehl: Die Weiterentwicklung der drei Preußischen Regulative vom 1., 2. und 3. October 1854, Berlin 1861. Aufschlußreich ist die spätere Stellungnahme ihres Verfassers: Stiehl: Meine Stellung zu den drei Preußischen Regulativen vom 1., 2. und 3. October 1854, Berlin 1872. Die Regulative haben als ein zentrales Dokument für die deutsche Schulgeschichte das Interesse der historischen wie der erziehungswissenschaftlichen Forschung auf sich gezogen: Karl-Ernst Jeismann: Die »Stiehlschen Regulative«. Ein Beitrag zum Verhältnis von Politik und Pädagogik während der Reaktionszeit in Preußen, in: Festschrift von Raumer, Münster 1966, 423–47; Ludwig Kiehn: Geheimrat Stiehl und die Regulative, in: Westermanns pädagogische Beiträge 6, 1954, 566–81; Krüger: Stiehl, passim; Peter C. Bloth: Religion in den Schulen Preußens. Der Gegenstand des evangelischen Religionsunterrichts von der Reaktionszeit bis zum Nationalsozialismus, Heidelberg 1968, Kap. I–IV; Friedhelm Nyssen: Das Sozialisationskonzept der Stiehlschen Regulative und sein historischer Hintergrund. Zur historisch-materialistischen Analyse der Schulpolitik in den fünfziger und sechziger Jahren des 19. Jahrhunderts, in: Schule und Staat, 292–322.
142 Grundzüge, betreffend Einrichtung und Unterricht der evangelischen, einklassigen Elementarschule. 3. Oct. 1854, Regulative, 64; vgl. K. Bormann: Schulkunde für evangelische Volksschullehrer auf Grund der preußischen Regulative vom 1., 2. und 3. October 1854 über die Einrichtung des evangelischen Seminar-, Präparanden- und Elementarschulunterrichts, bearbeitet von K. Bormann (Provinzial-Schulrat in Berlin), Berlin 1872 (17., verbesserte Auflage), 119.
143 Regulative, 60 f.
144 Ebd., 74.
145 Ebd., 65 ff.
146 Aktenstücke, 61/62.
147 Aktenstücke, 57: »Die preußische Elementarschule, soweit sie hier in Betracht kommt, hat es nicht mit Menschen überhaupt und allein, sondern mit Kindern zu tun, die als Menschen 1. evangelische Christen, 2. Unterthanen Sr. Majestät von Preußen sind, ein Vaterland, eine Geschichte ihrer Väter und Anspruch haben auf Teilnahme an der Bildung und Sitte des deutschen Volkes, 3. die als künftige Bürger, Bauern und Soldaten die Unterlage der allgemeinen Bildung und die Fertigkeiten bedürfen, welche sie befähigen, sich ihr bürgerliches Fortkommen zu sichern und ihrem Stande Ehre zu machen«.
148 Auf die geschlossene pädagogische Konzeption der Regulative, die schon die schärfsten zeitgenössischen Kritiker wie Diesterweg und seine schulpolitischen Anhänger anerkannten, auf die eigenständige didaktische Leistung, die in den Bestimmungen der Regulative zum Ausdruck komme, wird von modernen Erziehungswissenschaftlern mit Nachdruck hingewiesen. Meyer: Reaktion, 135; Diesterweg: Schriften, Bd. I, 355 ff.; Bloth, 58 f.; Krüger: Stiehl, passim.
149 Stiehl: Stellung, passim.
150 Aktenstücke, 6/7.
151 Lorenz Kellner: Lebensblätter. Erinnerungen aus der Schulwelt. Freiburg 1891, 85: »Ich (kann) mich beispielsweise auch nicht erinnern, während meiner Tätigkeit in Erfurt eine einzige Regierungsverfügung erhalten oder gesehen zu haben, welche

spezielle Regeln oder Vorschriften gegeben hätte«.
152 Kellner, 478.
153 Vgl. Günther, 41.
154 Aktenstücke, 60.
155 Gegen Jeismann, 440.

Kapitel II

Kontinuität und Wandel: Die Volksschule im Zeichen des Kulturkampfes von 1871–1879

1 Vgl. Uhlig, 14.
2 Vgl. Peter-Martin Roeder: Gemeindeschule in Staatshand. Zur Schulpolitik des Preußischen Abgeordnetenhauses. In: Zeitschrift für Pädagogik XII, 1966, 539–69. Roeder untersucht die Zeit von 1854 bis 1870 und liefert im wesentlichen eine immanente Kritik an der Schulpolitik der liberalen Parteien. Er überschätzt die hemmende Rolle des Herrenhauses; auch im Abgeordnetenhaus wollte nur eine Minderheit die Schule als Instrument gesellschaftlicher Modernisierung verwenden.
3 Vgl. Regulative, 75, die für mehrklassige Schulen »dem Umfang nach zu erweiternde Lektionspläne« ausdrücklich billigten. Diesen Grundsatz bekräftigte ein Ministerial-Reskript von 1865. K. Schneider/E. v. Bremen: Das Volksschulwesen im Preußischen Staate, Dritter Band: Die Schulpflicht, der Privatunterricht, die Schulzucht, der Schulunterricht, Schulgesetze. Berlin 1887, 327/28.
4 Polack: Brosamen, Bd. I, 147/48.
5 Aktenstücke, 40.
6 Regulative, 49 ff.
7 Polack: Brosamen, Bd. I, 297: »Durch die Billigkeit und Beiläufigkeit dieser Privatvorbereitung verlor die Lehrerbildung und damit der Lehrstand in der öffentlichen Achtung. In immer tiefere Bevölkerungsschichten mußte man steigen, um für Pestalozzi Jünger zu werben«.
8 Schneider: Jahrhundert, 217.
9 Fischer: Volksschullehrerstand, Bd. II, 300.
10 Zeitschrift des preußischen statistischen Bureaus 9, 1869, 176.
11 Pädagogischer Jahresbericht 27, 1874, 4; R. Rißmann: Die sistematische Beförderung des Lehrermangels, in: ADLZ 1877, 9–11.
12 Fischer: Volksschullehrerstand, Bd. II, 306.
13 Ebd.
14 Der Blick auf das preußische Staatsbudget beweist, daß die politische Prioritätenliste Schulbedürfnisse schlechterdings ignorierte, und alle Beteuerungen der Schulverwaltung, sie versuche für die Aufbesserung der Lehrergehälter das Äußerste, können diese Beobachtung im Grunde nur stützen. Die staatlichen Aufwendungen für diesen Zweck blieben für anderthalb Jahrzehnte nahezu auf derselben Höhe. Zwischen 1849 und 1865 schwankte die Summe jeweils zwischen 200 000 und 250 000 Talern (vgl. Tews: Jahrhundert, 156).
15 Vgl. Rudolf Gneist: Die Selbstverwaltung der Volksschule. Vorschläge zur Lösung des Schulstreits, Berlin 1869, 2.
16 Vgl. Sack: Schlaglichter, 254/55.
17 Jütting: Besoldung, 72.
18 Ebd., 24.

19 Karl Schneider: Der Lehrermangel, eine Gefahr für das deutsche Volksleben, in: Deutsche Schulzeitung, hg. von E. Keller, 1872, 383.
20 Gneist: Selbstverwaltung, 16.
21 Jütting: Besoldung, 61.
22 Ebd., 73.
23 XIII. Ergänzungsheft, 51: Im Jahre 1871 waren 2 177 Stellen vakant, die etwa zur Hälfte entweder von Lehrkräften anderer Schulen oder Klassen ›mitversehen‹ oder von ungeprüften Lehrern, häufig Präparanden, ›verwaltet‹ wurden, während ein Teil ganz ohne unterrichtliche Versorgung verblieb. Den Lehrermangel belegen auch die Klassenfrequenzen: in Schlesien und Westfalen wurden durchschnittlich 100 und in Posen 92 Kinder von einem Lehrer unterrichtet.
24 Centralblatt 1874, 210; Centralblatt 1877, 606; allerdings muß berücksichtigt werden, daß die Gesamtzahl der Stellen erheblich gestiegen war.
25 Schneider: Jahrhundert, 343.
26 Vgl. Tews: Jahrhundert, 157.
27 Rönne, 730. Über den Charakter der Leibesstrafen als ein »Moment direkter Herrschaft« vgl. Koselleck, 641–59: Exkurs I: Über die langsame Einschränkung körperlicher Züchtigung.
28 Vgl. Heinrich Heffter: Der nachmärzliche Liberalismus: die Reaktion der 50er Jahre, in: Moderne deutsche Sozialgeschichte, hg. von H. U. Wehler, Köln/Berlin 1970, 192.
29 Ludwig von Wiese: Lebenserinnerungen und Amtserfahrungen, Berlin 1886 (2 Bde. in einem Band), 242.
30 v. Wiese, 242.
31 Rißmann/Pretzel, 9; vgl. Günther, 32 f.
32 Charakteristisch für die schulpolitische Vorsicht preußischer Lehrer war das Verhalten von sieben Kollegen der Provinz Sachsen, die sich von einem Telegramm der Generalversammlung der Pestalozzivereine der Provinz Sachsen an Diesterweg distanzierten, weil ein Telegramm an Diesterweg einen Angriff gegen die Regierung involviere (Strewe, Landesverein, 28). Der Verfassungskonflikt verschärfte den disziplinarischen Zugriff. Mühler wies am 30. 9. 1863 alle Oberpräsidenten und Regierungspräsidenten zu einer besseren amtlichen Kontrolle der Lehrer an und forderte zu schärfsten Eingriffen auf (DZA II, Merseburg, Zivilkabinett 2.2.1. Nr. 22492).
33 Clausnitzer, 224/25.
34 Gneist: Selbstverwaltung, 140.
35 Johannes Tews: Die Volksschule, in: Enzyklopädisches Handbuch der Pädagogik, hg. von W. Rein, Bd. 7, Langensalza 1899, 1012: »Der unglückselige Konflikt der 60er Jahre drängte alle anderen Maßnahmen in den Hintergrund«.
36 Vgl. Reichle, 177 ff.
37 Die »Post« im September 1866, zitiert bei: Reichle, 187.
38 Vgl. Reichle, 188.
39 Centralblatt 1872, 48–53. Heftig beklagte sich ein »preußischer Schulmeister« in seinen Lebenserinnerungen über das Verhalten der »freisinnigen« Bürger, die zwar die Bereitschaft gezeigt hatten, »den Klagen der Lehrer recht zu geben und auf die Staatsregierung zu räsonieren, daß sie die ›Pioniere der Bildung‹ . . . in Armut und Abhängigkeit verkommen lasse, aber kaum geneigt waren, auch nur eine Hand zu rühren, auch nur einen Pfennig zu bewilligen, um die Lage der ihnen nahe stehenden Lehrer der eigenen Stadt zu verbessern« (Vor 44 Jahren. Lebenskämpfe eines preußischen Schulmeisters, in: ADLZ 1897, 4).

40 Vgl. Sack: Freiheit, 96, der mit Bitterkeit seine negativen Erfahrungen mit Abgeordneten der Fortschrittspartei berichtet.
41 Eine Ausnahme bedeutet die Kritik Sacks (vgl. Sack: Freiheit, 83 ff.).
42 Fischer: Volksschullehrerstand, Bd. II, 406 f.
43 Giese, 154/55.
44 Stiehl: Stellung, 49 f.
45 Strewe, 30. Der König hatte Volksschule und Lehrern »tiefempfundenen Dank für den ihm und dem Vaterlande geleisteten Beistand« ausgesprochen.
46 Vgl. W. U. Jütting: Die ungenügende Besoldung der preußischen Volksschullehrer, Leipzig 1872 (6. Auflage), 70.
47 Sack: Schlaglichter, 91–108: »Was wir zu erwarten haben«.
48 1871 erschien allerdings ein kritischer Artikel in der »Gartenlaube«, der monierte, daß »Herrn von Mühlers System gar kein System ist, sondern ein haltloses Schwanken zwischen den auf ihn eindringenden Mächten« (Briefe eines Wissenden I, in: Gartenlaube 1871, 704). Dieses Urteil bestätigen: Rudolf Murtfeld: Über die Herrschaft der Bürokratie in Preußen während des 19. Jahrhunderts (unter besonderer Berücksichtigung des Volksschulwesens), in: Zeitschrift für die Geschichte der Erziehung und des Unterrichts 1933, 267 und Reichle, 183).
49 Vgl. Centralblatt 1871, 88.
50 Abgeordnetenhaus 1870/71, Bd. I, 424–64.
51 Zur politischen Behandlung des Gesetzes in Kultus- und Staatsministerium: DZA II, Merseburg, Rep. 76 VII neu, 1 A II, Nr. 1, Bd. 1: betr. das Schulaufsichtsgesetz und die Ausführung desselben. Material enthält auch der Nachlaß Falks (Rep. 92 Falk Nr. 17). Eine minuziöse Darstellung der Entstehung des Schulaufsichtsgesetzes bei Berg, 20–33.
52 Reichle, 332.
53 Ebd., 333.
54 Ebd., 359/60.
55 Adelheid Constabel: Die Vorgeschichte des Kulturkampfes, Quellenveröffentlichungen aus dem deutschen Zentralarchiv. Bearbeitet von Adelheid Constabel, mit einer Einleitung von Fritz Hartung, Berlin 1956, 119.
56 Bismarck: Erinnerung und Gedanke = Gesammelte Werke, Bd. 15, 333: »Der Beginn des Kulturkampfes war für mich überwiegend bestimmt durch seine polnische Seite«.
57 Die Initiative im Staatsministerium, Einfluß auf die Schulaufsichtstätigkeit der katholischen Geistlichkeit speziell in Gebieten mit außerdeutschem Bevölkerungsanteil zu nehmen, war vornehmlich vom Reichskanzler ausgegangen, während der Kultusminister erst auf entsprechenden Druck das gewünschte Spezialgesetz vorgelegt hatte, das die Bestimmungen über »das Recht des Staates, das gesamte Unterrichts- und Erziehungswesen seiner Leitung und Aufsicht« zu unterstellen, aus einem vorliegenden Unterrichtsgesetzentwurf aussonderte und damit von dem parlamentarischen Schicksal dieses Gesetzentwurfes unabhängig machte (vgl. Constabel, 119, 124, 127, 133).
58 DZA II, Merseburg, Zivilkabinett, 2.2.1. Nr. 22129; Constabel, 143.
59 Constabel, 137–41.
60 Ebd., 137.
61 Ebd.
62 Einen systematischen Aufriß der Debatte liefert Berg, 16 ff.; eine Skizze des Verlaufs der Debatte bei Erich Foerster: Adalbert Falk, sein Leben und Wirken als preußischer Kultusminister, Gotha 1927, 107 ff.; Josef Heß: Der Kampf um die

Schule in Preußen, Köln 1912, 15 ff. Daß es offensichtlich um mehr als ein rein technisches Schulgesetz ging, bewies allein die Dauer der Debatte im Abgeordnetenhaus, die sich trotz der Kürze des nur zwei Paragraphen umfassenden Entwurfs vom 8. 2. bis zum 10. 2. 1872 hinzog; auch die Abschlußberatung am 13. 2. 1872 nahm noch einmal eine ganze Sitzung in Anspruch.

63 Vgl. Ph. Nathusius-Ludom: Conservative Partei und Ministerium, Berlin 1872.

64 Vor allem der Widerstand der Konservativen im Herrenhaus war nur durch massive Interventionen Bismarcks zu überwinden (DZA II, Merseburg, Rep. 90 a, Bd. III, 2 b, Nr. 6, Bd. 84; vgl. auch Foerster, 111).

65 Zu der zahlenmäßigen Zunahme der weltlichen Schulinspektoren s. u., 55. Eine 1875 im Ministerium vorgenommene »Nachweisung der aus dem Schulaufsichtsdienst entlassenen Geistlichen« lieferte Zahlen, die nach Auffassung des Unterstaatssekretärs von Sydow einen »sprechenden Beleg« dafür boten, »wie vorsichtig« und »mit welcher Schonung« vorgegangen worden war (DZA II, Merseburg, Rep. 76 VII neu, 1 A II, Nr. 13). Eine inhaltliche Entsprechung fand die Tendenz des Schulaufsichtsgesetzes im Herbst des Jahres 1872 durch eine Verfügung des Ministers Falk, die sich unmittelbar und einschneidend auf die Schulpraxis auswirkte: Die Mitglieder geistlicher Orden wurden aus dem Schuldienst entfernt. Ausdrücklich wurde dieser Schritt, der sich vornehmlich gegen die in den Rheinlanden verbreitete Praxis der Besetzung von Lehrerstellen der Gemeindeschulen mit Ordensschwestern richtete, als Maßnahme des Kulturkampfes gekennzeichnet. Wenn auch die abrupte Entlassung der Schulschwestern den akuten Lehrermangel vergrößerte, mußte sie sich für die Professionalisierung des Volksschullehrerstandes positiv auswirken. Sie beendete die Gefahr, daß eine auch zahlenmäßig große Gruppe von Lehrpersonen eine Funktion in der staatlichen Schule behielt oder gar festigte, die die weltliche Autonomie des gesamten Berufsstandes prinzipiell gefährdete (Abgeordnetenhaus 1872/73, Bd. I, 197; Foerster, 165).

66 »Volksstaat«, Nr. 15 und Nr. 16 (21. und 24. Februar 1872), zitiert in: Wilhelm Liebknecht: Wissen ist Macht – Macht ist Wissen und andere bildungspolitisch-pädagogische Äußerungen. Ausgewählt, eingeleitet und erläutert von Hans Brumme, Berlin 1968, 127.

67 Vgl. Sack: Schlaglichter, 116–19.

68 S. u., 242 Anm. 71.

69 Die Lehrerpublizistik kolportierte liebevoll die Szene seiner Berufung, nach der Bismarck persönlich die entsprechende königliche Order Falk in seine im dritten Stock gelegene Wohnung überbracht habe (vgl. Clausnitzer, 261). Auf die Tätigkeit Falks als Unterrichtsminister konzentriert sich die von Erich Foerster erarbeitete Biographie. Der von ihm benutzte Nachlaß Falks, in dem sich auch tagebuchartige Aufzeichnungen befinden, liegt jetzt im DZA II, Merseburg, Rep. 92 Falk; er konnte auch vom Verfasser ausgewertet werden.

70 Falk hatte zu den Machtzentren des Hofes keinen Kontakt; auf Bismarcks Abraten von einem ›Interimistikum‹ nach der Entlassung Mühlers klagte der Monarch, daß er über Falks »tieferen kirchlich religiösen Standpunkt nirgends Auskunft erhalte« (Bismarck: Gesammelte Werke, Bd. 6 c, 11/12). Die Berufung in das Ministeramt verlief deshalb nicht ohne Verzögerungen, zumal dem Minister von Mühler nahestehende Hofkreise ihn als ›Nationalliberalen‹ zu diskreditieren suchten; eine Einschätzung, die zunächst mehr als Reflex der Befürchtung der Konservativen wie der Hoffnung der Liberalen, denn als Tatsache angesehen werden konnte. Der Umstand, daß Falk sich in der Frage der Heeresorganisation für die Regierung

engagiert hatte, erleichterte schließlich dem Monarchen seine Berufung (Foerster, 78/79; Constabel, 169). Es blieb allerdings während seiner gesamten Ministertätigkeit bei der großen Distanz des Hofes, für die Bismarck speziell die Kaiserin verantwortlich glaubte (Bismarck: Gesammelte Werke, Bd. 15, 335), obwohl zweifellos die kirchen- und schulpolitische Reserve Wilhelms gegenüber dem Kurs Falks die entscheidende Rolle spielte. In seinem Immediatschreiben zu dem Rücktrittsgesuch Falks machte Bismarck dem Monarchen gegenüber geltend, daß Falk, »wenn auch nicht immer Eurer Majestät zu Dank, doch ehrlich und tapfer sieben Jahre lang seine Schuldigkeit getan« habe (Bismarck: Gesammelte Werke, Bd. 6 c, 152).

71 Strewe, 55. Die in der Aussprache eingenommene Haltung Falks werteten die Teilnehmer als »Frühlingsbotschaft«. Tews: Jahrhundert, 159, überschrieb das die Amtszeit Falks behandelnde Kapitel seiner preußischen Volksschulgeschichte entsprechend: »Frühlingstage im preußischen Volksschulhaus«.

72 S. u., 58.

73 Dörpfeld in: Evangelisches Schulblatt 1872, 21.

74 Foerster, 89. Zunächst übernahm Heinrich von Achenbach den Posten des Unterstaatssekretärs. Nachdem er auf den Posten des Handelsministers gewechselt war, wurde der Appellationsgerichtsrat Sydow Unterstaatssekretär, der sich bei seinen Mitarbeitern den Ruf eines außerordentlich befähigten Beamten erwarb. Gerade weil er sich auch mit dem Kurs des Ministers Falk identifizierte, bestimmte er weitgehend die laufenden Geschäfte des Ministeriums (vgl. Robert Bosse: Erinnerungen, in: Die Grenzboten, 63, 2, 1904, 31). Bosse war 1876–78 Justitiar im Kultusministerium, 1892 übernahm er als Minister dieses Ressort.

75 Vgl. Krüger: Stiehl, 121 f.

76 In seinen 1900 unter dem Titel »Ein halbes Jahrhundert im Dienste von Kirche und Schule« erschienenen »Lebenserinnerungen« stellte Schneider sein amtliches Verhältnis zu Stiehl jedoch als äußerst spannungsreich dar (vgl. z. B. Schneider: Jahrhundert, 215).

77 Foerster, 168.

78 Schneider: Volksschullehrerseminar, passim. Vgl. Schneider: Jahrhundert, 295.

79 Centralblatt 1870, 60–63.

80 Schneider: Volksschullehrerseminar, 94.

81 Bosse, 31: Es wurde viel und »formell sehr gut gearbeitet, ... (denn) der Unterstaatssekretär übte eine scharfe und gefürchtete Kontrolle«.

82 Schneider/von Bremen, Bd. I, 440; vgl. DZA II, Merseburg, Rep. 76 VII neu, 1 C I, Nr. 2, Bd. 3 ff., betr. allgemeine Bestimmungen und Verordnungen über den Unterricht in den Schullehrerseminarien.

83 von Wiese, Bd. II, 32, konstatierte diesen Wandel in der Stellung des Ministeriums gegenüber der Öffentlichkeit in seiner bedauernden Bemerkung, »daß auch beim Publikum die Vorstellung von der Würde und Bedeutung des Ministeriums sich auf der früheren Höhe nicht erhalten konnte, dafür sorgten die Debatten des Landtages und die Presse«.

84 Die monarchische Kritik an Falks Schulpolitik wurde durch entsprechende Presseberichte immer wieder aktiviert (vgl. z. B. DZA II, Merseburg, Zivilkabinett 2.2.1. Nr. 22129).

85 von Wiese, Bd. II, 32.

86 Clausnitzer, 283; Tews: Jahrhundert, 177.

87 Vgl. Preußische Statistik, Heft 120, I, 173.

88 Ebd., 176.

89 X. Ergänzungsheft zur Zeitschrift des Königlich Preußischen Statistischen Bureaus, Berlin 1882, bearb. von A. Petersilie.
90 Zu den Zielsetzungen der Allgemeinen Bestimmungen s. u., 59.
91 Preußische Statistik, Heft 120, I, 122.
92 Ebd., 123.
93 Centralblatt 1873, 181/82; 348/49; 488/89; 496/97; Centralblatt 1874, 549; 627/28; Centralblatt 1875, 52/53.
94 Centralblatt 1876, 495/96. Die Zahl der von den liberalen Parteien im Interesse nationaler Harmonisierung geforderten paritätischen oder Simultanschulen, in denen Kinder verschiedener Konfession gemeinsam unterrichtet wurden und nur der Religionsunterricht entsprechend der Konfession der Schüler erteilt wurde, konnte von Falk deshalb nur unter Schwierigkeiten vermehrt werden, trotz des Eindrucks, der sich aus den bewegten Klagen der Orthodoxen beider Konfessionen und des Monarchen über die extensive Erweiterung dieses Schultyps ergab (DZA II, Merseburg, Rep. 76, VII neu, Sek. 1 B I, Nr. 3, Bd. 1 ff.: betr. die Simultanschulen, besonders den Religionsunterricht in diesen Schulen). Dabei erstrebte Falk die paritätischen Schulen nicht primär aus ideologischen Gründen, sondern vorwiegend aus verwaltungs- und unterrichtspraktischen Motiven. Er hielt einmal geordneten Unterricht in mehrklassigen Schulen nicht zuletzt in pädagogischer Hinsicht für wirkungsvoller als in einklassigen Schulen, und zum anderen ließen sich durch die Zusammenlegung mehrerer schwachbesetzter kleiner Schulen auch Lehrkräfte einsparen, die bei dem großen Lehrermangel so rationeller eingesetzt werden konnten (vgl. »Geschichtliche Darstellung des Verfahrens der preußischen Unterrichtsverwaltung bei der Errichtung von Volksschulen in Gegenden mit konfessionell gemischter Bevölkerung«, in: Centralblatt 1878, 321–41).
95 Aus konfessionellen Gründen gab es für die jeweiligen konfessionellen Minderheiten auch in Städten einklassige Schulen. So blieb es in einem Einzelfall in einer Kleinstadt von 2500 Einwohnern bei 6 verschiedenen einklassigen Konfessionsschulen für die verschiedenen Religionsgemeinschaften (Centralblatt 1878, 339).
96 XIII. Ergänzungsheft, 25; vgl. Centralblatt 1879, 157.
97 Schneider/von Bremen, Bd. I, 2.
98 Sack: Schlaglichter, 230/31; Berg, 56/57.
99 Berg, 56–58; Sack: Schlaglichter, 228/229; Kellner, 526 ff.
100 Die Ernennungsvorschläge des Ministeriums hoben gegenüber dem Monarchen jeweils diesen Aspekt gebührend hervor (vgl. z. B. DZA II, Merseburg, Zivilkabinett 2.2.1. Nr. 22158; Nr. 22145).
101 DZA II, Merseburg, Rep. 76 VII neu, Sekt. 1 A II, Nr. 1, Bd. 3; Falk hatte entsprechende Beobachtungen schon in einer Landtagsdebatte 1874 vorgetragen (Abgeordnetenhaus 1873/74, Bd. II, 977).
102 DZA II, Merseburg, Rep. 76 VII neu, Sekt. 1 A II, Nr. 1, Bd. 3. Der Unterstaatssekretär Sydow konzipierte einen Immediatbericht, der den die weltliche Schulaufsicht höchst ablehnend beurteilenden Monarchen auf die auffällige Tatsache hinweisen sollte, daß die Entwicklung der preußischen Volksschule in den einzelnen Landesteilen unterschiedlich verlaufe. In vornehmlich katholischen Gegenden, in denen unter kulturkämpferischen Gesichtspunkten die neuen Inspektoren fast ausschließlich angestellt worden waren, habe sich die Volksschulsituation in stärkerem Maße verbessert als in den evangelischen Landesteilen, in denen personell die alten Schulaufsichtsverhältnisse beibehalten worden waren.
103 DZA II, Merseburg, Rep. 76 VII neu, Sekt. 1 A II, Nr. 1, Bd. 2.

104 Durch die mit den Allgemeinen Bestimmungen geschaffenen Examen für Mittelschullehrer und Rektorposten, s. u., 70.
105 DZA II, Merseburg, Zivilkabinett, 2.2.1. Nr. 22129.
106 Vgl. DZA II, Merseburg, Rep. 76 VII neu, Sekt. 1 A II, Nr. 1, Bd. 5.
107 Centralblatt 1878, 340.
108 XIII. Ergänzungsheft, 49.
109 Centralblatt 1871, 698.
110 Schneider/von Bremen, Bd. I, 430.
111 Die rapide Zunahme der Ausbildungsstellen in den Seminaren schlug sich erstmals in der Bilanz der unbesetzten Stellen 1881 nieder. Von 1873–1875 war die Zahl der Stellen um 2500 gestiegen, von denen rechnerisch aber knapp tausend nicht besetzt werden konnten, so daß die Rate der unbesetzten Stellen von 7 auf 8,3% anstieg. Erst der Anteil von nur 4% unbesetzten von über 60 000 vorhandenen Stellen im Jahre 1881 dokumentierte den Erfolg der Seminargründungen (XIII. Ergänzungsheft, 62/63).
112 Centralblatt 1872, 293 f.
113 Preußische Statistik, Heft 120, I, 160.
114 Schneider/von Bremen, Bd. I, 729/30.
115 X. Ergänzungsheft, XII.
116 Ebd., XIII.
117 Preußische Statistik, Heft 120, I, 176
118 Ebd., 183.
119 Zur erziehungspolitischen Funktion materieller Knappheit s. u., 162.
120 S. u., 165.
121 »Dr. Falk, der edle Ritter, / Will dem Kaiser wiedrum bringen, / Was der Papst ihm abgespannt. / Er entwarf die Maigesetze, / Daß nicht weiter wühl und hetze / Der Kaplan im deutschen Land. / Seines guten Rechts Verfechter, / Pracht und welschen Tands Verächter, / Geisteskampfes Feldmarschall.
Wer hat dieses Lied gesungen? / Zween Magister deutscher Zungen, / Die sich freun der großen Zeit. / Pereat den welschen Schalken, / Hoch dem deutschen Edelfalken! / Kopf frisch oben nur im Streit« (zitiert bei: Sack: Schlaglichter, 238).
122 Vgl. DZA II, Merseburg, Rep. 92, Falk, Nr. 25 a–e; es erschien eine eigene Broschüre über den Verlauf der Reise: »Die Rundreise des Cultusministers Dr. Falk durch die Rheinprovinz in den Tagen vom 15. Juni bis 6. Juli 1875. Vgl. Foerster, 282 ff.
123 Foerster, 464; Strewe, 99 ff.
124 ADLZ, 1878, 205.
125 DZA II, Merseburg, Rep. 92, Falk, Nr. 29; vgl. Foerster, 643–45. Die Woge öffentlicher Bekenntnisse zu dem abgetretenen Minister ebbte jedoch schon bald ab, zumal der neue Mann im Ministerium unmißverständlich die Untertanenpflichten nun für sich reklamierte (s. u., 157).
126 Zum Verlauf vgl. Bloth: Religion, 115–20.
127 Vgl. Liebknecht: Schulregulativisches, in: Volksstaat, Nr. 70 (31. 8. 1872), 1 f., zitiert in: Liebknecht, 128.
128 Es wurden fast ausschließlich Schulräte und Seminardirektoren berufen, über deren vorwiegend proregulativischen Ansichten die Akten ohnehin ausführlich Zeugnis gaben. Der einzige zur Teilnahme aufgeforderte Lehrer, der Rektor Dörpfeld aus Barmen, verdankte seine Einladung der Tatsache der Erkrankung eines Schulrats. Die Bitte des Landesvereins Preußischer Volksschullehrer um Zuziehung des Rektors Seyffarth zur Juni-Konferenz war unberücksichtigt geblieben (DZA II,

Merseburg, Rep. 92, Falk, Nr. 18; Rep. 76 VII neu, Sekt. 1 B 1, Nr. 1, Bd. 1).
129 DZA II, Merseburg, Rep. 76 VII neu, Sekt. 1 B 1, Nr. 1 adh. a, betr. Protokolle über die im Juni 1872 gepflogenen, das Volksschulwesen betreffenden Verhandlungen.
130 Veröffentlichung der Protokolle im Centralblatt 1872, 385–455.
131 Außer Liebknecht bestritt vor allem Sack die Falk unterstellten liberalen schulpolitischen Intentionen (Sack: Schlaglichter, 151–70).
132 Evangelisches Schulblatt 1872, 299.
133 Dörpfeld, der selbst an der Konferenz teilgenommen hatte, widmete ihr eine ausführliche kritische Besprechung, die weniger auf den schulpolitischen als den pädagogischen Kurs abhob (Evangelisches Schulblatt 1872, 297–314).
134 Rißmann: Pädagogen, 129.
135 Foerster, 169; Kellner, der ebenfalls an der Konferenz teilgenommen hatte, berichtet, daß es allen Teilnehmern im voraus klar gewesen sei, daß mit dem »alten System und dessen wesentlicher Grundlage, den Regulativen«, gebrochen werden sollte (Kellner, 495–505).
136 Vgl. Liebknecht: Schulregulativisches. 128 ff.; eine Zusammenstellung von Pressestimmen in: DZA II, Merseburg, Rep. 76 VII neu, Sekt. 1 B 1, Nr. 1, Bd. 2.
137 Schneider: Jahrhundert, 295; vgl. Berg, 64 ff.
138 Schneiders Schrift, Die Volksschule und die Schullehrerbildung in Frankreich, dargestellt und mit den entsprechenden Verhältnissen des preußischen Schulwesens verglichen, von Dr. Schneider, Bielefeld 1867, war teilweise im Centralblatt abgedruckt worden (Centralblatt 1868, 16 ff.; 136 ff.).
139 Zu ihrer Interpretation vgl. Berg, 68 ff.; Auszüge aus den Allgemeinen Bestimmungen bei: Giese, 167–77.
140 Die Allgemeine Verfügung betreffend Einrichtung, Aufgabe und Ziel der preußischen Volksschule vom 15. Oktober 1872, in: Schneider/von Bremen, Bd. III, 364; Die Mittelschule, in: Schneider/von Bremen, Bd. III, 379.
141 Vorschriften über die Aufnahmeprüfung an den königlichen Schullehrerseminarien, in: Schneider/von Bremen, Bd. I, § 53; Lehrordnung und Lehrplan für die königlichen Seminarien, in: Schneider/von Bremen, Bd. I, § 73; Prüfungsordnungen für Volksschullehrer, Lehrer an Mittelschulen und Rectoren, in: Schneider/von Bremen, Bd. I, §§ 114, 117, 124, 130, 136.
142 Weiterhin wurden für den Text der Allgemeinen Bestimmungen Klarheit und Bestimmtheit reklamiert und inhaltlich auf das Abweichen vom Prinzip des »rein mechanischen Erlernens« verwiesen (Schneider/von Bremen, Bd. III, 328).
143 Schneider/von Bremen, Bd. III, 379.
144 Vgl. Arnold Sachse: Mittelstandspolitik in der Schule, in: Preußische Jahrbücher 115, 1904, 33–53.
145 Preußische Statistik, Heft 101, 31.
146 S. o., 54.
147 Im 32. Abschnitt über die »Geschichte« lieferte der letzte Satz die entscheidende Einschränkung: »In der Geschichte sind aus der älteren Geschichte des deutschen Vaterlandes und aus der älteren brandenburgischen Geschichte einzelne Lebensbilder zu geben; von den Zeiten des Dreißigjährigen Krieges und der Regierung des Großen Kurfürsten an ist die Reihe der Lebensbilder ununterbrochen fortzuführen. Soweit sie dem Verständnis der Kinder zugänglich sind, werden die kulturhistorischen Momente in die Darstellung mit aufgenommen. Die Ausführlichkeit und die Zahl der Bilder bestimmt sich nach der Art der Schule und dem Maße der Zeit, die auf den Gegenstand verwendet werden kann« (Schneider/von

Bremen, Bd. III, 408).

148 Die sich hier abzeichnende Kontroverse über den Religionsunterricht sollte die Diskussion um die Allgemeinen Bestimmungen in den nächsten Jahrzehnten schon rein quantitativ verzerren; so fand sich beispielsweise in den Ministerialakten nahezu für jedes Geschäftsjahr ein voluminöser Band mit Auseinandersetzungen über den Religionsunterricht, während die andere Unterrichtsfächer betreffenden Materialien in Jahrzehnten kaum einen schmalen Faszikel füllten (DZA II, Merseburg, Rep. 76 VII neu, Sekt. 1 B 1 Nr. 2, Bd. 1 ff.: betr. die Erteilung und Leitung des Religionsunterrichts in der Volksschule).

149 Im Auftrag des Ministers hat Schneider einige publizistische Reaktionen auf den Erlaß der Allgemeinen Bestimmungen zusammengestellt und jeweils ad hoc kommentiert (DZA II, Merseburg, Rep. 92 Falk, Nr. 33, Nr. 36).

150 S. o., 44.

151 Preußische Statistik, Heft 101, 32.

152 DZA II, Merseburg, Rep. 76 VII neu, Sekt. 1 B 1, Nr. 1, Bd. 1. Auch inhaltlich wurden die von Schneider bearbeiteten Entwürfe durch Falk mehrfach entscheidend verändert. Die schwerwiegenden didaktischen Umgestaltungen durch die ministeriellen Streichungen analysiert Bloth: Religion, 121–37.

153 Die Veröffentlichung einer solchen Denkschrift unterblieb aber.

154 DZA II, Merseburg, Rep. 76 VII neu, Sekt. 1 B 1, Nr. 1, Bd. 1.

155 Geschichte der Erziehung, 361; Günther, 53. Ähnlich urteilt auch Heydorn, 185.

156 Abgeordnetenhaus 1887, Bd. I, 104.

157 Sachse: Mittelstandspolitik, 34.

158 Zunächst verzerrte die Kulturkampfatmosphäre die Diskussion nachhaltig und stellte die pädagogische Opposition wie in Zeiten der Regulative ohne weiteres hart an die Grenze der Legalität (vor allem katholische Kritiker, vgl. Kellner, 540; DZA II, Merseburg, Rep. 76, VII neu Sekt. I B 1, Nr. 1, Bd. 3). Auf pädagogischem Gebiet blieb Dörpfeld (Fr. Wilhelm Dörpfeld: Grundlinien einer Theorie des Lehrplans, 1873; ders.: Didaktischer Materialismus. Eine zeitgeschichtliche Betrachtung und eine Buchrezension, 1879. Vgl. Rißmann: Pädagogen, 179 f.), politisch eher zu den Konservativen tendierend, nahezu der einzige Kritiker, und erst nach Falks Rücktritt häuften sich Stellungnahmen preußischer Schulmänner, die nun den Rückenwind des konservativen Ministeriums Puttkamer in ihren Segeln wähnten (qualitativ herausragend: Ernst Deutschmann: Die Schul-Aera Falk. Ein Beitrag zur Schulgeschichte und Schulreform, Frankfurt/M 1881, Verfasser war der führende Vertreter der katholischen Lehrervereinsbewegung Joseph Müllermeister). Die schulpolitischen Aktionen des Ministeriums Falk – und mit ihnen ausdrücklich die Allgemeinen Bestimmungen und ihr Verfasser Schneider – fanden einen entschiedenen Opponenten in Friedrich Sack, einen aus dem preußischen Schuldienst ausgeschiedenen Lehrer, der auch als Redakteur der »Frankfurter Zeitung« seinen schulpolitischen Zielen treu geblieben war. Sacks These zu dieser Periode der Schulpolitik in Preußen formuliert eine Überschrift eines Kapitels seines »Schlaglichter zur Volksbildung« betitelten Buches: »Die zweite Periode der Regulativ-Pädagogik: Ära Falk« mit großer Präzision. Problematisiert wurde hier das Urteil der liberalen pädagogischen und politischen Öffentlichkeit, die das Falksche Schulregiment und das seines ›Leibpädagogen‹ Schneider als Abkehr von den Stiehlschen Regulativen und als Erfüllung der eigenen schulpolitischen Forderungen feierten (Sack: Schlaglichter, 116–225). Zu Sack vgl. Karl-Heinz Günther: Bürgerlich-demokratische Pädagogen in Deutschland während der zweiten Hälfte des 19. Jahrhunderts, Berlin 1962, passim, und die

von Günther verfaßte Einleitung zu den von ihm herausgegebenen schulpolitischen Kampfschriften Sacks: Eduard Sack: Die preußische Schule im Dienste gegen die Freiheit. Schulpolitische Kampfschriften, ausgewählt, eingeleitet und erläutert von Karl-Heinz Günther, Berlin 1961, 9–23.

159 Rißmann/Pretzel, 131; Schneider, Jahrhundert, 323. Eine »im Auftrag und nach den Beratungen des Vorstandes des Landesvereins preußischer Volksschullehrer« von L. W. Seyffarth verfaßte »Denkschrift«, Berlin 1873, 4, bekannte sich ausdrücklich zu den pädagogischen Grundanschauungen der Allgemeinen Bestimmungen.

160 Rißmann: Ein Jubiläum, in: Rißmann: Pädagogen, 121–37. Der einflußreiche Führer des Deutschen Lehrervereins und Herausgeber der Zeitschrift die »Deutsche Schule« ist als Schüler Schneiders zurückhaltender und abgewogener in seiner Sprache. Sein Gedenkartikel bietet aber zusammen mit einem 1905 verfaßten Nachruf auf seinen ehemaligen Seminardirektor neben der Kritik Sacks die verläßlichsten und perspektivenreichsten Ausgangspunkte einer Beurteilung der Allgemeinen Bestimmungen und des in ihnen sichtbar werdenden politischen Konzepts.

161 Rißmann: Pädagogen, 137.

162 Ebd., 132.

163 Spranger: Zur Geschichte der deutschen Volksschule, in: ders.: Gesammelte Schriften, Bd. 3, 171.

164 Huber, Bd. IV, 879/80.

165 Paulsen: Geschichte des gelehrten Unterrichts, Bd. II, 578.

166 Nach Falks eigenen Worten verspürte man in ihrer Fassung die knappe und einfache »Sprache des Juristen« (Abgeordnetenhaus, 1878/79, Bd. I, 622).

167 Vgl. Kellner, 504.

168 Abgeordnetenhaus 1878/79, Bd. I, 625.

169 Abgeordnetenhaus 1872/73, Bd. II, 1247/48. Hinweise verschiedener Redner auf die unglückliche materielle Situation vieler Elementarlehrer und ihre akute Notlage quittierte das Haus allerdings mit »Unruhe« und »Heiterkeit«.

170 Klage des Finanzministers Camphausen (Abgeordnetenhaus 1873/74, Bd. II, 980).

171 Schneider/von Bremen, Bd. I, 728 ff.

172 »Die Zulagen sind vielmehr als persönliche Bedürfniszulagen jederzeit revocabel und gehören nicht zu dem pensionsberechtigten Einkommen« (Schneider/von Bremen, Bd. I, 729).

173 Vgl. Sack: Schlaglichter, 259.

174 Abgeordnetenhaus 1875, Bd. II, 713.

175 Zitiert bei: Sack: Schlaglichter, 237.

176 Abgeordnetenhaus 1875, Bd. II, 720.

177 Abgeordnetenhaus 1877/78, Bd. I, 644.

178 Zur politischen Funktion des Kulturkampfes: Heinrich Bornkamm: Die Staatsidee im Kulturkampf, in: HZ 170, 1950, jetzt selbständig Darmstadt 1969; Renate Ruhenstroth-Bauer: Bismarck und Falk im Kulturkampf, Heidelberg 1944 = Heidelberger Abhandlungen, hg. von W. Andreas, Heft 170; Adolf M. Birke: Zur Entwicklung und politischen Funktion des bürgerlichen Kulturkampfverständnisses in Preußen Deutschland, in: Festschrift für Hans Herzfeld 1972, 257–79.

179 Weinlein, 86.

180 Die intensiven Vorbereitungsarbeiten und die verschiedenen Fassungen des Entwurfes ließen sich aus Falks Nachlaß genau rekonstruieren (DZA II, Rep. 92, Falk, Nr. 1 a–f; vgl. Foerster, 341 ff.).

181 Evident waren diese Unterschiede in der Bewertung des Schulzwanges, an dessen Prinzip die Konservativen keineswegs rütteln wollten, der aber einzelnen Zentrumsabgeordneten in Anlehnung an ein Zitat des Lord Derby als eine Folge des demokratischen Despotismus erschien (Abgeordnetenhaus 1876, Bd. I, 611).
182 Abgeordnetenhaus 1876, Bd. I, 190.
183 Ebd., 189.
184 Ittig: Im Kulturkampf unserer Tage ist es Pflicht der Schule und der Lehrer, allen Bestrebungen entgegenzuarbeiten, welche das moderne Staatsbewußtsein zu untergraben suchen, in: ADLZ 1874, 229–31.
185 Robert von Mohl: Politik II. Monographien, Bd. III, Tübingen 1869, 14 ff.
186 Abgeordnetenhaus 1878/79, Bd. I, 681.
187 Abgeordnetenhaus 1877, Bd. I, 948: »Im Lehrerstand selbst entwickelt sich mehr und mehr der Unglaube, die Überhebung, das politische Treiben und die Unzufriedenheit. Meine Herren, ein kostbares Gut der Nation kommt uns immer mehr und mehr abhanden, das ist der einfache, tüchtige und zufriedene alte Dorfschulmeister, den verlieren wir immer mehr auf diesem Weg«.
188 Abgeordnetenhaus 1877, Bd. I, 962/63.
189 DZA II, Merseburg, Rep. 92, Falk, Nr. 75.
190 Vgl. z. B. Centralblatt 1873, 113.
191 Abgeordnetenhaus 1877/78, Bd. I, 593.
192 v. Wiese, Bd. I, 241.
193 Gerade dieses Bündnis machte Falk dem Monarchen verdächtig, so daß die parlamentarische Unterstützung in ihrer Wirkung ambivalent blieb. Vgl. die Marginale Wilhelms I. zu den in einem Immediatschreiben Bismarcks erläuterten Rücktrittsgründen Falks: »Er schwamm aber doch auch mit der liberalen Majorität« (Bismarck: Gesammelte Werke, Bd. 6 c, 157).
194 Sack: Freiheit, 113–19.
195 Foerster, 347.
196 Auf die Zustimmung der Liberalen war keineswegs sicher zu rechnen, da der Entwurf Selbstverwaltungsgremien weitgehend von der Mitsprache an der Schule ausschloß (vgl. Foerster, 351).
197 Vgl. Hans Rosenberg: Große Depression und Bismarckzeit. Wirtschaftsablauf, Gesellschaft und Politik in Mitteleuropa, Berlin 1967.
198 DZA II, Merseburg, Rep. 92, Falk, Nr. 75; für die Verhandlungen im Staatsministerium: Rep. 90 a, B III, 2 b, Nr. 6, Bd. 89 und Bd. 90; vgl. Foerster, 388 ff.
199 Abgeordnetenhaus 1880/81, Bd. II, 1538.
200 DZA II, Merseburg, Rep. 92, Falk, Nr. 75.
201 Vgl. Foerster, 623 ff.
202 Bismarck, Bd. 6 c, 154; vgl. Foerster, 633.
203 Bismarck, Bd. 15, 335.
204 Bismarck, Bd. 15, 337. Die politische Funktion des Kulturkampfes, die für weite Bereiche des politischen Lebens noch weitgehend ungeklärt ist (vgl. Birke), ist für die Schule durch die Bismarcksche Interpretation zutreffend beschrieben.

Kapitel III

Pädagogische Unterbeamte: Die berufliche, soziale und politische Lage der Volksschullehrer

1 Petersilie, Bd. II, 247–57.

2 Tews: Schulkämpfe, 100; Geschichte der Erziehung, 361; Heydorn, 184/85.
3 Vgl. Rißmann: Pädagogen, 133.
4 Lexis, 243.
5 Falks Mitarbeiter Karl Schneider hatte in einem Referat über die Hamburger Lehrerversammlung diese neue Strategie der Bürokratie gegenüber den Lehrern mit dem Stichwort der ›Sammlung der Wohlgesinnten‹ skizziert, mit welcher der Entfremdung und damit auch der politischen Distanz zwischen Volksschullehrern und Unterrichtsverwaltung begegnet werden sollte. Er hatte eine Revision der Lehrpläne für die preußischen Lehrerseminare, vor allem ihrer orthodox konfessionellen Ausrichtung anempfohlen, eine materielle Besserstellung der Lehrer auch um den Preis finanzieller Opfer von seiten des Staates verlangt und zugleich eine amtliche Unterstützung und Ermunterung des Kreises der ›Wohlgesinnten‹ vorgeschlagen, um deren Loyalität zur Unterrichtsverwaltung in Hinblick auf die gesamte preußische Volksschullehrerschaft schulpolitisch nutzbar zu machen (vgl. DZA II, Merseburg, Rep. 92, Falk, Nr. 18). Zur Wirkung der Allgemeinen Bestimmungen auf die Lehrerschaft: Polack, Bd. III, 278; Rißmann: Pädagogen, 132.
6 Rißmann/Pretzel, 157; W. Kulemann: Die Berufsvereine, Erste Abteilung: Geschichtliche Entwicklung der Berufsorganisationen der Arbeitnehmer und Arbeitgeber aller Länder, Bd. I: Deutschland I, Jena 1908, 84/85.
7 Über die Vorbereitungen zu diesen Prüfungen vgl. Polack, Bd. III, 32 ff.; kritisch: Kellner, 510 ff., der den Surrogatcharakter dieser Form der Weiterbildung heraushob und den auf Aufstieg drängenden Lehrern eher den steileren Weg eines akademischen Studiums empfahl.
8 Fischer: Volksschullehrerstand, Bd. II, 418/19.
9 Schneider: Jahrhundert, 314/15
10 Preußische Statistik, Heft 120, I, 83/84.
11 Rein (Hg.): Enzyklopädisches Handbuch der Pädagogik, Bd. 7, 267.
12 Petersilie, Bd. II, 247, Lehrordnung und Lehrplan für die Königl. Schullehrerseminare, § 4.
13 Lehrordnung und Lehrplan für die Königl. Schullehrerseminare, § 29.
14 Eine scharfe Kritik an der Präparandenbildung: J. Langermann: Die Vorbildung der Lehrer in Präparandenanstalten, Bielefeld 1889 = Sammlung pädagogischer Vorträge, hg. von Meyer-Markau, Bd. II, Heft 4. Der Barmer Volksschullehrer Langermann hob den Aspekt der intensivierten Vorbildung in privaten Präparanden als standespolitisch kurzsichtig und schädlich hervor. Konsequent rechnete er die Form privater Vorbereitung auf ein öffentliches Amt vergangenen Entwicklungsstufen des Standes zu; die Ausbildung der Volksschullehrer müsse am Niveau der derzeit höchsten Schulanstalten des Staates, den Gymnasien, ausgerichtet werden (23/24). Dieser Forderung gegenüber wurden die privaten Präparandenbildner als »Verräter« eingestuft, die ihren Blick »stur« auf ihre »Pressen« richteten und »Jahr um Jahr nach Kopf gezählte Lieferungen« angehender Schulmeister auf den Markt der Gesellschaft warfen (29).
15 Schneider/von Bremen, Bd. I, § 53.
16 Schneider: Volksschullehrerseminar, 163.
17 Preußische Statistik, Heft 120, I, 81.
18 Fischer: Volksschullehrerstand, Bd. II, 414.
19 Preußische Statistik, Heft 101, I, 22. Zur sozialen Rekrutierung der Volksschullehrer s. u., 117.
20 Stiehl: Stellung, 27.

21 Schneider: Volksschullehrerseminar, 162.
22 Jütting: Dotation, 190/91.
23 Preußische Statistik, Heft 101, I, 23.
24 Stiehl: Stellung, 26.
25 Petersilie, Bd. II, 258.
26 Schneider/von Bremen, Bd. I, 400.
27 Die folgende Darstellung der Erziehungspraxis der Seminare beruht auf der Auswertung der Ministerialakten zu allgemeinen Fragen der Seminarerziehung sowie ausgewählter Bestände, die einzelne Seminare betreffen: DZAII, Merseburg, Rep. 76 VII neu, Sekt. 1 C I, Nr. 1, Bd. 9 ff., betr.: Die Einrichtung der Schullehrerseminarien und die Bildung der Seminaristen; Rep. 76 VII neu, Sekt. 1 C I, Nr. 2, Bd. 3, betr.: Allgemeine Bestimmungen und Verordnungen über den Unterricht in den Schullehrerseminarien; Rep. 76 VII neu, Sekt. 1 C I, Nr. 31, Bd. 3, betr.: Dienstinstruktionen und Lehrer an Schullehrerseminaren; Rep. 76 VII neu, Sekt. 2 C I, Nr. Bd. 12, betr.: Das katholische Schullehrerseminar zu Braunsberg; Rep. 76 VII neu, Sekt. 8 C I, Nr. 1, Bd. 8, betr.: Das katholische Schullehrerseminar zu Breslau; Rep. 76, VII neu, Sekt. 8 C I, Nr. 4 Bd. 3, betr.: Das evangelische Schullehrerseminar zu Münsterberg; Rep. 76 VII neu, Sekt. 8 C I, Nr. 11, Bd. 5, betr.: Allgemeine Angelegenheiten und Bestimmungen über die Schullehrerseminarien der Provinz Schlesien; Rep. 76 VII neu, Sekt. 12 C I, Nr. 5, Bd. 3, betr.: Das Schullehrerseminar zu Weißenfels; Rep. 76 VII neu, Sekt. 14 C I, Nr. 1, Bd. 6 f., betr.: Das Seminar für Stadtschulen und die damit verbundene Seminarschule in Berlin; Rep. 76 VII neu, Sekt. 16 C I, Nr. 5, Bd. 15 f., betr.: Das Schullehrerseminar zu Neuzelle; Rep. 76 VII neu, Sekt. 20 C I, Nr. 1, Bd. 4, betr.: Das Schullehrerseminar Langenhorst; Rep. 76 VII neu, Sekt. 20 C I, Nr. 5, Bd. 5, betr.: Allgemeine Angelegenheiten der Seminar- und Präparanden-Anstalten in Westfalen; Rep. 76 VII neu, Sekt. 25 C I, Nr. 4, Bd. 9 f., betr.: Das evangelische Schullehrerseminar zu Moers. Repräsentativen Charakter können die von Friedrich Buchholz und Gerhard Buchwald zusammengestellten Porträts der brandenburgischen Lehrerseminare beanspruchen: Friedrich Buchholz/Gerhard Buchwald (Hg.): Die brandenburgischen Lehrerseminare und die ihnen angegliederten Präparandenanstalten, Berlin 1961. Sehr ergiebig sind auch die zeitgenössischen Seminarfestschriften: Schultze: Nachrichten über das Königliche Seminar für Stadtschullehrer in Berlin. Eine Festschrift zum 50jährigen Bestehen der Anstalt am 6. Januar 1881, Berlin 1881; G. Seeliger: Das Seminar zu Weißenfels. Festschrift zur Feier seines 100jährigen Bestehens, den Zöglingen gewidmet, Halle 1884.
28 Schneider/von Bremen, Bd. I, 441.
29 Thilo, 258.
30 Schneider/von Bremen, Bd. I, 443.
31 Schultze, 140–43.
32 Buchholz/Buchwald, 263.
33 Schultze, 143.
34 Buchholz/Buchwald, 223.

40 Ebd., 341.

41 Ebd., 342.
42 Ebd., 95.
43 Ebd., 65.
44 Ebd., 240.
45 Ebd., 104.
46 Ebd., 220.
47 Schultze, 144/5; Seeliger, 79 ff.
48 DZA II, Merseburg, Rep. 76 VII neu, Sekt. I C I, Nr. 1, Bd. 4.
49 DZA II, Merseburg, Rep. 76 VII neu, Sekt. 8 C I, Nr. 1, Bd. 8.
50 Vgl. DZA II, Merseburg, Rep. 76 VII neu, Sekt. 1 C I, Nr. 1, Bd. 9, betr. die Einrichtung der Schullehrerseminarien und Bildung der Seminaristen; vgl. auch den Bericht Wilhelm Schäfers über seine Seminarzeit: W. Schäfer: Rechenschaft, Kempen 1948, 52 ff. Die Kontrollmechanismen finden zwar eine Wurzel in der pessimistischen Anthropologie der pietistischen Pädagogik, sie hatten sich aber im 19. Jahrhundert von den theologischen Motiven weitgehend gelöst.
51 Die Verwaltungsberichte lassen allerdings erkennen, daß die als Externat geführten Seminare mit sehr großen Schwierigkeiten zu kämpfen hatten und in ihrem Ausbildungsniveau noch hinter den Internaten zurückblieben: DZA II, Merseburg, Rep. 76 VII neu, Sekt. 20 C I, Nr. 1, Bd. 4, betr. das Schullehrer-Seminar Langenhorst.
52 Schultze, 133; zum Erziehungsstil des Berliner Seminars vgl. Adolf Damaschke: Aus meinem Leben, Leipzig 1924, 80 ff., der den Befund straffer Reglementierung kritiklos bestätigt.
53 Schneider: Volksschullehrerseminar, 180.
54 S. u., 127.
55 Schultze, 143/44.
56 Die Schilderungen bei Buchholz/Buchwald, passim, werden durch die in den Ministerialakten überlieferten Seminarverwaltungsberichte bestätigt, vgl. z. B. DZA II, Merseburg, Rep. 76 VII neu Sekt. 12 C I, Nr. 5, Bd. 3.
57 Schneider empfahl das »Gefühl der Solidarität« durch »solidarische Haftung« einer ganzen Klasse für materielle Schäden zu stärken (Schneider: Volksschullehrerseminar, 181).
58 Vgl. z. B. DZA II, Merseburg, Rep. 76 VII neu, Sekt. 7 C I, Nr. 5, Bd. I ff., betr.: Gesuche um Aufnahme und Bewilligung von Freistellen in den Schullehrerseminaren und Unterstützungen der Seminaristen, Bromberg.
59 Buchholz/Buchwald, 301/02.
60 DZA II, Merseburg, Rep. 76 VII neu, Sekt. 16 C I, Nr. 5, Bd. 15. Seine Intentionen wichen offensichtlich so weit von der üblichen Norm ab, daß Schneider eine Inspektionsreise Heibers in andere Seminare vorschlug; selbst Falk wurde mit dem Vorfall befaßt, der allerdings die Reise abschlug, weil »nach der ganzen Persönlichkeit des Heiber . . . eine Reiseunterstützung wenig nützen« würde.
61 Buchholz/Buchwald, 106.
62 DZA II, Merseburg, Rep. 76 VII neu, Sekt. 25 C I, Nr. 4, Bd. 9.
63 Ebd.
64 Buchholz/Buchwald, 65.
65 Ebd.
66 Ebd. 153
67 DZA II, Merseburg, Rep. 151, Nr. 7128.
68 Dienstinstruktionen (DZA II, Merseburg, Rep. 76 VII neu, Sekt. 1 B I, Nr. 35, Bd. 2; Petersilie, Bd. II, 48 ff.; Schneider/von Bremen, Bd. I, 650–55) bieten neben

einer verbreiteten Unterrichtslehre (Karl Kehr: Die Praxis der Volksschule, Gotha [4. Auflage] 1870) den Quellenhintergrund für die folgende Anlayse der Tätigkeit der Lehrer in der Schule. Die Ausführungen zielen aber weniger darauf ab, die Erziehungsrealität preußischer Volksschulen in den letzten Jahrzehnten des 19. Jahrhunderts zu rekonstruieren als vielmehr darauf, die professionelle Position des Lehrers im Unterricht zu bestimmen. Eine detaillierte Darstellung der Unterrichtswirklichkeit der preußischen Volksschule ist hier auch deshalb entbehrlich, weil von ihr bereits durchaus plastische Bilder bestehen (Berg, 89 ff., widmet der erziehungswissenschaftlichen Analyse der »Binnenstruktur« der Volksschule einen Hauptteil ihrer Untersuchung). In polemischer Absicht haben die Schulreformer nach der Jahrhundertwende die »alte Schule« (vgl. die Zusammenfassung der Kritik bei Theodor Wilhelm: Pädagogik der Gegenwart, Stuttgart [4. Aufl.] 1967, 1 ff.) mit einer Anschaulichkeit beschrieben, die aus den nüchternen bürokratischen Revisionsberichten nur selten hervortritt.

69 Der Begriff des »Unterrichtsbeamten« findet sich in der Kritik der Reformpädagogen an der »alten Schule« (Adolf Rude: Alte und neue Schule, in: Flitner/Kudritzki: Die deutsche Reformpädagogik, Bd. II, 226).

70 Preußische Statistik, Heft 101, I, liefert die Daten für 1886; ein kritischer Kommentar bei J. Tews: Die preußische Volksschule, ihr gegenwärtiger Stand und ihre jüngste Entwicklung, Bielefeld 1889 = Sammlung pädagogischer Vorträge, hg. von W. Meyer-Markau, Bd. II, Heft 9, Zitat, 15.

71 Preußische Statistik, Heft 101, I, 50.

72 G. Fröhlich: Fundamentalsätze zur Lehre von der Schulorganisation, in: ADLZ 1879, 420.

73 Preußische Statistik, Heft 120, I, 138.

74 Bei den Angaben über den Lehrermangel müssen zwei Tatbestände auseinandergehalten werden. Die konkreten Daten über den Lehrermangel geben an, wie viele der vorhandenen Stellen zu den jeweiligen Stichdaten unbesetzt waren. Diese statistisch überlieferten Zahlen beschrieben aber nur einen kleinen Teil des tatsächlich bestehenden Mangels, da die Zahl der Lehrkräfte, die anzustellen gewesen wären, um die Zahl der Klassen mit anomalen Frequenzverhältnissen zu reduzieren, in die amtliche Rechnung über den Lehrerfehlbestand nicht mit aufgenommen wurde.

75 XIII. Ergänzungsheft, 36/37.

76 Preußische Statistik, Heft 151, I, 295.

77 Preußische Statistik, Heft 120, I, 98.

78 Preußische Statistik, Heft 101, I, 50.

79 Preußische Statistik, Heft 120, I, 142–50.

80 In der Regel waren diese kleinen Schulen auch in der Leistung überaus dürftig; so berichtete die Behörde über eine von 32 Kindern besuchte katholische Schule im Regierungsbezirk Arnsberg: »Die zur Entlassung reifen Kinder haben weder einfache Sätze korrekt zu schreiben noch zwei mehrstellige Zahlen richtig zu addieren verstanden; sie fanden auf der Karte nicht Westfalen, Arnsberg, Münster, die Rheinprovinz. Sie wußten weder den Namen unseres Kaisers noch etwas von der Errichtung des deutschen Kaisertums« (Centralblatt 1878, 339).

81 S. o., 243 Anm. 93.

82 Vgl. Lange, passim.

83 Johannes Tews: Die Durchführung der Schulklassen, in: Jahrbuch des Vereins für wissenschaftliche Pädagogik 21, 1889, 180–248.

84 Vgl. Dittes: Schule, 543.

85 Tews: Durchführung, 183 f.

86 ›Klassenlehrersystem‹ bedeutete im Unterschied zum ›Fachlehrersystem‹ aber auch, daß ein Lehrer den gesamten Unterricht in der ihm zugewiesenen Klasse erteilte.

87 S. o., 243 Anm. 93.

88 Das zitierte Werk von Karl Kehr soll den Ausgangspunkt der Darstellung bilden, denn der Verfasser galt nicht zuletzt gerade aufgrund seiner »Praxis der Volksschule« als der maßgebliche Schulpraktiker innerhalb der preußischen Lehrerschaft wie auch innerhalb der Schulverwaltung. Der Geh. Oberregierungsrat Schneider hielt zu ihm engen Kontakt, und Falk bemühte sich erfolgreich, ihn für eine Direktorenstelle an einem peußischen Seminar zu gewinnen. Kehrs Ausführungen verdienen kaum wegen ihrer Originalität oder ihrer theoretischen Brillanz Interesse, sie systematisierten die verbreiteten praktischen ›Winke und Hilfen‹ aber in so eingängiger Weise, daß mancher preußische Lehrer in Kehrs Ausführungen seine eigenen Unterrichtsmaximen gespiegelt sah: »Das Buch war mir so aus der Seele geschrieben, entsprach meinem Denken und Empfinden und Erfahren in so ungewöhnlicher Weise, daß ich immer meinte, das müsse ich schon gelesen oder – erlebt haben«. (Polack, Bd. III, 32). Die weit verbreitete »Praxis der Volksschule« war aus der Tätigkeit des Verfassers an der gothaischen Seminarschule hervorgegangen. 1873 war Kehr in den preußischen Seminardienst übergewechselt, was seinen schulpraktischen Einsichten über die literarische Wirkung seines Werkes hinaus weitere Verbreitung sicherte (Rißmann/Pretzel, 306). Als Begründer der preußischen Seminarlehrerkonferenz und Herausgeber einer eigenen Zeitschrift für das Seminarwesen gewann Kehr unter Preußens Lehrern einen fast autoritativen Rang. Seiner Wirkung waren auch deshalb kaum Grenzen gesetzt, da er schulpolitisch eine »mittlere Linie« (Rißmann: Pädagogen, 150) verfolgte, die ganz Schneiders Erwartungen von 1872 entsprach, der Kehr als »gutgesinnten Kritiker« auf eine Zusammenarbeit mit der Bürokratie hatte verpflichten wollen.

89 Kehr: Praxis, 13; vgl. auch Dittes: Schule, 553 ff.

90 Kehr: Praxis, 12.

91 Ebd., 13.

92 Ebd.

93 Dittes: Schule, 539.

94 Kehr: Praxis, 67.

95 Ebd., 17.

96 Wienstein, 52: »Das Buch ist ein Dolmetscher des deutschen Lehrergemüts und Lehrerschicksals«.

97 Petersilie, Bd. I, 319.

98 Polack, Bd. III, 403.

99 Kehr: Praxis, 30.

100 Vgl. z. B. Petersilie, Bd. II, 21 ff.

101 ADLZ 1887, 24: »Über den Massenunterricht in der deutschen Schule«.

102 Petersilie, Bd. I, 319.

103 H. Wigge/P. Martin: Die Unnatur der modernen Schule. Grundlagen zur naturgemäßen Umgestaltung des gesamten Volksschulwesens, Leipzig 1888, 323.

104 Dittes: Schule, 537.

105 Schneider/von Bremen, Bd. III, 245; Kehr: Praxis, 39.

106 Vgl. die bibliographischen Hinweise bei: Petersilie, Bd. II, 489/90; anders Berg, 178, die fälschlich feststellt, daß in dieser Frage kaum behördliche Anordnungen ergangen seien.

107 Z. B. Centralblatt 1880, 749 ff.; 1882, 456 ff.; 1883, 314 ff.; 1884, 187 ff.; 1888, 425 ff.; 1888, 432 ff.; Schneider/von Bremen, Bd. III, §§ 355–60.
108 Centralblatt 1899, 332.
109 Ebd., 328.
110 Ebd.
111 Centralblatt 1883, 314–17.
112 Centralblatt 1888, 426/27.
113 Sack: Prügelpädagogen, 49; der Ausspruch stammt von dem Berliner Schulvorsteher Bohm.
114 Diese Verordnung vom 16. 12. 1846 brachte das Centralblatt 1888, 427, wieder in Erinnerung.
115 Sack: Prügelpädagogen, 98.
116 E. von Bremen: Die Preußische Volksschule. Gesetze und Verordnungen, zusammengestellt und erläutert von E. von Bremen, Stuttgart 1905, 623.
117 ALR, II, 12, § 53.
118 ALR, II, 12, § 86.
119 ADLZ 1889, 7.
120 Sack; Prügelpädagogen, 11.
121 Vgl. den Aufruf in der ADLZ 1877, Nr. 34.
122 Vgl. Rißmann/Pretzel, 260/61; der Bericht über den Lehrertag in: ADLZ 1876, 205 ff.
123 ADLZ 1898, 95.
124 Schneider/von Bremen, Bd. III, 245.
125 DZA II, Merseburg, 2.2.1. Nr. 22168 (Zivilkabinett).
126 Bericht der »Rheinisch-westfälischen Schulzeitung« 1885, zitiert in: Pädagogischer Jahresbericht 1886, 625.
127 Kehr: Praxis, 16.
128 Georg Stengel: Pädagogische Würdigung des Disziplinarmittels der Körperstrafe, in: ADLZ 1898, 109.
129 Stengel: Körperstrafe, 110.
130 ADLZ 1889, 7.
131 Centralblatt 1888, 424.
132 Centralblatt 1888, 423; vgl. auch Centralblatt 1889, 265/66.
133 Die Ursachen des allzu häufigen Gebrauchs des Züchtigungsrechts, in: ADLZ 1897, 72–74.
134 Sack: Prügelpädagogen, 101; für die gewandelte Stimmung der Öffentlichkeit: Th. Brix: Was im Land der Denker und Dichter passieren kann. Ein Wort über die Schulprügler und ihre Gönner, Berlin 1899.
135 ADLZ 1897, 74.
136 Centralblatt 1899, 507 ff.
137 Die Diskussion um diese Verfügung analysiert Berg, 178 ff.
138 Vgl. Nohl, 58.
139 Zeitschrift für Philosophie und Pädagogik 1894, 311/12.
140 Nohl, 53.
141 Petersilie, Bd. I, 316.
142 Kellner, 527.
143 DZA II, Merseburg, Rep. 76 VII neu, Sekt. 1 A II, Nr. 1, Bd. 1 ff.
144 Vgl. Kellner, passim.
145 Petersilie, Bd. I, 318.
146 DZA II, Merseburg, Rep. 76 VII neu, Sekt. 1 A II, Nr. 9, Bd. 3.

147 Teilweise übten sie eine Kontrolle in der Weise aus, daß sie ihnen unbegründet erscheinende Eingaben kassierten. Das Ministerium verbot dieses Verfahren ausdrücklich (Centralblatt 1890, 732).
148 Schneider/von Bremen, Bd. I, 661.
149 Centralblatt, 1880, 646–48; s. u., 156.
150 DZA II, Merseburg, Rep. 76 VII neu, Sekt. 1 A 2, Nr. 9, Bd. 3.
151 Centralblatt 1892, 439.
152 Centralblatt 1889, 720.
153 Centralblatt 1890, 315.
154 Zur Rechtfertigung der Prüfungen und Revisionen: Centralblatt 1869, 553–59. Die Summe systembedingter Konflikte zog: Fr. W. Dörpfeld: Ein Beitrag zur Leidensgeschichte der Volksschule, nebst Vorschlägen zur Reform der Schulverwaltung, Barmen 1881, 32–159.
155 C. Pretzel: Schulaufsicht und Schulleitung in den deutschen Staaten, Leipzig 1909 = Schriften der Statistischen Zentralstelle des Deutschen Lehrervereins, Bd. 1, 110–11.
156 Vgl. von Kellner und Polack mit Stolz mitgeteilte Erfolge bei der Revision ihrer Schulen: Polack, Bd. II, 214 f.; Kellner, 186/87.
157 Rude, 227.
158 Zum Problem der Schulleitung: Kurt Wöhe: Die Geschichte der Leitung der preußischen Volksschule von ihren Anfängen bis zur Gegenwart, Phil. Diss. Halle 1933, 124.
159 Centralblatt, 1874, 205.
160 Wigge/Martin, 25.
161 Diesen Eindruck vermitteln die an den Monarchen gerichteten Einstellungsanträge für Kreisschulinspektoren (z. B. DZA II, Merseburg, 2.2.1., Nr. 22145; Nr. 22158).
162 Rude, 226.
163 Petersilie, Bd. II, 48.
164 DZA II, Merseburg, Rep. 76 VII neu, Sekt 7 C 1, Nr. 5, Bd. IV.
165 Petersilie, Bd. II, 51.
166 Petersilie, Bd. II, 52.
167 A. Sachse: Die preußische Volks- und Mittelschule. Leipzig 1913 = Aus Natur- und Geisteswelt, Bd. 432, 39.
168 Die negativen pädagogischen Konsequenzen der Wanderbewegung beschrieb eine amtliche Denkschrift: Centralblatt 1878, 338/39: »Ebenso ungünstig sind die Kinder in unzureichend dotierten, lebensunfähigen Schulen gestellt; sei es, daß wie in einer evangelischen Schule in der Provinz Westfalen der ärmlichen Verhältnisse wegen in 26 Jahren 16 Lehrer einander folgten und es zuletzt überhaupt nicht mehr möglich wird, einen geprüften Lehrer zu gewinnen . . .«.
169 Petersilie, Bd. II, 48.
170 Schneider/von Bremen, Bd. I, 646.
171 A. Brand: Das Beamtenrecht. Die Rechtsverhältnisse der preußischen unmittelbaren und mittelbaren Staatsbeamten, Berlin 1914 = Handbücher des Preußischen Verwaltungsrechts, Bd. V, 22/23.
172 G. Herrfurth: Das gesammte Preußische Etats-, Kassen- und Rechnungswesen einschließlich der Rechtsverhältnisse der Staatsbeamten. II. Teil: Rechtsverhältnisse der Staatsbeamten, Berlin (3. Auflage) 1896, 643.
173 Herrfurth, 744/45.
174 Sachse: Volks- und Mittelschule, 41.

175 Das ist beispielsweise das Verfahren von Petersilie und Schneider/von Bremen. Grundlegend waren auch die im Centralblatt publizierten Erlasse und Verfügungen.
176 Sachse: Volks- und Mittelschule, 42.
177 Schneider/von Bremen, Bd. I, 684/85.
178 Marginale des Ministers zu einem Bericht des »Berliner Tageblattes«, Nr. 104, 1878, das in einem Artikel: »Die neue Städteordnung und der Volksschullehrer« die Petition der Lehrer unterstützte (DZA II, Merseburg, Rep. 76 VII neu, Sekt. 1 A II, Nr. 14, Bd. 5).
179 Centralblatt 1893, 351; 1894, 714; Petersilie klassifiziert die Mitwirkung der Lehrer im Schulvorstand als »Nebenamt«, das er im Paragraphen über das »außeramtliche Verhältnis der Lehrer« abhandelt (Petersilie, Bd. II, 83).
180 Schneider/von Bremen, Bd. I, § 168.
181 Preußische Statistik, Heft 151, I, 244.
182 Badische Schulzeitung 1890, 209.
183 Preußische Statistik, Heft 151, I, 244.
184 Centralblatt 1894, 363–65.
185 Franz Kumm: Die Befreiung des Lehrers vom niederen Küsterdienst. Ein Beitrag zur Hebung des Gedeihens der Volksschule und der sozialen Stellung der Volksschullehrer, Berlin 1890 = Sammlung pädagogischer Vorträge, hg. v. W. Meyer-Markau, Bd. II, Heft 12, 6–9.
186 Schneider/von Bremen, Bd. I, 656/57.
187 Vgl. DZA II, Merseburg, Rep. 76 VII neu, Sekt. 27 E V, Nr. 1, Bd. 1.
188 Petersilie, Bd. II, 85.
189 Sachse; Volks- und Mittelschule, 42.
190 Petersilie, Bd. II, 85.
191 Sachse; Volks- und Mittelschule, 43.
192 ADLZ 1883, 33.
193 ADLZ 1880, 244/45.
194 Vgl. Fischer: Volksschullehrerstand, Bd. II, 394.
195 »Es hebt unseren Stand zu den übrigen Ständen empor, wenn der Staat geradezu verfügt, der Elementarlehrer dient nicht mehr sechs Wochen und wird im Feldzug nicht unter den gewöhnlichen Fabrikarbeiter gesteckt, der ihn deshalb auch als seinesgleichen behandelt und ansieht . . .« (Diskussionsbeitrag auf der Allgemeinen deutschen Lehrerversammlung 1874, in: ADLZ 1874, 233).
196 Fischer: Volksschullehrerstand, Bd. II, 396 ff.
197 Fischer: Volksschullehrerstand, Bd. II, 402: »Es bleibt drückend, wenn in den Kontrollversammlungen die Lehrer mit dem ungebildeten Knecht in Reihe gestellt werden, nur weil sie keine Gelegenheit hatten, im Heer eine höhere Stufe einzunehmen«.
198 Centralblatt 1895, 342.
199 In Lehrerkreisen rechnete man die Änderung in der militärischen Dienstpflicht dem Verdienstkonto des Kultusministers Bosse zu (Clausnitzer/Rosin, 65).
200 Zitiert in: ADLZ 1894, 27.
201 DZA II, Merseburg, Rep. 76 VII, neu, Sekt. 1 C I, Nr. 23, Bd. 1.
202 Centralblatt 1897, 152.
203 Rißmann/Pretzel, 230.
204 Der Vergleich der Militärverhältnisse der Lehrer der Geburtsjahrgänge 1871–75 und 1881–1885 zeigt, daß viele Lehrer die Gelegenheit des Dienstes als Einjährig-Freiwillige wahrnahmen. Unter den 6822 Dienstpflichtigen der Geburtsjahrgänge

1881–85 waren 2508 (37%) Einjährig-Freiwillige und nur 42 (0,6%) hatten weniger als ein Jahr gedient. Das Verhältnis für die Geburtsjahrgänge 1871–75: 6601 Lehrer, die ihrer Dienstpflicht genügten, davon 39 (0,6%) mit einer Dienstzeit von mindestens einem Jahr, darunter 5 als Einjährig-Freiwillige (errechnet nach: Preußische Statistik, Heft 231, 260).

205 Zitiert in: ADLZ 1897, 458; vgl. Die Geschichte des deutschen Unteroffiziers, hg. v. Reichsbund ehemaliger Berufssoldaten, Bearbeiter: Freiherr F. von Ledebur, Berlin 1939, 438.

206 Z. B. Centralblatt 1872, 206.

207 Schneider/von Bremen, Bd. I, Untertitel.

208 Schneider/von Bremen, Bd. I, 668.

209 Petersilie, Bd. II. 49/50.

210 Kehr: Praxis, 13.

211 Schneider/von Bremen, Bd. I, 669.

212 Ebd., 682.

213 Vgl. die Haltung des Seminarlehrers Kiesel (Abgeordnetenhaus 1876, Bd. I, 637 f.; Abgeordnetenhaus 1877, 664); Sack: Freiheit 128 ff.

214 ADLZ 1883, 33. Die These, das politische Verhalten der Beamten habe keinen dienstlichen Einfluß gewonnen (Hansjoachim Henning: Das westdeutsche Bürgertum in der Epoche der Industrialisierung 1860–1914. Teil I: Das Bildungsbürgertum in den preußischen Westprovinzen, Wiesbaden 1972 = Historische Forschungen, hg. von Brunner/Rassow/Vogt, Bd. IV, 255), trifft zumindest für die Volksschullehrer nicht zu.

215 DZA II, Merseburg, Rep. 90 a, B III, 2 b, Nr. 6, Bd. 94.

216 Brand, 555.

217 Schneider/von Bremen, Bd. I, 646.

218 Schneider/von Bremen, Bd. I, 648. Das System der Einschüchterung auf seiten der Bürokratie korrespondierte mit dem Opportunismus auf seiten der Betroffenen. Die Eltern eines Präparanden verfaßten eine Beschwerde an den Minister ausdrücklich anonym, »weil wir durch einen Namenszug, der ja zu weiterer Kenntnis gelangen müßte, unseren Söhnen, die Beamte werden wollen, ihre spätere Lebensstellung nicht gern untergraben möchten« (DZA II, Merseburg, Rep. 76 VII neu, Sekt. 20 C 1, Nr. 5, Bd. 5).

219 DZA II, Merseburg, Rep. 76 VII neu, Sekt. 28 E 5, Nr. 1, Bd. 2.

220 DZA II, Merseburg, Rep. 76 VII neu, Sekt. 27 E 5, Nr. 1, Bd. 1.

221 DZA II, Merseburg, Rep. 76 VII neu, Sekt. 8 C 1, Nr. 5, Bd. 4.

222 Königliche Regierung in Koblenz, Abteilung des Innern, 10. 3. 1874, zitiert in: ADLZ 1882, 152. In Schleswig-Holstein kam es 1878 zur Androhung von Disziplinarstrafen gegen Lehrer, die »regierungsfeindliche« Kandidaten unterstützt hatten; damit waren Abgeordnete der Fortschrittspartei gemeint, u. a. der Kieler Universitätsprofessor Hänel (ADLZ 1878, 320).

223 DZA II, Merseburg, Rep. 76 VII neu, Sekt. 8 E 5, Nr. 4, Bd. 1.

224 DZA II, Merseburg, Rep. 76 VII neu, Sekt. 2 C 1, Nr. 1, Bd. 12.

225 Julius Beeger: Die Grenzen der Staats- und Gemeinderechte auf die Volksschule, in: ADLZ 1880, 440.

226 Vgl. Meyer: Reaktion, 182.

227 Sachse: Volks- und Mittelschule, 52.

228 Vgl. Meyer: Reaktion, 183.

229 Adolf Damaschke (165 ff.) berichtet über seinen Konflikt mit freisinnigen Berliner Stadtverordneten. Ein Schulinspektor machte ihm unmißverständlich klar, daß ein

Aufrücken in höhere Gehaltsstufen von seinen pädagogischen Gegnern abhängig sei.

230 Meyer: Reaktion, 184.

231 Petersilie, Bd. II, 50 ff.

232 Die teilweise groteske Unterschiedlichkeit dokumentieren zahlreiche Petitionen an das Abgeordnetenhaus. So berief sich die Stadt Saarlouis auf ein französisches Revolutionsgesetz vom 11. Floréal X, das der Gemeinde die Lehrerwahl zubilligte. Die Unterrichtskommission trat den Petenten mit der Feststellung bei, daß dieses Gesetz jedenfalls niemals für die betreffende Gemeinde aufgehoben sei und damit nach wie vor auch für die preußische Verwaltung bindend bleibe (Abgeordnetenhaus 1887, Bd. II, 767/68).

233 Übersicht und Darstellung der vielfältigen Rechtszustände liefern die Motive des Goßlerschen Volksschulgesetzentwurfes (Abgeordnetenhaus 1890/91, Anlagen Bd. I, 478–84).

234 Petersilie, Bd. II, 50.

235 Grundlegend waren die Bestimmungen des ALR, Teil II, Titel 12, §§ 29–38. Vgl. Lexis, 93/94.

236 Art. 25.

237 Vgl. Gneist: Selbstverwaltung, passim.

238 Vgl. Henning, 37; Hintze, 66–125. Zum Problem des Schulgeldes: Schneider/von Bremen, Bd. I, § 189.

239 Jütting: Rückschritt, 46–75.

240 Auch die Unterrichtsverwaltung war sich darüber klar, daß die ausgewiesenen Beträge »freilich nicht selten vielleicht lediglich durch höhere Bewertung der im übrigen tatsächlich unverändert gebliebenen Naturalbezüge und Dienstländereien« zustande gekommen waren (Preußische Statistik, Heft 101, I, 68).

241 Herrenhaus 1896/97, 70.

242 Knörcke wies im Abgeordnetenhaus darauf hin, daß die Agrarier klagten, Grund und Boden verzinse sich aber nicht einmal mit 1–2%, während dieselben Herren aber bei der Lehrerdotation den 4–6fachen Betrag für die Landnutzung ansetzten (Abgeordnetenhaus 1896, Bd. I, 209).

243 Schneider/von Bremen, Bd. I, §§ 179, 180. Die statistisch nachgewiesenen Beträge sind allerdings nur sehr unzuverlässig, da bei der Erhebung nicht überall entsprechend den Anweisungen des statistischen Büros verfahren worden war, Stelleneinkommen und Wohngeld getrennt nachzuweisen (Preußische Statistik, Heft 151, I, 334). Zudem fand sich wieder das schon bekannte Verfahren, den Wert tatsächlich vorhandener Dienstwohnungen möglichst hoch zu veranschlagen, die in bar zu entrichtenden Mietsentschädigungen jedoch möglichst tief festzusetzen.

244 Abgeordnetenhaus 1892/93, Bd. IV, 2371 ff.

245 DZA II, Merseburg, Rep. 76 VII, I aa, Nr. 53.

246 Über die parlamentarische Behandlung des Gesetzes, betreffend die »Erleichterung der Volksschullasten«, s. u., 275 Anm. 100.

247 X. Ergänzungsheft, XIII.

248 Auch andere Gruppen der nicht akademisch gebildeten Beamten suchten ihre Einkommen durch Nebeneinkünfte zu verbessern (vgl. Henning, 158).

249 XIII. Ergänzungsheft, XI; Preußische Statistik, Heft 151, I, 244.

250 Preußische Statistik, Heft 151, I, 333.

251 X. Ergänzungsheft, 66/67.

252 Karl Laacke: Das Besoldungswesen der Lehrer im Deutschen Reich und das neue Besoldungsgesetz in Preußen, Leipzig 1897, 143.

253 Abgeordnetenhaus 1896/97, Bd. I, 114.
254 Schneider/von Bremen, Bd. I, 702.
255 Schneider/von Bremen, Bd. I, § 174.
256 Jütting: Besoldung, 50.
257 ADLZ 1896, 194.
258 Fischer: Volksschullehrerstand, Bd. II, 434.
259 A. Richter: Zeitgemäße und lohnende Nebenbeschäftigungen des Lehrers, 1886.
260 Zitiert nach: Fischer; Volksschullehrerstand, Bd. II, 434.
261 Schneider/von Bremen: Bd. I, 693/94.
262 H. Steffenhagen: Handbuch der Organisation und Verwaltung der preußischen Schuldeputationen, Berlin 1888, 226.
263 Albert Lotz: Die Kosten der Volksschule in Preußen. in: Schmollers Jahrbuch für Gesetzgebung, Verwaltung und Volkswirtschaft 22, 1898, 264.
264 Abgeordnetenhaus 1892, Bd. I, 50.
265 Wilhelm Gerloff: Wirtschaftsführung und Haushaltungsaufwand deutscher Volksschullehrer, in: Archiv für Sozialwissenschaft und Sozialpolitik, Bd. 30, 1910, 381–424.
266 Im einzelnen wurden Unterstützungssachen der folgenden Reg.-Bez. und Provinzen ausgewertet: Breslau, Trier, Hannover, Schleswig-Holstein, Kassel, Wiesbaden.
267 DZA II, Merseburg, Rep. 76 VII neu, Sekt. 8 E V, Nr. 4, Bd. 1.
268 Schneider/von Bremen, Bd. I, 903–63.
269 X. Ergänzungsheft, XV.
270 Preußische Statistik, Heft 120, I, 202.
271 Vgl. z. B. DZA II, Merseburg, Rep. 76 VII neu, Sekt. 28 A I Nr. 1 a, Bd. 1.
272 DZA II, Merseburg, Rep. 76 VII neu, Sekt. 35 E V, Nr. 1, Bd. 1.
273 X. Ergänzungsheft, X; XV.
274 Petersilie, Bd. II, 77–81.
275 Preußische Statistik, Heft 120, I, 201.
276 Abgeordnetenhaus 1885, Bd. III, 1314.
277 DZA II, Merseburg, Rep. 76 VII neu, Sekt. 1 A 2, Nr. 1, Bd. 5: »Selbst die gesellschaftliche Stellung muß der Illiterat sich erst erkämpfen, nicht immer gelingt ihm das. Er ist mit Frauen der besseren Gesellschaft oft nicht genügend vertraut, seine Frau findet sich in die neue Stellung nicht hinein.«
278 Fischer: Volksschullehrerstand, Bd. II, 427/28.
279 Rönne, 527.
280 Fr. Polack: Fortschritt oder Rückschritt auf dem Gebiet der Schule? in: ADLZ 1876, 3.
281 DZA II, Merseburg, Rep. 92, Falk, Nr. 21.
282 Vgl. Schneider/von Bremen, Bd. I, 686; Bd. III, 349–402.
283 Sack: Schlaglichter, 234 f.
284 Schneider/von Bremen, Bd. I, 740/41.
285 DZA II, Merseburg, Rep. 76 VII neu, Sekt. 8 E V, Nr. 1, Bd. 2.
286 DZA II, Merseburg, 2.2.1. Nr. 22514.
287 Friedrich von Sybel: Verwaltungsorganisation und Unterrichtsgesetz, in: Deutsche Rundschau 16, 1878, 478.
288 Z. B. Laacke: Besoldung, passim.
289 DZA II, Merseburg, Rep. 76 VII neu, Sekt. 16 C 1, Nr. 5 Bd. 16, Bericht Schneiders über den im Regierungsbezirk Frankfurt/Oder durch die Wanderungsverluste in westliche Provinzen entstandenen Lehrermangel.

290 DZA II, Merseburg, Rep. 90 a, B III, 2 b, Nr. 6, Bd. 98.
291 Schneider/von Bremen, Bd. I, 711-25.
292 Petersilie, Bd. II, 473–77.
293 Schneider/von Bremen, Bd. I, 713.
294 Ebd., 721.
295 Petersilie, Bd. II, 78.
296 S. o., 165.
297 ADLZ 1896, 65.
298 Jütting: Besoldung, 72.
299 Vgl. die regelmäßig im Centralblatt abgedruckten Listen; DZA II, Merseburg, Rep. 76 VII neu, Sekt. 28 A 1, Nr. 1 a, Bd. 1, betr. Erteilung von Orden und Ehrenzeichen, Schleswig.
300 Gneist: Selbstverwaltung, 9.
301 Die akademisch gebildeten Oberlehrer in Preußen hatten allerdings gleichfalls einen langwierigen Kampf um die ›Gleichstellung‹ mit den Richterbesoldungen durchzuführen.
302 Die Verwaltung reagierte mit dem wenig wirkungsvollen Verbot, die Einrichtung neuer Schulstellen dürfe nicht auf Kosten der Dotation vorhandener Schulstellen erfolgen (Centralblatt 1888, 420).
303 Centralblatt 1881, 472–74.
304 Pädagogischer Jahresbericht 1886, 625: »Die vom V. Deutschen Lehrertag empfohlene gegenseitige Unterstützung des Lehrers in Rechtsstreitigkeiten ist inzwischen ins Leben getreten und findet namentlich Anwendung bei Klagen wegen Überschreitung des Züchtigungsrechtes.«
305 W. A. Fett: Der Bürokratismus auf dem Schulgebiet, Bielefeld/Leipzig 1889 = Sammlung pädagogischer Vorträge, hg. v. W. Meyer-Markau, Bd. II, Heft 8, 12.
306 Rude, 227.
307 Friedrich Dittes: Büro-Pädagogik, in: Pädagogium 2, 1880, 480–83, auch in: ders.: Reden und Aufsätze zur Schulpolitik. Ausgewählt, eingeleitet und erläutert von K. H. Günther, Berlin 1957, 93–95.
308 Centralblatt 1887, 378/79.
309 Jütting: Dotation, III.

Kapitel IV

Stützen der Gesellschaft: Elemente und Funktion einer Berufsideologie

1 S. o., 72.
2 Vgl. die materialreiche publizistikwissenschaftliche Analyse: Helmut Meyer: Das Selbstverständnis des Volksschullehrers in der zweiten Hälfte des 19. Jahrhunderts (1850–1880), Phil. Diss. Münster 1965. Eine anregende Untersuchung für die gegenwärtige Situation: Arno Combe: Kritik der Lehrerrolle. Gesellschaftliche Voraussetzungen und soziale Folgen des Lehrerbewußtseins, München 1973 (3. Auflage), bes. 19 ff.
3 Vgl. den aktuellen Versuch einer Klassenanalyse des Lehrberufes: Freerk Huisken: Anmerkungen zur Klassenlage der pädagogischen Intelligenz, in: Elmar Altvater/ Freerk Huisken (Hg.): Materialien zur politischen Ökonomie des Ausbildungssektors, Erlangen 1971, 405–38.
4 Vgl. Emil Lederer/Jakob Marschak: Der neue Mittelstand, in: Grundriß der

Sozialökonomik, IX. Abt. Teil 1, Tübingen 1926, 120–41; Heinrich August Winkler: Mittelstand. Demokratie und Nationalsozialismus, Köln 1972, 21–25; Hansjürgen Daheim: Mittelstand, in: Wilhelm Bernsdorf (Hg.): Wörterbuch der Soziologie, Stuttgart 1969 (2. Auflage), 707–09; Hans-Jürgen Puhle: Agrarische Interessenpolitik und preußischer Konservatismus im wilhelminischen Deutschland (1893–1914). Ein Beitrag zur Analyse des Nationalismus in Deutschland am Beispiel des Bundes der Landwirte und der Deutsch-Konservativen Partei, Hannover 1966, 98–110.

5 Vgl. allgemein: Hansjürgen Daheim: Der Beruf in der modernen Gesellschaft. Versuch einer soziologischen Theorie beruflichen Handelns, Köln/Berlin 1970 (2. Auflage), bes. 51 ff.; Liebermann, 417 ff.

6 Daheim: Soziologie 388; für die Vereinsbestrebungen vgl. vor allem: Rißmann/Pretzel, passim, und Strewe, passim; für die katholischen Lehrer: Josef Tymister: Die Entstehung der Berufsvereine der katholischen Lehrerschaft in Deutschland. Beiträge zur Schul- und Standespolitik der katholischen Lehrerschaft im 19. Jahrhundert, Phil. Diss. Köln 1964.

7 Vgl. Klaus von Beyme: Interessengruppen in der Demokratie, München 1969; für die Berufsverbände der Philologen: Heinz Schmitt: Entstehung und Wandlungen der Zielsetzung, der Struktur und der Wirkung der Berufsverbände, Berlin 1966 = Untersuchungen über Gruppen und Verbände, Bd. 6, 126–77.

8 Um diese Schwäche der Statistik zu vermeiden, hatte Johannes Conrad für die Universitätsstatistik eine eigene Klassifikation für die Berufszugehörigkeit entworfen, die auch in der amtlichen Universitätsstatistik Anwendung fand. Johannes Conrad: Das Universitätsstudium in Deutschland während der letzten 50 Jahre, Jena 1884 = Sammlung national-ökonomischer und statistischer Abhandlungen des Staatswissenschaftlichen Seminars zu Halle, Bd. 3, Heft 2, 51/52; Preußische Statistik, Heft 102, I, 70.

9 Preußische Statistik, Heft 151, I, 321.

10 Ebd.

11 Vgl. DZA II, Merseburg, Rep. 76 VII neu, Sekt. 8 C I Nr. 4, Bd. 3; Schultze, 98; Buchholz/Buchwald, 239, 273, 338.

12 Vgl. J. Conrad: Einige Ergebnisse der deutschen Universitätsstatistik, in: Jahrbücher für Nationalökonomie und Statistik 32, 1906, 447, über die Schwierigkeit von Berufsangaben auf die soziale Stellung zu schließen.

13 Adalbert Falk: Die Reden, gehalten in den Jahren 1872–79 (3 Teile in einem Band), Berlin 1880, 113.

14 Falk, 113.

15 Vgl. Kehr: Reden, 183.

16 Vgl. Jütting: Rückschritt, 190. Obwohl die statistischen Belege nur einen allmählichen Rückgang der Selbstrekrutierung aufweisen, findet sich über den ganzen Untersuchungszeitraum hinweg die Klage über den Mangel an Lehrerkandidaten aus Lehrerkreisen und besser situierten Familien. Die Behauptung in der »Deutschen Schulzeitung« von 1872: »Früher hatten wir in den Seminarien mehr Söhne von bemittelten Bürgers- und Bauersleuten und Lehrern«, kann für viele gleichlautende Urteile der pädagogischen Publizistik stehen (Deutsche Schulzeitung 1872, 362).

17 ADLZ 1877, 10.

18 Hamburgisches Correspondenzblatt Nr. 31 vom 6. 2. 1873; DZA II, Merseburg, Rep. 76 VII neu, Sekt. 1 B I, Nr. 1, Bd. 2. Das geringe soziale Prestige des Lehrerberufes illustrierten einzelne Aussagen, in denen es beispielsweise hieß, daß

nicht einmal mehr der Tagelöhner es seinem Sohne erlaube, Lehrer zu werden (Allgemeine Chronik des Volksschulwesens, hg. v. Ludwig Wolfram, 1870, 12). Vorschläge, Waisenkinder als Präparanden vorzubereiten und den Stand der ausgedienten Unteroffiziere wieder für eine Verwendung im Schuldienst zu interessieren, sprachen zumindest für die mangelnde Attraktivität des Lehrerstandes. Bezeichnend war allerdings die Reaktion der vorgeschlagenen Militärs, von denen einige öffentlich zu Protokoll gaben, »daß die meisten Unteroffiziere mindestens die für eine Dorfschulmeisterstelle erforderlichen Kenntnisse besitzen, und viele sich sogar beleidigt fühlen möchten, wenn ihnen eine solche Stelle offeriert würde« (Allgemeine Chronik des Volksschulwesens 1870, 12). Dieses blieb die Einschätzung der zivilberechtigten Unteroffiziere bis in die 90er Jahre, als die Diskussion um diese Rekrutierungsmöglichkeit für den Lehrerstand wieder intensiviert wurde (»Soldat und Schulmeister«, in: Grenzboten 52, 1, 1893, 415; vgl. ADLZ 1893, 53).

19 Kehr: Reden, 165.

20 ADLZ 1873, 298.

21 Jütting: Rückschritt, 199.

22 Bungardt, 92.

23 Jütting: Rückschritt, 191.

24 DZA II, Merseburg, Rep. 76 VII neu, Sekt. 1 C I, Nr. 1, Bd. 10. Dieses Verfahren mußte den Lehrern außerordentlich problematisch erscheinen, da auch mit der schon seit dem Ende der 1860er Jahre auftretenden Forderung der Regierung an die Pastoralkonferenzen, sich über diesen Aspekt der Schulfrage zu verständigen, auch äußerlich in der Rekrutierungsfrage ein Einfluß der Kirche über die Schule dokumentiert wurde.

25 Damaschke, 47 ff.; Schäfer, 10 ff.

26 Damaschke, 80. Dieser Hinweis verdunkelte jedoch, daß die Seminarbildung zwar individuell höchst bedeutsame Entwicklungsmöglichkeiten eröffnen konnte, die sich aber im Hinblick auf gesellschaftliche Anerkennung nur in Positionen außerhalb des staatlich-bürokratischen Hierarchiegefüges realisieren ließen, wie das Schicksal Damaschkes und Schäfers selbst belegte.

27 Schäfer, 65.

28 Daheim: Mittelstand, 708. Schon Riehl hatte unter dem Gesichtspunkt, daß Pfarrer und Dorfschulmeister das »eigentlich verbindende Mittelglied zwischen der verfeinerten Gesellschaftsschicht und dem Naturstamm der Bauern« bildeten, empfohlen, die Schullehrer und Pfarrer in das Interesse einer konservativen Politik zu ziehen (Riehl, 111).

29 Karl Muthesius: Die Berufslaufbahn des Volksschullehrers, in: Peter Petersen (Hg.): Der Aufstieg der Begabten, Leipzig 1916, 65.

30 Lederer/Marschak, 123.

31 Kaelble, 67.

32 S. o., 56.

33 Preußische Statistik, Heft 102, I, 70.

34 »Die Wilden in der preußischen Volksschule«, in: ADLZ 1888, 155/56.

35 Henning, 207.

36 L. D. Pesl: Mittelstandsfragen, in: Grundriß der Sozialökonomik, IX. Abt. Teil 1, Tübingen 1926, 74.

37 Gustav Schmoller: Was verstehen wir unter Mittelstand? Göttingen 1897, 29 ff.

38 Vgl. Denkschrift des Landesvereins preußischer Volksschullehrer, betreffend den Entwurf des Besoldungsgesetzes, in: Laacke: Besoldungswesen, 142–52.

39 Riehl, 301.
40 v. Reccum, 108–19.
41 Vgl. Bungardt, 93.
42 Muthesius, 61.
43 Preußische Statistik, Heft 102, I, 68.
44 Falk, 113; Preußische Statistik, Heft 102, 24/25.
45 Preußische Statistik, Heft 151, I, 322; Zeitschrift für Pädagogische Psychologie und Experimentelle Pädagogik 15, 1914, 61.
46 Fischer: Volksschullehrerstand, Bd. II, 412.
47 Preußische Statistik, Heft 151, I, 322.
48 Preußische Statistik, Heft 102, I, 68; Conrad: Universitätsstatistik, 449.
49 Preußische Statistik, Heft 102, I, 69, das hier angegebene Verhältnis von 4:1 ist irreführend.
50 Vgl. Henning, 151/52, der auch entsprechende Versetzungsgesuche aus der Gruppe anderer nichtakademisch gebildeter Beamter anführt.
51 Staatsregierung und eine Mehrheit des Abgeordnetenhauses standen jedoch dem Streben nach einer Universitätsausbildung von Söhnen nicht akademisch gebildeter Beamter aus sozialpolitischen Gründen reserviert bis ablehnend gegenüber.
52 Preußische Statistik, Heft 102, I, 70.
53 Vgl. Jütting: Rückschritt, 34.
54 Ebd.
55 Henning, 218/19, ordnet sie deshalb »oberhalb jener durch die Gymnasialbildung markierten Trennungslinie in der nicht-akademisch gebildeten Beamtenschaft« ein.
56 Massow: Reform oder Revolution, Berlin 1894, 74.
57 J. Tews: Lehrer an Mittelschulen, in: Enzyklopädisches Handbuch der Pädagogik, hg. v. W. Rein, Bd. IV, 369.
58 Vgl. DZA II, Merseburg, Rep. 76 VII neu, Sekt. 1 A 2, Nr. 1, Bd. 5.
59 Langermann, 9: »So wollen wir denn die Sprachkenntnisse, . . . gar nicht so sehr um ihrer geistigen Nährkraft willen . . ., sondern hauptsächlich deshalb, weil wir nach dem geistigen Futter, welches wir genossen haben, abgeschätzt werden, und zwar bei der jetzigen Stellung der Dinge zum größten Nachteil für unsere berufliche Stellung. Ob wir Bildung besitzen oder nicht, das ist für das Urteil einer sich nur nach der Stempelmarke richtenden zünftlerischen Gesellschaft ganz gleichgültig«. Die Teilhabe an der durch Gymnasiums- und Universitätsbesuch sanktionierten literarischen Bildung war auch für Professionen im technisch-industriellen Bereich ein Entscheidungskriterium für Sozialprestige und gesellschaftlichen Aufstieg, so daß auch in diesen Berufssparten die Forderung nach einer Niveauanhebung der Ausbildung weniger durch die technischen Qualifikationsbedürfnisse motiviert wurde, als vielmehr den Ausdruck gesellschaftlicher Zwänge darstellte (vgl. Jürgen Kocka: Unternehmensverwaltung und Angestelltenschaft am Beispiel Siemens 1848–1914, Stuttgart 1969, 168).
60 DZA II, Merseburg, Zivilkabinett 2.2.1., Nr. 22129. Wilhelm I. machte sich die Beschwerden der Pfarrer eines Schulaufsichtsbezirkes zu eigen, die aus Protest gegen die Ernennung eines Elementarlehrers zum Kreisschulinspektor die Schulaufsicht niederlegten.
61 Vgl. Wilhelm Naudé: Zur Geschichte des preußischen Subalternbeamtentums, in: Forschungen zur brandenburgischen und preußischen Geschichte 18, 1905, 364–84.
62 Bungardt, 92.
63 Muthesius, 63.

64 Vgl. Fischer: Volksschullehrerstand, Bd. II, 384 ff.
65 ADLZ 1873, 298. Die scharfe Kritik einzelner Standesgenossen an ihren Kollegen spiegelte die Krise der professionellen Identität: »Man muß sie nur beachten in ihrem linkisch-täppischen, hündisch-kriecherischen Wesen, ihrer körperlichen und geistigen Unbeholfenheit oder ihrem geschraubten, zopfigen Getue, ihrer affektierten Vornehmheit, ihrer hohlköpfigen Phrasendreherei . . .«
66 ADLZ 1877, 272.
67 Jütting: Besoldung, 51.
68 ADLZ 1877, 9: »Es wäre sicher nicht zu verwundern gewesen, wenn die Lehrer samt und sonders in das Lager der Sozialdemokraten übergegangen wären und mit diesen Feinden unserer Liberalen wie unseres Staatswesens überhaupt gemeinsame Sache gemacht hätten . . . Aber der gesunde Sinn unserer Standesgenossen, den auch die Hungermisere nicht ganz zu unterdrücken vermochte, der Geist Pestalozzis, der als das schönste Erbe des Altmeisters noch immer über seinen Erben waltet: dieser Geist bewahrte uns vor einem Schritte, der uns unfähig gemacht hätte, fürder die Jugend unseres Volkes zu erziehen«.
69 Strewe, 82; vgl. auch Seyffarth: Volksschule, 70.
70 ADLZ 1874, 292.
71 ADLZ 1872, 270.
72 Pädagogischer Jahresbericht 1875, 546 f.
73 Vgl. Strewe, 55–64, 72–80.
74 ADLZ 1873, 56.
75 Günther, 32 f.
76 Fischer: Volksschullehrerstand, Bd. II, 235.
77 S. u., 169.
78 Bungardt, 90.
79 S. u., 157.
80 ADLZ 1882, 286.
81 ADLZ 1871, 136.
82 Strewe, 50.
83 Vgl. Lexis, Bd. III, 267.
84 S. o., 98.
85 Eine vom Landesverein preußischer Volksschullehrer publizierte Denkschrift begründete beispielsweise ihre Forderung nach einer Demokratisierung der Schulverwaltung aus den Strukturprinzipien des »modernen Staates«, welcher auf dem Prinzip der Selbstbestimmung ruhe und das Self-Government als seine sittliche Basis zur möglichsten Ausführung zu bringen habe (Seyffarth, 63).
86 »Die Politik und – der Lehrer«, in: ADLZ 1871, 136.
87 ADLZ 1872, 330.
88 Ebd.
89 »Die Schulbildung in ihrer Bedeutung für das allgemeine Staatswohl«, in: ADLZ 1872, 331.
90 ADLZ 1871, 135.
91 Eine Lehrerversammlung im Jahre 1879 beschäftigte sich explizit mit der Frage des »Einflusses der schwebenden wirtschaftlichen Krisis auf die Volksschule und die Volksschulgesetzgebung« (Pädagogischer Jahresbericht 32, 1879, 586/87).
92 Pädagogischer Jahresbericht 32, 1879, 624.
93 Friedrich Polack: Die Klagen über die Schule und Lehrer der »Falk'schen Ära«, in: ADLZ 1880, 15.
94 ADLZ 1880, 15.

95 Leitsätze auf der Kreislehrerkonferenz in Worbis, in: G. Giggel: Die deutschen Volksschullehrer-Konferenzen des Jahres 1890, Dresden 1891, 112.
96 Kehr: Unsere Zeit und die Stellung der Lehrer zu derselben, 1881, in: ders.: Reden, 1–31.
97 Kehr, Reden, 6/7.
98 Ebd., 8
99 Ebd., 9.
100 Ebd., 71.
101 Ebd., 15.
102 Vgl. Rosenberg: Große Depression, 66 ff.
103 »Die deutsche Volksschule ein wirksames Heilmittel gegen die Schatten und Gebrechen unseres Volkslebens«, in: ADLZ 1886, 230.
104 Vgl. Pädagogischer Jahresbericht 32, 1879, 556 ff.; »Die Lehrerhetze, oder: Der deutsche Volksschullehrerstand und das öffentliche Vertrauen«, in: ADLZ 1881, 138 f.
105 ADLZ 1878, 235.
106 ADLZ 1872, 331.
107 Jütting: Rückschritt, 197: »Ebenso bleiben alle Mittel und Wege zur Lösung der brennendsten Frage der Gegenwart, der sozialen oder der Arbeiterfrage, erfolglos ohne Volksbildung. Je mehr für die allgemeine und technische Ausbildung der höheren Klassen geschieht, und je weniger die Bildung der die große Mehrzahl bildenden mittleren und unteren Volksklassen damit verhältnismäßig Schritt hält, desto größer wird die Kluft zwischen Gebildeten und Ungebildeten, zwischen Wohlhabenden und Dürftigen, ja zwischen Freien und Unfreien«. Dieses Konzept wurde auch von anderen schulpolitischen Vorkämpfern geteilt, die ebenfalls der Schule eine zentrale Bedeutung für die Lösung der sozialen Frage zumaßen. Pädagogischer Jahresbericht 27, 1874, 4 (Dittes): »Es kann uns nur geholfen werden, wenn wir baldigst die allgemeine, einheitlich organisierte, vom Kastengeist, Pfaffentum und Bürozopf befreite, rein pädagogisch gestaltete Volksschule zu Stande bringen, sicher stellen und für alle Kinder der Nation nutzbar machen, so daß sie die Stätte wird, wo alle Kräfte im Dienst des Guten entwickelt, alle Volksschichten versöhnt und durch lebendigen Gemeinsinn zur Einheit verschmolzen werden«.
108 Zur Preisbewerbung: »Ist es wahr, daß die Schule und deren Lehrer in ihren Bestrebungen destruktive, zersetzende und sozialdemokratische Tendenzen verfolgen?«, in: ADLZ 1874, 329–31.
109 Vortragsthema auf der 21. Allgemeinen deutschen Lehrerversammlung 1874 in Breslau: »Im Kulturkampf unserer Tage ist es Pflicht der Schule und der Lehrer, allen Bestrebungen entgegenzuarbeiten, welche das moderne Staatsbewußtsein zu untergraben suchen«, in: ADLZ 1874, 220–34; »Ein Attentat auf den Kaiser im Lichte der Pädagogik. Gedenkwort an den 11. Mai 1878«, in: ADLZ 1878, 219/20.
110 ADLZ 1878, 366/67.
111 Johannes Meyer: Die soziale Frage und die Schule, in: ders.: Pädagogische Streit- und Zeitfragen, Bd. I, Gotha 1888; ADLZ 1875, 111 ff.
112 S. u., 168.
113 Kehr: Reden, 88.
114 ADLZ 1878, 235.
115 S. o., 85.
116 »Schule und Sozialismus«, in: ADLZ 1873, 299.
117 Kehr: Reden, 100.

118 Vgl. Treitschke: Politik, Bd. I, 360 ff.
119 Prof. v. Treitschke und die deutschen Volksschullehrer, in: ADLZ 1886, 172: »Wir schließen: Angriffe dieser Art ... führen zur Auflehnung der unteren Schichten gegen die Autorität der Volksschullehrer ...«; ADLZ 1891, 104–06.
120 ADLZ 1873, 299.
121 »Was kann die Schule zur Lösung der sozialen Frage beitragen?« Allgemeine deutsche Lehrerversammlung 1889 in Augsburg, in: ADLZ 1889, 276.
122 Kehr: Reden, 42.
123 Ebd., 88.
124 Ebd., 89.
125 Ebd., 91.
126 S. u., 153.
127 ADLZ 1875, 112.
128 Ebd., 113.
129 Ebd.
130 Ausspruch eines Teilnehmers auf der Allgemeinen deutschen Lehrerversammlung 1879 in Braunschweig, in: ADLZ 1879, 234.
131 Seyffarth, 72.
132 ADLZ 1879, 235.
133 Allgemeine deutsche Lehrerversammlung 1885 in Darmstadt, in: ADLZ 1885, 263.
134 8. Deutscher Lehrertag 1889, vgl. Rißmann/Pretzel, 237.
135 Rißmann/Pretzel, 237.
136 Meyer: Frage, 56.
137 ADLZ 1885, 263.
138 S. o., 125.
139 Vgl. Rißmann: Pädagogen, passim; Wienstein. passim; Eduard Spranger: Pädagogik, in: Aus fünfzig Jahren deutscher Wissenschaft. Hg. von G. Abb, Festgabe für Friedrich Schmitt-Ott, Berlin 1930, 86–103. In autoritativer Geltung stand die in den 1860er Jahren auf dem Boden des evangelischen Glaubens konzipierte Schmidsche Enzyklopädie (Encyklopädie des gesamten Erziehungs- und Unterrichtswesens, bearbeitet von einer Anzahl Schulmänner und Gelehrten, hg. v. Dr. K. A. Schmid, Gotha 1858–1878, 11 Bde.), die trotz regulativistischer Neigungen auch von der Falkschen Unterrichtsverwaltung allgemein zur Anschaffung empfohlen worden war (Centralblatt 1876, 368). Der Geheimrat Schneider selbst war während seiner schulpraktischen Tätigkeit eifriger Mitarbeiter der Enzyklopädie gewesen (von besonderem Gewicht war sein Beitrag über die Volksschullehrerseminare, s. o., 52) und gerade ihre Kritiker mußten bedauernd feststellen: »Diese Enzyklopädie ist der Kanon unserer gegenwärtigen Pädagogik« (Sack: Schlaglichter, 40).
140 Schneider/von Bremen, Bd. I, 435; zur inhaltlichen Ausgestaltung des Faches vgl. einen im Centralblatt 1873, 224–26 abgedruckten Lehrplanauszug.
141 Centralblatt 1892, 839.
142 Rißmann: Pädagogen, 137.
143 A. Wolter: Hülfsbuch für die Präparation zur II. Prüfung, Gütersloh 1881, 203.
144 Vgl. Pädagogischer Jahresbericht 34, 1881, 2.
145 Das berichtete Friedrich Dittes in seinem Referat: »Der heutige Stand der deutschen Pädagogik« auf der 25. Allgemeinen deutschen Lehrerversammlung zu Bremen, in: ADLZ 1883, 254.
146 Vgl. Pädagogischer Jahresbericht 26, 1873, 577.
147 Vgl. Spranger: Pädagogik, 87: »Literarisch hat diese Epoche zwar eine ungeheure

Flut von Programmen und Reformschriften, speziell auch für die Fragen der Volksschulgesetzgebung hervorgebracht. Wissenschaftlich ist sie aber erstaunlich unproduktiv«.

148 Pädagogischer Jahresbericht 34, 1881, 1.

149 ADLZ 1885, 108. Einen eigenen Typus stellten die zahllosen Muster für Prüfungsarbeiten dar, in denen die gängigen Themen ganz im Sinne der Prüfungskommissionen abgehandelt wurden. Vgl. z. B. »Lehrer-Prüfungs-Arbeiten unter Benutzung der besten pädagogischen Lehrbücher«: Viertes Heft: »Der Wandel des Lehrers in seiner Bedeutung für die Verwaltung des Schulamtes« von Rektor Dr. Gitschmann; »Die Schule hat die Aufgabe, auch die Denkart und Gesinnung der Jugend zu bilden« von Rektor H. Schwochow. Minden 1884.

150 Polack, Bd. III, 74.

151 ADLZ 1871, 135.

152 In der Publizistik finden sich viele Termini idealistischer Philosophen, teilweise auch aufklärerischer Denker in vulgarisierter Form. Aber es ist mehr als fraglich, ob die zahllosen im Text anzutreffenden Begriffe wie ›Selbstbestimmung‹, ›Selbstverantwortung‹, ›Freiheit‹, ›Emanzipation‹ usw. mehr als dekorative Bedeutung hatten; sie repräsentierten ein Bildungsgut, das im zur Formel erstarrten Zitat in jedem Textzusammenhang verfügbar wurde, ohne konkrete inhaltliche Vorstellungen zu evozieren.

153 Die 18. Allgemeine deutsche Lehrerversammlung, gehalten zu Berlin am 17., 18., 19., 20. Mai 1869, Leipzig 1869, 108; Meyer: Reaktion, 3.

154 Polack, Bd. III, 299. Diesterweg war für die preußischen Lehrer die überragende Integrationsfigur, deren Eindruck sich selbst konservative Gegner nicht zu entziehen vermochten. Auch der katholische Schulrat Kellner verzichtete in seinen »Lebensblättern« nicht auf die Schilderung seiner Begegnung mit Diesterweg, dem er während seiner Tätigkeit als konservativer Abgeordneter in der Reaktionszeit ehrfurchtsvoll einen Besuch abgestattet hatte (Kellner, 271).

155 Vgl. die Werke von Rißmann und Wienstein. Dieser porträtierte zwar alle pädagogisch tätigen Schulbeamten, ging aber auf Diesterweg nicht ein; Berichte über amtliche Konferenzen und die dort behandelten Themen: Centralblatt 1872, 347–56; Centralblatt 1883, 253–89.

156 Prinzipielle Bedeutung gewann der Streit zwischen Dittes und den ›Herbartianern‹, vgl. ADLZ 1886, 327 f.; R. Rißmann: Dittes und die Herbartianer, in: ADLZ 1884, 357 ff., 366 f.; T. Ziller: Der Streit mit Herrn Dittes, in: Jahrbuch des Vereins für wissenschaftliche Pädagogik 10, 1878, 267–81; Karl Just: Herbart und Dittes, in: Jahrbuch des Vereins für wissenschaftliche Pädagogik 18, 1886, 212–40.

157 Vgl. Rißmann: Pädagogen, 37.

158 Fr. Wilhelm Dörpfeld: Ein Beitrag zur Leidensgeschichte der Volksschule, nebst Vorschlägen zur Reform der Schulverwaltung, Barmen 1881; Auszüge wurden von vielen Lehrerzeitungen nachgedruckt.

159 Vgl. Tews: Jahrhundert, 186.

160 Vgl. Otto Buchheit: Die pädagogische Tagespresse in Deutschland von der Reichsgründung bis zum Weltkrieg 1871–1914, Phil. Diss. München 1939, 35/36. Die Lehrerpublizistik machte sich zum Teil selbst über solche Versuche lustig, die »soziale Frage an dickeren Fibeln zugrunde gehen« zu lassen (ADLZ 1889, 348).

161 H. Wigge und P. Martin: Die Unnatur der modernen Schule. Grundzüge zur naturgemäßen Umgestaltung des gesamten Volksschulwesens, Leipzig 1888, 1.

162 ADLZ 1883, 251–56; wieder abgedruckt in: Dittes: Reden, 136–54.

163 Dittes: Reden, 138.

164 Vgl. Wilhelm Rein: Pädagogik in systematischer Darstellung, Bd. II, Langensalza 1911 (2. Auflage), 117/18.
165 Vgl. Zillig: Die Methodik der Volksschule, in: Jahrbuch des Vereins für wissenschaftliche Pädagogik 15, 1883, 185–98.
166 Vgl. Seyffarth, 3.
167 Friedrich Franke: Verein für wissenschaftliche Pädagogik, in: Enzyklopädisches Handbuch der Pädagogik, hg. v. W. Rein, Bd. 7, 366–76; zum Herbartianismus vgl. A. Reble: Geschichte der Pädagogik, in: Groothof/Stallmann: Pädagogisches Lexikon, 1148 ff.
168 Theodor Schwerdt: Kritische Didaktik in klassischen Unterrichtsbeispielen, Paderborn 1952 (9. Auflage), 45/46. Inhaltlich bedeuteten sie die Ausrichtung aller Fächer auf die ›Gesinnungsstoffe‹, die auf den einzelnen Klassenstufen so angeordnet wurden, daß sie jeweils den ganzen Unterricht bestimmten und in der Weise aufeinander folgten, daß der Lehrplan für die verschiedenen Altersgruppen den Gang der menschlichen Kulturentwicklung reproduzieren sollte. Die Erziehungswissenschaft hatte entsprechend die Aufgabe, die Stoffganzheit nach den Kulturstufen der Menschheit zu gliedern. Die Hauptinhalte des Unterrichts lieferten Märchen und Sage, Geschichtsschreibung und Dichtung, da sie die geistigen Gehalte der einzelnen Stufen enthielten. Ziller ließ dabei auf Märchen- und Robinsonstufe ausschließlich kirchengeschichtlich bestimmte weitere Stufen folgen: Patriarchenzeit, Zeit der Richter, jüdische Königszeit, Leben Jesu, Apostelgeschichte und Reformationsepoche. Die Verbindung von Kulturstufentheorie und Konzentrationsgedanken wirkte sich z. B. im Unterricht der ersten Klasse so aus, daß im Gesinnungsunterricht ein Märchen behandelt, im Sachunterricht die in diesem Märchen auftretenden Gegenstände, Tiere etc. besprochen, im Zeichenunterricht gezeichnet und im Rechenunterricht die möglicherweise aufgetretenen Zahlenverhältnisse zugrunde gelegt wurden.
169 Helmut Kittel: Die Entwicklung der pädagogischen Hochschulen 1926–1932. Eine zeitgeschichtliche Studie über das Verhältnis von Staat und Kultur, Berlin 1957, 27.
170 Neben Dittes stand vor allem auch der innerhalb des Deutschen Lehrervereins schulpädagogisch führende Robert Rißmann dem Herbartianismus kritisch gegenüber, vgl. Rißmann: Volksschulreform, Leipzig 1911.
171 Vgl. die Einleitung des Herausgebers der Ditteschen Schriften, Günther, in: Dittes: Reden, 36 ff.
172 Vgl. Goldschmidt/Händle: Der Wandel der Pädagogik in der Auseinandersetzung mit der Soziologie, in: ders.: Erziehungswissenschaft als Gesellschaftswissenschaft, Heidelberg 1969 = Pädagogische Forschungen, 40.1, 21.
173 L. Ballauf: Wider den Radikalismus der Volksschullehrer, in: Jahrbuch des Vereins für wissenschaftliche Pädagogik 9, 1877, 45–59.
174 Theodor Vogt: Die Abhängigkeit des Lehrerstandes in pädagogischer Beziehung. Eine Studie über das Verhältnis zwischen Pädagogik und Politik, in: Jahrbuch des Vereins für wissenschaftliche Pädagogik 20, 1888, 292.
175 Vgl. Roeder: Erziehung, 135 f.
176 T. Ziller: Die herrschenden Phantasmagorien in Bezug auf Schulordnungen, in: Jahrbuch des Vereins für wissenschaftliche Pädagogik 5, 1873, 161.
177 Franke: Verein für wissenschaftliche Pädagogik, in: Enzyclopädisches Handbuch der Pädagogik, hg. v. W. Rein, Bd. 7, 369.
178 Pädagogischer Jahresbericht 37, 1884, 2.
179 Eine verbreitete berufskundliche Handbuchsammlung: »Der Bücherschatz des Lehrers« stellte in ihrem Untertitel den standespolitischen Aspekt wissenschaftli-

cher Weiterbildung ausdrücklich heraus, indem sie sich als »wissenschaftliches Sammelwerk zur intellektuellen und materiellen Hebung des Lehrerstandes« vorstellte.

180 Seyffarth, 13.

181 Vgl. Thomas Nipperdey: Interessenverbände und Parteien in Deutschland vor dem Ersten Weltkrieg, in: PVS 2, 1961, 262–80.

182 Dörpfeld: Leidensgeschichte, 7.

183 ADLZ 1890, 284.

183 Rißmann: Die Teilnahme des Lehrers an der Schulverwaltung, in: ADLZ 1895, 290.

185 Seyffarth, 3.

186 Diesterweg: Bemerkungen zur Organisation des Schulwesens, in: ders.: Schriften, Bd. II, 493–506; vgl. Eberhard Groß: Erziehung und Gesellschaft im Werk Adolf Diesterwegs, Weinheim 1966, 116 ff.

187 Vgl. Wigge/Martin, passim; W. Dörpfeld: Neuer Beitrag zur Leidensgeschichte der Volksschule, Barmen 1883, VII. Dörpfelds Antikritiken zu Rezensionen auf seine »Leidensgeschichte«, die er unter dem Titel »Neuer Beitrag zur Leidensgeschichte der Volksschule« publizierte, sind zudem ein Beispiel für die von ihm selbst konstatierte »Reizsamkeit« des Lehrerstandes. Mit staatsanwaltlicher Strenge und philologischer Akribie wurde den Kritikern nachzuweisen versucht, daß sie das besprochene Werk nicht oder nur oberflächlich gelesen, in keinem Fall aber vollständig verstanden oder wiedergegeben hätten. Die Antikritik knapper Rezensionen schwoll so zu mehrseitigen Aufsätzen an, in denen die Kritik der Rezensenten in ihrer Bösartigkeit als moralisches, wenn nicht psychologisches Problem gedeutet wurde. Diese Argumentation ist typisch in ihrer Tendenz der Umdeutung sachlicher und politischer Gegensätze zum psychologischen oder moralischen Manko der jeweiligen Gegner.

188 Dörpfeld: Materialismus, 36.

189 Dörpfeld: Leidensgeschichte, 291–309.

190 Diesterweg: Schriften, Bd. II, 481.

191 Ebd., 479.

192 ADLZ 1870, 22.

193 ADLZ 1891, 300: »Durch die Hebung des Schulwesens ist dem Unterricht, den einzelnen Menschen, der Gesellschaft, dem Staat und der vaterländischen Wehrkraft gedient«.

194 Langermann, 21.

195 Ebd., 26/27.

196 Noch zu Beginn der 1860er Jahre hatte Diesterweg das von verschiedenen Lehrern vorgebrachte Ansinnen, er möchte ein ausführliches Programm für Schule und Lehrerschaft vorlegen, mit der Feststellung zurückgewiesen, daß die Formulierung eines allgemeingültigen Programms in Anbetracht der inneren Zustände der deutschen Lehrerschaft verfrüht sei, die im ganzen »nichts weniger als eine einheitliche, eher eine chaotische Masse« darstelle (Diesterweg: Schriften, Bd. II, 492 f.).

197 Carl Götze: Volksschule und Begabung, in: P. Petersen (Hg.): Der Aufstieg der Begabten, 55.

198 Grenzboten 51, 2, 1892, 4.

199 ADLZ 1895, 16.

200 Außerhalb Preußens lieferten die sächsischen Lehrer den Beweis der Lebensfähigkeit autonomer Standesvereinigungen und Hilfskassen, und innerhalb Preußens

setzte sich Ostpreußen an die Spitze der Gründungsaktivitäten, zweifellos auch Folge der spezifischen parteipolitischen Bedingungen in dieser Provinz (vgl. Günther, 29 ff.). Der Initiator des ostpreußischen Pestalozzivereins, Eduard Sack, hob von Beginn an den strategischen Rang der Vereine für eine auch standes- und schulpolitische Solidarisierung der Lehrer hervor (Sack: Kampfschriften, 128; Rißmann/Pretzel, 82/83).

201 Das von Stiehl provozierte Lob des Monarchen über den Anteil der Schule an den jüngsten militärischen Erfolgen versuchte die Schulverwaltung zwar als Bestätigung ihres eigenen Regulativkurses zu verwerten, doch auch die preußische Lehrerschaft fühlte sich durch die positiven Äußerungen des Königs ermutigt, die eine baldige Verbesserung der Lage der Lehrer zu signalisieren schienen. Eine Petition vom Herbst 1867, die ca. 8000 Kollegen unterzeichnet hatten, wandte sich unmittelbar an den König (Strewe, 30). Der militärische Erfolg und die politische Hochstimmung über die erfolgreiche Reichseinigung veranlaßten die preußischen Volksschullehrer 1871 zu einer erneuten Petition. Der Lüneburger Lehrerverein forderte im Juli 1871 den Einbecker Rektor Jütting auf, der durch seine Studien über den Rückschritt in der Dotation der preußischen Volksschule als die unbestrittene Autorität in Fragen der Lehrerbesoldung galt (W. U. Jütting, Geschichte des Rückschritts in der Dotation in der preußischen Volksschule. Beiträge zur inneren Schulgeschichte und zur Kritik der bestehenden Schulgesetzgebung nebst der Unterrichtsgesetzvorlage, Minden 1870) und der durch seine Schrift selbst eine »ungeheure Erregung« in der preußischen Lehrerschaft hervorgerufen hatte, eine Petition an den Kaiser zu formulieren (Rißmann/Pretzel, 304). Fast 200 Lehrervereine und viele einzelne Lehrer erklärten sich innerhalb weniger Wochen bereit, der projektierten Petition beizutreten, und bestätigten damit zugleich indirekt die von Jütting in seiner Schrift analysierten traurigen Schulverhältnisse. Gegen Jahresende hatten die von Jütting erarbeitete Denkschrift über »Die ungenügende Besoldung der preußischen Volksschullehrer« und die Petitionen, die sich »in dieser hochwichtigen und schwierigen Angelegenheit nicht allein an das väterliche und wohlwollende Herz unseres Monarchen, sondern zugleich auch an die drei gesetzgebenden Faktoren, das hohe Staatsministerium und die beiden hohen Häuser des Landtages« wenden sollten, fast 20 000 Unterschriften auf sich gezogen (W. U. Jütting, Die ungenügende Besoldung der preußischen Volksschullehrer, mit einem Nachwort über die Küsterfrage, Leipzig 1872 [6. Auflage] 82). In späteren Auflagen seiner Denkschrift beschrieb Jütting die Erfahrungen bei der Vorbereitung der Petition.

202 Vgl. Rißmann/Pretzel, 87 ff.

203 DZA II, Merseburg, Rep. 92 Falk, Nr. 36. In einem für Falk bestimmten Gutachten hatte Schneider die von Mitgliedern des Deutschen Lehrervereins ausgehende Kritik an den Allgemeinen Bestimmungen politisch eindeutig qualifiziert. Die der Kritik zugrunde liegende demokratische Schulforderung »gleicher Bildung für alle« etikettierte er als »kommunistischen Gedanken«. Schneider lokalisierte die Verfechter solch »sozialdemokratischer und radikaler Ansichten« in den Kreisen der Berliner Gemeindelehrer und sah das Zentrum der Agitation im Deutschen Lehrerverein. Seiner auffällig negativen Einschätzung des Deutschen Lehrervereins stand die durchaus positive Beurteilung des Preußischen Landesvereins gegenüber, dessen Förderung er anregte, da er sich »Ew. Exzellenz rückhaltslos ergeben« habe. Diese Äußerung beleuchtete aus der Sicht des Ministeriums schlagartig die neue Situation im Verhältnis zwischen Unterrichtsverwaltung und Volksschullehrerschaft in Preußen nach der Ernennung Falks.

204 Vgl. Rißmann: Pädagogen, 220 ff.
205 Rißmann/Pretzel, 94 ff.
206 Über die Gründungsversammlung berichtet ausführlich: Strewe, 38–47.
207 Zu den vereinsrechtlichen Bestimmungen gegenüber Lehrervereinen vgl. Tymister, 107 ff.; vgl. Sack: Kampfschriften, 128 ff.
208 Vgl. Pädagogischer Jahresbericht 26, 1873, 616. Das Verhalten der Behörden gegenüber den Lehrervereinen war nicht besonders streng oder schikanös im Vergleich zu anderen Beamtenvereinen. Die preußischen Forstbeamten wurden nach der Jahrhundertwende wegen kollektiver Gehaltsforderungen diszipliniert (vgl. Kulemann: Berufsvereine, Bd. I, 74–79). Kollektivforderungen öffentlicher Beamter wurden von allen Ressorts mißbilligt, weil man durch die mit ihnen verbundene Agitation sich »unter Druck« gesetzt fühlte (Soziale Praxis, XVI, 894).
209 Rißmann/Pretzel, 122.
210 Ebd.
211 Strewe, 89.
212 »Allgemeine deutsche Lehrerversammlung« und »Deutscher Lehrertag«, in: ADLZ 1889, 467: »Daß dieselbe [die Vereinsleitung, F. M.] sich nicht getrauen darf, in Berlin immer das auszusprechen und zu fordern, was die Lehrer in kleinen Staaten entweder längst haben oder rückhaltlos verlangen, darüber haben wir keinen Zweifel.«
213 Vgl. Tymister, 103 f.
214 Vgl. Rißmann/Pretzel, 146.
215 Tymister, 107–13.
216 Ebd., 150 ff.
217 Rißmann/Pretzel, 141.
218 Tymister, 288.
219 Rißmann/Pretzel, 143.
220 Ebd., 151; Kulemann: Berufsvereine, Bd. I, 83.
221 Rißmann/Pretzel, 159.
222 Vgl. Kulemann: Berufsvereine, Bd. I, 85.
223 Die Zahlenangaben nach: Strewe, 225.
224 Strewe, 55.
225 Über die politische Funktion der Lehrerbesoldung s. u., 182.
226 Vgl. Lederer/Marschak, 137.
227 v. Beyme, 41.
228 Vgl. Buchheit, 22.
229 Vgl. Rißmann/Pretzel, 168 ff.
230 Dittes: Reden, 162.
231 ADLZ 1879, 237: »Allein ich gebe zu bedenken, daß das maßvolle Vorgehen viel eher und sicherer zum Ziele führt, als das jugendliche Stürmen .... Trotz aller Hindernisse wird eine Forderung der modernen Pädagogik um die andere erfüllt werden .... Diese Zeit kommt, wenn auch nicht für uns, so doch für unsere Nachkommen.«
232 Rißmann/Pretzel, 289: »Der DLV ist sich von Anfang an bewußt gewesen, daß große Massenversammlungen eines der wirksamsten Mittel sind, auf die Öffentlichkeit zu wirken.«
233 Die Versammlungsprotokolle aller »Allgemeinen deutschen Lehrerversammlungen« und »Lehrertage« wurden in der ADLZ abgedruckt.
234 Vgl. »Der 8. Deutsche Lehrertag und die Presse«, in: ADLZ 1890, 311 f.
235 Abgeordnetenhaus 1859, Bd. II, 1018.

236 S. u., 156.
237 Zwischen 1880 und 1883 ging die Zahl der Vereinsmitglieder wegen der disziplinierenden Maßnahmen des Kultusministers von Puttkamer von 16 025 auf 14 072 zurück.
238 Bezeichnenderweise trat dem Minister der konservative Barmer Rektor Dörpfeld am entschiedensten gegenüber, der zum preußischen Landesverein eine höchst distanzierte Haltung eingenommen hatte (Dörpfeld: Leidensgeschichte, passim).
239 Abgeordnetenhaus 1890, Bd. III, 1877, 1899.
240 Strewe, 124.

Kapitel V

Das konservative Schulregiment: Versuche der erziehungspolitischen Eindämmung der Sozialdemokratie zwischen 1880 und 1900

1 Zu den Motiven des Rücktritts aus der Sicht der Betroffenen: vgl. DZA II. Merseburg, Rep. 92, Falk, Nr. 75, die tagebuchartigen Aufzeichnungen Falks; vgl. auch Nr. 27 u. Nr. 29 mit den Reaktionen auf den Rücktritt; Bismarck, Bd. 6 c, 150–56; Foerster, 622 ff., Schultheß: Europäischer Geschichtskalender, Bd. 20, 1879, 192.
2 Vgl. Adalbert von Puttkamer: Staatsminister von Puttkamer, Leipzig o. J., 40 ff.
3 Schneider: Jahrhundert, 378.
4 Minister von Puttkamer und die Landtagswahlen, in: Im neuen Reich, 9, 2, 1879, 292–94.
5 Diesem Eindruck versuchte ein Artikel Bosses im »Hamburger Korrespondenten« vom 23. 7. 1879 zu begegnen (DZA II, Merseburg, Rep. 92 Falk, Nr. 29; vgl. Foerster, 639 f.).
6 Bosse, 528.
7 Der Vorsitzende der lutherischen Augustkonferenz bekannte unumwunden, die »Reaction sei, Gott sei Dank, jetzt spürbar« (Schultheß, Bd. 20, 1879, 224).
8 Deutsche Revue, 4, 1, 1880, 4/5.
9 Schultheß, Bd. 20, 1879, 234; vgl. Foerster, 654/55.
10 Schneider: Jahrhundert, 382.
11 Schultheß, Bd. 20, 1879, 242/43; Schneider: Jahrhundert, 383.
12 Centralblatt 1876, 495/96.
13 Abgeordnetenhaus 1879/80, Bd. I, 668.
14 Ebd., 669.
15 DZA II, Merseburg, Rep. 92 Falk, Nr. 75.
16 Puttkamer nutzte im übrigen seinen parlamentarischen Erfolg, weiterreichende Anträge auf Auflösung bestehender paritätischer Schulen möglichst abzuweisen. So lehnte er es beispielsweise ab, eine Simultanschule in Krefeld aufzulösen (vgl. Abgeordnetenhaus 1879/80, Bd. II, 1625 ff.; Schneider: Jahrhundert, 382).
17 Abgeordnetenhaus 1879/80, Bd. II, 1635–39; vgl. Huber, Bd. 4, 883 ff.
18 Dörpfeld: Leidensgeschichte, passim; Tews, Jahrhundert, 186; Bungardt, 86/87.
19 Abgeordnetenhaus 1879/80, Bd. II, 1637.
20 Aus der Verbrechensstatistik errechneten Standesvertreter eine unterdurchschnittliche Verbrecherhäufigkeit für den Lehrerstand (vgl. Dörpfeld: Leidensgeschichte, 15).
21 Abgeordnetenhaus 1879/80, Bd. II, 1637.

22 In den Angriffen auf den Lehrerstand bestätigte sich die Diagnose eines Redners der Lehrerversammlung von 1879, daß die »Zeitkrankheit« im Schulmeister bekämpft werde und die öffentliche Meinung im Lehrer den verlangten Sündenbock finde (ADLZ 1879, 234).

23 Abgeordnetenhaus 1879/80, Bd. II, 1638: »... Die Tatsache können Sie als völlig begründet annehmen, daß namentlich durch den industriellen Aufschwung in einer Epoche und durch den darauf folgenden Niedergang in der anderen Epoche durch das in dieser Beziehung hervorgerufene Schwanken der Gesamtzustände auch in den moralischen Verhältnissen im Lehrerstande eine diesen Erscheinungen analoge Schwankung eingetreten ist«.

24 Abgeordnetenhaus 1879/80, Bd. II, 1638: »... was die pädagogischen Resultate betrifft, so muß ich sagen, daß ich in den meisten Artikeln in der Mehrzahl dieser Organe dieser Presse immer gefunden habe, daß die Herren in vielen Fällen wenig, in den meisten Fällen aber gar nichts von der Sache verstehen (sehr gut! Heiterkeit), sondern daß alle ihre großen Argumentationen und Vorschläge, mit welchen sie in Bezug auf Verbesserungen im inneren und äußeren Wesen der Schule uns beglücken, doch nur Zeugnis davon geben, daß sie besser daran täten, sich auf die Aufgaben zu beschränken, die ihnen ihr Beruf anweist«.

25 Abgeordnetenhaus 1879/80, Bd. II, 1638.

26 Vgl. Schneider: Jahrhundert, 383/84, der eine dem Sinne nach gleichlautende Klage über junge Lehrer von 1805 zitiert. Schneider, der seinerseits die Hamburger Lehrerversammlung von 1872 scharf kritisiert hatte, wertete in diesem Zusammenhang Puttkamers pauschales Urteil über den Lehrerstand und seine professionellen Artikulationsversuche als bedenklich, denn es schien ihm leicht nachzuweisen, »daß der Ton auf den Lehrerversammlungen zu seiner Zeit maßvoller und würdiger war als in den unmittelbar vorhergegangenen Jahren«.

27 Abgeordnetenhaus 1879/80, Bd. II, 1639.

28 Ebd.

29 Ebd., 1664.

30 Ebd.

31 Ebd., 1670.

32 Ebd., 1552.

33 Schneider: Jahrhundert, 385.

34 Centralblatt 1880, 646.

35 Ebd., 647.

36 Ebd., 648.

37 Centralblatt 1881, 394/95.

38 DZA II, Merseburg, Rep. 90 a, B III, 2 b, Nr. 6, Bd. 93.

39 Dieser Erlaß hatte die erhoffte Signalwirkung auf Lehrerschaft und Öffentlichkeit: »Die Zeiten, wo der preußische Kultusminister in den versammelten Lehrern seine ›Mitarbeiter‹ und ›Kampfgenossen‹ begrüßte, sind längst vorüber, und der Unterschied zwischen Falk und Puttkamer läßt an Deutlichkeit nichts zu wünschen übrig« (Schultheß, Bd. 22, 1881, 80).

40 Foerster, 664/65.

41 ADLZ 1880, 190.

42 Schneider/von Bremen, Volksschulwesen, Bd. I, 669; vgl. den Kommentar bei Schultheß, Bd. 23, 1882, 3–5.

43 DZA II, Merseburg, 2.2.1. Nr. 22492.

44 Abgeordnetenhaus 1882, Bd. I, 981/82. Der Vorfall wurde von dem Abgeordneten Knörcke mit der Bitte um eine Stellungnahme des Ministeriums zur Sprache

gebracht.

45 Wilhelm I. hatte sich zunächst einer Versetzung Puttkamers an die Spitze des Innenressorts widersetzt, aber die Aussicht, daß die ›rechte Hand‹ des Ministers, der Unterstaatssekretär von Goßler, ihm nachfolgen sollte, brach den königlichen Widerstand (vgl. Bismarck, Bd. 6 c, 208). Der Personenwechsel bedeutete deshalb keine Änderung der politischen Konzeption der Unterrichtsverwaltung, wohl aber veränderte sich der Verwaltungsstil: Goßlers Tätigkeit im Ministerium bestätigte voll den ihm vorauseilenden Ruf des zähen Bürokraten, während Puttkamer seinen Räten ein Maß relativer Selbständigkeit gewährt hatte (vgl. Wilh. Schrader: Gustav Heinrich Konrad von Goßler, in: Biographisches Jahrbuch VII, 334–347). Der neue Minister gewann allerdings kein Puttkamer und Falk vergleichbares politisches Gewicht, denn nicht nur der von ihm zu vertretende kulturpolitische Kurs des Abbaus der Kulturkampfgesetzgebung schwächte auch seine Position innerhalb des Gesamtministeriums, sondern auch der 1878/79 vollzogene wirtschaftspolitische und ideologische Kurswechsel in Preußen, in dessen Folge Unterrichtsfragen gering geachtet wurden.

46 Abgeordnetenhaus 1882, Bd. I, 982.

47 Ebd., 810.

48 Centralblatt 1881, 472 ff.

49 DZA II, Merseburg, Rep. 92 Falk, Nr. 76.

50 DZA II, Merseburg, Rep. 92, Falk, Nr. 21.

51 S. u., 160.

52 Centralblatt 1881, 474.

53 Ebd.; vgl. ADLZ 1881, 245/46: »Ein Hemmschuh des Fortschritts im Schulwesen«.

54 Vgl. Bosse, 528; Schneider: Jahrhundert, 379.

55 Die Konservativen hatten einen Zuwachs von 73 Mandaten und die Nationalliberalen einen Verlust von 63 Mandaten zu verzeichnen (Schultheß, Bd. 20, 1879, 240).

56 Vgl. Foerster, 632 ff.

57 Wilhelm Gerloff: Die Finanz- und Zollpolitik des Deutschen Reiches nebst ihren Beziehungen zu Landes- und Gemeindefinanzen von der Gründung des Norddeutschen Bundes bis zur Gegenwart, Leipzig 1913, 246.

58 Vgl. Finanzarchiv I, 1884, 759; Albert Lotz: Die Kosten der Volksschule in Preußen, in: Schmollers Jahrbuch 22, 1898, 1339–57.

59 DZA II, Merseburg, Rep. 90 a, B III, 2 b Nr. 6, Bd. 93.

60 Vgl. Gerloff: Finanzpolitik, 258.

61 Gerloff: Finanzpolitik, 182, wertet sie als Versuche, »die preußische Steuerpolitik den Zielen der Reichsfinanzpolitik unterzuordnen«.

62 Die Regierung versuchte überdies weiterhin, die Leistungsanforderungen für das preußische Volksschulwesen als Hebel für die Reichssteuerpolitik in der Hand zu behalten. Gegenüber einer von praktisch allen Parteien des Hauses 1883 ausgesprochenen Erwartung, die Regierung werde innerhalb eines Jahres ein Elementarlehrer-Pensionsgesetz vorlegen, verwies der Finanzminister auf das in der Thronrede in Aussicht gestellte Schuldotationsgesetz, für das die nötigen Mittel durch die Fortsetzung der Reichssteuerpolitik beschafft werden müßten (Abgeordnetenhaus 1882/83, Bd. II, 1159).
Höchst fragwürdig war aber auch die aus der Initiative des Abgeordnetenhauses selbst hervorgegangene Begünstigung der Schule durch die Bindung der Mehreinnahmen aus der Erhöhung der landwirtschaftlichen Zölle 1885 durch die sog. Lex Huene, die den Kreisen größere Beträge für Schulzwecke zusprach. Unter

bestimmten Bedingungen konnten die Kreise auf Beschluß der Kreistage das Geld auch zur Entlastung der Schulverbände weitergeben. Eine derartige Festlegung war vom Zentrum beantragt worden, und obwohl der Kultusminister schwerwiegende Bedenken geltend machte, nahm Bismarck, für den die Annahme der höheren Zölle im Reichstag von primärer Bedeutung war, den Zentrumsantrag hin (Gerloff: Finanzpolitik, 260; vgl. Wessel: Gesetz vom 14. Mai 1885, betr. Überweisung von Beträgen, welche aus landwirtschaftlichen Zöllen eingehen, an die Kommunalverbände, in: Finanzarchiv II, 1885, 516–26).

63 Vgl. den Kommentar Bismarcks zum Rücktritt seines ehemaligen Unterrichtsministers in den »Hamburger Nachrichten« vom 16. 3. 1891, in: Hermann Hoffmann: Fürst Bismarck 1890–1898. Nach persönlichen Mitteilungen des Fürsten und eigenen Aufzeichnungen des Verfassers, nebst einer authentischen Ausgabe aller vom Fürsten Bismarck herrührenden Artikel in den »Hamburger Nachrichten«, Stuttgart (8. Auflage) 1914, Bd. I, 341: »Nachdem sich Dr. Falk vom Fürsten Bismarck gegen dessen Wunsch getrennt hatte, wurden seitens des Leitenden Ministers allerdings abweichende Meinungen zur Geltung gebracht, aber diese waren von Anfang an die seinigen gewesen; er hatte nur auf ihre Vertretung verzichtet, um einer so hervorragenden Kraft solange als möglich die Führung des Amtes zu überlassen. Als dies nicht mehr möglich erschien, fiel der Zweck jener Zurückhaltung fort, und der Fürst vertrat alsdann seine eigenen Ansichten.«

64 S. o., 154.

65 DZA II, Merseburg, Rep. 92, Falk, Nr. 76.

66 Ebd.

67 DZA II, Merseburg, Rep. 92, Falk, Nr. 21.

68 Vgl. Bismarck, Bd. 6 c, 150.

69 S. o., 158.

70 Bismarck, Bd. 6 c, 196.

71 Der Ministerpräsident votierte prinzipiell für eine Einschränkung der Selbständigkeit der Unterrichtsabteilungen der Regierungen (Bismarck, Bd. 6 c, 160/61).

72 Schneider/von Bremen, Bd. II, 947.

73 Ebd., 418.

74 Vgl. Tews: Jahrhundert, 192/93.

75 DZA II, Merseburg, Rep. 90 a, B III, 2 b, Nr. 6, Bd. 97.

76 Das Reskript hatte die Regierungen aufgefordert, bei der Aufbesserung der Lehrergehälter energisch gegen die Gemeinden vorzugehen (Rönne, 810–15).

77 DZA II, Merseburg, Rep. 90 a, B III, 2 b, Nr. 6, Bd. 97.

78 Briefwechsel wie Verlauf der Ministersitzung interessieren im vorliegenden Zusammenhang weniger wegen der juristischen Fragen um die gesetzliche Basis für das Vorgehen des Unterrichtsressorts, als vielmehr wegen der in der Kritik sich abzeichnenden schulpolitischen Konzeption der politischen Führung in Preußen.

79 Bismarck, Bd. 6 c, 314/15.

80 Bismarck, Bd. 6 c, 314.

81 Ebd., 315.

82 Ebd., 314.

83 Schreiben Bismarcks an den Vizepräsidenten von Puttkamer mit der Aufforderung zu einer erneuten Beratung des Problems im Staatsministerium (Bismarck, Bd. 6 c, 315/16).

84 DZA II, Merseburg, Rep. 90 a, B III, 2 b, Nr. 6, Bd. 97.

85 Ebd.

86 DZA II, Merseburg, Rep. 90 a, B III, 2 b, Nr. 6, Bd. 98. In der parlamentarischen

Beratung firmierte die Vorlage als »Gesetzentwurf, betreffend die Feststellung der Leistungen für die Volksschule« (vgl. Herrenhaus 1887, Bd. II, 103), veröffentlicht wurde sie als »Gesetz, betreffend die Feststellung von Anforderungen für Volksschulen«.

87 Diesen Aspekt hoben Kommentare der Lehrerpublizistik hervor, die bitter feststellten, das Gesetz müßte eher »Gesetz über die Nichtleistungen für die Volksschule heißen« (ADLZ 1887, 210/11).

88 S. o., 80.

89 Herrenhaus 1887, Bd. I, 38.

90 Ebd., 39–41.

91 Ebd., 45.

92 Abgeordnetenhaus 1887, 22., 35., 39., 41. Sitzung.

93 Abgeordnetenhaus 1887, Bd. II, 870.

94 Ebd., 867.

95 Ebd., 854.

96 Ebd., 849.

97 Ebd., 858.

98 Ebd., 860.

99 Die »Lex imperfecta« (Bismarck), das bloße Notgesetz, erzwang im übrigen keineswegs die baldige Vorlage eines Dotationsgesetzes, wie allgemein angenommen worden war, und es gelangen noch nicht einmal die Versuche, deren negativen Auswüchse zu beseitigen. 1893 sollte der Kultusminister Bosse in großer Offenheit bestätigen, daß die Befürchtungen der Kritiker bei der Einbringung des Gesetzes noch weit übertroffen worden seien. Doch obwohl er die Anzeichnen der Stagnation konstatierte und einen weiteren Rückgang des preußischen Volksschulwesens prognostizierte, zeigte sich das Abgeordnetenhaus einer Änderung abgeneigt (Abgeordnetenhaus 1892/93, Bd. I, 274 f.). Damit gewannen Bismarcks restriktive schulpolitischen Konzeptionen eine vorher kaum erwartbare institutionelle Dauer, denn das Gesetz bewahrte seine Gültigkeit bis in die Zeit der Weimarer Republik hinein (vgl. Rißmann/Pretzel, 151).

100 Die Staatskasse leistete nach den sog. »Erleichterungsgesetzen« von 1888 und 1889 einen jährlichen Beitrag an die nach dem öffentlichen Recht zur Unterhaltung der Volksschule Verpflichteten, ohne daß deren Leistungsfähigkeit, wie es in der Verfassung vorgesehen war, in jedem Einzelfall geprüft wurde. So erhielten sie alle für jeden ersten oder alleinstehenden Lehrer 500 Mark, für andere ordentliche Lehrer 300 Mark, für ordentliche Lehrerinnen 150 Mark und für Hilfslehrer oder Hilfslehrerinnen 100 Mark, Summen, die sich mit dem Gesamtbetrag von 26 Millionen Mark im Staatshaushalt niederschlugen (Gesetzentwurf, betreffend die Erleichterung der Volksschullasten: Abgeordnetenhaus 1888; 6., 45., 46., 48., 49., 60., 62., 63. Sitzung; Gesetzesentwurf, betreffend die Ergänzung des Gesetzes über die Erleichterung der Volksschullasten vom 14. 6. 1888; Abgeordnetenhaus 1889, 24. Sitzung). Die Staatshilfe war primär als Ersatz für die beabsichtigte Aufhebung des Schulgeldes konzipiert und stellte die Voraussetzung dafür dar, daß die Verfassungsbestimmung der Schulgeldfreiheit verwirklicht werden konnte (Abgeordnetenhaus 1888, Bd. III, 1171–73). Von konservativer Seite wurde ausdrücklich geltend gemacht, daß die Hilfe für die Gemeinden wichtiger sei als die Aufhebung des Schulgeldes (vgl. Abgeordnetenhaus 1888, Bd. III, 1156). Die Entwürfe sicherten sich dabei von vornherein die konservative Zustimmung, indem sie speziell die ländlichen Schulgemeinden begünstigten.

101 Vgl. Helmut Boehme: Deutschlands Weg zur Großmacht. Studien zum Verhältnis

von Wirtschaft und Staat während der Reichsgründungszeit 1848–1881, Köln 1966, 421 ff.

102 Vgl. Gerloff: Finanzpolitik, 261.

103 Das Pensionsgesetz war erst nach mehrmaligen Anläufen zu verwirklichen gewesen. 1882 hatte der Finanzminister im Staatsministerium den auch von Goßler unterstützten Wunsch nach einem Pensionsgesetz abgelehnt. »Dies sei ein Fall, in welchem seitens aller Parteien nach Popularität gestrebt würde und alle Kosten der Staatskasse aufgebürdet werden sollten« (DZA II, Merseburg, Rep. 90 a, B III, 2 b, Nr. 6, Bd. 94). 1883 wurde dann im Abgeordnetenhaus mit »großer Majorität« eine Resolution angenommnen, welche die Regierung aufforderte, ein Elementarlehrer-Pensionsgesetz vorzulegen (Abgeordnetenhaus 1883, Bd. II, 1175). Der Entwurf zu einem Pensionsgesetz wurde schließlich von den Freikonservativen eingebracht. Die parlamentarische Behandlung des »Gesetzentwurfes, betr. die Pensionierung der Volksschullehrer«, verlief dann 1885 ohne besondere Höhepunkte (Abgeordnetenhaus 1885, 14., 51., 52., 54. Sitzung). Der Finanzminister hatte seinen Widerstand aufgeben müssen, konnte allerdings eine Herabsetzung des vorgeschlagenen Höchstbetrages von 900 auf 600 Mark im Staatsministerium erreichen (DZA II, Merseburg, Rep. 90 a, B III 2 b, Nr. 6, Bd. 97). Das Pensionsgesetz beseitigte rechtlich anomale wie materiell völlig unhaltbare Zustände in der Versorgung dienstunfähiger Lehrer. Es sollte die Rechtsunsicherheit in der Altersversorgung aufheben, auskömmliche Pensionssätze fixieren und das unzuträgliche Verfahren beenden, den Emeriten mit einem Drittel aus dem Stellengehalt des Dienstnachfolgers abzufinden. Das Gesetz stellte die Lehrer im wesentlichen den Staatsbeamten gleich; die Leistungsverpflichteten erhielten für jeden Pensionär einen festen Zuschuß von 600 Mark aus der Staatskasse. Allerdings gelang es wegen einer Intervention des Herrenhauses nicht, das Gehalt des Amtsnachfolgers in jedem Falle ungeschmälert zu erhalten (vgl. die deshalb im Abgeordnetenhaus notwendig werdende Debatte, Abgeordnetenhaus 1885, Bd. III, 1809–20).

104 Das Pensionsgesetz sollte nach konservativer Einschätzung nicht nur lang gehegten und durchaus berechtigten Wünschen des Lehrerstandes entsprechen, sondern auch, worauf ebenso großer Wert gelegt wurde, »zahlreichen Gemeinden die unbedingt notwendige Erleichterung von drückenden Schullasten bringen« (Abgeordnetenhaus 1885, Bd. II, 1323).

105 Wilhelm Gerloff: Der Staatshaushalt und das Finanzsystem Deutschlands, 1820–1927, in: ders.: Handbuch der Finanzwissenschaft, Bd. III, 1929, 1–69.

106 Schneider: Jahrhundert, 394.

107 Vgl. Die geheimen Papiere Friedrich von Holsteins, herausgegeben von Norman Rich und M. H. Fisher. Deutsche Ausgabe von W. Frauendienst, Bd. II: Tagebuchblätter, Göttingen 1957, 118/19, 151, 226, 302, 313.

108 Daß der schulpolitische Kurs der 1880er Jahre weitgehend durch Bismarck bestimmt wurde, war auch die Überzeugung liberaler Abgeordneter (vgl. Abgeordnetenhaus 1892/93, Bd. I, 291).

109 In der Sitzung des Abgeordnetenhauses vom 6. 2. 1884 erläuterte der Minister, ein entsprechender Entwurf sei fertiggestellt (Abgeordnetenhaus 1884, Bd. II, 1220).

110 Tews: Jahrhundert, 188.

111 Abgeordnetenhaus 1887, Bd. II, 868.

112 Anders Huber, Bd. 4, 885.

113 In der Staatsministeriumssitzung vom 26. 4. 1890 wurde beschlossen, die Allerhöchste Ermächtigung für den Gesetzentwurf, betreffend die Schulpflicht, einzuholen (DZA II, Merseburg, Rep. 90 a, B III, 2 b, Nr. 6, Bd. 102).

114 Vgl. Kurt Richter: Der Kampf um die Schulgesetzgebung des Grafen Zedlitz-Trützschler vom Jahre 1892. Ein Beitrag zur Geschichte der inneren Politik des »Neuen Kurses« und zur Parteigeschichte, Phil. Diss. Halle 1934; Brunkhorst, 52 ff.; Huber, Bd. 4, 888 f.; Heß, 40 ff.; M. Radtke: Charakteristik der schulpolitischen Entwicklung 1889–1919 in Deutschland. Dargestellt am Beispiel Preußens, in: Wissenschaftliche Zeitschrift der Ernst Moritz Arndt-Universität Greifswald, VII, 1957/58, Gesellschafts- und Sprachwissenschaftliche Reihe Nr. 1/2, 39–50; J. Alden Nichols: Germany after Bismarck. The Caprivi Era 1890–1894, Cambridge (Mass.) 1958, 67 ff.

115 Abgeordnetenhaus 1890/91, Bd. I, 12–15.

116 Beratung des Staatsministeriums vom 17. 10. 1890, DZA II, Merseburg, Rep. 90 a, B III, 2 b, Nr. 6, Bd. 104; Richter, 21; vgl. Hans Herzfeld: Johannes von Miquel. Sein Anteil am Ausbau des Deutschen Reiches bis zur Jahrhundertwende, Detmold 1938, Bd. II, 288.

117 Abgeordnetenhaus 1890/91, Bd. I, 276.

118 Text: Abgeordnetenhaus 1890/91, Anlagen, Bd. I, Nr. 8, 416–494.

119 Vgl. Strewe, 126/27.

120 Abgeordnetenhaus 1890/91, Bd. I, 288–91.

121 Über die Beratungen des Goßlerschen Gesetzentwurfs durch den 1. Preußischen Lehrertag, Strewe, 122–53.

122 Abgeordnetenhaus 1890/91, Bd. I, 316.

123 Ebd., 308, 310, 336.

124 Abgeordnetenhaus 1890/91, Bd. I, 335/36; vgl. Karl Bachem: Vorgeschichte, Geschichte und Politik der deutschen Zentrumspartei, Köln 1929, Bd. 5, 151/52.

125 Diesen Gesichtspunkt sollte der im nächsten Jahr von Goßlers Nachfolger Zedlitz-Trützschler vorgelegte Gesetzentwurf berücksichtigen (Abgeordnetenhaus 1892, Anlagen, Bd. II, 946/47, §§ 104–115).

126 Sitzung des Staatsministeriums vom 17. 12. 1890, DZA II, Merseburg, Rep. 90 a, B III, 2 b, Nr. 6, Bd. 104.

127 Vgl. Bachem, Bd. 5, 155.

128 Ebd., 156.

129 Mitursache für den Rücktritt Goßlers war zwar die kirchenpolitische Gesetzgebung (vgl. Nichols, 99 ff.; Schultheß, Bd. 32, 309), doch die Differenz über die Gestaltung des Unterrichtswesens war sowohl bei den Kronratssitzungen wie auch den kaiserlichen Eingriffen in die Schulkonferenz vom Dezember 1890 zu verspüren. Die vom Kaiser auf der Konferenz gehaltenen Reden wurden auch von Mitgliedern des Staatsministeriums als »unerträgliche Desavouierung des Ministers von Goßler seitens des Souveräns« bewertet (Brunkhorst, 104). Zum Anlaß für den Rücktritt nahm Goßler die personalpolitische Entscheidung des Monarchen, der eine Ernennung des Ministerialdirektors Kügler zum Unterstaatssekretär verweigerte. Kügler war 1882 als Hilfsarbeiter von Goßler ins Ministerium gerufen worden und über die Stufen des Geheimen Regierungsrates (1883) und Vortragenden Rates (1884) 1889 mit 44 Jahren zum Ministerialdirektor ernannt worden. Er übernahm die zweite Unterrichtsabteilung, das Dezernat für das Volksschulwesen. In der Schulbürokratie war er eine herausragende Erscheinung, die unter dem Minister Bosse entscheidenden Einfluß auf das Volksschulwesen gewinnen sollte (Theodor Lindner, Max Albert Kügler, in: Biographisches Jahrbuch, VII, 308–12). Der Ministerialdirektor galt dem Zentrum als die entschiedene Stütze der Kontinuität der kulturkämpferischen Gesinnung im Ministerium; schon Windthorst hatte deshalb konsequent seine Ernennung zum Unterstaatssekretär be-

kämpft (Bachem, Bd. 5, 156).
130 ADLZ 1892, 5; Tews: Jahrhundert, 189; Clausnitzer, 298.
131 Centralblatt 1890, 703–05.
132 DZA II. Merseburg, Rep. 90 a, B III, 2 c, Nr. 3, Bd. 4.
133 Vgl. Eduard Spranger: Fünfundzwanzig Jahre deutscher Erziehungspolitik, Berlin 1916.
134 Anders Titze, 227.
135 Centralblatt 1888, 288.
136 S. o., 130.
137 Vgl. Brunkhorst, 56.
138 DZA II, Merseburg, Rep. 90 a, B III, 2 c, Nr. 3, Bd. 4.
139 Centralblatt 1890, 703.
140 Ebd., 704.
141 Ebd. Inhaltlich wiederholte diese Anregung die gleichlautende Forderung der seit 1872 geltenden Allgemeinen Bestimmungen, die in Abschnitt 16 verlangten: »... Der Lehrer hat die biblischen Geschichten ... nach ihrem religiösen und sittlichen Inhalt in einer geist- und gemütbildenden Weise zu entwickeln und fruchtbar zu machen. Geistloses Einlernen ist zu vermeiden« (Schneider/von Bremen, Bd. III, 406).
142 DZA II, Merseburg, Rep. 90 a, B III, 2 c, Nr. 3, Bd. 4.
143 Verhandlungen über Fragen des höheren Unterrichts. Berlin, 4.–17. Dezember 1890, Berlin 1891.
144 Vgl. Brunkhorst, 63–68.
145 Kronrat vom 19. 4. 1890, DZA II, Merseburg, Rep. 90 a, B III, 2 c, Nr. 3, Bd. 4; Centralblatt 1890, 706–15.
146 Centralblatt 1890, 705: »Insbesondere wird es darauf ankommen, die Lehrer zu befähigen, die neue Aufgabe mit Hingebung zu erfassen und mit praktischem Geschick durchzuführen. Zu diesem Ende werden die Lehrerbildungsanstalten eine entsprechende Ergänzung ihrer Einrichtung erfahren müssen«.
147 Centralblatt 1890, 706.
148 Ebd., 707.
149 Schneider/von Bremen, Bd. III, 408.
150 Centralblatt 1890, 711.
151 DZA II, Merseburg, Rep. 90 a, B III, 2 c, Nr. 3, Bd. 4.
152 Schneider: Jahrhundert, 427.
153 Kronrat vom 30. 4. 1889, DZA II, Merseburg Rep. 90 a, B III, 2 c, Nr. 3, Bd. 4.
154 In einem schulpolitischen Gutachten für Wilhelm II. aus dem März 1890 (Abschrift in den Akten des Finanzministeriums, DZA II, Merseburg, Rep. 151, Nr. 7128).
155 S. u., 178.
156 DZA II, Merseburg, Rep. 90 a, B III, 2 c, Nr. 3, Bd. 4.
157 Vgl. Brunkhorst, 57/58.
158 Fr. Polack: Die Schulaufgaben im Lichte der kaiserlichen Schulreden, in: ADLZ 1892, 4.
159 Gärtner: Neujahrsbetrachtung, in: ADLZ 1892, 2.
160 Verhandlungen, 769–72.
161 Abgeordnetenhaus 1890/91, Bd. IV, 2190.
162 Abgeordnetenhaus 1890/91, Bd. IV, 2139.
163 Ebd., 2140.
164 Ebd., 2144.
165 Abgeordnetenhaus 1892, Anlagen Bd. II, 879–962.

166 Wegen ihrer herausragenden innenpolitischen Konsequenzen sind die Vorgänge um den Zedlitzschen Volksschulgesetzentwurf in der historischen Forschung bereits so ausführlich dargestellt und analysiert, daß die folgende Skizze sich ganz auf die schulpolitischen Aspekte der Vorlage konzentrieren kann. Vgl. Richter, passim; Huber, Bd. 4, 889–98; Heß, 63–132; Herzfeld, Bd. II, 297 ff.; Bachem, Bd. 5, 245 ff.; John C. G. Röhl: Deutschland ohne Bismarck. Die Regierungskrise im Zweiten Kaiserreich 1890–1900, Tübingen 1969, 77–82; Nichols, 157–91.

167 Kügler und Schneider waren nicht beteiligt worden (vgl. Richter, 25 ff.; Schneider, 428; Lindner, 310).

168 Abgeordnetenhaus 1892, Anlagen, Bd. II, 920.

169 Friedrich Wilhelm III. hatte in dieser Beziehung festgestellt: »Nach diesen Grundsätzen ist mir die Volksbildung freilich etwas anderes, als ein notdürftiger Unterricht in den bloßen Vehikeln der Kultur: Lesen, Schreiben, Rechnen; doch glaube ich, daß die angegebenen Punkte auch das Landvolk keineswegs aus der ihm von Gott und den Menschen angewiesenen Sphäre hinausheben, sondern im Gegenteil dieselbe ihm lieb und wert zu machen vermögen« (Abgeordnetenhaus 1892, Anlagen, Bd. II, 921).

170 Zedlitz in der Staatsministeriumssitzung vom 23. 12. 1891, DZA II, Merseburg, Rep. 90 a, B III, 2 b, Nr. 6, Bd. 106.

171 Abgeordnetenhaus 1892, Bd. I, 45. Seit dem Jahre 1888 hatte Windthorst wiederholt in öffentlichen Erklärungen und parlamentarischen Aktionen auf eine völlige Konfessionalisierung des Volksschulwesens gedrängt (Text der Windthorstschen Schulanträge: Abgeordnetenhaus 1888, Anlagen, Bd. II, Nr. 70).

172 Abgeordnetenhaus 1892, Bd. I, 77.

173 DZA II, Merseburg, Rep. 90 a, B III, 2 b, Nr. 6, Bd. 106.

174 Ebd.

175 Abgeordnetenhaus 1892, Bd. I, 123 ff.

176 Ebd., 87, 110.

177 Richter: Abgeordnetenhaus 1892, Bd. I, 138; Bismarck: Hoffmann: Fürst Bismarck, Bd. II, 13.

178 Hoffmann: Fürst Bismarck, Bd. II, 14.

179 Abgeordnetenhaus 1890/91, Bd. I, 13.

180 Abgeordnetenhaus 1892, Bd. I, 65.

181 Ebd., 195.

182 Ebd., 168.

183 Vgl. Sachse: Volks- und Mittelschule, 62/63.

184 Vgl. Schultheß, Bd. 33, 1892, 69/70.

185 Der diese Materie regelnde § 18 der Vorlage bestimmte: »Mit der Erteilung des Religionsunterrichts dürfen nur solche Lehrer beauftragt werden, welche sich im Besitz eines die Befähigung zur Erteilung des Religionsunterrichts aussprechenden Lehramtszeugnisses befinden. ... Die kirchliche Oberbehörde ist befugt, im Einvernehmen mit dem Regierungspräsidenten einen Ortsgeistlichen ganz oder teilweise mit der Erteilung des Religionsunterrichts zu beauftragen. ... Für den evangelischen und den katholischen Religionsunterricht gilt ... der Pfarrer ... als gesetzlich beauftragt zur Leitung des Religionsunterrichts für die innerhalb seiner Pfarrei belegenen Volksschulen ...« (Abgeordnetenhaus 1892, Anlagen Bd. 2, 883).

186 »General-Anzeiger für Halle und den Saalkreis«, 1892, Nr. 33, zitiert nach Richter, 116.

187 Teilnahme an »antichristlichen Lehrerversammlungen«, wie z. B. die Berliner

Versammlung von 1890 durch Zentrum und Konservative tituliert worden war, hätte dabei sicher ebenso Einwände provoziert wie private Konflikte mit der Kirche (vgl. Tews: Schulkämpfe, 48 ff.).

188 ADLZ 1892, 213.

189 Abgeordnetenhaus 1892, Bd. I, 110/11.

190 Ebd., 152.

191 Ebd., 153.

192 Ebd., 171.

193 Ebd., 103.

194 Ebd., 227.

195 Ebd., 137.

196 Ebd., 129.

197 Ebd., 190.

198 Ebd., 219.

199 Ebd., 220.

200 Ebd., 224.

201 Ebd., 172.

202 Ebd., 225.

203 Ebd., 239.

204 Ebd., 198.

205 Huber, Bd. 4, 893; vgl. Richter, 79 ff., Kap. 12: »Der Bittschriftensturm und die Stellungnahme der Hochschullehrer«; Schultheß, Bd. 33, 1892, 330–37.

206 Bismarck, Bd. 9, 188.

207 DZA II, Merseburg, Rep. 90 a, B III, 2 c, Nr. 3, Bd. 5.

208 Vgl. Röhl, 84 ff., Herzfeld, 307 ff.

209 Vgl. Huber, Bd. 4, 899.

210 Bosse hatte gegen den Schulgesetzentwurf seines Vorgängers keine Einwände, verzichtete jedoch auf eine einheitliche gesetzliche Regelung des Volksschulwesens, da ein Eingehen auf die Wünsche der Mehrheit des Abgeordnetenhauses die kaum überwundene Krise von 1892 reaktiviert hätte und auch gegen den Wunsch des Monarchen nach Beteiligung der Mittelparteien bei der Schulgesetzgebung verstieß.

211 Ausdrücklich wurde er von Bosse erst 1893 zurückgezogen (Abgeordnetenhaus 1892/93, Bd. I, 269).

212 Huber, Bd. 4, 893.

213 Vgl. Nichols, 191; Richter, 107.

214 Die Konsequenz des Falls der Zedlitzschen Vorlage war im übrigen nicht der auch von den »Preußischen Jahrbüchern« mehrfach beschworene Machtverfall der Konservativen, sondern die Wahl zum Abgeordnetenhaus von 1893 brachte eine überraschende Niederlage für die Mittelparteien und eine erhebliche Kräftigung von Zentrum und Konservativen, deren Wahlprogramme sich ausdrücklich zu der Tendenz des Zedlitzschen Entwurfs bekannt hatten (vgl. die Wahlaufrufe: Schultheß, Bd. 34, 1892, 132 ff.), allerdings war es aufgrund der neuen Einkommensteuergesetzgebung zu einem starken Absinken der Wahlbeteiligung gekommen (vgl. Herzfeld, Bd. II, 313).

215 Lothar Wallraf: Die Deutschkonservative Partei, in: Die bürgerlichen Parteien in Deutschland, Bd. I, Leipzig 1968, 685.

216 Vgl. Richter, 24/25.

217 Lüdicke, 10/11.

218 DZA II, Merseburg, Rep. 90 a, B III, 2 b, Nr. 6, Bd. 106.

219 Centralblatt 1891, 488.
220 Ebd., 420/21.
221 Ebd., 662.
222 Vgl. Richter, 24.
223 Über diese Zeit berichten auch seine in den »Grenzboten« veröffentlichten Tagebuchnotizen, Bosse, 30–41.
224 Tews: Jahrhundert, 220; Lindner, 311.
225 Chlodwig Fürst zu Hohenlohe-Schillingsfürst: Denkwürdigkeiten der Reichskanzlerzeit, hg. v. K. A. von Müller, Stuttgart 1931, 245; Bachem, Bd. 5, 266.
226 Vgl. Lindner, 311.
227 Staatsministeriumssitzung vom 28. 11. 1892, DZA II, Merseburg, Rep. 90 a, B III, 2 b, Nr. 6, Bd. 109.
228 Abgeordnetenhaus 1892/93: 11., 12., 64., 65., 75. und 80. Sitzung.
229 Abgeordnetenhaus 1892/93, Bd. I, 274.
230 Vgl. Heß, 133 ff.: »Die Interimspolitik von 1892–1902. Die Kalkulation der Linken und das Dilemma der Rechten«; Huber, Bd. 4, 899 ff.
231 Abgeordnetenhaus 1892/93, Bd. I, 280 f.
232 Ebd., 309.
233 Abgeordnetenhaus 1892/93, Bd. IV, 2371 f.
234 Vgl. den Kommentar der ›Kreuzzeitung‹ in: Schultheß, Bd. 34, 1893, 46/47.
235 Massow, 74/75. Die Schrift wurde von Wilhelm II. wegen ihrer schulpolitischen Vorschläge im Kronrat vom 14. 10. 1897 nachdrücklich gelobt (DZA II, Merseburg, Rep. 90 a, B III, 2 c, Nr. 3, Bd. 5).
236 Abgeordnetenhaus 1892/93, Bd. I, 270.
237 Ebd., 303.
238 Ebd., 307. Bezeichnenderweise fanden sich gerade unter Konservativen die radikalsten Reformatoren der sozialen Stellung der Lehrer, die im Interesse einer Verstärkung der Front der ›oberen Kreise‹ die Volksschullehrer bewußt in den Kreis der Privilegierten einbeziehen wollten und nicht allein der ideellen Motivation vertrauten. Während der Großteil der Konservativen Ausbildung und soziale Situation nach dem Modell der identischen Sozialverhältnisse zwischen Lehrern und Schulgemeinden regulieren wollte, entwickelte der ebenfalls konservative Landrat von Massow alternative Vorstellungen in der speziellen politischen Absicht, ein weiteres Vordringen der Sozialdemokratie auf dem Lande zu verhindern. Seine Vorschläge stimmten weitgehend mit den standespolitischen Forderungen der Lehrerschaft überein: Beteiligung der seminaristisch gebildeten Lehrer an der Schulverwaltung, qualitative Verbesserung in der Besoldung und erheblich verbesserte Berufsvorbildung, die langfristig durchaus die Perspektive akademischer Bildung einschloß. Die Akademisierung der Lehrerbildung schien dem Autor eine Möglichkeit, die Zahl der Stellen für die »studierten Elemente« zu vergrößern. Die oberen Stände würden dann wieder inmitten der Landbevölkerung einen Stand haben, »der uns angehört und unsere Interessen vertritt, während es uns heute an Elementen, die dort für uns wirken, fast gänzlich fehlt« (Massow, 79).
239 Abgeordnetenhaus 1892/93, Bd. I, 303.
240 Abgeordnetenhaus 1892/93, Bd. IV, 2234.
241 ADLZ 1895, 6.
242 Gesetzentwurf, betr. das Diensteinkommen der Lehrer und Lehrerinnen an öffentlichen Volksschulen, vgl. Abgeordnetenhaus 1896, 8., 9., 51., 52., 53., 54., 57. Sitzung.
243 Vgl. Abgeordnetenhaus 1896, Bd. I, 179.

244 Wie eng das Tempo der Volksschulentwicklung des sich industrialisierenden Preußen nach wie vor an die ökonomischen Bedürfnisse seiner agrarischen Führungsschicht, deren permanente ›Not‹ unmittelbar mit der sozialen Positionszuweisung für den Volksschullehrer auch das Niveau der Volksschulbildung definierte, gekoppelt blieb, illustrierte ein Ausspruch des Finanzministers von Miquel gegenüber einer Deputation des preußischen Lehrervereins. Auf deren Ersuchen, der Minister möge sich für die lange ausstehende Besoldungsverbesserung einsetzen, vertröstete Miquel die Lehrer auf das nächste Etatjahr, in dem man vielleicht bessere Kornpreise haben werde, so daß dann »vielleicht mehr Neigung vorhanden« sei, »auch für Schulzwecke mehr Gelder zu bewilligen« (Strewe, 163).

245 Herrenhaus 1896, Bd. I, 241–57; Bosse wollte wegen seiner parlamentarischen Mißerfolge daraufhin zurücktreten (vgl. Röhl, 140/41; Hohenlohe, Bd. III, 217).

246 Wilhelm II. war für eine sofortige Wiedervorlage des Entwurfs eingetreten, »nachdem dieses wichtige Gesetz durch eine unnatürliche Koalition der Parteien im Herrenhaus gefallen sei« (Kronrat vom 7. 10. 1896, DZA II, Merseburg, Rep. 90 a, B III, 2 c, Nr. 3, Bd. 5).

247 Herrenhaus 1896/97, Bd. I, 195.

248 Von verschiedenen Rednern wurde auf die Aktivitäten (s. o., S. 150) und Erwartungen der preußischen Lehrer verwiesen, die nicht wieder enttäuscht werden dürften (Herrenhaus 1896/97, Bd. I, 72, 78, 80, 157).

249 Abgeordnetenhaus 1896/97, 5., 6., 15., 16., 19. Sitzung.

250 Wegen dieser Tatsache behielten die Oberbürgermeister (Herrenhaus 1896/97, Bd. I, 64, 74, 82) ihre ablehnende Haltung bei.

251 Abgeordnetenhaus 1896/97, Bd. I, 339.

252 Ebd., 110.

253 Herrenhaus 1896/97, Bd. I, 69.

254 Dieses Programm verfolgte auch der Kultusminister. Abgeordnetenhaus 1896/97, Bd. I, 345: »... der Lehrer muß seine Lebenshaltung so führen, daß er in anständiger Weise etwa auf dem mittleren wirtschaftlichen Niveau der Glieder seiner Schulgemeinde steht; dann wird er auch das rechte Verhältnis zur Schulgemeinde haben.«

255 Wenige Jahre später legten die Konservativen im übrigen die beim Besoldungsgesetz gewahrte schulpolitische Zurückhaltung ab und polemisierten nachdrücklich gegen das übersteigerte Ausbildungsniveau der ländlichen Volksschulen (vgl. Tews: Jahrhundert, 241 ff.).

256 Herrenhaus 1896/97, Bd. I, 201.

257 Abgeordnetenhaus 1896/97, Bd. I, 101 f.

258 Centralblatt 1893, 647/48; 644/45.

259 Vgl. Tews: Jahrhundert, 215 f.

260 Centralblatt 1893, 708/09.

261 Centralblatt 1894, 363–65.

262 Centralblatt 1894, 714.

263 Centralblatt 1895, 293/94.

264 Tews: Jahrhundert, 213.

265 ADLZ 1897, 279/80; vgl. Tews: Jahrhundert, 225.

266 Clausnitzer/Rosin, 51.

267 Vgl. Tews: Jahrhundert, 221 ff.

268 ADLZ 1895, 161.

269 Centralblatt 1892, 656.

270 Clausnitzer/Rosin, 53.

271 Centralblatt 1896, 711. Die Sicherung des geistlichen Einflusses auf die Schule wurde ergänzt durch den Versuch, die Rechte der städtischen Selbstverwaltungsorgane an der Schulverwaltung zu beschneiden (Centralblatt 1893, 74/75; 1895, 206–10; 1898, 271).
272 Eine ernste Gefahr, in: ADLZ 1897, 277 f.
273 Abgeordnetenhaus 1896, Bd. III, 1638.
274 Centralblatt 1894, 609–27.
275 Herrenhaus 1895, Bd. I, 144/45.
276 Centralblatt 1892, 838–41.
277 ADLZ 1896, 473.
278 Herrenhaus 1896/97, 67.

Zusammenfassung

Zur politischen Funktion der preußischen Volksschule im 19. Jahrhundert

1 Vgl. Geschichte der Erziehung, 237.
2 Vgl. Gneist: Selbstverwaltung, 9 f.
3 Vgl. Robert Alt (Hg.): Kinderausbeutung und Fabrikschulen in der Frühzeit des industriellen Kapitalismus, Berlin 1958.
4 Vgl. Tews: Jahrhundert, 104 ff.
5 Vgl. Sack: Schlaglichter, 38 ff.
6 Vgl. Th. S. Hamerow: The Social Foundations of German Unification 1858–71, Princeton 1969, 280 ff.
7 Stenographische Berichte, II. Kammer 1849, Bd. III, 1208.
8 Lexis, Bd. III, 62.
9 Vgl. Lundgreen: Schulbildung, 603 ff.
10 Vgl. Wolfgang Sauer: Probleme des deutschen Nationalstaates, in: PVS 3, 1962, 159–86.
11 Vgl. Hermann Bertlein: Die wissenschaftliche Betätigung des Lehrers, in: Kratzsch/Vathke/Bertlein: Studien zur Soziologie des Volksschullehrers, Berlin 1967 = Deutsches Institut für Internationale Pädagogische Forschungen, Studien zur Soziologie des Bildungswesens, Bd. 3, 161–67.
12 Zitiert nach: Clausnitzer, 84.
13 Riehl, 335.
14 Winkler, 45.
15 Grenzboten 52, 1, 1893, 252 ff.
16 Kehr: Praxis, 13.
17 Vgl. Sack: Freiheit, 55 ff.
18 Vgl. Roeder, 314.
19 Schneider: Lehrermangel, 398.
20 Georg Kerschensteiner: Die staatsbürgerliche Erziehung der deutschen Jugend, Erfurt 1901.
21 Der Aufstieg der Begabten. Vorfragen, im Auftrag herausgegeben und eingeleitet von Peter Petersen, Leipzig/Berlin 1916 = Deutscher Ausschuß für Erziehung und Unterricht.
22 Paul Rühlmann: Parteien, Staat, Schule. Zusammenhänge zwischen Imperialismus und Schulpolitik, Berlin 1905.
23 Vgl. Wehler: Kaiserreich, 17.

Summary

Numerous political and social reforms were introduced in Prussia after her defeat at the hands of Napoleon. The Prussians found themselves under considerable pressure as a result of the visible success of such measures in France. The French example provided the decisive impulse for the modernisation of what had, until then, been a sadly neglected system of primary education. The Prussian bureaucracy considered that the professionalisation of primary school teaching would be the most effective instrument in the implementation of such reforms. In the measures that they introduced they were guided by the principle that the development of primary education could best be stimulated and controlled through the primary school teachers themselves. The teachers were trained in State institutions for a life in which they were expected to obey the dictates of officialdom and at the same time make do with a low rate of pay for their services.

After the 1848 Revolution it became quite clear that the Prussian primary school was but one further instrument within the existing political power-structure. It was the policy of the political leaders and the administration to organize the primary schools and their teachers within a system based on traditional and religious values in order to counteract the social unrest fomented by the growth of industrialisation. It was the main function of the primary schools to prepare the rising generation for this subordinate role, which restricted their basic political rights and allowed the realisation of new forms of social discipline and obedience based on rational argument. Such a policy could best be implemented by a professional group subjected to similar pressures in the execution of their professional duties. The primary school teachers were given the position of subordinate officials under orders from above, who in and out of school had to accommodate themselves unconditionally to the demands of the administration and the local school boards. In order to achieve the desired political effect both schools and teachers were subjected to rigid bureaucratic control. The position of the teachers was rendered doubly difficult because, although the State exercised educational and disciplinary control over them, they were paid by the local school boards. Because of the modest remuneration they received, most primary school teachers had to supplement their income by other means or with bonuses, which in turn depended on political conformity.

Yet in spite of this political and social discrimination the primary school teachers showed no desire to identify themselves with the growing number of industrial workers. For the very reason that most of them came from a lower middle-class background or from the families of smallholders, they were afraid of losing status by being integrated into the proletariat and preferred to aim for a higher rung on the social ladder. Their claim to be considered ›middle-class‹ goes hand in hand with their rejection of proletarian status. Their daily school-routine favoured this orientation towards a conservative conception of the social order. In classrooms in which eighty or more children of different age-groups had to be taught simultaneously it was an achievement to be able to maintain even some measure of order. In such a situation many teachers found themselves compelled to administer corporal punishment if they wanted to produce the educational and teaching results demanded of them. They thus earned a popular reputation for ›flogging‹.

As the Social Democrats gained more and more votes, the Liberal parties too began to share the opinion that it was the function of the primary school to act as a bulwark against the Social Democratic party. They offered verbal resistance only to Bismarck's policy of limiting the educational standards of the primary school still further by curtailing the funds available.

The primary school system established between 1815 and March 1848 provided the mass of the population with just enough knowledge, so that for the whole of the rest of the century it never proved to be necessary to make any changes in the teaching syllabus in order to provide industrial workers with better qualifications for their work. The only occasions when educational policy acqurired ›brisance‹ – as in the ›Kulturkampf‹ and on the occasion of Count Zedlitz's presentation of the draft of a bill for primary education – was when a formulation of the goals of educational policy revealed the magnitude of the social and political problems still remaining to be solved in Prussia.

Register

Die Verweise beziehen sich auch auf die Anmerkungen; Verfassernamen wurden dort aber nur in Ausnahmefällen aufgenommen